佛学中国化与六朝文论

中州问学丛刊　刘志伟　主编

刘玉叶　著

图书在版编目(CIP)数据

佛学中国化与六朝文论 / 刘玉叶著. -- 上海 ：上海古籍出版社，2024. 12. --（中州问学丛刊）.
ISBN 978-7-5732-1468-3

Ⅰ. B948-53；I206.2-53

中国国家版本馆 CIP 数据核字第 2025TK6438 号

中州问学丛刊

佛学中国化与六朝文论

刘玉叶　著

上海古籍出版社出版发行

（上海市闵行区号景路 159 弄 1-5 号 A 座 5F　邮政编码 201101）

（1）网址：www.guji.com.cn

（2）E-mail：guji1@guji.com.cn

（3）易文网网址：www.ewen.co

启东市人民印刷有限公司印刷

开本 890×1240　1/32　印张 13.125　插页 2　字数 294,000

2024 年 12 月第 1 版　2024 年 12 月第 1 次印刷

印数：1—1,500

ISBN 978-7-5732-1468-3

I·3891　定价：58.00 元

如有质量问题,请与承印公司联系

《中州问学丛刊》总序

河南之地，古称中州。"中"者，谓其地在四方之中，亦谓华夏文明，根本在兹。此亦中原、中土、中国之"中"也。故商起乎东，周兴于西，皆宅兹中国，以御天下。

难之者曰：先哲不有云乎，"四方上下曰宇，古往今来曰宙"。时空无限，今人任择一点，皆可斟定为"中"，是则天下本无"中"，孰谓不然？况以现代眼光观之，各族类欲以世界文化中心自命者，皆难免偏隘之讥；而中华地广，习俗多异，艺学之道，各具风华，固不能齐于一者也。今有丛刊之创，名以"中州问学"，其义何在？

答云："中"字古形，象立一帜在环中，谓有志于此，小子何敢？然中州厚土，生长圣贤，发育英雄，实华夏文明之渊薮；布德泽于四方，吹万类而有声，无以过也。敬邀贤达，会集同仁，承绪古德，以求日新，虽谓力薄，实有愿焉。

中州之学，源深流广，更仆难数。言其大者，烨烨生光。

河出图，洛出书，隐华夏之灵根。老聃默默，仲尼仆仆，建儒道之本义。孟轲见梁惠王也，曰仁义而已矣。庄周于无何有乡，述逍遥为至乐。玄奘幼梵，发雄愿于万里；二程思精，垂道统于千祀。诗而能圣，杜子美用情深切；文以称雄，韩昌黎发义高迈。清明上河,图岂能尽;东京繁华,梦之不休。前贤往哲,或生于斯,或游于斯,焕乎其有文章;时彦来俊,或居境内,或栖海外,乐否共谈学问!

然后可言"问学"之旨。

吾人所谓"问学",本乎《中庸》"君子尊德性而道问学"之义。探究历史玄奥,抉发前人精义,光大华夏传统,固吾辈之责。

然又不尽于此。

问者,疑也。有疑乃有问,有问乃有学。灵均问天,子长叩史,所以可贵。故前贤可绍,非谓复述陈言;精义待发,必与时事相接。

惟清季民初以还,中外之交流日密,而相得之乐固存,龃龉之处亦多。因思学分东西,地判南北,而天道人心,洁净精微,潜梦通神。由中国观世界、由世界观中国,近年学人颇措意于此,良有以及也。

因兹发愿筹划"中州问学丛刊"。论其宗旨,欲置中州之学于世界史、人类史之视域,取资四方,融铸众学,考镜源流,执古求变,深思未来。亦以此心力,接续河洛学脉,催生当代中州学术文化流派。

谨诚邀宿学同规蓝图,共襄盛事。

是为序。

刘志伟

2020 年仲夏于中州德容斋

稿　　约

敬启者：

　　本丛刊崇尚思想创新而以文献为基、学术为本，兼顾学术普及，将涵盖人文社会科学及其与诸学科交融之领域等，研究内容包括：

　　"中州"本源文化、"圣贤""英雄"文化与"人类新轴心时代"；21世纪学术文化研究系统、学科发展体系重构；"活体文献"、华夏文物考古、非物质文化遗产的保护及其与当代文学、艺术创作之融合；华夏梦学与人类文明发展奥秘之探寻；人文社会科学及其与诸学科交融领域的专题性原创研究及集成性文献整理、数字人文建设；以文献实学为坚实基础的思想与学理研究；东西方学术、文化巨匠的访谈对话；海外汉学著作翻译、研究；思想史、学术史研究。

　　诚邀尊撰，以光大丛刊！

《中州问学丛刊》编委会

2020 年 8 月

目　录

序

　　刘玉叶的这本书是对佛教在六朝时期中国化与文论关系的探索，凝聚着她自大学本科时代就专注于这一问题的思考。作为她在中国人民大学国学院的本硕博导师，收到为她这本书作序的请求，予欣然应诺，但提起笔来，却感觉有些吃力与感慨。

　　首先佛学中国化与六朝文论这个题目很难做，虽说时下在中国，学术中国化成了一种时尚，但真正契入学术自身而加以探讨却是难以做到，许多是人云亦云，附从时流。玉叶此书的可贵之处，在于她一直从事这方面的研究，立足于学术自身。她从本科时代即深心于佛学与六朝文化，进入读博阶段，她从研读《弘明集》开始，将这本书与六朝文论，特别是与刘勰写作《文心雕龙》相联系，在导师的指导下，选定从思想对话这一角度去切入，孜孜不倦地加以梳理与探讨。中国文化自六朝时期通过对于佛学的接纳与对话，将佛学成功地引入中土，与中土固有的儒道思想既互相交争又融合，成为中国文化发展与演变中一道亮丽的风景，泽溉文学理论与艺术理论，孕育了《文心雕龙》这本"体大思精"的文论巨典。其中的经验教训实在是值得总结与研究，近代以来，研究佛学与中国固有文化关系的大家很多，章太炎、梁启超、陈寅恪、陈垣、汤用彤等人均对此有所建树,但从思想对话的角度去研究则是另一个具有现代价值的角度。思想对话是基于现代文明的基本理念,它尊重与鼓励不同思想流派之间的平等对话,通过对话来促进互相了解与交流,进而实现共同的理想世界,实现真正的和而不同。

　　中国古代自老子、孔子、庄子开始,即有和而不同、殊途同归的开放包容的思想理念。《礼记·中庸》提出:"万物并育而不相害,道并行而不相悖,小德川流,大德敦化,此天地之所以为大也。"朱熹注:"天覆地载,万物并育于其间而不相害;四时日月,错行代明而不相悖。所以不害不悖者,小德之川流;所以并育并行者,大德之敦化。小德者,全体之分;大德者,万殊之本。川流者,如川之流,脉络分明而往不息也。"朱熹这段文字形象生动地说明了天地之德是浸润人类的文明之本,也是我们今天以古为鉴,构建文明形态的智慧之源。上古时代,华夏文化也是在与周边的族群融合中发展壮大的,其中既有武力的交争,也有思想文化的融合。例如齐鲁文化与楚骚文化的融合,是中国文化与文学发展的不争事实。佛教自东汉明帝进入中土后,与道家的关系也一直是在这种"和而不同"的环境中发展起来的。中国文化本身具备吐故纳新的功能与器度,这也决定了它在汉魏六朝时期具有佛学中国化的条件与功能。玉叶此书的一些章节,有力地论述与说明了这一点。这些论文,部分来源于她在读博时的博士论文《弘明集与六朝文论》。文中认为:"《弘明集》真实地还原了佛教在六朝面临的伦理、哲学、美学等诸多挑战,当时的一批士人重新解释建构佛教理论,融摄外来宗教融入本民族精神心理之中,并以论文、诗歌等创作进行文字上的实践。在这个意义上,《弘明集》体现了佛教中国化的鲜活进程,体现了中国传统中多元平等对话的文化精神。"这一看法颇有当代价值。说起当初她选这个题目时,作为导师的我也是有所顾虑的。虽然我从写作《六朝美学》这本书开始,就有专门论述佛教与美学的内容,后来在《中国古代文论精神》等书中也涉猎佛教与六朝文论,但专门从《弘明集》与六朝文学的角度去写博士论文,还是感到有相当的难度。玉叶当时坚持写这个题目,我让她专门去请教了人大佛教与宗教学理论研究所的张风雷教授,他是方立天先生的高足,结果得到张教授的支持,让她查阅了人大宗教所的《弘明集》的有关版本,提供了一些文献资料方面的帮助,这为玉叶的博士论文奠定了文献学上的基础。玉叶在写作中与我反复沟通,我提醒她从对话的层面去解读《弘明集》中的儒道佛既交争又对话融合的观点与方法。玉叶在这方面作了大量的研究,如今这本书"上编"中的《〈弘明集〉的思想对话与六朝文论构建》《〈弘明集〉中的儒佛对话——以沙门不敬王者之争为中心》《六朝时期的佛道对话——以夷夏之辨为中心》这些篇章即是当时博士论文的内容。通过对这些问题的梳理与论述,本书有力地证明了,包括佛学在内的学术进入中土,构成中华思想文化的有机部分,关键在于是否善于通过对话与讨论的方式来获得彼此之间的尊重与互融,而不是通过排斥与拒绝的方式来进行。比如本书对东晋关于沙门与礼敬王者之间辩论的介绍与论述,以及对比明清时期封建专制统治者对佛教与王者之间的政策,这对我们今天来说,依然有着启发意义。

对《文心雕龙》与《弘明集》的编写,其间有着怎样的关系,玉叶此书中的论述,颇多中肯之论。本书中的《论〈文心雕龙〉与〈弘明集〉的义理贯通》一文,探讨这两本书的义理共同之处,提出两书之间的精神旨趣以及写作立场,认为《文心雕龙》的"还宗经诰"与《弘明集》的"尊崇律本",以及《文心雕龙》与《弘明集》的"追本溯源""原始要终",在这些方面有着一致之处,在最高层次的精神境界的追寻上,二书体现出崇本举末的方法。在这些方面的比较与互证,对于揭示《文心雕龙》的精神史意义的价值,实在是很有必要。日本学者吉川忠夫十几年前写了《六朝精神史研究》(凤凰出版传媒集团,2010 年出版),其中没有《文心雕龙》的内容,我以为六朝精神史的研究应当从更广泛更深入的维度去研究。玉叶此书将六朝文论史巨典《文心雕龙》与佛学代表作《弘明集》从义理贯通的层面去解析,对于我们去开掘六朝精神史的内容,不乏其价值。迄今为止,中国学术界关于六朝思想文化的各类著述层出不穷,但从精神史的高度去综合研究的还没有,这实在是一件遗憾事。很多年前,我在出版了《六朝美学》后,还出版过《两汉精神世界》一书,但一直没有时间再去写作六朝精神史。实际上,六朝是一个精神世界极为丰富的时代,对后世中国人的精神史影响极大,而构建六朝精神史的工程,需要各方面的努力,玉叶此书可算是初步的探索与努力,相信它对于六朝精神史的构建会起到推进的作用。

　　本书的下半部分主要是关于传统文学与文论的论文,着重从综合的角度去解析古代文论与六朝文学的相关问题。其中既有对于章太炎大文学观的论述,又有对沈约、庾信等著名文士的研究文章,这些论文善于从国学四部、文学现象等方面去研判文学与文论现象。读了这些文章,不禁想起与此相关的事情。玉叶是 2005 年国学院本科第一批学生,当时是从校内二次选拔从其他热门专业进入刚成立的国学院,他们这一届的学生真诚地热爱国学与传统文化,好学不倦,善于思考,运用国学治学的方法,从四部之学的贯通去考量学术、读书写作。书中的论中国传统学术与游学的文章,即是当时国学院教学特色的彰显。此外书中还有论述章太炎与近代文学大传统的文章，也体现出这种理念。这本书与人们常见的分科研究中国文学的文章有很大的不同之处，就是追求文史哲贯通、经史子集四部互融的学术境界，践行究天人之际、通古今之变、成一家之言的学术精神，对于中国文学的深度研究来说，是一种大胆而有益的探索，值得加以推介。

　　是为序。

袁济喜

2024.2.14

于京南寓所

上编：六朝佛学"中国化"进程探索

论《文心雕龙》与《弘明集》的义理贯通

刘勰所作《文心雕龙》与佛学的深层联系，与其师僧祐所编的《弘明集》又是否有关涉，近年来学界已有颇多关注。刘勰本传记载："勰早孤，笃志好学。家贫不婚娶，依沙门僧祐，与之居处，积十余年，遂博通经论，因区别部类，录而序之。今定林寺经藏，勰所定也。"①刘勰在上定林寺依止僧祐十余年之久，协助僧祐从事"抄撰要事""区别部类，录而序之"的佛教文献整理工作，耳濡目染僧祐其人其学，自身人格与著作也必定深受感染，从二人学术之联系研讨二人著述之联系，依此亦为可行，从这个角度看来，二书在诸多方面都存在着义理的贯通之处。

一、《文心雕龙》的"还宗经诰"与《弘明集》的"尊崇律本"

刘勰与其师僧祐在写作的初衷上便不谋而合，这点在《文心雕

---

① ［唐］姚思廉《梁书》卷五十，中华书局 1973 年版，第 710 页。

龙》的《序志》与《弘明集序》中就可以有明显的体现：

　　　　正见者敷赞，邪惑者谤讪。至于守文曲儒，则拒为异教；
　　巧言左道，则引为同法。拒有拔本之迷，引有朱紫之乱。遂令
　　诡论稍繁，讹辞孔炽。
　　　　夫鹖旦鸣夜，不翻白日之光；精卫衔石，无损沧海之势。
　　然以闇乱明，以小罔大，虽莫动毫发，而有尘视听。将令弱植
　　之徒，随伪辩而长迷；倒置之伦，逐邪说而永溺。此幽涂所以
　　易坠，净境所以难陟者也。（《弘明集》）①

　　　　唯文章之用，实经典枝条。五礼资之以成，六典因之致
　　用，君臣所以炳焕，军国所以昭明，详其本源，莫非经典。而去
　　圣久远，文体解散，辞人爱奇，言贵浮诡，饰羽尚画，文绣鞶帨，
　　离本弥甚，将遂讹滥。盖《周书》论辞，贵乎体要；尼父陈训，恶
　　乎异端；辞训之异，宜体于要。于是搦笔和墨，乃始论文。②

　　从中不难看出师徒拥有相似的写作动机和思想情感，《弘明集
序》所言的"拔本之迷"与《文心雕龙·序志》的"离本弥甚"都强调
的是当时宗教界和文学界对"本"的悖离，浸染了浮诡尚奇的时代
风潮。"诡论稍繁，讹辞孔炽"的佛学流弊与"辞人爱奇，言贵浮诡"
的文坛堕落激起了师徒匡正时弊、抨击现实的强烈责任感，僧祐自

---

　　① ［南朝梁］释僧祐撰，李小荣校笺《弘明集校笺》，上海古籍出版社 2013 年版，
第 3 页，下引《弘明集》皆同。
　　② ［南朝梁］刘勰撰，黄叔琳注，李详补注，杨明照校注拾遗《增订文心雕龙校
注》，中华书局 2012 年版，第 607 页。

述"祐以末学,志深弘护,静言浮俗,愤慨于心",这种充溢着愤懑情绪的写作,使《弘明集》中倾注了他弘道护法的强烈历史责任感,他说:"余所集《弘明》,为法御侮,通人雅论,胜士妙说,摧邪破惑之冲,弘道护法之堑,亦已备矣。"故而整部《弘明集》重在"护法""破惑",有着极大的现实针对性。当时的南朝佛教同时面临着内部腐化堕落的危机以及来自外部夷夏之辨中道教中人的攻击,僧祐对此痛心疾首,称当时为像法、末法时代,在其著作中认为当时的世界"像末少信信不纯,邪见迷没陷众苦"(《释迦谱》卷一),"自像运浇季,浮竞者多,或凭真以构伪,或饰虚以乱实",他认为典型"像末"时代的特征,便是真实被虚伪所掩盖,世风为浮竞所吞噬,信仰变质,邪见横行,僧祐直言感到"诳误后学,良足寒心"①。

刘勰继承了僧祐对现实的强烈批判精神,在《通变》篇中从文学发展的角度从上古考察到近代,总结为"从质及讹,弥近弥淡,何则?竞今疏古,风末气衰也"。不仅如此,整部《文心雕龙》中谈到"近代",几乎就伴随着痛心不满的情绪色彩:如《物色》云"自近代以来,文贵形似,窥情风景之上,钻貌草木之中",《定势》云"自近代以来,率好诡巧,原其为体,讹势所变,厌黩旧式,故穿凿取新",《程器》云"近代辞人,务华弃实",《通变》云"今才颖之士,刻意学文,多略汉篇,师范宋集,虽古今备阅,然近附而远疏也",《明诗》云"俪采百字之偶,争价一句之奇,情必极貌以写物,辞必穷力而追新,此近世之所尚也"等等,都是全力批判当时文坛浮华虚诡之弊。

师徒对世风日下的叹息几乎如出一辙,总结起来就是背弃经

---

① 〔南朝梁〕释僧祐撰,苏晋仁、萧炼子点校《出三藏记集》卷五,中华书局1995年版,第224页。

典、缺乏真情信仰、求新求奇、浮华不实。僧祐关于"拒有拔本之迷,引有朱紫之乱,遂令诡论稍繁,讹辞孔炽"的表述,也颇类似于刘勰的《体性》中所言"才性异区,文体繁诡。辞为肤根,志实骨髓。雅丽黼黻,淫巧朱紫。习亦凝真,功沿渐靡"。类似的语言表达,充分说明了刘勰在时俗世风的看法上受僧祐的影响。有学者就总结刘勰几乎照搬了僧祐的这套贬词,如浮、竞、虚、伪、浅、杂等等,用以指斥近世文风的方方面面①。

僧祐与刘勰在具体正教与正文举措上也保持着极大的相似性,那就是都以宗经为宗旨,在行文上以追本溯源、原始要终与求"正"为特点。有学者便已指出,二人虽一尊释迦三藏,一尊儒家五经,但是苦心孤诣极其相似②,还是能看出其中的思想渊源。

齐梁之际,"伪经""杂经"频出,辨伪求真也成为僧祐考订佛经的主要目的所在,刘勰的编订佛经,这也是主要的工作内容之一。僧祐就说自己编纂《出三藏记集》《萨婆多部师资记》的目的就是"订正经译,故编三藏之录;尊崇律本,故诠师资之传"③,对经典进行去伪存真、力求原貌的工作。在《出三藏记集》的《疑经伪撰杂录》中,收集了"割品截偈""妄加游字"的杂经,说明这些疑经"题目浅拙,名与实乖,虽欲启学,实芜经典",义理上容易给人带来误解,而且"真经体趣,融然深远;假托之文,辞意浅杂",在文学水平上也相差甚远,将其编入,以对未来人起警示作用。

刘勰更是把儒家经典看作"恒久之至道,不刊之鸿教",具有

<hr />

① 汪春泓《〈文心雕龙〉的传播和影响》,学苑出版社2002年版,第418页。

② 请参见李最欣、冯国栋《僧祐之学与〈文心雕龙〉》,《西南民族大学学报(人文社科版)》,2006年第1期。

③ [南朝梁]释僧祐《出三藏记集》,第458页。

"象天地,效鬼神,参物序,制人纪,洞性灵之奥区,极文章之骨髓"的神圣作用,是各种文学体裁的起源,也是文学的最佳理想境界。和僧祐以经典为标准而列出疑经一样,刘勰也以五经为准绳,在《正纬》中"按经验纬",在《辨骚》篇中比较楚辞与经典的"四同""四异",对楚辞"取熔经意"的一面表示肯定,这就是出自在定林寺编定佛经养成的一种"正本清源"的职业习惯。

　　刘勰认为,文坛产生流弊,根本原因就是没有师圣宗经:"励德树声,莫不师圣;而建言修辞,鲜克宗经,是以楚艳汉侈,流弊不还。"相应的解决方法就是忠实地以儒家经典为教科书学习文学之道,刘勰在《通变》中具体说明就是要"练青濯绛,必归蓝蒨;矫讹翻浅,还宗经诰"。在《风骨》中更说:"若夫熔铸经典之范,翔集子史之术,洞晓情变,曲昭文体,然后能莩甲新意,雕画奇辞。"等于将五经制定为文学永恒的指导法则。在僧祐的理论建设中,佛学的法则就是"律",他说:"大圣迁辉,岁纪绵逸,法僧不坠,其唯律乎!"[①]以戒律来指导修行者的一切行为,以五经来衡量评判文学,那么时俗流弊就自然可以被矫正了。

二、《文心雕龙》与《弘明集》的
"追本溯源"与"原始要终"

　　出于对这种经典还原和回归的思想理路,僧祐在著述中运用了"追本溯源""原始要终"的思维方式。这种方法在六朝的高僧先辈中就早有应用,僧祐在《出三藏记集》中就收入了支遁关于"揽始

---

　① ［南朝梁］释僧祐《出三藏记集》,第466页。

源终,研极奥旨"原则的表述:"或失其引统,错征其事巧辞,变伪以
为经体,虽文藻清逸,而理统乖宗。是以先哲出经,以胡为本。"①
慧远在《〈阿毗昙心〉序》中也说:"标偈以立本,述本以广义,先弘内
以明外,譬由根而寻条。可谓美发于中,畅于四肢者也。"②强调必
须还原"根""本",才能带来"美发于中,畅于四肢"的文学审美效果。

僧祐继承前贤,在自己的佛经目录编纂实践中进行"检阅三藏,
访核道源"的查访考核佛经的工作。针对当时佛学界"法门常务,月
修而莫识其源;僧众恒义,日用而不知其始"③,这种对"本"与"源"不
甚关心的现状,僧祐斥责竺法度"肆意抄撮""凭真以构伪",以致
"本源将没,后生疑惑",所以必须"正本清源"④,其标准便是"今悉
标出本经,注之目下,抄略既分,全部自显,使沿波讨源,还得本译
矣"⑤。这样各经的本源都一目了然,做到贯一会通,原始要终。

刘勰同样在《文心雕龙·序志》篇中批评先前的文论家们"往
往间出,并未能振叶以寻根,观澜而索源。不述先哲之诰,无益后
生之虑"。接受过僧祐方法训练的刘勰,自觉地在《文心雕龙》中践
行"追本溯源""原始要终"的思维模式,如《知音》篇"夫缀文者情动
而辞发,观文者披文以入情,沿波讨源,虽幽必显";《诠赋》篇"讨其
源流,信兴楚而盛汉矣";《体性》篇"沿根讨叶,思转自圆"。刘勰自
然而然地将僧祐的这种佛教史观和研究方法移植到文论的考察之
中,使得《文心雕龙》时时将文学回归至本源的儒家经典,使得整部

---

① [南朝梁] 释僧祐《出三藏记集》,第 302 页。
② [南朝梁] 释僧祐《出三藏记集》,第 378 页。
③ [南朝梁] 释僧祐《出三藏记集》,第 476 页。
④ [南朝梁] 释僧祐《出三藏记集》,第 232 页。
⑤ [南朝梁] 释僧祐《出三藏记集》,第 123 页。

著作体系结构完整而缜密。

　　刘勰在《宗经》篇所说的"正末归本,不其懿欤",也显示了他的文学观以"正"与"本"为旨归。《宗经》篇就说要"开学养正",《论说》篇云:"徒锐偏解,莫诣正理,动极神源,其般若之绝境乎!"对"正理"的追求就是在佛学与文学交融中自然地迸发。有学者已指出,"正"之观念在《文心》中实居领导地位,很大程度上是得到了佛家"正道"之启示①。

　　僧祐也梦想由当时的"像法"时代重回"正法"时代,两者区别就是尊重抑或诽谤正法。因"正法"时代之"正"关键在于经藏之"正",故僧祐在阐述"沿波讨源"的研究方法时也强调了"正名"的重要性:"至于书误益惑,乱甚梦丝,故知必也正名,于斯为急矣。"②僧祐在《安公失译经录》中说:"安录诚佳,颇恨太简……使名实有分,寻览无惑焉。"可以说《祐录》就是对《安录》的一个"名实有分"的再补充。刘勰同样也重"正名",其"正名"主要是"释名以章义",自《明诗》篇至《书记》篇而"名理相因","论文叙笔"的工作其实主要就是"释名""敷理","名"与"理"能够义正辞顺,那么其中的微言大义自然就可以为人所领会理解,这种"正"的追求还是对雅正五经文学传统的回归。

三、《弘明集》的文化兼融精神与 刘勰的折衷圆通准则

　　《文心雕龙》中三教并存兼融的思想倾向与整部《弘明集》的核

---

①　饶宗颐《文心与阿毗昙心》,《暨南学报(哲学社会科学版)》,1989 年第 1 期。
②　[南朝梁] 释僧祐《出三藏记集》,第 123 页。

心精神是非常一致的,这更是一种兼融折衷的时代精神,刘勰以自己广博圆融的学术积累为基础,充分地发挥自己对于各种学术的理解而将其融为一体,使《弘明集》与《文心雕龙》有了基本文化精神上的贯通之处。

南朝三教汇通之势已殊为明显,梁武帝醉心佛教又大倡经学,陶弘景为上清派之传人而又中年皈依佛门,沈约的文集中更是佛教道教并重,对道教仪轨与佛教戒律同样严守,而南朝士人也都热心仕进,游离于入世出世之间。沈约《均圣论》云"中外二圣,其揆一也",继续"周孔即佛,佛即周孔"的认识。《梁书·徐勉传》亦记载徐勉"以孔释二教殊途同归",撰《会林》五十卷。当时的高僧也普遍抱持这种思维,包括僧祐在《弘明集序》中就言明"夫觉海无涯,慧境圆照。化妙域中,实陶铸于尧舜;理擅系表,乃埏埴乎周孔矣",就连胡汉文字,僧祐也认为是"文画诚异,传理则同"①。

在这种时代潮流下,已经很难有不掺杂其他思想的学术。这种新的文化思想,正是在多种思想观念的不断碰撞交融下完成的。这样的文化融合在《弘明集》中反映得最为明显,其中的每篇文章在相互攻诘的同时自觉不自觉地进行着文化融合的工作。参与夷夏之争的刘勰写作的《灭惑论》也最能体现他典型的三教会合思想。当时的道士假冒张融之名写作《三破论》,攻击佛教"人国破国""人家破家""人身破身",当时志在弘教之士纷纷撰文辩驳,《弘明集》卷八中就收入了刘勰所撰的《灭惑论》、玄光所作的《辩惑论》与僧顺所作的《答道士假称张融〈三破论〉》。

玄光的《辩惑论》采用反唇相讥的思路,全文历数道教禁经上

---

① ［南朝梁］释僧祐《出三藏记集》,第12页。

价、妄称真道、合气释罪、侠道作乱、章书伐德之五逆，但在攻击道教的同时没有显现佛教的超拔之处。而僧顺《答道士假称张融三破论(十九条)》比玄光之文高明之处就在于攻击道教的同时，引用孔子、老子与庄子之言论与事实来证明佛教思想与儒道思想无异故而无害，如：

> 论云：泥洹是死，未见学死而得长生，此灭种之化也。
> 释曰：夫生生之厚至于无生，则张毅、单豹之徒，是其匹矣。是以儒家云：人莫不爱其死而患其生。老氏云：及吾无身，吾有何患。庄周亦自病痛其一身。此三者，圣达之流，巨以生为患，夫欲求无生，莫若泥洹。①

这种调和折衷的方法也是佛教学者回应攻击之时最惯常使用的手段。经过同类文章的对比，我们再看刘勰的《灭惑论》才更可以体会刘勰在同时代人中辩论技巧的高超和折衷调和方法的卓越运用。

在《灭惑论》中，针对《三破论》的主旨："道家之教，妙在精思得一，而无死入圣。佛家之化，妙在三昧神通，无生可冀，死为泥洹，未见学死而不得死者也。"刘勰首先以一段气势不凡的辩论总结了佛道二教的高下：

> 佛法练神，道教练形。形器必终，碍于一垣之里；神识无穷，再抚六合之外。明者资于无穷，教以胜慧；暗者恋其

---

① ［南朝梁］释僧祐撰，李小荣校笺《弘明集校笺》，第432页。

必终，诳以仙术，极于饵药。慧业始于观禅，禅练真识，故精
妙而泥洹可冀。药驻伪器，故精思而翻腾无期。若乃弃妙
宝藏，遗智养身，据理寻之，其伪可知。假使形翻无际。神
暗鸢飞戾天，宁免为鸟？夫泥洹妙果，道惟常住，学死之谈，
岂折理哉？[①]

　　刘勰开篇就抓住了佛教最超越儒道之处，以"神"开篇。喻佛
教与道教以"神"与"形"，高下立分，"无穷"之"神"带给佛教的是
"胜慧""真识""泥洹"，而只知追逐"必终"的"形"的道教信徒，沉迷
于"仙术""饵药""翻腾"，都是功利而可怜的鸢飞戾天者，对长生迷
恋渴望而极力追求。简明地点出佛道之高下后，刘勰就以儒家为
折衷的原点来剖析佛教思想。

　　对于"入家破家"的指责，其实道教攻击佛教"破家"，是以儒家
理论指责佛教的"遗弃二亲""五逆不孝"。刘勰也同样运用儒家理
论，证明佛教与儒家所论之孝道并无区别，也就是"夫孝理至极，道
俗同贯，虽内外迹殊，而神用一揆"，调和道俗、内外。刘勰继承慧
远在家、出家的理论，说在家之人要修习儒家礼教，出家之人也就
该奉出世之法，何况《法华经》与《维摩诘经》把出家与在家的情况
也都考虑到了。刘勰接着引用孔子的"逝者如斯夫"与庄子的"白
驹过隙"之叹，自然地推理出人事瞬息即逝的道理，来说明佛教和
世俗只重生前的浅薄孝道相比，是令亲人"冥苦永灭"，才是真正的
大孝。刘勰这点就是秉承了慧远的思路，慧远就说："释氏之化，无
所不可。适道因自教源，济俗亦为要务……与皇之政，并行四海，

---

① ［南朝梁］释僧祐撰，李小荣校笺《弘明集校笺》，第 416 页。

幽显协力,共敦黎庶,何成、康、文、景,独可奇哉?"①刘勰不仅将比附佛教理论为大孝,更再次强调佛教的"照悟神理",用此来洞鉴烛照世界,以期说明释迦与三皇五帝虽行迹不同,但思想宗旨殊途同归:"检迹异路,而玄化同归。"这种论述手段也与慧远所论"佛儒二教之礼,形迹虽异,本质实同"有异曲同工之妙。

可以看出刘勰在《灭惑论》中对于折衷兼融方法已经熟练运用,这种脱胎于《弘明集》儒道论争的思维方式,刘勰也自然而然地运用到了《文心雕龙》的写作之中,在《序志》篇中,刘勰就谈到了"唯物折衷"这种思维方法,说明自己的著作并非简单地"铨序一文",而是要"弥纶群言"。在《文心雕龙》中刘勰贯彻了这种思维,在《定势》篇论"文势"时,具体地阐述了这种方法论原则:"奇正虽反,必兼解以俱通;刚柔虽殊,必随时而适用。若爱典而恶华,则兼通之理偏;似夏人争弓矢,执一不可以独射也。"《文心雕龙》中,无论是"兼""折衷""厥中"(《附会》"献可替否,以裁厥中")还是"中和"(《章句》"曷若折之中和,庶保无咎"),表达的都是这样一种折衷圆融的思维方式。这也是针对当时的文论界"各执一隅之解,欲拟万端之变"(《知音》)、"徒锐偏解,莫诣正理"(《论说》)的现象而生发的,这与当时的宗教界,保守的儒家与道家学者固守一端、排斥其他思想何其相似。有学者指出,六朝的佛教论争是影响刘勰《文心雕龙》中折衷方法使用的最直接来源②,这是非常有见地的。这种方法的来源同样来自多种文化学术。《史记·孔子世家》评价

①　何尚之《答宋文帝赞扬佛教事》,[南朝梁]释僧祐撰,李小荣校笺《弘明集校笺》,第580—581页。

②　高文强《试论佛教论争对刘勰折衷方法的影响》,《华中科技大学学报(社会科学版)》,2004年第3期。

孔子"中国言《六艺》者折中于夫子,可谓至圣矣",孔子因折衷传统
经典而成为至圣,这种思维方法也让后人争相效仿。大乘中观学
说同样秉持不执二端、不偏不倚的精神,《中论》所提倡的八不中
道,运用的就是双遣双非的中观方法。僧肇就以这种方法依违于
真俗、有无等概念之中,在《物不迁论》中说:"夫谈真则逆俗,顺俗
则违真,违真,则迷信而莫返;逆俗,则言谈而无味。缘使中人未分
于存亡,下士抚掌而弗顾。"①

在《辨惑论》中回应"入国破国"之说时,刘勰指出:"大乘圆极,
穷理尽妙。故明二谛以遣有,辨三空以标无,四等弘其胜心,六度
振其苦业,诳言之讪,岂伤日月。"指出大乘佛教之"圆极",也就是
圆满至极的理论特点,用申明"真、俗"二谛,辨析我空、法空、我法
俱空"三空"的方法来遣有无二端之说。这种"圆"的表述其实就是
折衷的另一种提法,取圆融圆通而全面贯通之义,刘勰在《梁建安
王造剡山石城寺石像碑》中也提到:"况种智圆照,等觉遍知,扬万
化于大千,摛亿形于法界……月喻论其迹隐,镜譬辨其常照。"②也
是对佛教智慧遍及三界、能觉悟一切的赞美。

"圆"是佛教的一种理想美学观念,也是佛学研究中的一种重
要思想方法,刘勰《知音》篇中"圆照之象,务先博观"中之"圆照"是
一种圆满全面、莹澈光明的观照方式。这种取自佛教"等觉遍知"
的智慧理想的观照方法,首先是要全面地"博观",刘勰提出对文学
作品全方位的"六观":"一观位体,二观置辞,三观通变,四观奇正,
五观事义,六观宫商。"然后要求是不偏不倚,犹如佛教的"无知而

① [东晋]僧肇著,张春波校释《肇论校释》,中华书局2010年版,第12页。
② [清]严可均编《全上古三代秦汉三国六朝文·全梁文》卷六十,中华书局1958年版,第3310页。

照""无心而观":"无私于轻重,不偏于憎爱""平理若衡,照辞如镜",如同镜子般地如实反映文辞的本质。而圣人之文就符合这个标准,刘勰在《征圣》篇中说:"虽精义曲隐,无伤其正言,微词婉晦,不害其体要,体要与微辞偕通,正言共精义并用。圣人之文章,亦可见也。"也就是折衷文质、圆融雅俗之文。这样的理想观念也是综合儒家之中庸、玄学之严整、佛学之观照的境界。而刘勰达到的这种思维水平和辨析能力,也正是和折衷博采诸家之长不能分开的。

原载《郑州大学学报(哲学社会科学版)》2014 年第 6 期

《弘明集》的思想对话与
六朝文论构建

　　自人类的文明和语言产生伊始,对话就是思想沟通交流的基本手段,以达到信息的交换、一致意见的达成。从现代文艺学、人类学的视角考量,对话也早已超越了其基本的语言交流涵义,上升成为独具社会性、审美性的一个重要范畴,无论是柏拉图的文艺对话,还是现代文艺学家巴赫金的对话理论,都从文艺实践与理论上证明了对话在文艺领域的活跃与常青。这种审美意义上的对话,通常以持不同思想的双方进行平等论辩,使中心义理在对话中层层深入而越辩越明,各方思想上的自由对话,既是一个社会思想界活力的象征,也是各种新学说产生发展的重要推动力。

　　六朝正是继先秦百家争鸣以后的又一个思想自由活跃的时期,清谈论辩之风使言说对话成为时尚,玄学的盛行、佛教的传入又为这种对话提供了丰富的素材,也造就了理念截然不同的各类学说共存并峙的思想环境。在这种情况下,因差异而产生沟通的需要,因渴求思想被理解而产生了对话的动力,这种不同学术学说的交流对话与一般文艺学中的对话内涵亦有所不同,本文称其为

"思想对话"。这种思想对话最重要的特点即在于思想观点的差异性与纯论学理,不涉其他。表现形式也不仅有生活集会中面对面的争辩,书面形式的往复讨论,更是作为一种生活态度在六朝深入人心:

> 魏晋南北朝思想对话,指当时思想界各种学说所展开的交流和论辩,它通过各种学术流派、士族团体、个人倡论等形态来展现。它既有日常生活的方式,亦有行文著论的方式。在时间上,既有当下的显现,也有与古人的交流;既有思想意识的直观萌发,亦有精心思辨的结撰;既有逻辑严密的理式推导,更有感性审美的妙言隽语。当时的文艺批评在同一思想对话的氛围中受益匪浅,无论是在精神价值深处,还是在方法和体式上,都有明显的踪迹可寻,留下了丰富的典籍文化。①

可以说,六朝的许多文化也都是以这种广义思想对话的形式表现出来的,也正是通过对话实现了当时儒道释等众多思想的交流与融合。《弘明集》中所展现的主要就是佛教思想对话,当时佛教初入中原,基本教义与传统儒家观念大有差别,作为外来的宗教,又不得不面对被当作夷狄之教的种种偏见,所以佛教人士渴望平等地对话,将佛教教义介绍给世人,答疑辨惑、消除误解。另一方面为了应对坚守传统思想人士的诘难,也不得不

---

　　① 袁济喜《魏晋南北朝思想对话与文艺批评》,中国人民大学出版社 2011 年版,绪论页。此专著以对话视角研究魏晋南北朝思想文化,本文即沿用其"思想对话"的提法。

奋起还击，与之对话。僧祐在《弘明集序》中就交代《弘明集》的编纂背景，感叹佛教当时"道大信难，声高和寡"的艰难处境，要面对世人的"六疑"。刘勰在《文心雕龙·序志》中坦露写作心曲说："形同草木之脆，名逾金石之坚，是以君子处世，树德建言，岂好辩哉，不得已也！"孟子因当时儒家所处形势的危机忧患感而不得不与天下士人雄辩，佛教人士的"好辩"也正是如此。牟子在论辩过程中力挫众道家术士，时人也将他比作了孟子①。这场佛教与传统思想势力的对话在整个六朝得以延续，并且在今后各个朝代都不曾消歇。

一、思想对话精神之传承

《弘明集》与《广弘明集》正是这场对话忠实的记录，也是这种精神的传承者。《弘明集》的对话特色体现在宏观的文化争鸣与具体成文的形态上，往往收录的是问、答、辩、难等文体，在文章中也会自设正反对话，来帮助条分缕析、层层深入地分析问题。《弘明集》以收录双方来往书信的形式展现了那一时代的佛教思想对话大势，既有一对一的对话，也有一对多的对话。若将《弘明集》中的篇目按双方对话分类，可见下表②：

---

① 《牟子理惑论》："时人多有学者，牟子常以五经难之，道家术士莫敢对焉，比之于孟轲距杨朱、墨翟。"

② 《广弘明集》中的对话有：沈约与陶弘景的对话：《沈约〈陶弘景难并解〉》；何承天与刘少府的对话：《何承天〈报应问〉》《刘少府答》（卷十四）；戴逵与慧远的对话：《释疑论》《晋戴安公与远法师书（并答）》《戴重与远法师书》《远法师与戴书（并答）》（卷十四）；戴逵与周道祖的对话：《周道祖难释疑论》《戴答周居士难论（并答）》（卷十四）；萧子良与刘虬的对话：《齐竟陵王与隐士刘虬书（三首）》（卷十四）等。

对 话 双 方	篇　　目
宗炳与何承天的对话	何承天《与宗居士书》、宗炳《答何衡阳书之一》、何承天《答宗居士书之一》、宗炳《答何衡阳书之二》、何承天《答宗居士书之二》(卷三)
何承天与颜延之的对话	何承天《达性论》、颜延之《释达性论》、何承天《答颜光禄》、颜延之《重释何衡阳之一》、何承天《重答颜光禄》、颜延之《重释何衡阳之二》(卷四)
孙盛与罗含的对话	罗含《更生论》、孙盛《与罗君章书》、罗含《答孙安国书》(卷五)
张融与周颙的对话	张融《门论》、周颙《难张长史门论》、张融《答周颙书》、周颙《重答张长史书》(卷六)
顾欢与诸人的对话	顾欢《夷夏论》(未收)、谢镇之《与顾道士书》《重与顾道士书》(卷六)、朱昭之《难顾道士夷夏论》、朱广之《咨顾道士夷夏论》、释慧通《驳顾道士夷夏论》、释僧愍《戎华论折顾道士夷夏论》
假称张融作《三破论》之道士与诸人的对话	释玄光《辩惑论》、刘勰《灭惑论》、释僧顺《释三破论》(卷八)
范缜与诸人的对话	范缜《神灭论》(未收)、萧琛《难神灭论》、曹思文《难神灭论》、范缜《答曹舍人》、曹思文《重难神灭论》(以上卷九)、梁武帝《敕答臣下答神灭论》、释法云《与王公朝贵书(并六十二人答)》(卷十)
桓玄与慧远的对话	释慧远《沙门不敬王者论》《沙门袒服论》《明报应论》《三报论》(以上卷五)、桓玄《与远法师书》、释慧远《答桓南郡书》(卷十一)、桓玄《与远法师书》、释慧远《答桓太尉书》、桓玄《重答慧远法师》《许沙门不致礼诏》《与僚属沙汰僧众教》、释慧远《与桓太尉论料简沙门书》(卷十二)
桓玄与王谧等八座的对话	桓玄《与八座论沙门敬事书》、桓谦等《答桓玄论沙门敬事书》、王谧《答桓太尉》、桓玄《难王中令》、王谧《答桓太尉之二》、桓玄《与王中令书》《重难王中令》、王谧《重答桓太尉》(卷十二)

对 话 双 方	篇 目
桓玄与卞嗣之等人的对话	桓玄《诏之一》；卞嗣之、袁恪之《答桓玄诏之一》；桓玄《诏之二》；马范、卞嗣之《答桓玄诏之二》；桓玄《诏之三》；卞嗣之《答桓玄诏第四》；释支遁《与桓太尉论州符求沙门名籍书》（卷十二）
慧远与何镇南的对话	释慧远《沙门袒服论》、何镇南《难袒服论》、释慧远《答何镇南》（卷五）
李淼与高、明二法师的对话	李淼《与高、明二法师难佛不见形事》、释道高《答李交州书》、李淼《与道高法师书》、释法明《答李交州书》（卷十一）
萧子良与孔稚珪的对话	萧子良《与孔中丞书二首》、孔稚珪《答萧司徒书三首》、萧子良《答孔中丞书》
姚略与恒、标二僧及鸠摩罗什、僧迁等人的对话	姚略《与恒、标二公劝罢道书》；释道恒、道标《答秦主书》；姚略《诏恒、标二公》；释道恒、道标《重答秦主》；姚略《与鸠摩罗耆婆书》；姚略《与僧迁等书》；释僧契等《答秦主书》（卷十一）
释僧岩与刘君白的对话	释僧岩《辞刘刺史举秀才书》、刘君白《答释僧岩法师书》、释僧岩《与刘刺史书》、刘君白《答僧岩法师书》（卷十一）
习凿齿与释道安的对话	习凿齿《与释道安书》（卷十二）
谯王与张新安的对话	谯王《与张新安论孔释书》、张新安《答谯王论孔释书》（卷十二）
范泰与诸人的对话	郑道之《与沙门论踞食书》、范泰《与王司徒诸公沙门论踞食书》、释慧义等《答范伯伦诸檀越书》、范泰《重答法师慧义书》、范泰《与生、观二法师书》、范泰《论沙门踞食书三首》（卷十二）
庾冰与何充等的对话	何充等《沙门不应尽敬表有序》、庾冰《代晋成帝沙门不应尽敬王诏》、何充等《沙门应尽敬表》、庾冰《重代晋成帝沙门不应尽敬诏》、何充等《重奏沙门不应尽敬诏》（卷十二）

上表所涉篇目涵盖了《弘明集》的大部分内容，充分展现了当时佛教思想对话的广泛性与激烈程度。从这个意义上来说，《弘明集》实质上就是一部思想对话集。收录的对话内容以形神论、夷夏论、沙门不敬王者论等为主，正是当时佛教与儒家、道教发生冲突的基本议题。观《弘明集》中的思想对话，基本特点有二：

一是自由平等的思想对话氛围。无论官品富贵，在思想的对话中能够平等交流，这是能够推动时代思想进步之对话发生的基础。纵观《弘明集》，有尊卑相异的君臣对话，也有所处不同的僧俗对话，但基本上双方皆可畅所欲言，顾忌较少。慧远面对权倾朝野的桓玄能够"答辞坚正，确乎不拔"，范缜面对笃信佛法的梁武帝及其蜂拥应和的六十多位王公朝贵，也不变初衷，从容论战；对于庾冰、桓玄代表朝廷意志的诏书，何充、卞嗣之等人也没有奉命，而是提出相反意见与之对话。南朝这种理论氛围是佛教思想对话得以发生之土壤，也是《弘明集》产生的基本条件。相比之下北朝的政治思想统治更为严厉，佛教思想对话便较难产生。

二是思想对话因不同文化间的差异矛盾而起，以碰撞和冲突为特征，但以文化的圆融调和为趋势。这是整部《弘明集》的思想主流，在每段对话中都体现得尤为明显。思想对话不是为了扩大文化差异，制造文化矛盾，而是为了相互理解、扬长补短，最终和而不同。佛教最初一直以依附儒道学说的低姿态来进行对话，虽日益壮大，仍然不断改变教义礼制以更适合中国本土思想之需要。中国传统文化精神也素来是海纳百川，兼容并包，《中庸》有云："万物并育而不相害，道并行而不相悖。小德川流，大德敦化，此天地之所以为大也。"这种文化上的开放包容姿态是中华文明得以不断进步与延续的基础。一般大一统时期如汉代思想趋于定于一统，而先秦与六朝这样的政治分裂时代往往造就百家争鸣的思想对话场面。班固在《汉书·艺文志》中总结先秦诸子的对话争鸣说：

> 诸子十家,其可观者九家而已。皆起于王道既微,诸侯力政,时君世主,好恶殊方,是以九家之术蜂出并作,各引一端,崇其所善,以此驰说,取合诸侯。其言虽殊,辟尤水火,相灭亦相生也。仁之与义,敬之与和,相反而皆相成也。①

诸子的学说各自针锋相对,正可谓"各引一端,崇其所善",但是"其言虽殊,辟尤水火,相灭亦相生也",所立的主张亦是"相反而皆相成",看似差异很大的主张也存在着相辅相成、互相影响依存的关系。这种平等自由的对话精神在六朝得以传承,且以不同的清谈方式体现出来,成为当时的风尚。《世说新语》中就以记录对话的形式还原了当时的清谈场景,如《文学篇》记录少年王弼的清谈说：

> 何晏为吏部尚书,有位望,时谈客盈坐,王弼未弱冠,往见之。晏闻弼名,因条向者胜理,语弼曰:"此理仆以为极,可得复难不?"弼便作难,一坐人便以为屈。于是弼自为客主数番,皆一坐所不及。②

可知当时的清谈,展现了颇为平等的学术对话气氛。当时位

---

① ［汉］班固《汉书》卷三十,中华书局 2007 年版,第 1746 页。
② ［南朝宋］刘义庆著,［南朝梁］刘孝标注,余嘉锡笺疏《世说新语笺疏》,中华书局 2007 年版,第 231 页。

居吏部尚书的何晏实为士人领袖,闻知十几岁少年的才能,主动向他问难,王弼竟然使得诸位谈客都哑口无言,从而声名大振。时人更多关注了谈玄论道的解析技巧与过程,身份年纪等礼仪差别就放在了次要的地位。清谈名士这种好辩乐论的精神已不同于孟子的"不得已"而辩,而是颇为享受这互相攻讦辩论的过程。《世说新语·文学篇》就说王衍"能言,于意有不安者辄更易之,时号'口中雌黄'"。古人以雌黄颜料涂抹更改错字,可知王衍就以纠正他人观点为乐事。当时清谈是名士的主要生活方式,也是相互比较高低、声名得以显著的主要手段,以致士人们对于论理非常较真,《世说新语》中常用"苦"来形容士人这种劳心劳力的对话过程:

　　许掾年少时,人以比王苟子,许大不平。时诸人士及于法师并在会稽西寺讲,王亦在焉。许意甚忿,便往西寺与王论理,共决优劣,苦相折挫,王遂大屈。许复执王理,王执许理,更相覆疏,王复屈。许谓支法师曰:"弟子向语何似?"支从容曰:"君语佳则佳矣,何至相苦邪? 岂是求理中之谈哉?"①

　　孙安国往殷中军许共论,往反精苦,客主无间,左右进食,冷而复暖者数四。彼我夺掷,麈尾脱落,满餐饭中,宾主遂至莫忘食。殷乃语孙曰:"卿莫作强口马,我当穿卿鼻。"孙曰:"卿不见决鼻牛,人当穿卿颊"。②

---

① 余嘉锡《世说新语笺疏》,第 266 页。
② 余嘉锡《世说新语笺疏》,第 259 页。

　　许询在清谈中战胜王修而沾沾自喜,但以支遁看来,这种锋芒尽露、苦苦相逼不是"求理"对话应有的态度,孙绰与殷浩则因难分胜负而有颇孩子气的斗气举动和诙谐的人身攻击。许询和王修交换观点而辩论,王弼"自为客主数番",都说明清谈注重的不是为了论证自己所持观点的正确性,而是类似于当代的辩论,看重的是论辩技巧,以及在过程中名士风度的展现。

　　在同时代的西域,佛门中人亦注重辩论,这不仅是印度佛教的一贯传统,也很有可能与中原文化互相影响。论辩才能是知名高僧的必备素质,如《高僧传·义解论》中云:"故须穷达幽旨,妙得言外,四辩庄严,为人广说,示教利熹,其在法师乎!"对于法师来说,辩论是庄严神圣的,也是宣教所必需的。鸠摩罗什在与慧远的回信中就提到"夫才有五备:福、戒、博闻、辩才、深智",赞扬慧远五才兼备。罗什自身也因辩才而在九岁时便闻名西域诸国,本传记载:"王即请入宫,集外道论师,共相攻难,言气始交,外道轻其年幼,言颇不逊,什乘隙而挫之,外道折伏,愧惋无言,王益敬异。"后罗什前往温宿,"时温宿有一道士,神辩英秀,振名诸国,手击王鼓而自誓言:'论胜我者,斩首谢之。'什既至,以二义相检,即迷闷自失,稽首归依,于是声满葱左,誉宣河外,龟兹王躬往温宿,迎什还国"①。温宿道士以命相注参与论辩,罗什取胜后声名显著,使得龟兹国王亲自迎请入皇宫,都说明当时西域文化中对辩才的无比看重。

　　实际上当时声名卓著的西域高僧基本都是论辩高手。如《高僧传》中评价昙无谶"临机释滞,清辩若流,兼富于文藻,辞制华

------

　　①　[南朝梁]释慧皎著,汤用彤校注《高僧传》,中华书局1992年版,第46页。

密",《世说新语·文学篇》也说康僧渊"初过江,未有知者,恒周旋献市肆,乞索以自营。忽往殷渊源许,值盛有宾客,殷使坐,粗与寒温,遂及义理。语言辞旨,曾无愧色。领略粗举,一往参诣。由是知之"①。初来中原默默无闻的康僧渊通过与殷浩的清谈而出名。东晋王导、殷浩等都酷爱清谈,《世说新语·排调》还记载了王导与康僧渊的一段妙趣横生的对话:

> 康僧渊目深而鼻高,王丞相每调之。僧渊曰:"鼻者面之山,目者面之渊。山不高则不灵,渊不深则不清。"时人以为名答。②

通过这样的对话,西域胡僧展现了自己对中土文明的迅速适应和聪明机智,博得了贵族士人的好感,得以与他们平等交流,以名士的姿态自处。西域高僧如此,本土高僧也往往以辩才赢得口碑。道安早年师事佛图澄,因形貌丑陋而不为众人重视,"澄讲,安每覆述,众未之惬,咸言:'须待后次,当难杀昆仑子。'即安后更覆讲,疑难锋起,安挫锐解纷,行有余力,时人语曰:'漆道人,惊四邻。'"③道安以自己的非凡辩论能力赢得了声名与尊重。道安之徒慧远为体现《弘明集》中对话精神的灵魂人物,因学兼道俗、精于玄学而成为一位辩论高手。在东晋这样玄佛合一、僧人名士化的潮流下,佛教的论辩也带有了玄学清谈的形式和意味。如慧远早年间在荆州时曾与道恒发生过一场关于般若学心无义的对话:

---

① 余嘉锡《世说新语笺疏》,第 274 页。
② 余嘉锡《世说新语笺疏》,第 939 页。
③ [南朝梁]释慧皎《高僧传》,第 177—178 页。

　　时沙门道恒颇有才力,常执心无义,大行荆土。汰曰:"此是邪说,应须破之。"乃大集名僧,令弟子昙一难之,据经引理,析驳纷纭。恒仗其口辩,不肯受屈。日色既暮,明旦更集。慧远就席,设难数番,关责蜂起。恒自觉义途差异,神色微动,麈尾扣案,未即有答。远曰:"不疾而速,杼轴何为?"座者皆笑矣,心无之义于此而息。①

　　这场论辩的组织与表现和当时的一般玄学清谈基本无异,"设难数番"这样难与答往返对话的形式完全来自玄学清谈,道恒无言以对时故作镇静,用清谈家采用的一种惯用动作来"麈尾扣案",不料慧远展现了"席上谈论,精义简要"的辩论风格②,巧妙地引用《周易》击破了他的伎俩,也赢得了在座者欣赏的笑声,从而极大地打击了心无义派的发展。

　　根据《世说新语》的记载,支遁更是将玄学清谈与佛教论辩融为一炉,发展出了新型的玄佛对话。《文学篇》言其讲小品般若,风格是"辩答清析,辞气俱爽"。王右军一开始对支遁不以为然,也是在对话中敬服支遁的义理口才而与之交好的。《世说新语》与《高僧传》都记载了这个故事:

　　王羲之时在会稽,素闻遁名,未之信,谓人曰:"一往之气,何足言。"后遁既还剡,经由于郡,王故诣遁,观其风力。既至,王谓遁曰:"《逍遥篇》可得闻乎?"遁乃作数千言,标揭

---

① [南朝梁]释慧皎《高僧传》,第192—193页。
② [南朝梁]释僧祐《出三藏记集》,第570页。

新理，才藻惊绝。王遂披衿解带，流连不能已。仍请住灵嘉寺，意存相近。①

　　王羲之故意要借对话来"观其风力"，没想到完全被支遁的逍遥义所折服，由对话而启二人之交游。佛教进入中国伊始，就是这样通过对话来获得本土士人的兴趣和理解的。东晋之时，其实大部分名士对于佛学还是不甚了了，对佛教产生亲切感受乃至在《弘明集》中为佛教辩论的士人，绝大部分都是因为在与支遁、慧远等这样的高僧交游过程中，首先为高僧风采所倾倒，才开始对佛教产生兴趣并加以研究的。无论士人们对于佛教精微之理是否真正明白，最主要的还是在与高僧的对话中，享受这种谈理攻辩的过程。《世说新语》记载殷浩爱读《小品般若》，但因"幽滞"而难以理解，欲与支遁辩论而不得。支遁与许询之辩论精彩，亦令人印象深刻：

　　　　支道林、许掾诸人，共在会稽王斋头，支为法师，许为都讲。支通一义，四坐莫不厌心。许送一难，众人莫不抃舞，但共嗟咏二家之美，不辨其理之所在。②

　　听众沉浸在二人精彩的对话中，所关注的只是"二家之美"即口才技巧，竟"不辨其理之所在"。但是对于佛教理论的陌生，也丝毫没有妨碍士人们对于玄佛辩论的欣赏，正是这样掺杂着玄学与

① ［南朝梁］释慧皎《高僧传》，第160页。
② 余嘉锡《世说新语笺疏》，第268—269页。

佛教的论辩热潮造就了《弘明集》中对话的背景。原先有限的玄学清谈主题在东晋后已基本达到一定的高度,难以再继续深入发掘,佛教恰于此时带来了大量新鲜而富于思辨色彩的议题,吸引着富有学术求知渴望的士人深入其中,佛教也趁此机会在士人的深层思想里扎根。此时对话对于佛教来说是生存和争取地位的必需手段,对于士人来说则是一个学习交流的过程。《弘明集》中选择的对话,就是围绕与佛教发展切身相关的议题,强调这些对话的"弘道""明教""辨惑"作用,本身也是一部为介绍佛教而与世人对话的总集。

二、《弘明集》的对话体式

对话在《弘明集》中不但表现为整体思想观念的交流融合形态,更以对话体作为直观的行文方式。对话体的形式因当时的对话风气而生,《弘明集》中的对话体文也分为两种,一是宾主实有,忠实地还原了当时的对话情景;二是虚设宾主,假设来宾不断问难而自问自答。对话体作为一种文体,于古今中外都有广泛运用,古典西方文艺作品中最有名的就是《柏拉图文艺对话集》,在其中记载了柏拉图和不同的人物的对话,以人名为篇名,如《大希庇阿斯篇》《伊安篇》《普罗泰戈拉篇》《高尔吉亚篇》等,内容涉及哲学、政治、伦理等诸多方面。朱光潜评论说:

> 对话在文学体裁上属于柏拉图所说的"直接叙述"一类,在希腊史诗和戏剧里已是一个重要的组成部分。柏拉图把它提出来作为一种独立的文学形式,运用于学术讨论,并且把它

结合到所谓"苏格拉底式的辩证法"。①

　　在柏拉图的手里,对话体运用得特别灵活,向来不从抽象概念出发而从具体事例出发,生动鲜明,以浅喻深,由近及远,去伪存真,层层深入,使人不但看到思想的最后成就或结论,而且看到深的思想的辩证发展过程,柏拉图树立了这种对话体的典范。②

我们可以从柏拉图对话录的特征中看出,对话体的特征就是不加修饰、随意性与生动性,且在攻辩往返中体现出了思想动态的发展过程。这种体裁尤其适合用于展现逻辑性的理性论辩之中,在我国先秦时期,诸子常常使用随意对话的方式进行文艺批评,但和古希腊的逻辑理性不同,诸子对话往往表现为感性的生发,如《论语》也是一部弟子为老师而编的著作,某种意义上来说就是一部"孔子对话录"③。班固在《汉书·艺文志》中就提到了《论语》的编纂过程:"《论语》者,孔子应答弟子、时人及弟子相与言而接闻于夫子之语也,当时弟子各有所记,夫子既卒,门人相与辑而论纂,故谓之'论语'。"④说明《论语》的文本来源皆是孔子与弟子的"应答"和"相与言"。皇侃又分析书名说:"郑注《周礼》云:'发端曰言,答述为语。'今按,此书既是论难答述之事,宜以'论'为其名,故名为

---

① 柏拉图著,朱光潜译《文艺对话集》,人民文学出版社 1983 版,第 334 页。
② 朱光潜《西方美学史》,人民文学出版社 1979 版,第 40 页。
③ 李泽厚《论语今读》,安徽文艺出版社 1998 版,第 25 页。
④ [汉] 班固《汉书》卷三十,第 1717 页。

《论语》也。"①"论"本身就反映了《论语》的问答对话性质,以及"应机作教,事无常准"的随意性和"言近意深"的思想内涵。对话这种题材能直观地表现孔子的教学方法,教与学主要就是在师生的对话过程中完成的。如同一个问题,孔子与学生们的对话也是各不相同的:

> 孟懿子问孝。子曰:"无违。"樊迟御,子告之曰:"孟孙问孝于我,我对曰'无违'。"樊迟曰:"何谓也?"子曰:"生,事之以礼;死,葬之以礼,祭之以礼。"孟武伯问孝。子曰:"父母唯其疾之忧。"子游问孝。子曰:"今之孝者,是谓能养。至于犬马,皆能有养;不敬,何以别乎?"子夏问孝。子曰:"色难。有事弟子服其劳,有酒食先生馔,曾是以为孝乎?"②

三个学生问同样的问题,孔子根据学生的个体情况,回答的内容和思想层次各有不同,看似随意浅显,但其中的深意都值得读者去细细涵泳。

而孟子的对话则具备另外的特征,因身处诸家合纵连横的战国时代,孟子必须通过对话来表现自己雄壮酣畅的论辩,借此说明自己的政治主张,此时对话者也起到了一个阶段性的提示深入作用:

> "敢问夫子恶乎长?"曰:"我知言,我善养吾浩然之气。"

---

① [南朝梁]皇侃《论语义疏》自序,中华书局 2013 年版,第 3 页。
② [宋]朱熹《四书章句集注》,中华书局 1983 版,第 55—56 页。

"敢问何谓浩然之气?"曰:"难言也。其为气也,至大至刚,以
直养而无则塞于天地之间。其为气也,配义与道;无是,馁也。
是集义所者,非义袭而取之也。行有不慊于心,则馁矣。我故
曰,告子未尝知义,以其外之也。必有事焉而勿正,心勿忘,勿
助长也。无若宋人然:宋人有闵其苗之不长而揠之者,芒芒
然归。谓其人曰:'今日病,予助苗长矣。'其子趋而往视之,苗
则槁矣。天下之不助苗长者寡矣。以为无益而舍之者,不耘
苗者也;助之长者,揠苗者也。非徒无益,而又害之。""何谓知
言?"曰:"诐辞知其所蔽,淫辞知其所陷,邪辞知其所离,遁辞
知其所穷。生于其心,害于其政;发于其政,害于其事。圣人
复起,必从吾言矣。"①

　　弟子在适当的时机提问,促使老师将理论层层展开,逐步深
入。孟子也在激昂慷慨的回答中说明自己士人的尊严和儒家匡扶
天下的理想。无论对话对象为谁,孟子也都始终保持了不卑不亢
的平等对话态度,如"孟子见梁惠王"一节,在与王侯的对话中,孟
子也直言不讳地指出对方的错误,后以逻辑论辩层层证实,这也为
后来《弘明集》中的佛教信徒提供了不朽的精神典范。
　　先秦的对话体文学在屈原《卜居》《渔父》等文与宋玉《对楚王
问》《登徒子好色赋》《大言赋》《小言赋》等赋中有了不一样的体现,
不再是仅有生活对话的情景还原,而往往虚设双方的对话,达到抒
情达志的艺术目的。这种趋势在汉代发展成了杂赋中的一种,实
际上是继承了楚辞、诸子等诸多文学体式而来,章学诚说:"古之赋

---

　　① 〔宋〕朱熹《四书章句集注》,第231—233页。

家者流,原本《诗》《骚》,出入战国诸子,假设问对,《庄》《列》寓言之
遗也。恢廓声势,苏、张纵横之体也。"①其中的对话体赋也发展成
熟,班固在《汉书·艺文志·诗赋略》杂赋类中列出了"客主赋"18
篇,从定题上就确定了主客对话的内容体裁,刘勰《文心雕龙·诠
赋》说"荀况《礼》《智》,宋玉《风》《钓》……遂客主以首引,极声貌以
穷文",精当地概括出这种对话体赋文采华美的特点。萧统《文选》
第四十五卷进一步以"对问"与"设论"来划分对话体汉赋。这一类
赋作都沿袭了宋玉文辞的特点,《文心雕龙·杂文篇》云:"宋玉含
才,颇亦负俗,始造对问,以申其正。"吴讷《文章辨体序说》说:"问
对体者,或设客难以著其正者也。"皆云先设谬误的客难在先,对话
后结论获得主人的"正答"。此类汉赋往往虚设对话双方客主,东
方朔《答客难》、扬雄《解嘲》等都是虚设了"客"与自己对答,另外司
马相如赋中宾主为完全虚设,其名就寄托了自己的意味在内,如
《天子游猎赋》中主客为"子虚""乌有""亡是公",《难蜀父老》中的
"使者""著老先生缙绅大夫之徒",以及孔臧《谏格虎赋》中的"亡诸
大夫""下国之君"等。这些汉赋普遍都注重辞藻与用典的雕饰,是
作者展现文采的手段,有些篇目如扬雄之《解嘲》、张衡之《应间》、
崔宴之《答讥》等为"愤以表志"(《文心雕龙·杂文》)身处正道以应
对讥讽之作,但很多颇具诙谐的表演性质,有如现在的双人相声,
属于"文章之支派,暇豫之末造也",所有的对话体汉赋,都与六朝
时期以辩理为目的的对话有着很大的区别。

　　六朝对话所承袭的,是秉承先秦诸子传统的汉代子书,不以辞

---

　　① [清]章学诚撰,叶瑛校注《文史通义校注》附《校雠通义》卷三,中华书局1985
年版,第1064页。

藻诙谐为重,以辨析政治、伦理义理为中心。如徐幹之《中论》,序言其书"大都阐发义理,原本经训,而归之于圣贤之道",为此而"废诗、赋、颂、铭、赞之文"。如其《智行》篇云:

> 或问曰:士或明哲穷理,或志行纯笃,二者不可兼,圣人将何取?
>
> 对曰:"其明哲乎? 夫明哲之为用也,乃能殷民享利,使万物无不尽其极者也。圣人之可及,非徒空行也,智也。伏羲作八卦,文王增其辞,斯皆穷神知化岂徒特行善而已乎?《易·离象》称:'大人以继明照于四方。'且大人,圣人也。其余象皆称君子,盖君子通于贤者也。聪明惟圣人能尽之大才,通人有而不能尽也。《书》美唐尧钦明为先,骦兜之举,共工四岳之荐,稣尧知其行,众尚未知信也。若非尧,则裔土多凶族,兆民长愁苦矣。明哲之功也。如是子将何从?"
>
> 或曰:"俱谓贤者耳。何乃以圣人论之?"
>
> 对曰:"贤者亦然。人之行莫大于孝,莫显于清。曾参之孝,有虞不能易;原宪之清,伯夷不能间,然不得与游夏列在四行之科,以其才不如也。"①

徐幹博引儒家经典来说明圣人之理,秉持中和的精神论理,这两点都为以后的《弘明集》中对话文所继承。另外西汉昭帝时期的"盐铁会议"实际上也是一场贯彻平等精神的朝野讨论,是以桑弘

---

① 〔日〕池田秀三《徐幹〈中论〉校注》,《京都大学文学部研究纪要》第24卷,京都大学1985年版,第85页。

羊为代表的官方士大夫与霍光为幕后的民间贤良、文学之间的对话，最后民间声音获胜，带来"昭宣中兴"的政治景象。郎官桓宽以详细会议记录为基础，作《盐铁论》一书。郭沫若将这部书称为"对话体小说"，书中将众多人的辩论抽象为双方的对话，精简归纳为两派的理论对立①。这种对话尤其能够显现政治上的清明平等风气，将论理式的对话体运用娴熟，为六朝这种文体的继续发展打下基础。

检视《全上古三代秦汉三国六朝文》，从题目上看问答论难的文体就为数不少，且后期逐渐增多，三国的相关文章如夏侯玄《答李胜难肉刑论》、傅暇《难刘助考课法论》、何晏《与夏侯太初难蒋济叔嫂无服论》、李胜《难夏侯太初肉刑论》、王弼《难何晏圣人无喜怒哀乐论》、嵇康《答向子期难养生论》《难张辽叔自然好学论》《难张辽叔无吉凶摄生论》《答张辽叔释难宅无吉凶摄生论》等，晋代的如荀崧《答卜壶论刘觊同姓为昏》、孙绰《难谢万八贤论》、张邈《释嵇叔夜难宅无吉凶摄生论》、向秀《难嵇叔夜养生论》、温羡《驳论张华》、殷仲堪《答桓玄四皓论》等，这些文章与《弘明集》中所收文体相似，只是所论义理不同。

《弘明集》的对话文体形式除了传承本土传统之外，不可忽视

---

① 郭沫若："这部《盐铁论》，在我认为是一部处理历史题材的对话体小说。它不仅保留了许多西汉中叶的经济思想史料和风俗习惯，在文体的创造上也是值得重视的。它虽然主要的是对话体，但也有一些描述文字。特别值得注意的是桓宽创造了人物的典型。他用了概括的手法把六十几位民间代表概括成为了'贤良'与'文学'两人，把丞相和御史大夫的寮属也只概括成了'丞相史'和'御史'两人。"（郭沫若《郭沫若全集·历史篇》，人民出版社1985年版，第474—475页。）"本来汉赋就是对话体的文字，但一般只有两个人或顶多三个人，往往就像两扇大门一样，一开一合，《盐铁论》是把这种体裁发展了，书中有六种人物，而问答也相当生动，并不那么呆板。这可以说是走向戏剧文学的发展，但可惜这一发展在汉代没有得到继承。"（第477页）

的是佛经亦往往采用辩难问答的体式进行对话,如鸠摩罗什所译、当时非常流行的《维摩诘经》,因维摩诘富有辩才,往往有精彩的论辩,如他与文殊师利之间的一段对话:

> 文殊师利又问:"生死有畏,菩萨当何所依?"
>
> 维摩诘言:"菩萨于生死畏中,当依如来功德之力。"
>
> 文殊师利又问:"菩萨欲依如来功德之力,当于何住?"
>
> 答曰:"菩萨欲依如来功德力者,当住度脱一切众生。"
>
> 又问:"欲度众生,当何所除?"
>
> 答曰:"欲度众生,除其烦恼。"
>
> 又问:"欲除烦恼,当何所行?"
>
> 答曰:"当行正念。"
>
> 又问:"云何行于正念?"
>
> 答曰:"当行不生不灭。"
>
> 又问:"何法不生? 何法不灭?"
>
> 答曰:"不善不生,善法不灭。"
>
> 又问:"善不善孰为本?"
>
> 答曰:"身为本。"
>
> 又问:"身孰为本?"
>
> 答曰:"欲贪为本。"
>
> 又问:"欲贪孰为本?"
>
> 答曰:"虚妄分别为本。"
>
> 又问:"虚妄分别孰为本?"
>
> 答曰:"颠倒想为本。"
>
> 又问:"颠倒想孰为本?"

答曰:"无住为本。"

又问:"无住孰为本?"

答曰:"无住则无本。文殊师利! 从无住本,立一切法。"①

这样精彩的对话显现出维摩诘的反应灵敏、智慧过人,也宣示了大乘佛教的基本义。经律论三藏中,经基本皆为问答体形式,如鸠摩罗什所译的《法华经》中是佛陀与舍利弗、摩诃迦叶、阿难等诸弟子比丘的对话,《金刚经》为佛陀与须菩提的对话,《佛说阿弥陀经》为佛陀与舍利弗的对话,等等。

《弘明集》中的对话体文,文题通常用《与某某书》《答某某》《难某某》《释某某》等,里面的对话形式往往是虚设问而己答,或者针对问难书信中的内容而答复,具体见下表:

文中对话形式	篇 目
"问曰""牟子曰"	《牟子理惑论》
"诬云""正曰"	《正诬论》
"问曰""答曰"	宗炳《明佛论》,慧远《沙门不敬王者论》第三、四、五及《沙门袒服论》《答桓南郡》
"难曰""答曰"	孙绰《喻道论》、范缜《答曹舍人》、王谧《答桓太尉》、郑道子《神不灭论》
"论称""正曰"	明僧绍《正二教论》
"通源曰""周之问曰"	周颙《难张长史门论》《重答张长史书》

① 《维摩诘所说经·观众生品第七》,石峻等编《中国佛教思想资料选编·汉译经论卷》,中华书局2014年版,第404页。

续表

文中对话形式	篇　　目
"三破论云""灭惑论曰"	刘勰《灭惑论》
"论云""释曰"	释僧顺《释三破论》
"问曰""答曰""难曰"	萧琛《难神灭论》
"论曰""难曰"	曹思文《难神灭论》《重难神灭论》
"来示云""难曰"	桓玄《难王中令》

　　《弘明集》中的首篇《理惑论》即采用"问曰""牟子曰"的问答对话形式,实质上是牟子与世人展开的思想对话,奠定了整部《弘明集》思想对话的融合基调。牟子作为汉末较先接触并倾心佛教的士人,率先与固守传统文化、鄙视佛教的人们展开对话,并运用以儒、道经典解佛的方法,为后来整个六朝的三教对话树立了范本。汤用彤先生评价说:"汉代佛教,附庸方术。魏晋释子,雅尚《老》《庄》。牟子适为过渡时代之人物。则牟子《理惑论》者,为中国佛教史上重要之一页也。"①

　　整篇《理惑论》仿效佛经三十七品与《老子》三十七章的体例,设了三十七段问答对话,根据当时读者普遍对佛教陌生的状况,对话由浅入深,逐渐激烈。如开篇问者问曰:"佛从何出生? 宁有先祖及国邑不? 皆何施行,状何类乎?"第二个问题是:"何以正言佛,佛为何谓乎?"牟子都以中国人的传统学术经验来作答,如回答第一个问题时,将佛教宗旨概括为"无为",解释"佛"云:"佛者,谥号

---

① 汤用彤《汉魏两晋南北朝佛教史》,中华书局 1983 年版,第 57 页。

也。犹名三皇神、五帝圣也。佛乃道德之元祖,神明之宗绪。"后来
问者也发出了为何要引用儒道经典而不援引佛经来作答的质疑:

> 问曰:"子云佛经如江海,其文如锦绣,何不以佛经答吾
> 问,而复引《诗》《书》,合异为同乎?"
> 牟子曰:"渴者不必须江海而饮,饥者不必待廒仓而饱。
> 道为智者设,辩为达者通,书为晓者传,事为见者明。吾以子
> 知其意,故引其事。若说佛经之语,谈无为之要,譬对盲者说
> 五色,为聋者奏五音也。师旷虽巧,不能弹无弦之琴;狐貉虽
> 熅,不能热无气之人。公明仪为牛弹清角之操,伏食如故,非
> 牛不闻,不合其耳矣。转为蚊虻之声,孤犊之鸣,即掉尾奋耳,
> 蹀躞而听。是以《诗》《书》理子耳。"①

牟子说明引用《诗》《书》等经典去解释佛经,就是为了便于人
们理解,也更容易有亲切感,从而有利于佛教的传播。这是两个当
时彼此陌生的文明相遇初期不得不采取的策略,佛教也从此时就
开始了"中国化"的第一步。问者对牟子这样的佛学爱好者热衷对
话论辩也表达了异议:

> 问曰:《老子》云:"知者不言,言者不知。"又曰:"大辩若
> 讷,大巧若拙。"君子耻言过行。设沙门有至道,奚不坐而行
> 之,何复谈是非论曲直乎!仆以为此德行之贱也。
> 牟子曰:来春当大饥,今秋不食。黄钟应寒,蕤宾重裘,

---

① [南朝梁]释僧祐撰,李小荣校笺《弘明集校笺》,第47页。

备预虽早,不免于愚。老子所云,谓得道者耳。未得道者,何知之有乎？大道一言而天下悦,岂非大辩乎？老子不云乎"功遂身退,天之道"？身既退矣,又何言哉！今之沙门,未及得道,何得不言？老氏亦犹言也。如其无言,五千何述焉？若知而不言,可也；既不能知,又不能言,愚人也。故能言不能行,国之师也；能行不能言,国之用也；能行能言,国之宝也。三品各有所施,何德之贱乎。唯不能言又不能行,是谓贱也。[①]

牟子认为外人眼中佛门中人的好辩都是为了传道,辩的最高境界"大辩"就是"大道一言而天下悦",能起到这样非凡的作用。佛教传入中国所要面对最棘手的问题,就是与传统的孝道、礼制、服饰、生死观念、夷夏观念等的矛盾,《理惑论》中全面地覆盖了这些难题,牟子也展现了自己善辩之所长,如他有意调节佛教与传统孝道的矛盾：

问曰：《孝经》言："身体发肤,受之父母,不敢毁伤。"曾子临没："启予手,启予足。"今沙门剃头,何其违圣人之语,不合孝子之道也？吾子常好论是非,平曲直,而反善之乎？

牟子曰：夫讪圣贤不仁,平不中不智也。不仁不智,何以树德？德将不树,顽嚚之俦也。论何容易乎！昔齐人乘船渡江,其父堕水,其子攘臂,捽头颠倒,使水从口出,而父命得苏。夫捽头颠倒,不孝莫大,然以全父之身,若拱手修孝子之常,父命绝于水矣。孔子曰"可与适道,未可与权",所谓时宜施者也。且《孝经》曰"先王有至德要道",而泰伯祝发文身,自从吴

---

① ［南朝梁］释僧祐撰,李小荣校笺《弘明集校笺》,第42页。

越之俗,违于身体发肤之义,然孔子称之"其可谓至德矣",仲尼不以其短发毁之也。由是而观,苟有大德,不拘于小。沙门捐家财,弃妻子,不听音,不视色,可谓让之至也,何违圣语,不合孝乎?豫让吞炭漆身,聂政剺面自刑,伯姬蹈火,高行截容,君子以为勇而死义,不闻讥其自毁没也。沙门剔除须发,而比之于四人,不已远乎?①

在解答佛教不婚与儒家"无后为大"观念的矛盾时说:

> 问曰:夫福莫逾于继嗣,不孝莫过于无后。沙门弃妻子,捐财货,或终身不娶,何其违福孝之行也?自苦而无奇,自拯而无异矣。
>
> 牟子曰:夫长左者必短右,大前者必狭后。孟公绰为赵、魏老则优,不可以为滕、薛大夫。妻子财物,世之余也;清躬无为,道之妙也。《老子》曰:"名与身孰亲?身与货孰多?"又曰:观三代之遗风,览乎儒、墨之道术,诵《诗》《书》,修礼节,崇仁义,视清洁,乡人传业,名誉洋溢,此中士所施行,恬淡者所不恤。故前有随珠,后有虩虎,见之走而不敢取,何也?先其命而后其利也。许由栖巢木,夷、齐饿首阳,孔圣称其贤曰:"求仁得仁者也。"不闻讥其无后无货也。沙门修道德,以易游世之乐,反淑贤以贸妻子之欢,是不为奇,孰与为奇?是不为异,孰与为异哉?②

---

① [南朝梁]释僧祐撰,李小荣校笺《弘明集校笺》,第21页。
② [南朝梁]释僧祐撰,李小荣校笺《弘明集校笺》,第23页。

　　佛教与儒家伦理方面确实相差甚远,儒家看重血脉的传承、家族的荣誉和对自身身体礼制的维持,但在佛教看来,这些皆为空无,对现世的肉身去执着追求更没有什么意义,不但要求剃头,还多鼓励伤害躯体而求道,这样两种思想要调和是有相当难度的。牟子苦心建构二者之共通性,强调孔子也说过凡事要随"时"调整而为,儒家传统也赞颂过很多为了大义而损害身体的人,且佛教也重视孝道,不过和孔子一样,最重视的还是内在深层意义上的孝道而不是外在层次。在文章的最后,提到了牟子对话的效果:"于是惑人闻之……'愿受五戒,作优婆塞'。"

　　当然,实际佛教与世人的对话不如牟子文章中描述得如此顺利,此后数百年佛教在中土的浮沉便是证明。但佛教一直坚持走与传统学说平等对话的道路,使得佛教的传播越来越广泛,这样才构成了全社会大讨论的必然基础,《弘明集》中所收录的六朝佛教思想对话基本没有超出《牟子理惑论》中的范围,如孝道论、礼制论、夷夏论、形神论等,这也说明这是佛教在中国传播所遇到的几个最大理论障碍,所以反佛者才集中攻击这几点,护法者也着重从这些方面进行调和。牟子所用的融通调和、引用儒道经典证明佛教合理性的方法也一直被沿用,作为《弘明集》中的第一篇,僧祐的选择确实颇具深意。《弘明集》的对话说到底还是延续了东汉末年《理惑论》时期的路子,是各种思想势力之间的对话,概而言之也可称为三教思想对话,在对话中,各种思想的碰撞冲突清晰可见,逐渐的融合潜流则隐藏在表面惊涛汹涌的对话论辩之中,最终皆融为平静博大的海洋。

节选自 2013 年中国人民大学博士论文:

刘玉叶《〈弘明集〉与六朝文论》

六朝时期的儒佛对话

——以沙门不敬王者之争为中心

六朝是一个思想对话自由活跃的时期,清谈论辩之风使言说对话成为时尚,玄学的盛行、佛教的传入又为这种对话提供了丰富的素材,也造就了理念截然不同的各类学说共存并峙的思想环境。在这种情况下,因差异而产生沟通的需要,因渴求思想被互相理解而产生了对话的动力,六朝的许多文化也都是以这种广义思想对话的形式表现出来的,也正是通过对话实现了当时儒道释等众多思想的交流与融合。

《弘明集》中所展现的主要是佛教思想对话,初入中原的佛教基本教义与传统儒家观念大有差别,作为外来的宗教,又不得不面对被当作夷狄之教的种种偏见,所以佛教人士渴望平等地对话,将佛教教义介绍给世人,答疑辨惑、消除误解,另一方面为了应对坚守传统思想人士的诘难,也不得不奋起还击,与之对话。陈寅恪曾评论过宗教与政治的关系:"世人或谓宗教与政治不同物,是以二者不可参互合论。然自来史实所昭示,宗教与政治终不能无所关涉。"[①]

---

① 陈寅恪《陈垣〈明季滇黔佛教考〉序》,《金明馆丛稿二编》,生活·读书·新知三联书店 2001 年版,第 272 页。

佛教与六朝政治也一直存在着微妙的博弈关系,一方面佛教必须依靠王权来维护推行,"不依国主,则法事难举"①,佛教徒们对这点非常清楚;但另一方面,当国家政权对其进行打压或提出了根本有违教理教规的要求,佛教人士应该何去何从?

在六朝,这种要求主要体现为要求沙门礼拜尊敬王者。按照儒家传统思维,正如《诗经》的《小雅·北山》所说的"普天之下,莫非王土;率土之滨,莫非王臣",只要身为臣民,礼拜王者是自然而然也是毋庸置疑的事情。然而原始佛教戒律中,沙门无须向世俗中的尊者如国王父母行礼。南朝流行的《梵网经》就说明了"出家人法,不向国王礼拜,不向父母礼拜,六亲不敬,鬼神不礼"②,这和中国的孝亲奉君传统构成根本的违背,因而成为佛教与中国王权发生矛盾冲突的主要方面。传统思想维护者就此不遗余力地攻击佛教,冲突事件不断发生,《广弘明集》作者释道宣就概括说:"自大化东渐六百余年,三被诛除,五令致拜。"③这对于佛教来说是关乎教派生死存亡的大事,慧远便忧患满胸,坚持佛教不能向世俗王权低头,因为"若一旦行此,佛教长沦,如来大法,于兹泯灭"。基于沙门敬王之争如此重要,也在六朝频频发生,故而也是《弘明集》收录的重要内容。僧祐《弘明集》后序曰:

> 余所撰《弘明》,并集护法之论。然爱录书表者,盖事深故也。

---

　　① [南朝梁]释慧皎《高僧传》,第178页。

　　② 《梵网经卢舍那佛说菩萨心地戒品》第十卷下,《大正藏》第24册,上海古籍出版社1992年影印本,第1008页下。

　　③ 《序佛教隆替事简诸宰辅等状办》,[唐]释彦悰《集沙门不应拜俗等事》卷五,《大正藏》第52册,第457页。

寻沙门辞世，爵禄弗縻。汉魏以来，历经英圣，皆致其礼，莫求其拜。而庾君专威，妄起异端；桓氏疑阳，继相浮议。若何公莫言，则法相永沉；远上弗论，则僧事顿尽。望古追慨，安可不编哉！[①]

僧祐因为沙门礼拜王者之争"事深"而收之，且"望古追慨，安可不编"。也点明这方面主要有两段对话，一是庾冰之于何充，二是桓玄之于慧远，并说明如果何充与慧远不奋起与当权者庾冰与桓玄对话，那么就会"法相永沉""僧事顿尽"，佛教衰亡。这是国家政权当权者与佛教拥护者的思想对话，两者政治地位差距悬殊，但还是基本做到了平等对话，以谈论思想义理为主，尽量减低政治方面的威压。相比之下，北朝就相对缺少这种自由氛围，沙门也就更主动地附庸王者，如北朝高僧法果就主动礼拜皇帝："初，法果每言，太祖（北魏道武帝拓跋珪）明睿好道，即是当今如来，沙门宜应尽礼，遂常致拜。谓人曰：'能鸿道者人主也，我非拜天子，乃是礼佛耳。'"[②]相比之下，南方的统治者受玄学清谈风气浸润，辨析谈理之风浓厚，较少运用威权压制思想界，故而当权者与佛教拥护者的对话得以发生，《弘明集》中收录的这些篇章完整地还原了当时双方激烈的思想对话，体现了佛教是如何通过对话来最后取得与王者抗争的一定胜利的。

一

第一个回合的争论发生在东晋成康六年庾冰辅政时，他代表

---

① ［南朝梁］释僧祐撰，李小荣校笺《弘明集校笺》卷十二，第 636—637 页。
② ［北齐］魏收《魏书》卷十一，中华书局 1974 年版，第 3031 页。

朝廷起草诏书,诏告"沙门应尽敬王者"。诏书中明确地说明了此举目的,就是要"因父子之敬,建君臣之序,制法度,崇礼秩",毕竟"王教不得不一,二之则乱",更何况僧人"皆晋民也,论其才智,又常人也",所以没有必要搞特殊,必须遵奉国法,受持君臣法度。此令一出,尚书令何充以及尚书令侯充,散骑常侍伯翌、伯恢,尚书冯怀守、谢广都表示反对。何充的主要意思有两方面,一是认为佛教是王化不悖的"修善之法","寻其遗文,钻其要旨,五戒之禁,实助王化";另一点是以前各朝代都允许沙门不敬王者,"汉魏逮晋,不闻异议,尊卑宪章,无或暂亏",所以还是"宜遵承先帝故事,于义为长"。最后庾冰表示屈服,此次的对话以"庾冰议寝,竟不施敬"结束。这次的对话火药味不是那么浓,是因为这个时候佛教发展的规模还不大,所引起的社会矛盾还没有那么剧烈,按后来桓玄的话来说,就是"曩者晋人略无奉佛,沙门徒众皆是诸胡。且王者与之不接,故可任其方俗,不为之检耳"。而且桓玄认为这次对话理论水平也不高,"何、庾虽已论之,而并率所见,未是以理相屈也。庾意在尊主,而理据未尽;何出于偏信,遂沦名体"[1]。正因为如此,几十年后桓玄才挑起了第二次声势浩大的沙门敬王之争。

桓玄为枭雄桓温之子,当时已经基本掌控了朝廷,此时急于拿佛教开刀来维护自己的政治声誉,对这件事极其重视,在与诸人的信中反复强调"一代大事";这是同时他更是一位清谈高手,具有相当高超的言谈析理技巧,故而此次对佛教的攻势可谓是来势汹汹。桓玄非常有目的性,首先写信给八座来谈论此事。八座指的是包

　①　《桓玄与八座书论道人敬事》,[南朝梁] 释僧祐撰,李小荣校笺《弘明集校笺》卷十二,第 670—671 页。

括吏部尚书、祠部尚书、五兵尚书、左民尚书、度支尚书以及尚书左右仆射、尚书令共八人,是朝廷政府的最高领导层,桓玄此举是要首先给佛教造成政治上的极大压力。在《与八座论沙门敬事书》中,桓玄说:

> 旧诸沙门皆不敬王者,何、庾虽已论之,而并率所见,未是以理相屈也。庾意在尊主,而理据未尽;何出于偏信,遂沦名体。夫佛之为化,虽诞以茫茫,推乎视听之外,然以敬为本,此处不异,盖所期者殊,非敬恭宜废也。老子同王侯于三大,原其所重,皆在于资生通运,岂独以圣人在位而比称二仪哉? 将以天地之大德曰生,通生理物,存于王者。故尊其神器,而礼实唯隆,岂是虚相崇重,义存君御而已哉! 沙门之所以生生资存,亦日用于理命,岂有受其德而遗其礼,沾其惠而废其敬哉? 既理所不容,亦情所不安,一代之大事,宜共求其衷,想复相与研尽之。①

富有清谈技巧的桓玄,不从一般意义上的儒家人伦学说来强调王者的尊贵,那样难免显得"虚相崇重,义存君御",而是引用《老子》二十五章所说的"道大、天大、地大,王亦大。域中有四大,而王居其一焉"的论述,将王与道并列为同样尊贵,并结合《周易》坤卦象传的"至哉坤元,万物资生"和《庄子·天道》的"天道运而无所积"来说明王者的"资生通运",综合运用三玄来说明王者的至高无上,论证沙门受王者的恩惠却不去礼敬,于情于理都难以说通。接

---

① 〔南朝梁〕释僧祐撰,李小荣校笺《弘明集校笺》,第 670—671 页。

下来桓玄又与八座之一的王谧单独讨论,共存有五问四答。面对
王谧延续何充思路论证的宜延续以前对佛教政策且佛教有助于王
化的观点,桓玄说:

> 历代不革,非所以为证也。曩者晋人略无奉佛,沙门徒
> 众,皆是诸胡,且王者与之不接。故可任其方俗,不为之检耳。
> 今主上奉佛,亲接法事,事异于昔,何可不使其礼有准,日用清
> 约,有助遇教?皆如君言,此盖是佛法之功,非沙门傲诞之所
> 益也。今笃以祇敬,将无弥浓其助哉。[①]

桓玄指出以前的情况和现在完全不一样,不可再延续对佛教
的一贯态度。桓玄也承认佛教对教化有益,那么再加上礼敬王者,
那岂不是对教化就更加裨益了?王谧以外国君主对佛教的态度来
佐证,桓玄又秉承夷夏观念,认为佛教的鬼神灵奇之教正适合于野
蛮骄强的外族,并不是适合中国人的"玄妙之道"。如果说"道在为
贵",那么"圣人之道"才是"道之极也",那为何沙门又不予礼敬?
王谧本来在政治上就附着桓玄,"及玄将篡,以谧兼太保,奉玺册诣
玄"[②],再加上桓玄的论辩技巧,这段对话以王谧的甘拜下风结束。
桓玄在与朝廷政治人物的对话中占据优势,但他还要在话语
上征服宗教领袖人物,这样才能彻底证明他的胜利,这样桓玄终于
致书慧远,向他提出了沙门礼敬问题。其实桓玄与慧远已经是老
对手了,《高僧传·慧远传》中记载了他们的第一次会面:

---

① ［南朝梁］释僧祐撰,李小荣校笺《弘明集校笺》,第 677—678 页。
② ［唐］房玄龄等撰《晋书》卷六十五,中华书局 1974 年版,第 1758 页。

　　桓玄征殷仲堪，军经庐山，要远出虎溪，远称疾不堪，玄自
入山。左右谓玄曰："昔殷仲堪入山礼远，愿公勿敬之。"玄答：
"何有此理，仲堪本死人耳。"及至见远，不觉致敬。玄问："不
敢毁伤，何以剪削？"远答云："立身行道。"玄称善。所怀问难，
不敢复言，乃说征讨之意，远不答。玄又问："何以见愿？"远
云："愿檀越安稳，使彼亦无他。"玄出山谓左右曰："实乃生所
未见。"①

　　慧远一向迹不出山，以虎溪为界，可谓天下皆知，桓玄首先就
跋扈地命令慧远出界与他见面，慧远以称疾表达了委婉的抗争。
桓玄就自行入山，当面就以《孝经》"身体发肤，受之父母，不敢毁
伤"的经文，劈头质问佛教礼仪与儒家经典的相悖，熟谙儒家经典
的慧远同样以《孝经》中原文答之，简短有力。"立身行道"也是慧
远自己立身整肃、宏愿传道的写照，令桓玄无话可说。后桓玄转换
话题，开始说自己征讨殷仲堪的事迹，但慧远以默默无语作为答
复，并在后来的"愿檀越安稳"隐隐表达了对桓玄主张的否定与规
劝。慧远不卑不亢的态度与卓越的气质让自负的桓玄也深深为之
叹服，当他在元兴元年（402）攻入太康，自恃朝廷在自己股掌之中
后，就写信请慧远还俗出山，为他效力，这封书信即《劝罢道书》：

　　夫至道缅邈，佛理幽深，岂是悠悠常徒，所能习求！沙门
去弃六亲之情，毁其形骸，口绝滋味，被褐带索，山栖枕石，永
乖世务，百代之中，庶或有一仿佛之间。今世道士，虽外毁仪

①　［南朝梁］释慧皎《高僧传》，第219页。

容,心过俗人。所谈道俗之际,可谓学步邯郸,匍匐而归。先圣有言,未知生,焉知死。而令一生之中,困苦形神,方求冥冥黄泉下福,皆是管见,未体大化。迷而知反,去道不远,可不三思? 运不居人,忽焉将老,可复追哉! 聊赠至言,幸能纳之。①

桓玄虽为招引,但同样毫不客气,号称"佛理幽深,岂是悠悠常徒,所能习求",显然这"悠悠常徒"也包括慧远在内。尔后桓玄指责佛教令人"永乖世务",现在的僧人是"外毁仪容,心过俗人",学习佛法也只是"学步邯郸,匍匐而归",人的一生如此短暂,佛教之"道"根本就是虚妄,应早日"罢"之。慧远在回信中做了针锋相对的回答:

大道渊玄,其理幽深,衔此高旨,实如来谈。然贫道出家,便是方外之宾。虽未践古贤之德,取其一往之志,削除饰好,落名求实。若使幽冥有柱,故当不谢于俗人。外似不尽,内若断金,可谓见形不及道,哀哉! 哀哉! 带索枕石,华而不实,管见之人,不足羡矣! 虽复养素山林,与树木何异? 夫道在方寸,假练形为真。卞和号恸于荆山,患人不别故也。昔闻其名,今见其人,故庄周悲慨:"人生天地之间,如白驹之过隙。"以此而寻,孰得久停? 岂可不为将来作资? 言学步邯郸者,新则无功,失其本质,故使邯人匍匐而归。百代之中,有此一也,岂浑同以通之。②

---

① [南朝梁] 释僧祐撰,李小荣校笺《弘明集校笺》卷十一,第 621 页。
② [南朝梁] 释僧祐撰,李小荣校笺《弘明集校笺》卷十一,第 622 页。

慧远说明佛理虽然幽深,但自己有志向去寻求;出家就是"方外之宾",故不能用"永乖世务"来指责。人生短暂,佛教恰就是"为将来作资",可以将有限的生命扩展到来世的永恒,坚定地申明自己对佛教的信仰,拒绝了桓玄的邀请。"玄后以震主之威,苦相延致,乃贻书骋说,劝令登仕。远答辞坚正,确乎不拔,志逾丹石,终莫能回。"①慧远面对有"震主之威"的桓玄,仍然坚持"确乎不拔,志逾丹石"的对话态度,为僧人争取了宝贵的尊严。但桓玄对于佛教的偏见是一如既往的,他又从教理和社会层面对佛教进行打击。慧远的《明报应论》,副标题为"答桓南郡",就是应答桓玄对佛教形神因果报应理论的诘难。

另外,桓玄直接提出了沙汰沙门,整肃佛教的诏令,从社会经济角度抨击佛门之弊:

> 佛所贵无为,殷勤在于绝欲;而比者陵迟,遂失其道。京师竞其奢淫,荣观纷于朝市;天府以之倾匮,名器为之秽黩。避役钟于百里,逋逃盈于寺庙;乃至一县数千,猥成屯落。邑聚游食之群,境积不羁之众。其所以伤治害政,尘滓佛教,固已彼比俱弊,实污风轨矣。②

佛教的昌盛在当时确实带来了不少社会问题,当时教内也有不少沙门败坏律条。桓玄特别提出庐山慧远"不在搜简之例",但是慧远还是忧愤满怀,在回信中提到"佛教陵迟,秽杂日甚,每一寻思,愤

---

① [南朝梁]释慧皎《高僧传》卷六,第219页。
② [南朝梁]释僧祐撰,李小荣校笺《弘明集校笺》卷十二,第701—702页。

慨盈怀,常恐运出非意,混然沦湑,此所以夙宵叹惧,忘寝与食者也",
他担心桓玄的过度打击严重影响佛教的发展,以恭敬感恩的语气对
话说:"贫道所以寄命江南,欲托有道以存至业。业之隆替,实由乎
人。值檀越当年,则是贫道中兴之运。"可以说桓玄与慧远的思想对
话掺杂了太多政治权力,一开始就不是对等的。慧远为保佛教生
存,不得不时而不卑不亢、据理力争,时而又忍辱负重、委曲求全。
慧远深感当时王权政治对佛教的深刻影响,所以当桓玄提出沙门礼
敬王者的问题,把八座都无力反驳的文章寄过去时,慧远意识到"若
一旦行此,佛教长沦,如来大法,于兹泯灭",佛教是存是灭,都在于这
思想对话的结果上。慧远便对于这个问题,作了郑重的回答:

> 佛经所明,凡有二科;一者处俗弘教,二者出家修道……
> 出家则是方外之宾,迹绝于物。其为教也,达患累缘于有身,
> 不存身以息患,知生生由于禀化,不顺化以求宗,求宗不由于
> 顺化,故不重运通之资,息患不自于存身,故不贵厚生之益。
> 此理之与世乖,道之与俗反者也。是故凡在出家,皆隐居以求
> 其志,变俗以达其道。变俗,则服章不得与世典同礼;隐居,则
> 宜高尚其迹。夫然,故能拯溺族于沉流,拔幽根于重劫;远通
> 三乘之津,广开人、天之路。是故内乖天属之重,而不违其孝;
> 外阙奉主之恭,而不失其敬。若斯人者,自誓始于落簪,立志
> 成于暮岁。如令一夫全德,则道洽六亲,泽流天下;虽不处王
> 侯之位,固已协契皇极,大庇生民矣。如此,岂坐受其德,虚沾
> 其惠,与夫尸禄之贤,同其素餐者哉![1]

---

① 　[南朝梁]释僧祐撰,李小荣校笺《弘明集校笺》卷十二,第692页。

慧远顺应桓玄的玄学思路，强调"出家""在家"与"方内""方外"之别。他曾在书信著作中数次提到"方外之宾"，这"方内""方外"说法来自《庄子·大宗师》中虚构的孔子与子贡的一段对话：

> （子贡）曰："彼何人者邪？修行无有，而外其形骸，临尸而歌，颜色不变，无以命之。彼何人者邪？"孔子曰："彼，游方之外者也。而丘，游方之内者也。"①

孔子自称是信守礼法的方内之人，而那些游离于世俗情理法度之外的是方外之人，这个语境下两者是平等共存，不分孰对孰错的。这个思维延续至六朝，竹林名士的狂放任诞也可以这样来解释：

> 阮步兵丧母，裴令公往吊之。阮方醉，散发坐床，箕踞不哭。裴至，下席于地，哭吊喭毕，便去。或问裴：凡吊，主人哭，客乃为礼，阮既不哭，君何为礼？裴曰："阮方外之人，故不崇礼制；我辈俗中人，故以仪轨自居。"时人叹为两得其中。②

这种说法提供了一类人超越所有世俗礼法的合理性。慧远予以借鉴并延续，方外之人的不同之处就是在于"不存身以息患""不顺化以求宗"，也就是"道与俗反"，这样，就不能以任何世俗的眼光标准来要求佛门中人。礼制是人所规定的，不能因为人去废除佛

---

① 陈鼓应《庄子今注今译》，中华书局 2009 年版，第 212 页。
② 余嘉锡《世说新语笺疏》，第 862 页。

教之道,而应该让人去适应道。而且,佛教只是在形式上不拜王者,但在精神上却和王化十分契合:"是故内乖天属之重,而不违其孝;外阙奉主之恭,而不失其敬。若斯人者,自誓始于落簪,立志成于暮岁。如令一夫全德,则道洽六亲,泽流天下。虽不处王侯之位,固已协契皇极,大庇生民矣!"慧远在最后更加动情地说道:"檀越奇韵挺于弱年,风流迈于季俗,犹参究时贤,以求其中,此而推之,必不以人废言。贫道西垂之年,假日月以待尽,情之所惜,岂存一己苟恪所执?盖欲令三宝中兴于命世之运,明德流芳于百代之下耳。若一旦行此,佛教长沦,如来大法,于兹泯灭,天人感叹,道俗革心矣。贫道幽诚所期,复将安寄?缘眷愚之隆,故坦其所怀,执笔悲懑,不觉涕泗横流矣。"赞美桓玄的同时,自白作为一个老人对于佛教发展的深切挂怀,真诚感人。

二

桓玄接到了如此情理并重的回复,再三考虑后还是放弃了让沙门礼拜王者的决定。据《高僧传》载,桓玄"睹远辞旨,趑趄未决。有倾,玄篡位,即下书曰:'佛法宏大,所不能测,推奉主之情,故兴其敬。今事既在己,宜尽谦光,诸道人勿复致礼也。'"慧远在这次思想对话中使有"震主之威"的桓玄受到震动而改变初衷,可谓在危急时刻力挽狂澜。但是慧远明白这不意味着沙门敬王的呼声以后就会销声匿迹,每一次的王权威迫对于佛教来说都是生死攸关的危机。慧远虽然解决了当世的难题,但必须为后人留下理论的遗产,所以他又写作了《沙门不敬王者论》五篇,在序中说自己的心情说:"深惧大法之将沦,感前事之不忘。故著论五篇,究叙微意。

岂曰渊壑之待晨露,盖是申其罔极。亦庶后之君子崇敬佛教者,或详览焉。"《高僧传》总结了这篇文章的"论之大意"说:

> 乃著《沙门不敬王者论》,凡有五篇:一曰在家,谓在家奉法,则是顺化之民,情未变俗,迹同方内,故有天属之爱,奉主之礼,礼敬有本,遂因之以成教。二曰出家,谓出家者能遁世以求其志,变俗以达其道。变俗则章服不得与世典同礼,遁世则宜高尚其迹。大德故能拯溺俗于沈流,拔玄根于重劫。远通三乘之津,近开人天之路。如令一夫全德,则道洽六亲,泽流天下。虽不外王侯之位,固已协契皇极,在宥生民矣。是故内乖天属之重,而不逆其孝;外阙奉主之恭,而不失其敬也。三曰求宗不顺化,谓反本求宗者,不以生累其神;超落尘封者,不以情累其生。不以情累其生,则其生可灭;不以生累其神,则其神可冥。冥神绝境,故谓之泥洹。故沙门虽抗礼万乘,高尚其事,不爵王侯,而沾其惠者也。四曰体极不兼应,谓如来之与周孔,发致虽殊,潜相影响;出处咸异,终期必同。故虽曰殊道,所归一也。不兼应者,物不能兼受也。五曰形尽神不灭,谓识神驰骛,随行东西也。[①]

以上是《高僧传》撰者所摘引的。文章又重申了在与桓玄书信中所强调的出家在家之别,用佛教的因果报应来解释儒家之礼教:

> 本其所因,则功由在昔,是故因亲以教爱,使民知有自然

---

① [南朝梁] 释慧皎《高僧传》,第 220—221 页。

之恩；因严以教敬，使民知有自然之重。二者之来，实由冥应……是故悦释迦之风者，辄先奉亲而献君；变俗投簪者，必待命而顺动。若君亲有疑，则退求其志以俟同悟。斯乃佛教之所以重资生、助王化于治道者也。[1]

说明父子之情与君臣之敬"实由冥应"，如果"寻其本"，那么儒家的王道都来源于佛教冥冥中的善恶果报思想，所以"在家"之人还是以"奉亲""献君"为先，这样看来，佛教不但与王化不违背，更是有助王者教化、利于社会治理。

另外，桓玄对佛教的偏见是认为其"诞以茫茫，推乎视听之外"，因果报应理论没有凭据，不足为信。慧远认为不能因为圣人说过"六合之外，存而不论"，就来否定佛教相关理论。先王圣人之所以不论，只是忧虑议论后"或乖""或疑""或乱"，但总的来说，道俗之教是殊途同归的："因此而求圣人之意，则内外之道可合而明矣。常以为道法之与名教，如来之与尧孔，发致虽殊，潜相影响；出处诚异，终期则同。"道是一致，出发点也一样，只不过理最后分离，表现途径不一样而已。根据佛能够成为俗世中人来救世的理论，慧远发问说，谁又能知道现在的帝王将相是否就是佛的转世呢？可谓想方设法，将佛教与儒家礼教的差异性降至最低。

不过慧远这样的说法，并不意味着他去刻意讨好当时的帝王将相。沙门在经济上要受到世俗的供养，要依赖权势者的推动，桓玄就以此来要挟沙门礼敬王者，在《与八座书》中说："沙门之所以生生资存，亦日用于理命，岂有受其德而遗其礼，沾其惠而废其敬

---

① ［南朝梁］释僧祐撰，李小荣校笺《弘明集校笺》卷五，第 256—257 页。

哉?"说沙门"虚沾其惠",无功受禄地接受世俗权势者的施舍供养。
虽然受到这样的傲慢屈辱,但慧远碍于形势,没有在与桓玄的回信
中马上据理力争。但在"辞理精峻"的《沙门不敬王者论》中,慧远
毫不客气地对这种观点予以回击:

> 天地虽以生生为大,而未能令生者不死;王侯虽以存存为
> 功,而未能令存者无患。是故前论云:"达患累缘于有身,不存
> 身以息患,知生生由于禀化,不顺化以求宗。"义存于此,义存
> 于此,斯沙门之所以抗礼万乘,高尚其事,不爵王侯,而沾其惠
> 者也。①

慧远大胆地指出,佛教的功业比世俗王侯的功业更高。天地
也未能令生者不化,王侯更是不能令存者无患,而佛教可以做到天
地王侯所不能成之事,当然可以"抗礼万乘""高尚其事",享受这理
所应当的礼敬和尊严。"沾其惠"又如何? 世俗的这些供养恩惠在
佛教的功德面前本是微不足道的,沙门"形虽有待,情无近寄,视夫
四事之供,若鹤蚊之过乎其前者耳。濡沫之惠,复焉足语哉!"这段
精彩的对话中,慧远对于桓玄的傲慢与羞辱给予强硬回击,说明世
俗供养佛教的"濡沫之惠"真如"鹤蚊"一般微不足道,有什么可值
得说的? 慧远在对话中处处显示出对独立人格尊严的争取,成为
《弘明集》思想对话中最大的精神亮点。

慧远为后世佛教与世俗礼教矛盾的处理树立了理论典范,但
之后沙门拜俗之议从未真正消歇。唐代发生了规模更加浩大的辩

---

① ［南朝梁］释僧祐撰,李小荣校笺《弘明集校笺》卷五,第260—261页。

论，显庆二年（657），朝廷下《僧尼不得受父母拜诏》[①]；五年后，又颁布《命有司议沙门等致拜君亲敕》，要求"道士、女冠、僧、尼于君、皇后及皇太子、其父母所致拜"[②]，引发佛教中人的极大反弹，包括《广弘明集》作者道宣等的高僧积极参与，在朝廷官员中，主张礼拜的阎立本等354人与主张不拜的令狐德棻等539人在尚书省对峙辩论，最后朝廷下《停沙门拜君诏》作调和，规定无须礼拜君主，但要跪拜父母。就这次佛教的胜利，释彦悰收集了历代沙门礼拜王者的论争，即《集沙门不应拜俗等事》。但是随着后代封建中央王权的不断加强，这种平等对话的氛围已渐渐不复存在。明清时期，僧尼道人被严令礼拜。如清律规定："凡僧尼、道士、女冠，并令拜父母，祭祀祖先。丧服等第皆与常人同，违者，杖一百，还俗。"[③]陈寅恪在《莲花色尼出家因缘跋》一文中感慨说：

　　佛法之入中国，其教义中实有与此土社会组织及传统观念相冲突者。如东晋至初唐二百数十年间，"沙门不应拜俗"及"沙门不敬王者"等说见于彦悰六卷之书者。皆以委婉之词否认此土君臣父子二伦之议论。然降及后世，国家颁布之法典，既有僧尼应拜父母之条文……夫僧徒戒本本从释迦部族共和国之法制蜕蝉而来，今竟数典忘祖，轻重倒置，至于斯极。橘迁地而变为枳，吾民族同化之力可谓大矣。但支那佛教信徒，关于君臣父子之观念，后虽同化，当其初期，未尝无高僧大

---

① ［宋］宋敏求编《唐大诏令集》卷一百一十三，中华书局2008年版，第587页。
② ［清］董诰等编《全唐文》卷十四，中华书局1983年版，第164—165页。
③ ［清］伊桑阿等编《大清会典（康熙朝）》卷一百一十六，凤凰出版社2016年版，第1541页。

德,不顾一切忌讳,公然出而辩护其教中无父无君之说者。①

　　佛教教义与"此土社会组织及传统观念相冲突"最甚者,也许就是沙门礼敬王者之论。沙门保持方外的独立人格,本是"释迦部族共和国之法制",但在"中国化"的过程中,面对强大封建王权而无可奈何。慧远在与桓玄论料简沙门的书信的结尾中云:"昔外国诸王,多参怀圣典,亦有因时助弘大化,扶危救弊,信有自来矣。"古代天竺对佛教的尊敬供奉,莫不令当时中土每个佛门中人倾慕怀想,但中国传统思想势力之强大注定了每个外来文化的"中国化"归宿,正如陈寅恪的感叹:"吾民族同化之力可谓大矣。"六朝仍存学术自由之风气,故《弘明集》中所保留的思想对话别具珍贵的文化意义,对于近代倡导"独立之精神,自由之思想"的陈寅恪来说,当时"不顾一切忌讳,公然出而辩护其教中无父无君之说"的慧远也是他的精神偶像。

节选自 2013 年中国人民大学博士论文:

刘玉叶《〈弘明集〉与六朝文论》

---

① 　陈寅恪《寒柳堂集》,上海古籍出版社 1980 年版,第 155 页。

六朝时期的佛道对话

——以夷夏之辨为中心

自先秦开始,夷夏之别即为中国人根深蒂固的概念。先民居住于中原,自认位于天地之中,将四周其他的文明命名为夷、蛮、戎、狄,《礼记·王制》即云:"中国、戎五方之民,皆有性也,不可推移。"又说:"东方曰夷,被发文身,有不火食者","南方曰蛮,雕题交趾,有不火食者","西方曰戎,被发衣皮,有不粒食者","北方曰狄,衣羽毛穴居,有不粒食者"①。夷夏观念同样为春秋大义。《左传》中管仲便说:"戎狄豺狼,不可厌也,诸夏亲昵,不可弃也。"②季文子亦宣称"非我族类,其心必异",对外族人怀有很深的蔑视。

佛教来自天竺,在中国的西方,按夷夏观念来说属于"戎"族,后赵石虎信奉佛教的理由便是"佛是戎神,正应所奉"③,这种身份给佛教在中土的推广带来了极大的困难。孟子曾云:"吾闻用夏变夷者,未闻变于夷者也。"④秉持这种传统观念的人对于佛教在华

---

① 〔清〕阮元校刻《十三经注疏·礼记正义》卷十二,中华书局 2009 年版,第 2897 页。
② 〔清〕阮元校刻《十三经注疏·春秋左传正义》卷十一,第 3876 页。
③ 〔南朝梁〕释慧皎《高僧传》,第 345 页。
④ 〔宋〕朱熹《四书章句集注》,第 260 页。

夏大行其道尤为愤慨,攻击得相当激烈。如果佛教人士不以此展开交流对话,那么佛教在中国流行的根基就会动摇。汤用彤曾云:"南朝人士所持可以根本推翻佛法之学说有二,一为神灭,一为夷夏。因二者均可以倾覆佛教,故双方均辩之至急,而论之至多也。"①神灭论与夷夏论同属《弘明集》中的重要内容,《弘明集》的《后序》中总结反佛斗争内容的六个方面中,"疑教在戎方,化非华俗"也即夷夏之争占其中之一,全书卷六、七、八共三卷涉及夷夏问题。

一

在佛教于中土发展的早期,对其质疑就包含夷夏之争的内容了。《牟子理惑论》中就有这样一段问答对话:

　　问曰:孔子曰:"夷狄之有君,不如诸夏之亡也。"孟子讥陈相更学许行之术,曰:"吾闻用夏变夷,未闻用夷变夏者也。"吾子弱冠学尧、舜、周、孔之道,而今舍之,更学夷狄之术,不已惑乎?
　　牟子曰:……昔孔子欲居九夷,曰:"君子居之,何陋之有?"及仲尼不容于鲁、卫,孟轲不用于齐、梁,岂复仕于夷狄乎? 禹出西羌而圣哲,瞽叟生舜而顽嚚。由余产狄国而霸秦,管、蔡自河洛而流言。传曰:"北辰之星,在天之中,在人之北。"以此观之,汉地未必为天中也。佛经所说,上下周极含血

之类，物皆属佛焉。是以吾复尊而学之，何为当舍尧、舜、周、孔之道？金玉不相伤，精魄不相妨，谓人为惑，时自惑乎！①

孔子说过"夷狄之有君，不如诸夏之无也"，但也说过"欲居九夷"，孟子虽云"未闻用夷变夏"，也曾说舜乃东夷之人、文王为西夷之人，"得志行乎中国，若合符节。先圣后圣，其揆一也"②。孔孟其实秉承的是弹性宏通的文明观念，唐代的韩愈虽"申明夷夏之大防"，但也说："孔子之作《春秋》也，诸侯用夷礼，则夷之；进于中国，则中国之。"③牟子以此为佛教来辩解，表达了非常通融的天下观，认为"汉地未必为天中也"，并提出道可并存无悖。但是很多固守传统观念之人还是怀着对外族文明的天然歧视，认为外族人不存在所谓文明，性同禽兽，《国语》就说："夫戎狄冒没轻儳，贪而不让，其血气不治，若禽兽焉。"④桓玄与王谧辩难沙门礼敬王者时，就贬斥佛教说："以六夷骄强，非常教所化，故大设灵奇，使其畏服。既畏服之，然后顺轨。"《弘明集》里何承天在与宗炳的争论中也说："华戎自有不同，何者？中国之人，禀气清和，含仁抱义，故周孔明性习之教。外国之徒，受性刚强，贪欲忿戾，故释氏严五戒之科，来论所谓圣无常心，就之物性者也。"认为佛教与儒家的学说不同，就是因为所要适应的民族文明程度不同。道士王浮便遵循这个思路，伪造了《老子化胡经》，声明佛教是老子西行所传播，以老子之

---

① ［南朝梁］释僧祐撰，李小荣校笺《弘明集校笺》，第 29—30 页。
② ［宋］朱熹《四书章句集注》，第 1061 页。
③ ［唐］韩愈《原道》，［清］董诰等编《全唐文》卷五百五十八，第 5649 页。
④ ［春秋］左丘明撰，徐元诰集解，王树民、沈长云点校《国语集解》，中华书局 2002 年版，第 58 页。

口，说明佛教的教义都是为了根除胡人的野蛮贪婪之行而专设：

> 胡人狠戾，不识亲疏；唯好贪婬，一无恩义；须发拳鞠，梳洗至难；性即膻腥，体多垢秽；使其修道，烦恼行人。是故普令剃除须发，随汝本俗而衣毡裘。教汝小道，令渐休学，兼持禁戒，稍习慈悲，每月十五日常须忏悔。①

按照这样的阐释，所有的佛教教义都完全变了味，成为攻击佛教的说辞。当时秉持这种理论的以道教中人为多，随着佛教的快速发展，作为本土宗教的道教愈来愈感受到了地位的危机，夷夏之防便成了攻击佛教的最好理由，这样一来，夷夏之争也就主要成为佛道宗教间的对话。有学者就指出："在南朝，如果说儒佛之间的斗争主要是因果报应之争和形神之争的话，那么，道佛之间的斗争则表现为夷夏之辨。"②

老子化胡说的流行就是佛教与道教关系的一个体现，这个传说最早见于《后汉书·襄楷传》："桓帝时，楷上书曰：或言老子入夷狄，为浮屠。"③《三国志》注引《魏略》也说："《浮屠》所载，与中国《老子经》相出入。盖以为老子西出关，过西域，之天竺，教佛浮屠。"④汤用彤分析说，老子化胡之"故事之产生，自必在《太平经》与佛教已流行之区域也"，因为"汉世佛法初来，道教亦方萌芽，分

---

① 张继禹《中华道藏》第8册，华夏出版社2004年版，第188页。
② 刘立夫《弘道与明教——〈弘明集〉研究》，中国社会科学出版社2004年版，第157页。
③ [南朝宋]范晔《后汉书》卷三十，中华书局1965年版，第1082页。
④ [晋]陈寿撰，[南朝宋]裴松之注《三国志》卷三十，中华书局1982年版，第859—860页。

歧则势弱，相得则益彰。故佛道均籍老子化胡之说，会通两方教理，遂至帝王列二氏而并祭，臣下亦合黄老、浮屠为一，固毫不可怪也。"[①]在早期，两个宗教为自身发展都乐见彼此相融相合。但随着佛道的矛盾加剧，这个传说就被利用改造来攻击佛教，据《高僧传》记载，王浮伪造的《老子化胡经》就是在佛道二教的争论背景下产生的："晋惠之末，（沙门帛远）与（天师道）祭酒王浮每争邪正……浮每被屈，既嗔不自忍，乃作《老子化胡经》，以诬谤佛法。"当时除了《老子化胡经》外，还出现了一大批伪造的相关经典，内容都大同小异，皆以诬谤佛法为目的。如《广弘明集》卷九中所记载的道宣《辨证论》，其中就引了一段《明威化胡经》：

> 胡王不信老子，老子神力伏之，方求悔过，自髡自剪，谢愆谢罪。老君大慈，愍其愚昧，为说权教，随机戒约。皆令头陀乞食，以制凶顽之心；赭服偏衣，用挫强梁之性；割毁形貌，示为剠劓之身；禁约妻房，绝其勃逆之种。[②]

屡屡以此为由来抨击佛教，使得这宗教间的对话时时偏离理性，流于侮辱谩骂，引起了佛教人士的强烈不满。如刘勰曾作文抨击的《三破论》里就说"胡人无二，刚强无礼，不异禽兽，不信虚无，老子入关，故作形像之教化之"。当时两教的关系日趋紧张，"佛道两家，立教既异，学者互相非毁"[③]，南齐时的顾欢就是在这样的背

---

① 汤用彤《汉魏两晋南北朝佛教史》，第 42—43 页。

② 石峻等编《中国佛教思想资料选编·隋唐五代卷》，中华书局 2014 年版，第359 页。

③ ［南朝梁］萧子显《南齐书》卷五十四，中华书局 1972 年版，第 931 页。

景下写作《夷夏论》，正式挑起了当时的夷夏之争。

二

史称顾欢"其事黄老，解阴阳书，为数术多效验"，曾就雷次宗学儒学、玄学，也算和慧远有些渊源。本人隐遁不仕，晚年笃信道教，服药求仙。虽然顾欢的学术背景也兼融并通，也并非正式道士，但时人皆知其"虽同二法，而意党道教"。这篇《夷夏论》表面在调和佛、道，肯定"泥洹仙化，各是一术"，但实际是以夷夏之别来贬斥佛教，认为"佛、道齐乎达化，而有夷、夏之别"，他评价佛教说：

> 其入不同，其为必异。各成其性，不易其事。是以端委搢绅，诸华之容；剪发旷衣，群夷之服。擎踞磬折，侯甸之恭；狐蹲狗踞，荒流之肃。棺殡椁葬，中夏之制；火焚水沉，西戎之俗。全形守礼，继善之教；毁貌易性，绝恶之学。①

通过礼制、习俗等多方面比较佛教与中土的不同，评价佛教是"绝恶之学"，因此不适合中国民众，"今以中夏之性，效西戎之法，既不全同，又不全异"，难道能"车可涉川、舟可行陆"吗？所以他的结论是"教华而华言，化夷而夷语"，适合华夏民众的还是本土的道教。顾欢史传中就收录了袁粲和他的对话，袁粲认为这只是外在的习俗不同而已，无须纠结："佛法垂化，或因或革。清信之士，容衣不改；息心之人，服貌必变。变本从道，不遵彼俗，教风自殊，无

---

① ［南朝梁］萧子显《南齐书》卷五十四，中华书局1972年版，第931页。

患其乱。"顾欢在回答时仍然强调夷夏之别，态度强硬地指出："佛非东华之道，道非西戎之法，鱼鸟异渊，永不相关，安得老、释，交行入表"，乃至进一步说："佛起于戎，岂非戎俗素恶邪？道出于华，岂非华风本善邪？今华风既变，恶同戎狄，佛来破之，良有以矣。佛道实贵，故戒业可遵；戎俗实贱，故言貌可弃。"

这"戎俗素恶""戎俗实贱"而欲令佛道"永不相关"的结论，因太过偏执而掀起了很大的波澜，众人纷纷撰文与之对话。收入《弘明集》中的有南齐明僧绍的《正二教论》，刘宋谢镇之的《与顾道士书》(《折夷夏论》)、《重与顾道士书》、朱昭之的《难顾道士夷夏论》、朱广之的《咨顾道士夷夏论》、慧通的《驳顾道士夷夏论》、僧愍的《戎华论折顾道士夷夏论》，等等。在这些文章中，士人都不执以夷夏划分文明程度的偏执保守观念，主张用平等的眼光看待各种文明，用理性公允的态度来进行宗教对话。如朱广之《咨顾道士夷夏论》，以"咨"来表达学术化的对话态度。他以兼容并蓄的立场，认为"邦殊用隔，文自难均，至于各得所安，由来莫辩"，"夫法者所以法情，情非法也。法既无定，由情不一。不一之情，所向殊涂，刚柔并驰，华戎必同。是以长川浩漫，无当于此矣；平原远陆，岂取于彼耶？舟车两乘，何用不可"，佛教与道教刚柔并济，其义理旨趣其实没有很大的偏差，正可谓"崇空贵无，宗趣一也；蹄网双张，义无偏取；各随晓入，唯心所安"，正可根据自己的情况，两家皆取，"何烦迟迟舍效之际，耿介于华夷之间乎！"这就又回归了呼吁消除偏见、平等对待各种文明的理性对话模式，呼吁从义理的角度来评判宗教的高下。明僧绍《正二教论》就说："在夷之化，岂必三乘；教华之道，何拘五教……求理之所贵，宜无本礼俗。"指出对待宗教重点应该在"理"，而不应该都把注意力放在"礼俗"上。

在谈论佛教"理之所贵"上,这些反对夷夏论的文章重点有二,一是融合三教,认为佛教与儒道殊途同归;二是强调佛教与儒道的不同,突出佛教的超越性。

关于前一点,朱昭之的《难顾道士夷夏论》就持三教兼融的观点,他愤慨当时的宗教对话"互相攻激,异端遂起,往反纷频,斯害不少",提出宗教的本质,也就是"道之极者"应该是"非华非素,不即不殊;无近无远,谁舍谁居;不偏不党,勿毁勿誉;圆通寂寞,假字曰无",民族不同,故表现方式存在差异,但论其根本是一样的:"所可为异,正在道、佛之名,形、服之间耳。"如果不去纠结名字、外在表现这种浅层差异,那么三教实无区别。

就第二点而言,突破了佛教附庸儒道的理论局限,更能突出当时人对佛教的理解程度,彰显了佛教独立的理论价值。其中僧人的态度一般更加武断偏激一些,力主佛教远在儒道之上,如释慧通《驳顾道士夷夏论》认为"老氏、仲尼,佛之所遣",而且声称"天竺,天地之中",中国的文明可能还不如天竺先进。释慈愍所作的《戎华论折顾道士夷夏论》中亦云:"佛据天地之中,而清导十方,故知天竺之土是中国也。"相比之下,受过多元文化熏陶的信佛士人更加具备兼融公允的商榷态度,如谢镇之为驳斥顾欢《夷夏论》而作了《与顾道士书》《重与顾道士书》,在《重与顾道士书》中,他认为当时身处乱世的中国人丢失了精神家园,"久迷生死,随染俗流,暂失正路,未悟前觉",这些都是传统儒道难以解决的。从一定程度上来说,这些精神危机也是传统"俗礼"所造成的:

> 夫俗礼者,出乎忠信之薄,非道之淳。修淳道者,务在反俗;俗既可反,道则可淳。反俗之难,故宜祛其甚泰;祛其甚

泰,必先堕冠削发、方衣去食;堕冠,则无世饰之费;削发,则无
笄栉之烦;方衣,则不假工于裁制;去食,则绝情想于嗜味。此
则为道者日损,岂夷俗之所制?①

宗炳就说过传统学术使人"闇于知人心",谢镇之认为当时为
道日损,最直接的途径就是要"反俗",佛教的各种教义仪轨正是达
到"反俗"的最佳践行方式。在这个意义上,凸显佛教的价值就是
要强调其中的差异,如袁粲在反驳顾欢时说:

孔、老、释迦,其人或同,观方设教,其道必异。孔、老治世
为本,释氏出世为宗。发轸既殊,其归亦异。符合之唱,自由
臆说。又仙化以变形为上,泥洹以陶神为先。变形者白首还
缃,而未能无死;陶神者使尘惑日损,湛然常存。泥洹之道,无
死之地,乖诡若此,何谓其同?②

以"变形"和"陶神"来提炼出道教与佛教的差异,标显了佛教
的形而上精神作用,后来的刘勰《灭惑论》也是遵循这个思路,回击
了道教中人关于佛教是"学死之谈"的指责,精彩地概括了佛道
之别:

二教真伪,焕然易辨。夫佛法练神,道教练形。形器必
终,碍于一垣之里;神识无穷,再抚六合之外。明者资于无穷,

---

① [南朝梁] 释僧祐撰,李小荣校笺《弘明集校笺》卷六,第350页。
② [南朝梁] 萧子显《南齐书》卷五十四,第933页。

教以胜慧;暗者恋其必终,诳以仙术,极于饵药。慧业始于观
禅,禅练真识,故精妙而泥洹可冀;药驻伪器,故精思而翻腾无
期。若乃弃妙宝藏,遗智养身,据理寻之,其伪可知。假使形
翻无际神暗,鸢飞戾天,宁免为鸟?夫泥洹妙果,道惟常住,学
死之谈,岂析理哉?①

　　刘勰此文是为了批判有道士假张融之名所作的《三破论》,此
论指责佛教"入国而破国""入家而破家""入身而破身",核心思想
仍然是坚持夷夏之别,批判胡人"不异禽兽",故老子教化"其恶
种",声称所以"今中国有奉佛者,必是羌胡之种"。刘勰《灭惑论》
对此驳斥道:

　　　　权教无方,不以道俗乖应;妙化无外,岂以华戎阻情? 是
　　以一音演法,殊译共解;一乘敷教,异经同归。经典由权,故
　　孔、释教殊而道契;解同由妙,故梵、汉语隔而化通。但感有精
　　粗,故教分道俗;地有东西,故国限内外。其弥纶神化,陶铸群
　　生,无异也。②

　　刘勰指出万法归一,因地域、民族造成的不同只是为了施教的
善权方便,道俗之教对于"弥纶神化,陶铸群生"的最后目的是没有
差异的。
　　这些都是六朝时以夷夏之别为由,对佛教的问难以及佛教人

---

①　[南朝梁] 释僧祐撰,李小荣校笺《弘明集校笺》卷八,第 416 页。
②　[南朝梁] 释僧祐撰,李小荣校笺《弘明集校笺》卷八,第 428 页。

士的回击。由广义的夷夏之争引申出去,来自天竺的各种礼仪服制也成了佛教饱受攻击的缘由,如顾欢就抨击"诸华士女,民族弗革,而露首偏踞,滥用夷礼",佛教服制是"剪发旷衣",踞食之俗被看作"狐蹲狗踞",由此引发的两段对话是踞食之辩与祖服之辩。

对中原人来说,野蛮夷狄给人最直接的印象就是粗鄙无礼的服饰和坐姿。符合礼仪的坐姿首先就是《礼记·曲礼上》中说的"坐毋箕",必须双腿并拢,任何膝盖竖起或伸出小腿的坐姿就是野蛮或傲慢的直接体现。《后汉书》亦云:"夫戎夷者,四方之异气。蹲夷踞肆,与鸟兽无别。"[1]阮籍箕踞啸歌,就是表达对传统礼教的重大挑战。

这点不仅为道教中人所抨击,甚至往往让众多笃信佛教的士人都难以接受,如郑鲜之是形神之争中积极为佛教辩护的代表,而范泰之祖父为范汪,父亲为范宁,出身为奉佛世家,都接受不了这种与传统礼教差距太大的踞食之礼。郑鲜之直接与僧人对话,作《与禅师书论踞食》,认为礼仪的作用就是显现心中的严肃恭敬,但这种粗鄙的礼仪实在无法显现内心的尊敬,不利于修行:"拜敬之节,揖让之礼,由中所至,道俗不殊也。故斋讲肆业,则备其法服,礼拜有序,先后有伦,敬心内充而形肃乎外。稽首至地,不容企踞之礼;敛衽于拜,事非偏坐所预。"[2]范泰更是就这个问题与宰相王弘、祇洹寺慧义等五十人以及慧观、竺道生甚至宋文帝展开对话,在《与王司徒诸人书论道人踞食》中说:"圣人随俗制法,因方弘教,何必苦同其制?但一国不宜有二,一堂宁可不同?"[3]说明礼仪可

---

① ［南朝宋］范晔《后汉书》卷二十五,第 876 页。
② ［南朝梁］释僧祐撰,李小荣校笺《弘明集校笺》,第 645 页。
③ ［南朝梁］释僧祐撰,李小荣校笺《弘明集校笺》,第 647 页。

以因地制宜地改变，何必苦守这种外国的礼仪呢？而僧人慧义的
回答十分坚决："夫沙门之法，正应谨守经律，以信顺为本。若欲违
经反律，师心自是，此则大法之深患，秽道之首也。"①说明对于佛
教的经律决不能修改退让，这是佛教徒的最后防线。但范泰却认
为"外国风俗不同，言语亦异……是以圣人因事制戒，随俗变法"，
在《论沙门踞食表》中亦云"圣人因事制戒，随俗变法，达道乃可无
律"，坚持认为"外国之律，非定法也"，何必死守律条不放？但与他
对话的人都不赞同他的意见，这也正如慧远所说，"礼存则法可弘，
法可弘则道可寻。此古今所同，不易之大法也。"正是这样的观念，
让信守佛教的人坚持不后退一步。慧远本人则参与到了袒服之争
中，这是一场更加激烈的对话。

<h2 style="text-align:center">三</h2>

　　按照儒家传统观念，服饰就是礼制秩序的直接体现，《荀子·
富国篇》就说："礼者，贵贱有等，长幼有差，贫富轻重皆有称者也。
故天子袾裷衣冕，诸侯玄裷衣冕，大夫裨冕，士皮弁服。德必称位，
位必称禄，禄必称用。"②但对佛教更具有标志性的意义，慧远在
《沙门不敬王者论》中说："若斯人者，自誓始于落簪，立志形乎变
服"，这外在的改变也象征了出家人内心的重大转变。《广弘明集》
作者释道宣极为重视佛家章服礼仪，曾作《释门章服仪》，强调"非
变服无以光其仪，非异俗无以显其道也"。慧远在与桓玄作沙门礼

　　①　《释慧义答范伯伦书》，[南朝梁]释僧祐撰，李小荣校笺《弘明集校笺》卷十二，
第651页。
　　②　[清]王先谦《荀子集解》，第178页。

敬王者的对话中，就以服制为例说：

> 夫沙门服章法用，虽非六代之典，自是道家之殊制，俗表
> 之名器。名器相涉，则事乖其本；事乖其本，则礼失其用。是
> 故爱夫礼者，必不亏其名器。得之不可亏，亦有自来矣。夫远
> 遵古典者，犹存告朔之饩羊。饩羊犹可以存礼，岂况如来之法
> 服耶？推此而言，虽无其道，必宜存其礼。礼存则法可弘，法
> 可弘则道可寻，此古今所同，不易之大法也。又，袈裟非朝宗
> 之服，钵盂非廊庙之器，军国异容，戎华不杂。剃发毁形之人，
> 忽厕诸夏之礼，则是异类相涉之象，亦窃所未安。①

慧远把沙门章服礼制的重要性说得很明白，服制是礼的承载，礼制又是佛法的基础："礼存则法可弘，法可弘则道可寻。"佛教沙门要保持独立于方外的姿态，自称为"剃发毁形之人"，不与传统华夏礼仪掺杂而"异类相涉"。可以说，佛教在夷夏之争中，要维持一个与儒道相合和自身独立之间的微妙平衡。在基本的"道"或孔、老、如来之观点上，往往仍旧依附中国思想传统，但在外在礼制表现上都坚持自己的原始传统，因为这是佛教所异于他教的基本表现形式，如沙门不礼拜王者父母、剃头变服、踞食之礼等等，如果这些最直观的特征都被改变，那么佛教就失去了根本的存在依据。如何能小心翼翼地维持这种平衡，可以说在整部《弘明集》之中都可以得到体现，而慧远是《弘明集》中的灵魂人物，为宗教理想做了最多的理论建设，奠定了佛教对中国传统礼教既亲近依附又独立

---

① ［南朝梁］释僧祐撰，李小荣校笺《弘明集校笺》卷十二，第693页。

疏离的姿态。慧远与何无忌的对话，就是企图捍卫保留沙门服制的专论，慧远为此作《沙门袒服论》，及回答何无忌问难的《远法师答》。

大将军何无忌是一位坦率的对话者，其传称他"人有不称其心者，辄形于言色"①，在《沙门袒服论》中，何无忌率先质疑说："沙门袒服，出自佛教，是礼与?"慧远答曰："然。"何无忌继续问："三代殊制，其礼不同，质文之变，备于前典，而佛教出乎其外，论者咸有疑焉。"进一步质疑佛教礼制在"六代之典"中难寻源流依据。慧远就此回答曰：

> 玄古之民，大朴未亏，其礼不文。三王应世，故与时而变。因兹以观，论者之所执，方内之格言耳。何以知其然? 中国之所无，或得之于异俗，其民不移，故其道未亡。是以天竺国法，尽敬于所尊，表诚于神明，率皆袒服，所谓"去饰之甚者"也。②

慧远说明即使"中国之所无"，也不能就下结论说其并非正统之礼，暗含了孔子"礼失而求诸野"之说，另外更巧妙地以儒家之"去饰"③与道家之"大朴"④来论证袒服之素朴。接下来，慧远从更高的理论层面来论证右袒服制的深意，为何要执着于"右"? 慧远说：

---

① [唐] 房玄龄《晋书》卷八十五，第 2214 页。
② [南朝梁] 释僧祐撰，李小荣校笺《弘明集校笺》卷五，第 274 页。
③ 《礼记·檀弓下》："去饰，去美也；袒、括发，去饰之甚也。有所袒，有所袭，哀之节也。"
④ 《老子》二十八章曰："朴散则为器。"《庄子·马蹄》曰："残朴以为器。"嵇康《难自然好学论》曰："洪荒之世，大朴未亏。"

将辨贵贱,必存乎位。位以进德,则尚贤之心生,是故沙门越名分以背时,不退己而求先。①

慧远认为计较名分地位的世俗之人以左为贵,佛教既然"动与俗反",就要坦露右肩,表彰沙门的"越名分以背时,不退己而求先"精神,也符合老子"不争"的精神旨趣。进一步讲,"又人之所能,皆在于右,若动不以顺,则触事生累",而且"夫形以左右成体,理以邪正为用,二者之来,各乘其本。滞根不拔,则事求愈应",人性的这种弱点是儒道无法解决的,必须有最易于实践的约束方式来时刻提醒管制。佛教利用外在的服制约束心性,使得"袒服既彰,则形随事感,理悟其心"。袒服的效果,对于出家人而言,可"以袒服笃其诚而闲其邪,使名实有当,敬慢不杂。然后开出要之路,导真性于久迷",对于在家修行者,则"咸履正思顺,异迹同轨,缅素风而怀古,背华俗以洗心,专本达变,即近悟远,形服相愧,理深其感"。以外在的服制,慧远解释发挥出了"笃其诚而闲其邪""履正思顺"的功能,既与儒道思想暗合,更是突出了佛教的超越意义。佛教的独立精神地位就在这样的思想对话中得到了彰显。

节选自 2013 年中国人民大学博士论文:

刘玉叶《〈弘明集〉与六朝文论》

---

① ［南朝梁］释僧祐撰,李小荣校笺《弘明集校笺》卷五,第 275 页。

《弘明集》思想对话与
六朝论体文发展

关于佛教的思想对话是《弘明集》的主要内容,这种对话辩论反映在文体上就是"论"。刘师培在《论文杂记》中认为:"九家之中,凡能推阐义理,成一家之言,皆为论体。"这样看来,《弘明集》中具体的文体,无论是论、书、诏、议等,大部分都是对话的体现,以"推阐义理"为最终目的,朱自清也曾说:"由对话而发展为独白,便是'论'。"①《弘明集》中之论或为论辩记录,或是一人出自对话需要而撰写,都是从当时思想交锋的现实出发,因为《弘明集》的首要功能是"摧邪破惑""弘道护法",故论体文占据了最重要的地位和最主要的篇幅。为了应对当时佛教接受的义理挑战,相关论辩文章融合道俗内外,使该文体的写作水平上升到了一个全新的高度,开创了主要以传统思想阐释佛理为内容,以消除对佛教的误解和攻击为目的,以与对佛教有异议者对话为主要形式的论辩文基本体式。收入《弘明集》中的这些文章具有很高的论辩水平与技巧,佛教当时正是以这些论体文来宣传自己、还击异议的:

---

① 朱自清《经典常谈》,生活·读书·新知三联书店1980年版,第120页。

　　僧人和崇佛文人所撰写的一系列议论文通过对佛教所宣扬的基本教义的严密论证和深刻分析,特别是在几次与儒、道二教以及无神论者的辩论中,对敌手的批判和还击上,先驳后立,钩深索隐,敷释佛义,剖肌析理,折盘畅碍,问对奥衍,辩其凝滞,明其理统,为佛教在中土的生根、开花、结果建立了丰功伟绩。①

　　《弘明集》的中心精神是融合三教,绝大多数作者的学术背景为道俗兼汇,在与儒、道二教的辩论中,更是有意识地在中国传统论文的基础上借鉴了佛教的论辩技巧,将三教的论文体式也各取所长,融为一炉。刘勰在《论说》篇中说:"论也者,弥纶群言,而研精一理者也,万事之权衡也。"就强调"论"的重要特色是"弥纶群言",要求权衡万事,统摄贯通各派思想,进行折衷融合,刘勰同样在《序志》篇中感叹说:"夫铨叙一文为易,弥纶群言为难。"《世说新语·文学》中云:

　　　　傅嘏善言虚胜,荀粲谈尚玄远。每至共语,有争而不相喻。裴冀州释二家之义,通彼我之怀,常使两情相得,彼此具畅。②

　　在论辩两方难分胜负之时,最好的方法不是去判定其中某一方的对错,而应该辩证地兼取两方理论来解释贯通,裴徽的这种

---

①　普慧《佛教对中古议论文的贡献与影响》,《文学评论》2007 年第 4 期。
②　余嘉锡《世说新语笺疏》,第 236 页。

"弥纶群言"的办法就使得双方都感到信服。《弘明集》不仅是在思想倾向上融合中土传统与佛教精神，在文体写作方面更是兼容并包，无论是思维方法、写作技巧、语言用典等方面都很好地融汇各家群言，远承先秦诸子之论辩，近取六朝玄学论文，更兼佛教经籍论典，在中国的"论"体文发展已相对成熟的基础上更加超越，造就了《弘明集》中富有特点的论体文。

一、《弘明集》"弥纶群言"的论体文

《弘明集》中之"论"主要指论辩。关于论辩文之源流，可参考《文心雕龙》之"议对"，两者在指双方意见不同的对话上是相似的。刘勰从上古轩辕氏开始追溯①，只要人与人之间开始产生不同的意见，这种对话也就开始了。先秦论体文发展迅速，主要是因为诸子百家论辩的现实需要，当时"战国虎争，驰说云涌，人持弄丸之辩，家挟飞箝之术，剧谈者以诱证为宗，利口者以寓言为主"②，纵横家以论辩口才周旋于诸侯之间，儒家的孟子、荀子之雄辩天下知名，墨子精研论辩技巧，名家更是专注于辩论中的概念和逻辑。墨子给"辩"下了定义："夫辩者，将明是非之分，审治乱之纪，明同异之处，察名实之理，处利害，决嫌疑。"③论辩的目的就是要在是非观点缴绕、暧昧不明的情况下，排除疑惑，判断对错，说明利害，考察名实。韩非子更是擅长驳论，所作《难一》《难二》《难三》《难四》《难势》等综合运用寓言、譬喻等手法，富有逻辑，结构严整，措辞犀

①　杨明照《增订文心雕龙校注》，第 328 页。
②　[唐]刘知幾著，程千帆笺《史通笺记》，中华书局 1980 年版，第 104 页。
③　吴毓江撰，孙启治点校《墨子校注》卷三，中华书局 2006 年版，第 642 页。

利,令论敌难以回击。这些都可说明,论辩文在先秦就已经达到了很高的水平。

六朝以来,论体更是继承先秦诸子遗风,获得了超越式的发展,这种超越正是由于综合圆融了先秦各家之长:"按魏晋论文所以独秀前代者,盖能一洗辞赋纵横之习,章句烦冗之风。又复广以聃、周玄达之理。严以申、韩综核之术,故能归之于要约明畅也。"①章太炎就非常欣赏"魏晋之文",认为其"持论仿佛晚周",这正是在于魏晋文的论辩析理"守己有度,伐人有序,和理在中,孚尹旁达,可以为百世师"②,刘勰也称之为"师心独见,锋颖精密"。

此时代的论体文,所重就在"理"的阐明。《典论·论文》云"书论宜理",《文赋》曰"论精微而朗畅",李充《翰林论》则说"研求名理而论生焉,论贵于克理,不求支离",说的都是论文应该专注于精微晓畅地说明义理,重在提升剖析论理的技巧与结构的严整。但简而论之,前代学者又认为魏晋论文可以大致分为重名法与重道家的两派,刘师培在《汉魏六朝专家文研究》一文中认为论理文章的特点是"'迹坚求通,钩深取极',意尚新奇,文必深刻,如剥芭蕉,层脱层现,如转螺旋,节节逼深,不可为肤里脉外之言及铺张门面之语,故非参以名、法家言不可"③,而王粲为此风气之始。重名法的文风来自曹操的喜好,傅玄就评论说:"近者魏武好法术,而天下贵刑名。魏文慕通达,而天下贱守节。其后纲维不摄,而虚无放诞之

---

①　刘永济《十四朝文学要略》,中华书局 2007 年版,第 152 页。

②　章太炎《国故论衡·论式》,引自陈平原《中国现代学术之建立》,北京大学出版社 1998 年版,第 355 页。

③　刘师培《中国中古文学史讲义》,上海古籍出版社 2000 年版,第 143 页。

论,盈于朝野,使天下无复清议。"①上有所好,就带动了法家、纵横家风气的回归,文体变得清峻,这种自建安时期不尚华词的行文特点也就是名家与法家的务实行文风格,刘师培说:"大抵儒家之文能'衍',法家之文能'推'",而王粲之文兼取两家之长,开名法派论文之先河,重点就在于剖析义理之辞深刻精巧,结构上层层深入,十分精彩。而道家之文就更重玄远自然的哲学理论阐释和推导。刘永济在《十四朝文学要略》中将这两派行文特征说得更加明白:

> 正始而后,风会遂成,钟、傅、王、何,为其称首;荀、裴、嵇、阮,相得益彰。或据刑名为骨干,或托庄、老为营魄。据刑名者,以校练为家。托庄、老者,用玄远取胜。虽宗致无殊,而偏到为异矣。大氐此标新义,彼出攻难,既著篇章,更申酬对。苟片言赏会,则举世称奇,战代游谈,无其盛也。

> 魏晋论宗,略有二途:钟士季、傅兰石、何平叔,出于法家者也;王辅嗣、荀奉倩、裴文季出于道家者也。曰校练,曰约美,曰附会文辞,皆法家文之美也;曰玄远,曰高致,曰自然出拔,皆道家文之美也。故士季文名道论而实刑名家;兰石文如《难何劭》《考课法》各篇,言皆宗核;平叔无名论,辨析有无,语亦精炼;而弼之持论,不与何、钟等同;粲之谈理,与傅嘏不相喻。②

刘永济认为,名法之文的代表人物有钟会、傅嘏、何晏等,道家

---

① ［唐］房玄龄《晋书》卷四十七,第1317页。
② 以上见刘永济《十四朝文学要略》,第162、165页。

之文的代表人物是王弼、荀粲、裴徽等，名法之文的特点是校练、约美、附会文辞，而道家之文的特点是玄远、高致、自然出拔，像钟会"精练名理"，所作《道论》"实刑名家也"，阮籍、嵇康就是托老庄的玄远文风代表。嵇康本传就评价其"善谈理，又能属文。高情逸趣，率然玄远。作《声无哀乐论》，甚有条理"①。嵇康的论文发言玄远又颇具条理，被许多文论家所称赞，如《翰林论》就说："研求名理而论生焉。论贵于允理，不求支离。若嵇康之论，成文矣。"把"研求名理"作为论体文的本质，嵇康的文章就很好地实现了这个目的。刘永济总结善言"名理"者有殷浩、王敦、裴遐、祖约、卫瓘、裴颜，发言"玄远"者有王衍、阮籍、嵇康、裴徽。

道家之文代表可举阮籍的《达庄论》，试看其文笔：

> 伊单阏之辰，执徐之岁，万物全舆之时，季秋遥夜之月。先生徘徊翱翔，迎风而游……有一人是其中雄桀也，乃怒目击势，而大言曰："吾生乎唐虞之后，长乎文武之裔，游乎成康之隆，盛乎今者之世，诵乎《六经》之教，习乎吾儒之迹。被沙衣，冠飞鶛，垂曲裾，扬双鹳，有日矣。而未闻乎至道之要，有以异之于斯乎？且大人称之，细人承之。愿闻至教，以发其疑。"先生曰："何哉？子之所疑者？"客曰："天道贵生，地道贵贞，圣人修之，以建其名。吉凶有分，是非有经，务利高势，恶死重生，故天下安而大功成也。今庄周乃齐祸福而一死生，以天地为一物，以万类为一指，无乃激惑以失贞，而自以为诚者也？"②

---

① ［唐］房玄龄《晋书》卷四十九，第 1374 页。

② ［清］严可均编《全上古三代秦汉三国六朝文·全三国文》卷四十五，第 1310 页。

《晋书·阮籍传》就记载阮籍"发言玄远""好庄老",这篇《达庄论》就主旨高远,发言清丽,从对话开始之前的情境铺设就营造了飘然玄远的道家气氛,文辞整饬骈俪,而对话更重在对相关思想精神的阐发,不重逻辑推理的严密精细。而名法之文就明显不重文辞,务求精炼周密地作概念的剖析与逻辑的推演。但传统的论体文都是基于玄学命题,相关论题虽然涉及非常广泛,但基本还是都取自老庄之言,范围很难再有进一步扩大,论辩也不可能无限制地加深。刘勰评价道:"江左群谈,惟玄是务;虽有日新,而多抽前绪。"嵇康在《声无哀乐论》中也怀有忧虑地提出:"夫推类辨物,当先求之自然之理。理已定,然后借古义以明之耳。今未得之于心,而多恃前言以为谈证,自此以往,恐巧历不能纪耳。"一味地从老庄道家"前言""古义"中汲取素材,话题终有一天会枯竭,先前的理论资源也会被一用再用而失去新意。此时佛教的传入,带来了令当时人眼花缭乱的全新思想、全然不同的精神视域和思维方法,使得魏晋之文在名法与道家的基础上有了一个全面的跃升。其中代表名法之文的裴𫖧《崇有论》很有可能就是受到了般若学的影响:

> 夫总混群本,宗极之道也。方以族异,庶类之品也。形象著分,有生之体也。化感错综,理迹之原也。夫品而为族,则所禀者偏,偏无自足,故凭乎外资。是以生而可寻,所谓理也。理之所体,所谓有也。有之所须,所谓资也。资有攸合,所谓宜也。择乎厥宜,所谓情也。识智既授,虽出处异业,默语殊涂,所以宝生存宜,其情一也。众理并而无害,故贵贱形焉。失得由乎所接,故吉凶兆焉。是以贤人君子,知欲不可绝,而交物有会。观乎往复,稽中定务。惟夫用天之道,分地之利,

躬其力任,劳而后飨。居以仁顺,守以恭俭,率以忠信,行以敬让,志无盈求,事无过用,乃可济乎! 故大建厥极,绥理群生,训物垂范,于是乎在,斯则圣人为政之由也。①

　　这篇文章在当时"攻难交至,并莫能屈"②,就文学造诣而言,章太炎亦曾表示"实在景仰得很"③。裴頠此文不使用感性具象的修辞手法、故事引入、场景设定,而都用抽象判断,注重文辞间的条理与逻辑关系。先由"宗极之道"推到"理",再推到"理之体"即"有",进而是"有之须"即"资",接下来又推理至"宜"、至"情",层层展开,有清晰的逻辑顺序。这种高超的论辩技巧与佛教论文非常相似。

　　传统佛教也可以说是在攻难和辩论中产生和发展的,故极为重视论辩技巧。但简而言之,大乘般若思想主要影响的是思维方法,小乘学说则更专注于逻辑技巧。般若学从最直观上的意义来讲,给中国人带来了辩证的思维和否定的精神。二谛思想即认为,一切事物均可从正反去分析,也就各有两种不同的思想,也就是真谛与俗谛,但这两种全然相反的结论却都是真实不虚的。任何执着一端的看法都有违中道,而这中道也往往是和遮诠的否定态度联系在一起的,这与中国人传统论述的肯定思维截然不同。龙树《中论》卷一《观因缘品》论述著名的"八不中道"说:"不生亦不灭,不常亦不断,不一亦不异,不来亦不出。"《中论》卷四的《观四谛品》说:"众因缘生法,我说即是空,亦为是假名,亦是中道义。"否定的

①　[唐]房玄龄《晋书》卷三十五,第1044页。
②　[唐]房玄龄《晋书》卷三十五,第1047页。
③　章太炎《国学概论·国学之派别(三)》,巴蜀书社1987年版,第91页。

精神推理到终点就必然归结出"空"，而且是终极的"毕竟空"境界，没有实有而都是"假名"而已。秉承大乘中观学说的鸠摩罗什就在与慧远的对话中，力图纠正慧远纠结于有或无、重视实体观念的传统固有思维，在《大乘大义章》卷中云："所谓断一切语言道，灭一切心行，名为诸法实相。诸法实相者，假为如、法性、真际，此中非有非无尚不可得，何况有无耶？"①这种观点就给予刘勰很大的启发，在《文心雕龙》全篇中，唯一一处提到佛教的部分，就是赞美般若学说思维精神的精妙：

> 次及宋岱、郭象，锐思于几神之区；夷甫、裴頠，交辨于有无之域；并独步当时，流声后代。然滞有者，全系于形用；贵无者，专守于寂寥。徒锐偏解，莫诣正理；动极神源，其般若之绝境乎？②

刘勰可以说体会到了般若学思想方法的精髓，指出"徒锐偏解，莫诣正理"，执着于有或无的玄学思想，比不过"动极神源"的般若境界。裴頠虽然被刘勰点名批评，但是其《崇有论》中说"夫于有非有，于无非无；于无非无，于有非有"，这种表述方法和思维技巧与般若学非常相似③。何况史书还记载，裴頠当时是写了《崇有》《贵无》二论的④。《弘明集》中运用般若中道思想的文章还有很

①　《大正藏》第 45 册，第 122 页。
②　杨明照《增订文心雕龙校注》，第 244 页。
③　王晓毅《般若学对西晋玄学的影响》，《哲学研究》，1996 年第 9 期。
④　"頠理具渊博，赡于论难，著《崇有》《贵无》二论，以矫虚诞之弊。"(《三国志·魏书》卷二十三《裴潜传》注引，第 673 页)孙盛《老聃非大贤论》说："昔裴逸民作《崇有》《贵无》二论，时谈者或以为不达虚胜之道者，或以为矫时流遁者。余以为尚无既失之矣，崇有亦未为得也。"

多,如深谙三论宗的周颙在与张融的对话中就说:"周之问曰:尽有尽无,非极莫备;知无知有,吾许其道家。惟非有非无之一地,道言不及耳;非有非无,三宗所蕴。"①以"非有非无"概括了般若学的意蕴,朱昭之在《难顾道士夷夏论》中也用这种方法来解释理想之道:"夫道之极者,非华非素,不即不殊;无近无远,谁舍谁居。不偏不党,勿毁勿誉;圆通寂寞,假字曰无。"②慧远在与罗什的对话后,应该对于这种般若精神有了更加深入的了解,在《大智论钞序》中论述法性的名相时说:

> 有而在有者,有于有者也。无而在无者,无于无者也。有有则非有,无无则非无。何以知其然?无性之性,谓之法性。法性无性,因缘以之生。生缘无自相,虽有而常无。常无非绝有,犹火传而不息。夫然,则法无异趣,始末沦虚,毕竟同争,有无交归矣。故游其樊者,心不待虑,智无所缘,不灭相而寂,不修定而闲。不神遇以期通焉。识空空之为玄,斯其至也,斯其极也!过此以往,莫之或知。③

慧远以"无性之性"来描述"法性",而推导的过程与玄学名法之文极为相似。佛教否定思维关键在于"破",龙树就主张"破邪即显正",而提婆更是"破而不立"。慧远综合中印思维习惯,将驳论与立论相结合,发展出"以破为立、破中有立、破立结合的

---

① 《周重答书并周重问》,[南朝梁]释僧祐撰,李小荣校笺《弘明集校笺》卷六,第343页。

② [南朝梁]释僧祐撰,李小荣校笺《弘明集校笺》卷七,第363—364页。

③ [日]木村英一《慧远研究之遗文篇》,创文社昭和三十五年版,第98页。

论辩方法"①,在用遮诠的方法解释法性的概念之后,又用薪火相传的比喻正面论证何为"无性"。这样的论证思路精密无碍,也便于使人理解,般若学的这种思维当时影响可能相当广泛。

小乘诸学说更是从细节与文体方面对论体文作出贡献,"论法初行,散见四阿含诸小乘论"②。佛教的因明学主要就是逻辑之学,《瑜伽师地论》第十五卷"因明处"首先提到"因明",逻辑系统包括七方面,第一是论体性,"论"即论辩,"体性"为语言和言语的体性,论辩的体性有六种:言论、尚论、诤论、毁谤论、顺正论、教导论。还提出了论辩的语言要求,应有五种庄严:善自他宗、言具圆满、无畏、敦肃、应供,第七论多所作法中还提出论辩中应具备的特质有知己知彼、勇猛无畏、辩才无竭等等③。

佛典的论藏主要是阿毗达磨,汉语亦译成阿毗昙,源自佛的问答议论,以及第一次结集之时,对佛法的解析研究。东晋的阿毗达磨论典主要是毗昙学专著,中土第一个组织系统翻译有部毗昙的僧人是东晋释道安,他非常重视阿毗昙的地位,将其称为"数之苑数"④,是佛教入门所必须修习的经典。道安在《阿毗昙八犍度论序》中就描述了阿毗昙论典的论体艺术:

> 其为经也,富莫上焉,邃莫加焉。要道无行而不由,可不谓之富乎? 至德无妙而不出,可不谓之邃乎? 富邃洽备故,故能微显阐幽也。其说智也周,其说根也密,其说禅也悉,其说

① 孙昌武《佛教与中国文学》,上海人民出版社 2007 年版,第 238 页。
② 吕澂《因明纲要》,商务印书馆 1926 年版,第 4 页。
③ 沈剑英主编《中国佛教逻辑史》,华东师范大学出版社 2001 年版,第 5 页。
④ [南朝梁]释僧祐《出三藏记集》卷十,第 376 页。

道也具。周则二八用各适时,密则二十迭为宾主。悉则味净遍游其门,具则利钝各别其所。以故为高座者所咨嗟,三藏者所鼓舞也。①

慧远继承了道安的思想,大力组织翻译与学习毗昙学,汤用彤先生就说:"《毗昙》学之大兴,实由于慧远徒从也。"毗昙学中最著名的是古印度僧人法胜的《阿毗昙心论》,慧远为之作《阿毗昙心序》,评价它是"三藏之要颂,咏歌之微言,管统众经,领其宗会"。又说《阿毗昙心》的文辞形式美云:"又其为经,标偈以立本,述本以广义,先弘内以明外,譬由根而寻条。可谓美发于中,畅于四肢者也。"正是由于对本身传统论文的学习和佛教论典的融合,慧远总结出了论体的特色,在《大智论钞序》中说:

又论之为体,位始无方而不可诘,触类多变而不可穷。或开远理以发兴,或导近习以入深。或阖殊途于一法而弗杂,或辟百虑于同相而不分。此以绝夫垒瓦之谈,而无敌于天下者也。尔乃博引众经,以赡其辞。畅发义音,以弘其美。美尽则智无不周,辞博则广大悉备。是故登其涯而无津,挹其流而弗竭,汪汪焉莫测其量,洋洋焉莫比其盛。虽百川灌河,未足语其辩矣。虽涉海求源,未足穷其邃矣。若然者,非夫渊识旷度,孰能与之潜跃。非夫越名反数,孰能与之澹漠。非夫洞幽入冥,孰能与之冲泊哉!②

① ［南朝梁］释僧祐《出三藏记集》卷十,第376页。
② ［日］木村英一《慧远研究之遗文篇》,第98页。

慧远认为，"论"的形式千变万化，具体的目的有"开远理以发兴""导近习以入深""阖殊途于一法""辟百虑于同相"，从而在论辩效果上可以"无敌于天下"。同时慧远更重视论体的美感，强调必须"博引众经，以赡其辞。畅发义音，以弘其美"，从文辞渊博与声律之美两方面来谈。刘勰之后论"论"，就颇受慧远影响：

> 　　原夫论之为体，所以辨正然否。穷于有数，追于无形，迹坚求通，钩深取极；乃百虑之筌蹄，万事之权衡也。故其义贵圆通，辞忌枝碎；必使心与理合，弥缝莫见其隙；辞共心密，敌人不知所乘：斯其要也。是以论如析薪，贵能破理。斤利者越理而横断，辞辨者反义而取通：览文虽巧，而检迹如妄。唯君子能通天下之志，安可以曲论哉？[①]

比较两篇，刘勰的"穷于有数，究于无形"略同于慧远的"位始无方而不可诘"，刘勰的"钻坚求通，钩深取极"也类似慧远的"触类多变而不可穷"。两人都认为，论是没有固定体式的文体，要从多方面深入着手，发挥论的理论战斗作用，也就是慧远说的"无敌于天下"，刘勰说的"敌人不知所乘"。慧远更着重的是佛教经典里的论藏之美感，主要是从文辞的渊博性和义音的美感说明，而刘勰更从佛教教义中吸取了"圆通"的思维方法，这种论就必须"弥纶群言"，从哪一个角度都无懈可击，这里就能清晰地看到佛教论体文与传统论体文文论思想的结合。

---

① 　杨明照《增订文心雕龙校注》，第245页。

二、《弘明集》论体文的特色

　　《弘明集》中的论体文"弥纶群言",包容各家,从具体的特色而言,其文章形式、语言风格、论辩技巧三方面都呈现了继承、圆融又有开拓的特点。

　　首先文章形式还是以问答对话为主。这些论说文"反正相间,宾主互应,无论何种之理,皆能曲畅旁达",源自在正始时期就十分流行的论辩传统,"此标新义,彼出攻难,既著篇章,更申酬对。苟片言赏会,则举世称奇,战代游谈,无其盛也"①,这样的风气使得当时攻难文篇盛行,如魏代阮瑀著《文质论》,同时应场也著《文质论》,对阮瑀的观点进行辩驳,以维护孔子在文质方面的基本主张。虽然题目上未见"难""答"等字,但基本文风已定。钟荀的《太平论》与王粲的《难钟荀太平论》,阮籍的《乐论》和夏侯玄的《辨乐论》,都是观点对立的论争之文。如嵇康掺杂神仙方术诠解老、庄,著《养生论》,向秀马上就写了《难嵇叔夜养生论》,发表自己的不同看法,嵇康复撰《答向秀难嵇叔夜养生论》以作回应。何晏著《圣人无喜怒哀乐论》,王弼就写《难圣人无喜怒哀乐论》加以驳正;夏侯玄的《本无论》和裴頠的《崇有论》、王衍的《难崇有论》也有针锋相对的用意;荀粲、荀俣、钟会、蒋济等有关言是否尽意问题的争论,以及钟会、傅嘏、李丰、王广的才性四本之争,本身就是当时的热门话题;其他如桓玄的《四皓论》和殷仲堪的《答四皓论》等,也都是这方面的显例。而且一论一难的形式与清谈的形式也是极其相似,

_____

　　①　刘永济《十四朝文学要略》,第162页。

像孙盛的《〈医卜及易象妙于见形论〉老子疑问反讯》等，完全是辩论的形式，类似清谈时候的记录。

魏晋时期对于彼此论难，往往在达到一定规模或意见粗定时，即集录双方往复之文，以示总结。如嵇康与张辽叔关于宅之吉凶的争论论文，晋代阮侃就集为《摄生论》二卷，何晏、钟会、王弼等关于圣人情感有无的争论，也被辑为《圣人无情》六卷。吉藏《十二门论疏》就明确地指出："问：云何名论？答：直言称说，交言曰论。交言曰论，直语名说。"互相论议是论藏的主体形式，包括两种：一种是探究式的，具有讨教性质，作者设计这种形式的论，无疑只是为了便于逐层说明自己的意见，其作用就是过渡，由一个问题引向另一个问题，或对之进行更深入的探讨，问者与答者在观念上是一致的。另一种是驳难性质的，问者与答者的意见观念相异，通过批驳对方的观念来突出正面意旨。慧远之论，这两种方式均有，如《沙门不敬王者论》之四、五为探究式，并且在结尾部分采用汉赋常用的假设问答式，《沙门袒服论》《答何无忌难沙门袒服论》《明报应论》则采用驳难式，可以看出慧远对"论"体的认识已较前人有了深入发展，在理论认识与创作实践上都有着自觉追求。在《大智论钞序》中，慧远就强调了"寄之宾主"的"论"体的形式："故叙夫体统，辨其深致，若意在文外，而理蕴于辞，辄寄之宾主，假自疑以起对，名曰问论。"道标《舍利弗阿毗昙论》中就说阿毗昙的写作方法一般"先立章以崇本，后广演以明义"，并分为问分也，非问分也，摄相应分也，绪分四种体式，"四体圆足，二谛义备"，可称为"无比法"①。阿毗昙还常常涉及问论，如道安写序赞美的《阿毗昙八犍度论》：

---

①　[南朝梁] 释僧祐《出三藏记集》卷十，第 372 页。

云何世间第一法？何故言世间第一法？世间第一法何等
系？当言欲界系耶？色界系耶？无色界系耶？世间第一法，
当言有觉有观耶？无觉有观耶？无觉无观耶？世间第一法，
当言乐根相应耶？喜根护根相应耶？世间第一法，当言一心
耶？当言众多心耶？世间第一法，当言退耶？不退耶？云何
顶？云何顶堕？云何暖？此二十身见，几我见？我所见，有几
见？若无常、有常见？于此五见，是何等见？何等谛断？此见
若有，常无常见。若苦乐见，若乐苦见，若不净净见，若净不净
见，若无我有我见，若无因有因见，若有因无因见，若有无见，
若无有见。于此五见，是何等见？何等谛断？此见此章义愿
具演说。①

开篇就以紧密的、层层衔接的设问来引导出对世间第一法性
质的思考，接下来则采用回答的方式来进行解释。在《阿毗达磨俱
舍论》中，佛教徒采用设问、答辩的基本方法是"四记问答"：

记有四者，谓答四问。若作是问：一切有情皆当死不？
应一向记，一切有情皆定当死。若作是问：一切死者皆当生
不？应分别记，有烦恼者当生非余。若作是问：人为胜劣？
应反诘记，为何所方？若言方天，应记人劣。若言方下，应记
人胜。若作是问：蕴与有情为一、为异？应舍置记，有情无实
故，一异性不成，如石女儿、白黑等性。②

① 《大正藏》第 26 册，第 1543 页。
② 《阿毗达磨俱舍论》卷十九，《大正藏》第 29 册，第 103 页。

　　四记问答,是指解答诸质问时,依所提问题的性质而将回答的方式分为四种:(1)一向记,对于所问,直接以肯定的方式予以回答;(2)分别记,对于所问,一一分析解剖后,再给予肯定或否定的回答;(3)反诘记,不直接回答,先反问对方,在反问中使其悟解,或以反问来彰显问意后,再给予回答;(4)舍置记,对于所问,如属于不应答或不值得答者,则舍置不答,或告知对方此问题不值应答。问答的方法套路已经非常全面成熟。

　　《弘明集》中的文体除了吸收佛教问论,而且还设置场景描写,设计人物对话,如《沙门不敬王者论》的结尾部分:"论成后,有退居之宾,步朗月而宵游,相与共集法堂。因而问曰……主人良久乃应曰……众宾于是始悟冥途以开辙为功,息心以静毕为道。乃欣然怡衿,咏言而退。"慧远特设"退居之宾"与"主人"的角色,与阮籍的道家之文《达庄论》非常相似,这一宾主问答的文体氛围构成,吸取了长于"述客主以首引"的赋家手法。一般说来,赋家在虚拟客主人物名号时,或多或少带有一定的寓意,可以透露作者的思想趣味。例如,西汉司马相如《子虚赋》《上林赋》以子虚、乌有先生、亡是公三人的对话为结构方式,虽然主要是便于题材的铺陈,但从人物的关系中反映了主题的基调。再如东汉张衡在其《两京赋》中设立凭虚公子与安处先生两个人物,公子身为皇家贵胄,是势的代表,先生则是道的代表,此赋以后者之言折服前者,暗示了道尊于势。这种借寓名而透露作者抑扬倾向的手法,自然容易在论辩文中被吸取活用。慧远在这里设"退居之宾",用心匪浅。"退居之宾"象征着奉行道家恬淡生活态度的人,他们对佛教教理的怀疑,意味着玄佛之争的不可回避,正是慧远的宣教使命所义不容辞的;而向这个阶层扩大佛教的影响力,也是慧远的信心所在。作者最后对众宾幡然大悟的描述，略带赋体夸饰的笔调，流溢出作者对自己论辩才智的踌躇满志之情。

就文采方面，《弘明集》正是以这样的论道文字，开创了当时除《文选》纯文学倾向的另一种文风，在文体上皆属于"文""笔"之"笔"，在当时崇尚绮丽文风的文坛上掀起了一股别样的文学潮流。"论"历来的特色就是朴实无华，"其大要在于据经析理，审时度势。文以辩洁为能，不以繁缛为巧。事以明核为美，不以深隐为奇"①。僧祐在《后序》中亦表示："故复撮兴世典，指事精微，言非荣华，理归质实。"桓范《世要论·序作篇》也说："夫著作书论，乃欲阐弘大道，述明圣教……故作者不尚其辞丽，而贵其存道也，不好其巧慧，而恶其伤义也。故夫小辩破道，狂简之徒，斐然成文，皆圣人之所疾也。"②都指明了"论"的文学特征。

而魏晋论文的骈俪化倾向十分明显，这与批评家对论文文体所作的界定颇有距离。曹丕《典论·论文》云："书论宜理"；陆机《文赋》云："论精微而朗畅"，李善注："论以评议臧否，以当为宗，故精微朗畅"；李充《翰林论》云："研求名理而论生焉。论贵于允理，不求支离"；刘勰《文心雕龙·论说》云："原夫论之为体，义贵圆通，辞忌枝碎。必使心与理合，弥缝莫见其隙；辞共心密，敌人不知所乘，斯其要也"；萧统《文选序》云："论则析理精微。"综合诸家之说，论的基本要求是：以探究名理为主，关键在持论圆通，结构紧凑合理。刘勰将《论说》篇置于"无韵之笔"就是其文体理论意识的自然体现。但因为论体文发达于六朝，难免要受到当时文风的熏染，竟

---

① ［明］徐师曾《文体明辨》卷四十二，《四库全书存目丛书·集部》第311册，齐鲁书社1997年版，第746页。
② ［清］严可均《全上古三代秦汉三国六朝文·全三国文》卷三十七，第1263页。

词逐才之风也同样吹送到论文创作领域。萧统《文选》收录的论文
达五卷之多,就是一个明证。《文选》卷四十五中收录的对问《对楚
王问》、设论《答客难》《解嘲一首(并序)》《答宾戏(并序)》,其他论
作中如《非有先生论》《四子讲德论(并序)》《典论·论文》及陆机的
《辩亡论》等等,这些文章不仅符合萧统所提倡的"析理精微",也都
符合萧统"事出于沈思,义归乎翰藻"的审美观,合乎"能文"的选录
标准。

　　实际上,西晋以降,随着文笔的区分、声律说的发明以及骈赋
的流行,追求语言的声态色泽之美成为一种时代潮流。何晏的《无
名论》《无为论》中的骈句已较为普遍,王弼的《老子指略》,骈句占
一半以上,诵读起来节奏感非常强。裴𬱖的《崇有论》《贵无论》既
为一代之名论,其"理具渊博"和"文辞精富"①也是不可或缺的两
个重要方面。另如嵇康、阮籍等人,则不仅对句触目可见,而且其
语言更飘逸壮美。《魏氏春秋》说王弼"论道约美不如晏,自然拔出
过之",其实王弼、何晏的论说文都简约标美,王弼的文章多以骈句
成篇,句式虽然对偶,句型却很灵活,难怪刘勰称其文"要约明畅",
刘师培许以"文质兼茂"了。而且,清谈虽以辩论玄理为主,但要折
服对方,也需要用妙言丽句为自己的观点生色增辉,不仅仅要"理
致甚微",更要"辞条丰蔚,甚足以动心骇听"②。像支遁、谢安之所
以能成为清谈的领袖人物,除了与他们深研玄理相关,其清谈语言
的"才藻新奇,花烂映发""叙致精丽"和"才峰秀逸"也是一个不容
忽略的因素。裴遐与郭象谈论,而使一座尽服,其"音词清畅,泠然

---

① 　[晋]陈寿《三国志》卷二十三裴松之注引陆机《惠帝起居注》,第 673 页。
② 　余嘉锡《世说新语笺疏》,第 257 页。

若琴瑟"的动人语言,当然是发挥了不小的作用。这样的文风在当时就招致了批评,如范宁的《王弼何晏论》就说:"王、何蔑弃典文,不遵礼度,游辞浮说,波荡后生。饰华言以翳实,骋繁文以惑世。搢绅之徒,翻然改辙。洙泗之风,缅焉将坠……王、何叨海内之浮誉,资膏粱之傲诞,画螭魅以为巧,扇无检以为俗,郑声之乱乐,利口之覆邦,信矣哉!"①

在这样的情况下,佛教此时重视朴质的翻译文体能带来一定的中和作用。佛论以逻辑推理为衡量论的主要标准,对于文采和修辞不甚重视,因其为译作,文句上比较粗糙,道安《道行般若多罗蜜经序》:"若率初以要其终,或忘文以全其质者,则大智玄通,居可知也。"②几乎完全忘记了佛论本来面目是重视文采的,鸠摩罗什在《为僧肇论西方辞体》说"天竺国俗,甚重文藻",慧远也相当重视论体文的文采,在《阿毗昙心序》中指出:

> 其颂声也,拟象天乐,若灵籥自发,仪形群品,触物有寄。若乃一吟一咏,状鸟步兽行也;一弄一引,类乎物情也。情与类迁,则声随九变而成歌;气与数合,则音协律吕而俱作。拊之金石,则百兽率舞;奏之管弦,则人神同感。斯乃穷音声之妙会,极自然之象趣,不可胜言者矣。③

在《大智论钞序》中写道:

---

① [清]严可均《全上古三代秦汉三国六朝文·全晋文》卷一百二十五,第2179—2180页。

② [清]严可均《全上古三代秦汉三国六朝文·全晋文》卷一百五十八,第2372页。

③ [南朝梁]释僧祐《出三藏记集》卷十,第378页。

譬大羹不和,虽味非珍;神珠内映,虽宝非用。信言不美,
固有自来矣。若遂令正典隐于荣华,玄朴亏于小成,则百家竞
辩,九流争川,方将幽沦长夜,背日月而昏逝,不亦悲乎!于是
静寻所由,以求其本,则知圣人依方设训,文质殊体。若以文
应质,则疑者众;以质应文,则悦者寡……于是简繁理秽,以详
其中,令质文有体,义无所越。①

在这种文质观指导下,慧远创作的论体文首先更重视内容,
表达上虽已融入骈体,但远较时下流行的骈体为疏朴。论辩之
文在于实用,诚如《文体明辨序说》所言:"其大要在于据经析理,
审时度势。文以辩洁为能,不以繁缛为巧;事以明核为美,不以
深隐为奇。"慧远之论是其文质观的真实体现。如《沙门不敬王
者论·出家第二》通篇多用对句,或单句对,或复句对,字数不
等,交错运用,以连接词使其构成长句,扣合严密,故文章笔笔顿
挫,气势畅达紧健。用语质朴,无丝毫雕饰,纯为说理,确实有"辞
理精峻"的特点。"这种文字,骈散间行,自由畅达:用骈俪处,条
分缕析,并不是空洞地玩弄词藻,写法上已与后来唐宋议论文字的
格调相近。"②

《弘明集》中论体文的另外一个特色就是对逻辑推理的注重。
中国传统自古重视"制名以指实"(《荀子·正名》),在当时许多人
对复杂的佛教名相概念不理解或误会的情况下,更应该清楚地解
释概念。郭象在《庄子·天下篇》注中说:"然膏粱之子均之戏豫,

① [日]木村英一《慧远研究之遗文篇》,第98页。
② 孙昌武《佛教与中国文学》,第229页。

或倦于典言,而能辨名析理,以宣其气,以系其思,流于后世,使性不邪淫,不犹贤于博弈者乎?"①王弼在《老子指略》中也说:"夫不能辨名,则不可与言理;不能定名,则不可与言实也。"②王弼就是以这种方法推出他的"以无为本"的本体论的:

> 夫物之所以生,功之所以成,必生乎无形,由乎无名。无形无名者,万物之宗也。不温不凉,不宫不商,听之不可得而闻,视之不可得而彰,体之不可得而知,味之不可得而尝。故其为物也混成,为象也则无形,为音也则希声,为味也则无呈。故能为品物之宗主,苞通天地,靡使不经也。③

王弼从听、视、体、味几个方面去辨知"道",其结果是"道"既无形又无声。形名学中"名"产生于"形",因而无形的"道"也就无名了,既无形又无名的"道"就简称为"无","无"也就与宇宙本根的"道"同一了。有形有名的万事万物,其共同属即存在也即"有"。这样,"道"与万物的关系就转换成了"无"与"有"的关系,万物生于道这一命题从形名学的角度就转换成了有生于无,"以无为本"的本体论于是确立④。论及关键的形神关系,慧远同样是首先定"神"之名:"夫神者何耶? 精极而为灵者也……神也者,圆应无生,妙尽无名,感物而动,假数而行。感物而非物,故物化而不灭;假数而非数,故数尽而不穷。"这种阐释的功能还是出自"论"本身解释

---

① [晋]郭象注,[唐]成玄英疏《南华真经注疏》,第623页。
② [魏]王弼著,楼宇烈校释《王弼集校释》,中华书局1980年版,第199页。
③ [魏]王弼《王弼集校释》,第195页。
④ 王晓毅《王弼评传》,南京大学出版社1996年版。第201—210页。

经典的作用,《文心雕龙·论说》说:

> 圣哲彝训曰经,述经叙理曰论。论者,伦也;伦理无爽,则
> 圣意不坠……详观论体,条流多品,陈政则与议说合契,释经
> 则与传注参体……至石渠论艺,白虎通讲,聚述圣言释经,论
> 家之正体也……若毛公之训《诗》,安国之传《书》,郑君之释
> 《礼》,王弼之解《易》,要约明畅,可为式矣。[①]

刘勰认为在内容上"述经叙理",才是论家之正体。文本中三
次重复"论""述经""释经"的功能,范文澜注曰:"凡说解谈议训诂
之文,皆得谓之为论;然古惟称经传,不曰经论;经论并称,似受释
藏之影响。"还说:"彦和此篇,分论为二类;一为述经,传注之属;二
为叙理,议说之属。八名虽区,总要则二。二者之中,又侧重叙理
一边。"[②]汤用彤也曾分析,"论"属于"论著"类,用来"条述佛义及
名相",因而论中多有以名相为主题的问答,如《三法度论》:

> 说曰:今说三法。问:尊云说三法,三法何义? 答:此经
> 因法故,唯三相续撰,三法者是假想。问:何故三法撰? 答:
> 此佛经依无量想,众生为恶世所坏,命以食存,欲求其真。为
> 彼开想故,及善持故,此三法撰,一切世间亦依真想及假想,是
> 以开想,故三法撰。[③]

---

① 杨明照《增订文心雕龙校注》,第 243—245 页。
② [南朝梁]刘勰著,范文澜注《文心雕龙注》,人民文学出版社 1958 年版,第
330 页。
③ 《大正藏》第 25 册,第 15 页。

大乘阿毗达磨曾论述论辩文的四种方法："后世观《庄严经论》及《摄大乘论释》，皆解阿毗达磨意义有四端：其一对法，谓以四谛道品等说，趋向于涅槃；其二数法，谓以思择法门数分别法相；其三伏法，谓说论议能伏他异诤；其四解法，亦称通法，谓释规式通晓文义。"①这种以通晓文义为目的的解释名相方法即为通法，另外当时论文中还颇多条分缕析、层层递进的论辩方式，也就是阿毗达磨的"数法"。

"论"的层次体系，主要依靠折中群言和辨正然否来获得。"论"的特点之一，就是对有关根本义理的众多成说进行辨证讨论。分析成说，要讲求赅备周全，弥纶群言，才能使立论坚实。《公孙龙子》讨论"白马非马"，驳斥了所有的不同观点，而《荀子》之《正论》为树立正确的意见，不厌其烦地驳斥九种"世俗之说"，僧祐《弘明集后序》也一一列举"六疑"，欲"较而论之"。慧远在《三报论》中也采用了这种方法：

> 经说业有三报：一曰现报，二曰生报，三曰后报。现报者，善恶始于此身，即此身受。生报者，来生便受。后报者，或经二生三生，百生千生，然后乃受。受之无主，必由于心；心无定司，感事而应；应有迟速，故报有先后；先后虽异，咸随所遇而为对；对有强弱，故轻重不同。斯乃自然之赏罚，三报之大略也。②

---

① 吕澂《吕澂佛学论著选集》，齐鲁书社 1996 年版，第 2364 页。
② 石峻等编《中国佛教思想资料选编·汉魏六朝卷》，中华书局 2014 年版，第 87 页。

　　另外阿毗达磨的"对法",即是从特定角度说解法义。慧远在《大智论钞序》中指出佛教之"论""或开远理以发兴,或导近习以入深",即是标明此义。受此影响,慧远之论体文既辨析幽玄,又能有集中鲜明的切入点。他特别强调"明津要"的重要性。《明报应论》中,针对桓玄的质疑,慧远答曰:"意谓此二条,始是来问之关键,立言之津要。津要既明,则群疑同释。"又曰:"请寻来问之要,而验之于实。"也就是说,要释疑辩难,首先要抓住问题的关键,然后才能解决问题。慧远《沙门不敬王者论》之《形尽神不灭论》,从形神的角度讨论佛教所说"不生不灭"之涅槃解脱境界。慧远曾与何镇南等人讨论过"沙门袒服"的问题,并作《沙门袒服论》及答复何无忌问难的《答何无忌难沙门袒服论》,是佛教东传历史上最早捍卫沙门服制的专论。这个问题直接涉及佛礼与儒礼的不同。天竺佛教徒袒服应与当地气候炎热有关,但慧远却认为此乃天竺的"国法",是"尽于所尊,表诚于神明"的表现,并且将儒家的"礼"的观念引进了佛教,从此角度切入,将佛教徒右袒与辩道俗、励精进、笃诚防邪、敬慢不杂联系起来,认为袒服是劝诱信徒服膺佛门的有效途径。慧远将佛礼与儒教融合,以达到提升沙门地位、获得国人尤其是统治者对僧侣尊重的目的,以有效地发挥佛教特殊社会政治影响的作用。

　　阿毗达磨为"伏法",也就是以辩难方式说服异端。如《沙门不敬王者论·形尽神不灭五》中的问者以"犹火之在木,其生必存,其毁必灭"来说明"形离则神散",而慧远提出其论证的方法是"验之以实",也就是说,要结合现实来论述,不能孤立地看待问题,故而回答说:"火之传于薪,犹神之传于形;火之传异薪,犹神之传异形。前薪非后薪,则知指穷之术妙;前形非后形,则悟情数之感深。"他结合现实中常见的薪经过燃烧，成为灰烬，但是火却从此薪传到彼薪、永不熄灭的现象，来证明人的形体消灭了，"神"也从这一形体传到另一形体，永恒不灭，所以更易于理解和接受。慧远就是这样综合运用阿毗达磨的论证方法，使得论文有理有据，有声有色，也奠定了中国化佛学论文的基本样式。

节选自 2013 年中国人民大学博士论文：

刘玉叶《〈弘明集〉与六朝文论》

六朝形神论与《弘明集》

　　人的灵魂是否存在,万物森然,是否皆蕴神含灵,乃至人的躯体与精神、万物的外形与内灵是何关系,是自古以来人类的每个文明都在苦苦追问的终极问题。关于形神的争论是对生命终极价值的思考,具有深刻的精神文化内涵,尤其两种民族文化对此不同的看法发生直接冲突、碰撞,到最后圆融冥合,沉淀于中华民族的基本性格精神之中,具体体现在文学作品与艺术创作之中,这尤其值得关注。

　　形神之争对于佛教在中国的立足与发展更可谓生死攸关的大问题。六道轮回、因果报应理论是佛教立论之基,若执信人死神灭,无有魂灵,更无来世,佛教就会从理论上被根本推翻。萧琛《难神灭论》即云"佛之有无,寄于神理存灭",实为佛教之"实理"与"根要"(王谧《答桓太尉》)。正因为形神之说关乎佛教存亡,六朝时成为最激烈的论题之一,"纷纭交诤,互相催压",可谓是六朝佛教论辩大潮中的主战场。颜之推在《颜氏家训·归心篇》中总结了五条世俗诽谤佛教的内容,首当其冲的就是关于形神之论,"以世界外事及神化无方为迂诞也"①。六朝的这场论战参与人数之多、规模之大、竞争之

---

① 〔北齐〕颜之推撰,王利器集解《颜氏家训集解》,中华书局1993年版,第371页。

激烈,可以说是前无古人、后无来者,仅《庄严寺法云法师与公王朝贵书(并公王朝贵答)》(《弘明集》卷十)中涉及的就有62人,梁武帝、北周武帝等亲自参与论战,僧侣士人即使面对位高权重的论辩对手,也不卑不亢、据理力争,秉持平等、以"礼"为先的精神,僧祐编纂《弘明集》时也把正反论点一并收入,对谤佛语句也不曾删削。

《弘明集》忠实地记录了这场论战,形神之争也成了《弘明集》的主要内容,涉及卷一、二、三、四、五、九、十、十一共八卷,《广弘明集》也收入了数十篇相关文章。僧祐在《弘明集后序》中列述了人们对于佛教的"六疑":

> 夫二谛差别,道俗斯分。道法空寂,包三界以等观;俗教封滞,执一国以限心。心限一国,则耳目之外皆疑……一疑经说迂诞,大而无征;二疑人死神灭,无有三世;三疑莫见真佛,无益国治;四疑古无法教,近出汉世;五疑教在戎方,化非华俗;六疑汉魏法微,晋代始盛。①

其中"人死神灭,无有三世"指的就是形神之论。僧祐认为佛教在六朝受到攻击的原因就在于儒家学说将人的认识局限在人伦俗世之内,而固守传统文化的封闭保守心态使人们对新的文化盲目排斥。但在为神不灭论辩解时,僧祐依然以佛理符合周孔之言来辩论:

> 若疑人死神灭,无有三世,是自诬其性灵,而蔑弃其祖祢也。然则周、孔制典,昌言鬼神。《易》曰:"游魂为变,是以知

---

① ［南朝梁］释僧祐撰,李小荣校笺《弘明集校笺》卷十四,第795页。

鬼神之情状。"既情且状,其无形乎?《诗》云:"三后在天,王配于京。"升灵上旻,岂曰灭乎?《礼》云:"夏尊命,事鬼敬神。"大禹所祇,宁虚诞乎?《书》称周公代武,云能事鬼神;姬旦祷亲,可虚罔乎? 苟亡而有灵,则三世如镜,变化轮回,孰知其极?俗士执礼,而背叛五经,非直诬佛,亦侮圣也。若信鬼于五经,而疑神于佛说,斯固聋瞽之徒,非议所及,可为哀矜者二也。①

僧祐指出,儒家圣人言论中有许多关于神不灭的佐证,若坚信人死神灭,不仅有诬于自身的精神性灵,更是蔑弃祖祢、背叛五经、侮辱先圣。这种借儒家经典来辩护佛教理论以求融合二者的基本做法体现于整部《弘明集》之中,也更明显地体现在了形神之争中。

因果观念确为中国传统思想中所固有,但六朝政局动荡,民生疾苦,无论是儒家之"积善之家必有余庆,积恶之家必有余殃"之说,抑或是道家的"天道无亲,常与善人"之论,在乱世下都显得毫无说服力。儒家素有回避生死鬼神的传统,但自东汉以来妖风邪魅的谶纬之风兴起,道教追求全形长生的法术盛行,使乱世中人丢失信仰,极易顺性恣意,放逐于声色犬马之中。而佛教独标"神"义,强烈颂赞人之精神的价值,强调意识作用的力量,使人们在对净土天堂的向往、对阿鼻地狱的震慑、轮回果报理论的鼓励之下,重拾对神明与生命的敬畏,解决传统儒家"明于礼义而闇于知人心"(宗炳《明佛论》)的缺憾,直指人心,使人再次检视内在生命,求索自我性灵,从谶纬迷信的狂热中冷静,从服散炼丹的迷梦中苏醒。刘勰的《灭惑论》曾言:"夫佛法练神,道教练形。形器必终,碍于一垣之里;神识无穷,

---

① ［南朝梁］释僧祐撰,李小荣校笺《弘明集校笺》卷十四,第797页。

再抚六合之外。"便是以重"神"作为佛教的特点而与外教区别。

　　形神之争的规模、水平、重要意义足以作为《弘明集》中内容之代表,且"神"的性灵之说极易与文论产生联系与影响。佛教重"神"的思想观念深刻影响了六朝文人精神心态,全面改造了以往的观物鉴赏方式,渗透影响审美心理,改变一个时代的文风。因形神之争于思想史、佛教史、美学史等方面皆至关重要,学界也多予重视,有从思想史方面回顾总结论争大势者①,亦有从形神角度研讨审美观念者②,学术成果不可谓不丰。然从佛教角度切入,结合思想史与文学审美观念论述者亦较少,此角度更能从宏观上体现出《弘明集》乃至六朝文化宗教的基本精神,探究三教在六朝时期如何在精神层面中融合,以及如何影响到时代文论这个中心问题。

一、中国、印度的传统形神观念与
六朝形神之争

(一) 中国传统形神观念

　　中国传统形神思想以儒家相关观念为主,在六朝形神之争中,

---

　　①　参见郑基良《魏晋南北朝形尽神灭或形尽神不灭的思想论证》(文史哲出版社 2002 年版)、刘立夫《弘道与明教——〈弘明集〉研究》(中国社会科学出版社 2004 版)第三章"《弘明集》中的因果报应之争",以及黄忏华《中国佛教史》(东方出版社 2008版)、蒋维乔《中国佛教史》(江苏文艺出版社 2008 版)、杜继文《佛教史》(江苏人民出版社 2006 版)、任继愈《中国哲学发展史(魏晋南北朝史)》(人民出版社 1988 版)、潘桂明《中国居士佛教史》(社会科学出版社 2000 版)、孙昌武《中国佛教文化史》(中华书局 2000 年版)等论著中的相关篇目。
　　②　参见周静佳《六朝形神思想与审美观念》(花木兰文化出版社 2008 年版)、陈建农《六朝诗学形神问题研究》(2007 年中国人民大学博士论文)等。

无论是谤佛者还是护法者,都利用对周孔圣人之言不同的阐释方式来作为理论武器和思想资源。故而我们有必要以六朝时的形神观溯源至先秦,作一概括梳理。

"形"与"神"概念在中土产生由来已久,也往往并用。《说文》云:"形,象也。"段注:"象,当作像,谓像似可见者也。"《说文·叙》亦云:"象形者,画成其物,随体诘诎。"①"形"的原始涵义即为可见之物状形貌,故《广雅》亦云:"形,见(现)也。"②"形"与"象"意义相通,《易·系辞》有云:"形而上者谓之道,形而下者谓之器。"上为"道"而下为"器","形"便成为沟通圣俗天人之中间媒介。"在天成象,在地成形",说的就是世间万物皆为圣人天象"拟诸其形容"的结果,正如《文心雕龙·原道》所说:"日月叠璧,以垂丽天之象;山川焕绮,以铺理地之形。"《孟子·告子下》有云:"有诸内必形诸外","形"不仅是可见之形态,它最根本的特性即在于能体现出内在之天象神理,这也是六朝"以形写神"观念的来源。

对于"神"的解释,《说文解字·示部》云:"神,天神,引出万物者也。"徐灏笺云:"天地有万物,物有主之者曰神。"③可见"神"的最初意义为超自然的最高主宰,类似"人格之天",《礼记·祭法》曰:"山陵、川谷、丘陵,能出云、为风雨、见怪物,皆为神。"④"神"代表世间自然之伟力,是冥冥中人格化了的神祇,《左传》中曾说:"吾闻之,国将兴,听于民;将亡,听于神。神,聪明正直而壹者也。"⑤

---

① [汉]许慎撰,陶生魁点校《说文解字》,中华书局 2020 年版,第 492 页。
② [清]钱大昭《广雅疏义》,中华书局 2016 年版,第 219 页。
③ [清]徐灏《说文解字注笺》,上海古籍出版社 2002 年版,第 133 页。
④ [清]阮元校刻《十三经注疏·礼记正义》卷四十六,第 3445 页。
⑤ [清]阮元校刻《十三经注疏·春秋左传正义》卷十,第 3870 页。

这样的"神"也就是"天"，对人类正直仁慈而无所不能，会在冥冥中观察人们的行为并相应地予以奖惩。在这样朴素的神明观念下，发展出了传统的报应观念，也就是《周易》中所说的"积善之家，必有余庆；积不善之家，必有余殃"。《荀子》曾记载孔子困于陈、蔡时，子路质问："为善者天报之以福，为不善者天报之以祸。今夫子累德、积义、怀美，行之日久矣，奚居之隐也？"①墨子曾有疾，弟子也曾困惑相问："先生以鬼神为明，能为祸福。为善者赏之，为不善者罚之。今先生圣人也，何故有疾？ 意者先生之言有不善乎？ 鬼神不明知乎？"②可见这样的报应观念几乎自产生以来也一直伴随着质疑，只有后来慧远的三报理论才能较为自圆其说。

六朝形神之争的主要论题是人死后"神"是否毁灭，此处之"神"主要指人死后之灵魂。注重现世而务实的儒家很少谈论人死后的境况，子曰："未能事人，焉能事鬼？""未知生，焉知死？"之后正统儒家学说就基本回避了鬼神之事。但是中国人深层思想观念之中，仍然相信人死后能为鬼神：

> 宰我曰："吾闻鬼神之名，而不知其所谓。"子曰："气也者，神之盛也；魄也者，鬼之盛也；合鬼与神，教之至也。众生必死，死必归土，此之谓鬼。骨肉毙于下，阴为野土；其气发扬于上，为昭明，焄蒿凄怆，此百物之情也，神之著也。"③

① ［清］王先谦撰，沈啸寰、王星贤点校《荀子集解》，中华书局 1988 年版，第 526 页。
② 吴毓江撰，孙启治点校《墨子校注》卷十二，第 707 页。
③ ［清］阮元校刻《十三经注疏·礼记正义》卷四十七，第 3461 页。

鬼神,荒忽不见之名也。人死精神升天,骸骨归土,故谓
之为鬼。鬼者,归也。神者,荒忽无形者也。或说鬼神,阴阳
之名也。阴气逆物而归,故谓之鬼;阳气导物而生,故谓之神。
神者伸也,申复无已,终而复始。人用神气生,其死复归神气。
阴阳称鬼神,人死亦称鬼神。[①]

故葬埋,敬藏其形也;祭祀,敬事其神也。[②]

可见儒家理论亦认为人死为鬼,阳气发扬而为神。只不过未
言明此"神"可否独立存在,是否会依附于他形之中,能否成一独立
实体。正是这些语焉不明之处为后日的论证提供了机会。

"神"之义还可内化为人之心智、神气、情感等一切精神活动。
如《楚辞·远游》:"保神明之清澄兮,清气入而粗秽除。"《庄子·德
充符》:"外乎子之神,劳乎子之精。"当"神"代指人之精神性情,便
与审美鉴赏心理机制紧密相关了:

思劳于万机,神驰于宇宙。(《抱朴子·论仙》)

有神斯有好恶喜怒之情矣 …… 生之谓性也,形神是
也。(荀悦《申鉴·杂言下》)

娱情养神。(伏义《与阮嗣宗书》)

---

① [汉]王充著,黄晖校释《论衡校释》卷二十,中华书局1990年版,第871—
872页。

② [清]王先谦《荀子集解》卷十三,第371页。

班倕骋神。(嵇康《琴赋》)

汝齐戒,疏瀹而心,澡雪而精神。(《庄子·知北游》)

由"神"具备的神明特性与内心精神特质的理想状态所生发,"神"在《庄子》中往往指代一个与道冥合、无比自由之生命境界:

精神四达并流,无所不极。(《刻意》)

独与天地精神往来。(《天下》)

在《周易》中,"神"更是精妙无方,代表天道运行的根本规律:

神也者,变化之极,妙万物而为言,不可以形诘者也,故曰"阴阳不测"……是以明两仪以太极为始,言变化而极称乎神也。(王弼《系辞注》)

一阴一阳谓之道……阴阳不测之谓神。(《系辞》)

观天之神道,而四时不忒。圣人以神道设教而天下服矣。(《观卦·象传》)[①]

———————

① [清]阮元校刻《十三经注疏·周易正义》,第347—348页,162、73页。

《周易》对"神"的描述气势磅礴,彰显了人们对宇宙天道之敬畏。对于易、道、神的关系,《近思录》引程颢言曰:"盖上天之载,无声无臭,其体则谓之易,其理则谓之道,其用则谓之神。"①这种对于至高至尊的生命境界的描述,也是人之精神反躬自修所可达到的最高圣人境界:

> 可欲之为善……大而化之之谓圣,圣而不可知之之谓神。(《孟子·尽心下》)

> 至诚如神。(《中庸》)

> 清明在躬,志气如神。(《礼记·孔子闲居》)

> 精神盛而气不散则理,理则均,均则通,通则神。(《淮南子·精神训》)

这些对"神"圆通精妙、无所不极的描述,亦为六朝时佛教徒对"神"精神作用的无限夸大提供了学习的样板。

因"神"被赋予了如此高拔玄妙的意义,故而在论及形神关系时,一般皆秉持"神"重于"形"之观点:

> 神贵于形也,故神制而形从,形胜而神穷。(《淮南子·诠言训》)

---

① [宋]吕祖谦《近思录》卷一,浙江古籍出版社 2017 年版,第 5 页。

神者生之本，形者生之具也，而曰"我有以治天下"，何系哉？（《史记·太史公自序》）

《庄子》中就经常提到形貌残缺丑陋但"神意平全者"，"神"起到了关键作用，是"使其形者"，"故德有所长而形有所忘"。但即使是极力强调精神作用、认为"物有余而形不养"的庄子，也认为必须"存形"："存形求生，立德明道"（《天地》）、"全汝形、抱汝生"（《庚桑楚》），认为"神将守形"。"养神"的一个重要功用还是为了"守形"以"长生"。

中国传统的形神理论皆认为形与神相互依存，不可缺一：

形者生之舍也，气者生之充也，神者生之制也。（《淮南子·原道训》）

形神离则死，死者不可复生，离者不可复反。（《史记·太史公自序》）

是以君子知形恃神以立，神须形以存。悟生理之易失，知一祸之害生。故修性以保神，安心以全身。（嵇康《养生论》）

夫有因无而生焉，形须神而立焉。有者，无之宫也，形者，神之宅也。故譬之于堤，堤坏则水不流矣；方之于烛，烛糜则火不居矣。形劳则神散，气竭则命终。根竭枝繁，则青青去木矣；气疲欲胜，则精灵离身矣。（《抱朴子·至理》）

王充也在《论衡·论死篇》中提出:"天下无独燃之火,世间安得有无体独知之精?"而六朝时的佛教则认为"神"可离"形"而独存,佛教对于人之生命形体之淡漠与中国的传统思想大相径庭。形神之争中佛教所遭到的攻击不仅与"神"相关,还与"毁形"相涉。六朝时佛教被指摘"略形""不由形敬",而佛教徒也干脆自称为"削发毁形之人",宣称"救形之教,教称为外,济神之典,典号为内……释教为内,儒教为外"(道安《二教论》)。证明佛教极重"神"而弃"形"。佛教对于生命形体的态度,来源于原始的佛教理论,两个人生观、哲学观与思维方式大不相同的民族文化在生命看法上首先发生了碰撞。

(二) 古印度的形神观念

"形"与"神"为中国传统观念,印度思想中的相关论述为原始佛教的轮回、"无我"之说。"五蕴"中的色也略同于形,而受、想、形、识类似于精神活动。《中阿含经》之《箭喻品》记载有人向释迦牟尼请教诸如"世间是常抑或无常""世有边抑或无边""命即身或异身""如来死后有抑或无"等问题,而释迦牟尼皆回答"我所不记",对其不执二端,不作断语。这种对超验问题的模糊态度颇类似于孔子对于生死鬼神的看法,而释迦牟尼的用意更多在于教人不执着于有无,而达到生死双遣的思想境界。

从佛教倡导"此有故彼有、此起故彼起"(《杂阿含经》卷十二)、"此无故彼无、此灭故彼灭"(《杂阿含经》卷十三)的缘起学说出发,释迦牟尼提出了佛教的"三法印":诸法无我、诸行无常、一切皆苦。这是佛教与其他派别区别之标志,尤其是"诸法无我"说,意为万物本由五蕴和合而成,无有自性,也就不是独立永恒的实体。

"无我"说是对当时印度居于统治地位的婆罗门教倡导"我"的否定,婆罗门教崇尚的"我"称为"阿特曼",早在《森林书》中,阿特曼就已被视为宇宙创造万物的原理,在《奥义书》中,又被进一步作为宇宙的最高原理与万物内部的神秘主宰,具有实在性与永恒性。佛教认为有情众生只是五蕴的暂时聚合,无有实体性。《成实论》云:"五阴和合,假名为我,非实也有。""我"只是假名,是借用其概念以反对婆罗门教的梵神创造宇宙万物、主宰人类命运的观念。释迦牟尼反对偶像崇拜与祭祀活动,告诫弟子要"依法不依人",提倡"自归依""法归依",凭借个人自觉力量完成觉悟。这与针对现实、反躬于自我精神力量完成道德修为实践的中国传统人文精神亦有相通之处。

但是对于"业"的肯定,使原始佛教不可能彻底贯彻无神论精神。"业"(羯磨)意为造作,泛指人的一切身心活动,而业的果报决定了有情众生的轮回。这源于婆罗门教,《奥义书》认为,人死后灵魂可以在另一个躯壳内复活,而转世形态是与"业"息息相关的。原始佛教既申明"无我"又肯定轮回业报,这就造成了难以解释的理论矛盾,虽然释迦牟尼已强调"无我"其为重要而又精微难懂:"此(无我)甚深处、难见、难知,应需甚深照,微妙至道,聪慧所了,凡俗众生类未能辩知。"所以对于这方面的困惑从原始佛教时期开始就层出不穷:

《大阿含经》:"若无我者,作无我业于未来世谁当受报?"

《中阿含经》:"若无我者,谁活?谁受苦、乐?"

《阿毗达磨俱舍论》:"若我实无,谁能作业?谁能受果?若实无我,业已灭坏,云何复能生未来果?"

《成唯实识论》:"我若实无,谁于生死轮回诸趣,谁复厌苦求趣涅槃？"

主要问题在于如果"无我"，那么作业和受果报的主体是谁？受轮回得涅槃的又是谁？这与六朝时期慧远对于鸠摩罗什诸法性空、无有实体的教导感到困惑，提出疑问几乎如出一辙。

到了部派佛教时期，论争更加激烈，原始佛教的"无我"观念也被打破。为了更合理地揭示三世轮回的主体问题，经量部提出了"一味蕴"，大众部提出了"根本识"，瑜伽行派的"阿赖耶识"也被视为宇宙万物众生轮回的主体。犊子部也主张"有我"，提出了"补特伽罗"概念，意为"胜义我""不可说之我"，作为众生轮回的主体。犊子部面对针对"补特伽罗"的质问，自己解释说："非我所立补特伽罗，如仁所征实有假有，但可依内现在世摄有执受诸蕴立补特伽罗……比如世间依薪立火……谓非离薪可立火，而薪与火非异非一。"[1]强调与外道区别的"不可说"，方立天先生就总结："印度佛教各派总是千方百计用各种曲折、隐晦、神秘的说法，竭力避免把轮回报应的承担者讲成一个独立、不灭的实体，而尽力把它描绘为一种非实体、无实体的意识行动或行为作用等。"[2]而无论如何，佛教在此过程中造神运动不断加剧，大乘佛教兴起后，佛性、法身、心识皆绝对化，种种"真如""阿赖耶识""佛性"等概念实质上皆为变相的"我"。六朝慧远即受一切有部思想之影响，力求实体之"神"与"法身"，同时也更符合中国传统之思维习惯。大乘中观学派则更象征着原始佛教精神的回归，龙树在《中论》中说："虽空亦不断，虽有而不常，业果报不失，

---

①　《阿毗达磨俱舍论》卷二十九，《大正藏》第 12 册，第 407 页。
②　方立天等编《中国古代著名哲学家评传·慧远评传》，齐鲁书社 1980 年版，第 2 卷，第 86 页。

是名佛所说。""业"与"因""果",皆是假名而已,慧远与鸠摩罗什
的分歧即本于此。

二、《弘明集》中的形神之辨

　　形神之辩从东汉末年一直延续至六朝末年,参与者众多,论辩
双方互为攻守,相关论文大部分为《弘明集》与《广弘明集》所保留,
具体请参见下表:

六朝"神灭""神不灭"论辩双方概要表

论辩双方	"神灭"辩方		"神不灭"辩方	
	作者	文章名	作者	文章名
牟子自设辩论	无	《牟子理惑论》	牟子	《牟子理惑论》
桓玄与慧远之辩	桓玄	《与释慧远书》	慧远	《沙门不敬王者论·形尽神不灭》
		《与释慧远书劝罢道》		《答桓玄劝罢道书》
戴逵与周续之之辩	戴逵	《释疑论》	周续之	《难释疑论》
		《答周居士难释疑论》		
戴逵与慧远之辩	戴逵	《与远法师书》	慧远	《三灭论》
郑鲜之自设辩论	无	《神不灭论》	郑鲜之	《神不灭论》
孙盛与罗含之辩	孙盛	《与罗君章书》	罗含	《更生论》
慧琳与宗炳之辩	慧琳	《白黑论》（又名《均善论》）	宗炳	《明佛论》

论辩双方	"神灭"辩方		"神不灭"辩方	
	作者	文章名	作者	文章名
何承天与诸人之辩	何承天	《达性论》	宗炳	《答何衡阳书》
		《报应问》	刘少府	《答何衡阳书》
		《释均善难》		
		《答/重答颜光禄》	颜延之	《释达性论》
范缜与诸人之辩	范缜	《神灭论》	梁武帝	《敕答臣下神灭论》
				《立神明成佛义记》
			众臣	《庄严寺法云法师与公王朝贵书(并公王朝贵答)》
			萧琛	《难神灭论》
			沈约	《难范缜神灭论》
				《神不灭论》
				《形神论》
		《答曹思文〈难神灭论〉》《〈答曹舍人〉》	曹思文	《难范缜神灭论》
				《重难范缜神灭论》
				《上武帝启难范缜神灭论》

　　上表所列文章出处：桓玄《与释慧远书》载《高僧传》卷六；戴逵《释疑论》《答周居士难释疑论》《与远法师书》、周续之

《难释疑论》、刘少府《答何衡阳书》载《广弘明集》卷二十；慧琳《白黑论》载《宋书》卷九十七；其余各篇载《弘明集》，其中范缜《神灭论》载《弘明集》卷九萧琛《难神灭论》中。《庄严寺法云法师与公王朝贵书（并公王朝贵答）》的作者众臣，包括：法云、萧宏、萧伟、沈约、范岫、王莹、王志、袁昂、萧禺、徐勉、陆果、萧琛、王彬缄、陆煦、徐绲、王暕、柳恽、柳憕、王茂、庾咏、萧昂、庾昙隆、萧靡、王僧孺、王揖、王泰、蔡樽、王仲欣、沈绩、司马筠、沈绲、王缉、韦叡、谢绰、范孝才、王琳、何炟、王筠、孙挹、萧眎、伏咺、贺场、刘洽、严植之、曹思文、谢举、马元和、王靖、陆倕、王僧恕、明山宾、庾黔娄、殷钧、张缅、陆琏、张翻、王珍国、曹景宗、颜缮、沈宏、司马褧、丘仲孚。

从上表可看出，形神之辩作为佛教立教之关键，还体现在因果报应、沙门敬王等诸多论题之中，双方论辩颇为激烈。从东汉的《牟子理惑论》到梁代的大辩论，形神之论经过了几百年的发展，我们有必要对其发展大势作一梳理，从中可以看出关于形神之论辩逐渐形成一定的固定模式，也可以反映出六朝士人在此过程中对佛教义理理解的不断深化以及将佛理"中国化"的努力。在对论辩的过程中，在对佛教之"神"理解日趋深入的同时，体现出了对性灵人心的颠覆认识、对生命精神的超越理解，都潜移默化地影响着六朝人的自然审美思想、文艺鉴赏理念。同时，形神之辩的论体文都显示了六朝卓越的文学技巧。

六朝形神之论的两个高潮在于慧远之论与发生在梁代的大辩论。慧远的理论建设打下了佛教历史中整个形神之论的基调，甚至深刻地影响了佛教在中国发展的走向；而梁代由范缜《神灭论》

引起的大辩论，规模之大在中国宗教史上实属罕见。其他诸人无论是反佛者还是崇佛者，事实上都推动了佛教教理的发展，正如梁代形神之论中沈绩所言，"道不自弘，弘实由人。人须其识，识须其位"，《弘明集》的"弘道明教"之主旨也就是在这样的论辩对话中得到体现的。

六朝的形神之论由《弘明集》卷一收录的《牟子理惑论》拉开帷幕。《牟子理惑论》或名《理惑论》《牟子辨惑论》，通名《牟子》。在《牟子理惑论》中，他自称"略引圣贤之言证解之"，故大量引述儒家、道家和诸子百家之书，以说明佛教与中国传统思想并行不悖，"虽崇信佛道，尚不悖于圣贤之旨"①。在文中，牟子驳斥了来自儒家关于佛教乃"夷狄之术"、出家"不合孝道"、佛法"妄说生死鬼神"这三个关键问题，第三个问题即为形神之辩。

从远古时代起，民间便通行占卜和巫术，流传灵魂不灭的观念，但将巫术理性化后的儒家通常反对谈论生死鬼神，无善恶业报、轮回转生的中国传统思想主流倾向于无神，但在若干经典或言论中也不乏知生死、事鬼神的内容，这些内容与佛教的相关学说有类似之处。牟子《理惑论》中的思想就表明了佛教传入初期，民间灵魂不灭思想对于佛教形神思想的理解：

> 问曰："佛道言人死当复更生。仆不信此之审也。"
> 牟子曰："人临死，其家上屋呼之。死已，复呼谁？或曰呼其魂魄。"牟子曰："神还则生，不还，神何之呼？"曰："成鬼神。"
> 牟子曰："是也，魂鬼固不灭矣，但身自朽烂耳。身譬如五谷之

---

① 洪颐煊《牟子序》，见周叔迦《牟子丛残新编》，中国书店 2001 年版。

根叶,魂神如五谷之种实,根叶生,必当死,种实岂有终亡? 得
道身灭耳……有道虽死,神归福堂;为恶既死,神当其殃。愚
夫暗于成事,贤智豫于未萌。道与不道,如金比草;善之与福,
如白方黑。焉得不异,而言何异乎?"①

牟子以中国民间传统的招魂仪式来证明"神还则生",还以五
谷种实作为譬喻,佛教认为人的形体犹如植物的根叶而生死流转,
但神魂恰如植物的种子,在新的形体中可以不断转生。轮回的去
处则决定于今生的修行,正所谓"有道虽死,神归福堂;为恶既死,
神当其殃",这种说法与佛教正统轮回观念已有距离,但颇为迎合
汉地民众根深蒂固的"积善之家必有余庆,积不善之家必有余殃"
的心理认知。

那么又该如何解答传统儒家反对谈论生死鬼神的问题呢? 牟
子继续试图以儒家经典来辩驳儒者的诘问,从而证实鬼神的存在:

问曰:"孔子云:'未能事人,焉能事鬼? 未知生,焉知死?'
此圣人之所纪也。今佛家辄说生死之事,鬼神之务,此殆非圣
哲之语也。夫履道者,当虚无淡泊,归志质朴。何为乃道生死
以乱志,说鬼神之余事乎?"

牟子曰:"若子之言,所谓见外未识内者也。孔子疾子路
不问本末,以此抑之耳。《孝经》曰:'为之宗庙,以鬼享之;春
秋祭祀,以时思之。'又曰:'生事爱敬,死事哀戚。'岂不教人事
鬼神、知生死哉? 周公为武王请命曰:'旦多才多艺,能事鬼

---

① 〔南朝梁〕释僧祐撰,李小荣校笺《弘明集校笺》卷一,第27页。

神。'夫何为也？佛经所说生死之趣，非此类乎？老子曰：'既
知其子，复守其母，没身不殆。'又曰：'用其光，复其明，无遗身
殃。'此道生死之所趣，吉凶之所住。至道之要，实贵寂寞。佛
家岂好言乎？来问不得不对耳。钟鼓岂有自鸣者，捋加而有
声矣。"①

　　引用传统儒、道的概念与思想来解释佛教教义，实际上已经开
始了"格义"精神方法的运用，这种方法在整个形神之争中都作为
最基本的辩论手法加以运用。从"格义"方法的开始运用，就已说
明形神之争中阐明的佛教教理都已与实际教义有了或多或少的脱
离。为了迎合汉地信众的普遍心理，形神之争中的理论大多从中
国传统的生死鬼神、善恶报应等观念出发，这是牟子等佛教信徒对
于佛教理解的实际状况，也反映了佛教的早期流传过程中采用的
基本宣传方法。如郗超的《奉法要》中，就把传统善恶、天堂地狱观
念和佛教的修业轮回结合了起来：

　　　　全五戒，则人相备；具十善，则生天堂。全一戒者，则亦得
　　为人。人有高卑，或寿夭不同，皆由戒有多少。反十善者，谓
　　之十恶。十恶毕犯，则入地狱。抵揆强梁，不受忠谏，及毒心
　　内盛，徇私欺给，则或堕畜生，或生蛇虺。悭贪专利，常苦不
　　足，则堕饿鬼。其罪差轻，少而多阴私，情不公亮，皆堕鬼神。
　　虽受微福，不免苦痛，此谓三途，亦谓三恶道。②

----

① ［南朝梁］释僧祐撰，李小荣校笺《弘明集校笺》卷一，第28页。
② ［南朝梁］释僧祐撰，李小荣校笺《弘明集校笺》卷十四，第714页。

　　这就说明一个外来宗教在本土传统思想观念尤为强势的文化中，是不可能完全坚持自己的文化主张而改造本土思想观念的。印度的佛教文化与汉地文化的相遇正体现了这点，也在形神之争中得到了最大的体现。佛教只有与中土传统文化观念有机融合后才能发展，但又不能一味迎合比附，失去自身文化的独特性。这个问题在晋后继续为人所讨论，在东晋关于神不灭思想颇具代表性的是罗含的《更生论》。

　　罗含曾为庾亮属下江夏从事，其《更生论》主张"万物不更生，则天地有终矣"，他所谓"更生"，是指人"聚散隐显，环转于无穷之涂。贤愚寿夭，还复其物"，人死可以得到重生，而"神之与质，自然之偶也；偶有离合，死生之变也"，主张"今生之生，为即昔生"，今生是昔生的延续。罗含借儒家经典所说，认为"人物有定数，彼我有成分"：

　　　　寻诸旧论，亦云万兆悬定，群生代谢，圣人作《易》，已备其
　　极。穷神知化，穷理尽性，苟神可穷，有形者不得无数。是则
　　人物有定数，彼我有成分。①

　　此"定数"和"成分"，就是儒家所说"各自其本，祖宗有序，本支百世，不失其旧"。虽然物有聚散隐显、贤愚寿夭，但聚散是人的形体的生死变化，神则永恒无生灭；神与形（质）偶有离合，合则人生，离则人亡。故《更生论》又说：

　　　　神之与质，自然之偶也；偶有离合，死生之变也；质有聚

────────────────

　　① ［南朝梁］释僧祐撰，李小荣校笺《弘明集校笺》卷五，第235页。

散，往复之势也。人物变化，各有其往，往有本分，故复有常。物散虽混淆，聚不可乱，其往弥远，故其复弥近。又神质冥期，符契自合……今谈者徒知向我非今，而不知今我故昔我耳。达观者所以齐死生，亦云死生为寤寐，诚哉是言！①

所谓神与质（形）的"符契自合"，也就是轮回的必然，这种今生即昔生、今我故昔我的轮回"更生"，也恰似庄子的齐死生命题。而孙盛读《更生论》后，作《与罗君章书》表示反对，认为"形既粉散，知亦如之。纷错混淆，化为异物，他物各失其旧，非复昔日"，万物生命的形体都在不断地改变之中，个体生命体可以说都是独一无二的，因此没有所谓"更生"的可能。针对东晋慧远之前关于形神的讨论，汤用彤指出：

> 盖自东晋以来，形神之争议杂作。阮修不信鬼。阮瞻素执无鬼论。庾阐作《神不更受形论》。而据《高僧传》所载，谓东晋时，异学之徒，咸谓心神有形，但妙于万物，纷纭交诤，互相摧压。竺僧敷乃著《神无形论》，以有形便有数，有数则有尽。神既无尽，固知无形矣。敷之所言，亦颇与罗含之旨相似。②

东晋形神之论颇为激烈，持神有形、形托神用观点者众多，力排众议、奠定神不灭思想基调的就是庐山慧远，慧远开始正式建构

---

① ［南朝梁］释僧祐撰，李小荣校笺《弘明集校笺》卷五，第236页。
② 汤用彤《汉魏两晋南北朝佛教史》，第305—306页。

佛教"中国化"之理论体系,他的神不灭论和法性实有论也奠定了以后开展的形神之争的基调。慧远是在与传统王权辩论,讨论出家人是否需要致敬王者时,提出"神不灭"之说作为依据的。他认为"方外"之人"求宗不顺化""体极不兼应",而这"宗""极"就是超越现世之"神"。慧远在《沙门不敬王者论》中,给"神"下了定义:

> 夫神者何耶? 精极而为灵者也。
>
> 神也者,圆应无主,妙尽无名,感物而动,假数而行。感物而非物,故物化而不灭;假数而非数,故数尽而不穷。有情则可以物感,有识则可以数求。数有精粗,故其性各异;智有明暗,故其照不同。①

慧远之"神"超越物质世界,灵妙之极、神妙万物,脱胎于《周易》与《庄子》中"变化之极""妙万物而为言""四达并流,无所不极"之"神"而又超越之上,神"感物"而又"假数",象征天地物象之运行,《易·系辞上》即曰:"参伍以变,错综其数。通其变,遂成天地之文;极其数,遂定天卜之象。"②中明了"神"是永恒不变的绝对存在,对"神"永恒实有属性的肯定是慧远法性实有论主张的延伸,也源自中土民众对于现实苦难、生命观念的体认与追求。庄子就已然困苦于生命的困境:

> 人生天地之间,若白驹之过隙,忽然而已。注然勃然,莫

---

① [南朝梁] 释僧祐撰,李小荣校笺《弘明集校笺》卷五,第267页。
② [清] 阮元校刻《十三经注疏·周易正义》卷七,第168页。

　　不出焉；油然漻然，莫不入焉。已化而生，又化而死，生物哀之，人类悲之，解其天弢，堕其天袠，纷乎宛乎，魂魄将往，乃身从之，乃大归乎！①

　　一受其成形，不亡以待尽，与物相刃相靡，其行尽如驰而莫之能止，不亦悲乎！终身役役而不见其成功，苶然疲役而不知其所归，可不哀邪？人谓之不死，奚益？其形化，其心与之然，可不谓大哀乎！②

　　人生苦短、终归于尽的悲剧在中国人传统观念尤其是六朝人心目中都是挥之不去的痛苦与困惑。慧远的神不灭论以及整个佛学架构，都是以现实为考量，企图救赎这生命的悲剧：

　　庄周悲慨人生天地之间，如白驹之过隙，以此而寻，孰得久停，岂可不为将来作资？③

　　对于现实苦难人生的无奈，只能让人期许于"将来"，以此跨越轮回生命的希望完成心灵的救赎："盖神者，可以感涉而不可以迹求。必感之有物，则幽路咫尺；苟求之无主，则渺茫河津。"④修行过程中必须有目标与希望，"有物""有主"，"神"就是人精神之主宰，到达彼岸世界的灯塔，这种精神的极致状态，慧远称之为"涅槃"：

----

　　①　陈鼓应《庄子今注今译》，第 608 页。
　　②　陈鼓应《庄子今注今译》，第 53 页。
　　③　[南朝梁] 释僧祐撰，李小荣校笺《弘明集校笺》卷十一，第 622 页。
　　④　[南朝梁] 释慧皎《高僧传》卷六，第 214 页。

　　反本求宗者，不以生累其神；超落尘封者，不以情累其生。
不以情累其生，则生可灭；不以生累其神，则神可冥。冥神绝
境，故谓之泥洹。①

　　慧远从承认法性实备、永恒不变这一前提出发，结合犊子部
"胜义补特伽罗"概念，用传统形神观念说明涅槃的实际内容，人之
所以有生死之累，是出于情的存在，因此必须除烦恼、断生死，才能
进入"冥神绝境"的涅槃境界。慧远关于"神"的本体论的系统建
构，还深刻地影响了他的众多俗家弟子，其中全面继承慧远的理论
与学术精神，积极参与到形神论争中去的是他的弟子宗炳。
　　宗炳关于形神问题最重要的讨论，是收录于《弘明集》卷二中
的长文《明佛论》。宗炳与慧远师徒渊源极深，在《明佛论》结尾部
分，宗炳强调了他的师承关系："昔远和尚澄业庐山，余往憩五旬。
高洁贞厉，理学精妙……神明之化，邃于岩林。骤与余言于崖树涧
壑之间，暖然乎有自言表而肃人者。凡若斯论，亦和上据经之指云
尔。"表明了《明佛论》的思想是传承于慧远，并曾得到其指点的。
　　宗炳继承慧远张扬人之"神"的思想，而进一步将人之精神作
用强调得至高无上，认为这点恰恰就是佛教凌驾于中国传统礼教
的高明之处。《明佛论》开宗明义地提到："中国君子明于礼义，而
闇于知人心，宁知佛心乎？今世业近事，谋之不臧，犹兴丧及之，况
精神作哉！得焉则清升无穷，失矣则永坠无极。可不临深而求，履
薄而虑乎。"指出了传统儒学最重要的缺陷，也就是对于精神人心
的忽视。宗炳进一步指出：

_____

　　① ［南朝梁］释僧祐撰，李小荣校笺《弘明集校笺》卷五，第260页。

　　俗儒所编,专在治迹,言有出于世表,或散没于史策,或绝迹于坑焚。若老子、庄周之道,松、乔列真之术,信可以洗心养身,而亦皆无取于六经。而学者唯守救粗之阙文,以《书》《礼》为限断,闻穷神积劫之远化,炫目前而永忽,不亦悲夫!呜呼!有似行乎增云之下而不信日月者也。①

　　宗炳认为传统儒学“专在治迹”而已,即使在当时有过“出于世表”、超越世俗的论述,也早已佚失绝迹了。老庄之学也只是有养身的作用罢了,而当时的学者死守儒家经典,拒绝佛教“穷神积劫”之说,无疑是十分悲哀的文化心理,这种观念固步自封,对外来文化盲目摒弃,在对世俗人伦的反复强调中使自己的精神视野变得极为狭窄,“周孔所述,盖于蛮触之域,应求治之粗感,且宁发于一生之内也,逸乎生表者,存而未论也。若不然也,笃于为始形而略于为神哉!”对于这种传统周孔“俗教”带来的认知缺陷和封闭自大的文化态度,也正如僧祐所说的“俗教封滞,执一国以限心;心限一国,则耳目之外皆疑”。宗炳因而感叹道:“万里之事,百年以外,皆不以为然,况须弥之大,佛国之伟,精神不灭,人可成佛,心作万有,诸法皆空,宿缘绵邈,亿劫乃报乎!”主张打破狭隘的“井蛙之见”,以开放的文化精神来满足人们对自身精神心灵的追求。这种文化精神的追求和对自身“心”的深入探讨,也正是僧祐在整部《弘明集》中想要表达的意旨。

　　宗炳在《画山水序》中提出了“澄怀味象”“山水以形媚道”“应会感神,神超理得”“万趣融其神思”和“畅神”等不少自然审美文艺

---

① [南朝梁]释僧祐撰,李小荣校笺《弘明集校笺》卷二,第87—88页。

理论,皆围绕着"神"而论述,《明佛论》里对精神不灭的论辩恰可作为宗炳以"神"为中心的文论的理论背景阐释。宗炳强调"神"是超越世间万物、独立永恒的:

> 神也者,妙万物而为言矣。若资形以造,随形以灭,则以形为本,何妙以言乎? 夫精神四达,并流无极,上际于天,下盘于地,圣之穷机,贤之研微。①

宗炳强调了"神"的神妙之处就在于与"形"相分,形神即使缘会也不等于形体产生精神,因为精神是绝对永恒的:

> 若使形生则神生,形死则神死,则宜形残神毁,形病神困。慷有腐败其身,或属犷临尽而神意平全者,及自膧执手,病之极矣,而无变德行之主,斯殆不灭之验也……夫五岳、四渎,谓无灵也,则未可断矣。若许其神,则岳唯积土之多,渎唯积水而已矣。得一之灵,何生水土之粗哉? 而感托岩流,肃成一体,设使山崩川竭,必不与水土俱亡矣。神非形作,合而不灭,人亦然矣。

如果形神相即,那么必然形残则神毁,但是人可以形体病残至极,仍神意平全、无变德行,五岳四渎即便崩竭,山川神灵也不会因此毁灭,都说明"神非形作,合而不灭",自然与人皆是如此,形神之

---

① [南朝梁]释僧祐撰,李小荣校笺《弘明集校笺》卷二,第91页。下引《明佛论》同此,第92—144页。

"缘会"也只是暂时的因缘和合,神是永远独立永恒的,而且神是产生自然中万有的根源:

> 夫《洪范》庶征体咎之应,皆由心来。逮白虹贯日、太白入昴、寒谷生黍、崩城陨霜之类,皆发自人情,而远形天事,固相为形影矣。夫形无无影,声无无响,亦情无无报矣。岂直贯日陨霜之类哉? 皆莫不随情曲应。物无遁形,但或结于身,或播于事,交赊纷纶,显昧渺漫,孰睹其际哉? 众变盈世,群象满目,皆万世已来精感之所集矣……是以清心洁情,必妙生于英丽之境;浊情滓行,永悖于三涂之域。

宗炳认为自然现象和历史因果"皆由心来","随情曲应",不灭之神周遍五道,以各种形式存在表现着,体现出的就是轮回因果,有情众生"皆以精神为主故于玄极之灵,咸有理以感",通过感应和"神"交汇,世间万物"皆万世已来精感之所集"。群生若欲断灭轮回,必要"清心洁情",人之所以能与神感应,往生佛国的终极原因,就在于"人是精神物":

> 人是精神物,但使归信灵极,粗禀教诫,纵复微薄,亦足为感。感则弥升,岂非脱或不灭之良计耶? 昔不灭之实,事如佛言。而神背心毁,自逆幽司。安知今生之苦毒者,非往生之故?

宗炳把人划分为精神主体"神"和物质主体"形",而尤为强调人之"精神我",人之所以可以在审美追求中超越现实、超越自我,正在于此。人正因为是"精神物",才可能达到慧远"冥神绝境"的精神状态,才可能与自然发生"应会感神,神超理得""万趣融其神思"的感应,达到"畅神"的审美愉悦,达到在《明佛论》中提到的"神游"与"澄神于泥洹之境":

> 昔佛为众说,又放光明,皆素积妙诚,故得神游。若时言成已著之筌,故慢者可睹光明,发由观照。
>
> 若使外率礼乐,内修无生,澄神于泥洹之境,以亿劫为当年,岂不诚弘哉!

宗炳《明佛论》中的文论思想,可以说是慧远相关思想的发挥和延伸。其建立在"人是精神物"思想理论之上的"神游"和"澄神",亦承继慧远,以感应和观照为具体审美途径。宗炳反对固守传统儒学思想观念,提倡"外率礼乐,内修无生"的兼容并包文化理想,这同样与慧远一脉相承。在《明佛论》的论述中,宗炳往往利用儒家经典来证明神不灭思想。他引用《易经·系辞上》的"阴阳不测之谓神",认为"自道而降,便入精神",在《明佛论》中也写道:

> 儒以弘仁,道在抑动,皆已抚教得崖,莫匪尔极矣。虽慈良无为,与佛说通流,而法身、泥洹,无与尽言,故弗明耳。且凡称无为而无不为者,与夫法身无形,普入一切者,岂不同致哉?是以孔、老、如来,虽三训殊路,而习善共辙也。

宗炳虽然认为佛教义理高于儒道二家,但肯定了二家"儒以弘仁,道在抑动",三家各有所长,"习善共辙"。这种兼容的文化思想不仅是形神之辩中的主要思想旋律,亦是整部《弘明集》的共通精神。

　　宗炳所作《明佛论》的缘起是慧琳所作的《白黑论》。慧琳"少出家,住冶城寺,有才章,兼外内之学",曾注《孝经》及《庄子》[①],后得到宋文帝的器重,参与朝廷机要,有"黑衣宰相"之称。他写作《均善论》即《白黑论》,设立代表"中国圣人"的"白学先生"与代表佛教的"黑学道士"论辩,立意本在调和儒、释,主张"六度与五教并行,信顺与慈悲齐立",两教"殊途而同归",但言语中颇为贬抑佛教,对因果轮回之说深有疑问,其《白黑论》得到了何承天的响应,与宗炳、颜延之、刘少府一同辩论。对于这场辩论,《弘明集》的《何令尚之答宋文帝赞扬佛教事》中概括评价云:

　　　　是时有沙门慧琳,假服僧次而毁其法,著《白黑论》。衡阳太守何承天,与琳比狎,雅相击扬,著《达性论》,并拘滞一方,诋呵释教。永嘉太守颜延之、太子中舍人宗炳,信法者也,检驳二论,各万余言。琳等始亦往还,未底顿乃止。炳因著《明佛论》以广其宗。[②]

　　慧琳在文中以白学先生之口对佛教的"空""来生"等思想提出异议,说:"三仪灵长于宇宙,万品盈生于天地,孰是空哉?"若大乘佛教"空其自性之有,不害因假之体",又何来转世来生? 慧琳发出疑问:

---

①　[南朝梁]沈约《宋书》卷九十七,中华书局1974年版,第2388页。
②　[南朝梁]释僧祐撰,李小荣校笺《弘明集校笺》卷十一,第576页。

今效神光无径寸之明，验灵变罔纤介之异，勤诚者不睹善救之貌，笃学者弗克陵虚之实，徒称无量之寿，孰见期颐之叟，咨嗟金刚之固，安觌不朽之质。苟于事不符，宜寻立言之指，遗其所寄之说也。且要天堂以就善，曷若服义而蹈道，惧地狱以敕身，孰与从理以端心。①

认为佛教的理论夸大虚幻，吹嘘金刚之固、不朽之质，以虚构的天堂地狱诱惑恐吓民众，种种理论皆难以用事实证明。故慧琳在最后提出结论，认为应这样看待佛教：

幽冥之理，固不极于人事矣。周、孔疑而不辨，释迦辨而不实，将宜废其显晦之迹，存其所要之旨。②

主张对"幽冥之理"存而不论，不再从理论上去辨析"辨而不实"的幽冥之说，而注重实践，使"六度与五教并行，信顺与慈悲齐立"。这个结论使得"论行于世，旧僧谓其贬黜释氏，欲加摈斥"，却得到了何承天的认可和支持。何承天儒史百家，莫不该览。刘裕建宋，召为祠部员外郎，元嘉十九年（442）朝廷立国子学，以著作佐郎领国子博士，迁御史中丞。他对佛教相当了解，也没有抱持全然否定的态度，他对宗炳讲述了自己对于"来生""受形"之说的想法：

昔在东邑，有道含沙门自吴中来，深见劝譬，甚有恳诚，因

① ［南朝梁］沈约《宋书》卷九十七，第2389—2390页。
② ［南朝梁］沈约《宋书》卷九十七，第2391页。

留三宿，相为说练形澄神之缘，罪福起灭之验，皆有条贯。吾
拱听谠言，申旦忘寐，退以为士所以立身扬名，著信行道者，实
赖周、孔之教。子路称"闻之，而未之能行，唯恐有闻"。吾所
行者多矣，何遽舍此而务彼？又寻称情立文之制，知来生之为
奢；究终身不已之哀，悟受形之难再。圣人我师，周、孔岂欺
我哉！①

何承天虽然认为佛教的轮回报应之说"皆有条贯"，但还是认
为士人应以周孔之说为立身之本，而不应妄想来生受形之事。他
把慧琳的文章送给宗炳，并致书说："说足下勤西方法事。贤者志
其大，岂以万劫为奢，但恨短生，无以测冥灵耳……足下试寻二家
谁为长者。吾甚昧然，望有以佳悟。"宗炳遂回信辩论，从在第一封
回信中，何承天阐明了自己对佛教的态度："以为佛经者，善九流之
别家，杂以道、墨，慈悲爱施，与中国不异。大人君子，仁为己任，心
无亿念，且以形像彩饰，将谐常人耳目，其为糜损尚微，其所弘益或
著，是以兼而存之。至于好事者，遂以为超孔越老，唯此为贵，斯未
能求立言之本，而眩惑于末说者也。"何承天认为，佛教也不失为九
流之别派，一些思想与中国传统思想不异；其鬼神之论作为神道设
教也有存在的必要，但缺乏明证，更不能说是超越了儒道学说。

何承天的《达性论》认为人"生必有死，形毙神散，犹春荣秋落，
四时代换，奚有于更受形哉？"秉持着自然理性的生死观念，认为人
之生命犹如四季交替，形尽而神亦必散。在《报应问》中，何承天还
指出，因果报应没有事实依据可证明，"西方说报应，其枝末虽明，

---

① 〔南朝梁〕释僧祐撰，李小荣校笺《弘明集校笺》卷三，第176—177页。

而即本常昧。其言奢而寡要，其譬迂而无征。乖背五经，故见弃于先圣"，何况人为万物之灵，"人非天地不生，天地非人不灵"，怎能"与夫飞沉蠕蠕并为众生"？又怎能转生为禽兽？这种观念也来自儒家的人本立场。在和宗炳辩论之后，何承天表示敬佩宗炳的"证譬坚明，文辞渊富"，承认佛教教理"中外宜同"，但坚持"夫明天地性者，不致惑于迂怪；识盛衰之径者，不役心于理表"，对佛教虚幻怪异的理论表示不能相信。同时坚持神不灭理论，并与何承天展开辩论的还有颜延之与刘少府。

颜延之素奉佛法，博通经论，"文章之美，冠绝当时"，诗文与谢灵运并美。因见慧琳作《均善论》贬黜佛教，又见其参与政要，宾客辐辏，乃醉白文帝，以为"此三台之坐，岂可使刑余居之？"①著《释达性论》《重释何衡阳》等以阐述佛教因果报应之理。因为人"与道为心"，故"精灵必在"：

> 与道为心者，或不刌此而止……况在闻道要，更不得虚心，而动必怀嗜，事尽惮权耶……所云以道为心者，博乎生情，将使排虚率遂，跖实莫反，利泽通天。②

《又释达性论》也说："故循世乾乾，潜藏皆行，圣人适时之义，兼之道也……足下功存步验，而还伐所知，想信道为心者，必不至此。"《释达性论》以批判何承天的《达性论》而作。针对《达性论》中"人为万物之灵"、将人与其他自然生物相区分的观点，颜延之则按

---

① ［南朝梁］沈约《宋书》卷七十三，第 1902 页。
② ［南朝梁］释僧祐撰，李小荣校笺《弘明集校笺》卷四，第 196 页。

照佛教教义,将人也纳入众生范畴:

> 然总庶类,同号众生,亦含识之名,岂上哲之谥? 然则议三才者,无取于氓隶;言众生者,亦何滥于圣智! 虽情在序别,自不患乱伦……且大德曰生,有万之所同,同于所万,岂得生之可异? 不异之生,宜其为众。①

佛教意义上的众生指一切含识之有情,人也具有情识与生命,所以也应在众生之内,因同为有情众生,所以人不应该伤生害物。他说:

> 众品之中,愚慧群差。人则役物以为养,物则见役以养人。虽始或因顺,终至裁残。庶端萌超,情嗜不禁,生害繁惨,天理郁灭。②

众生虽品目不同但禀气无异,故人不应役物以为养,更不该残害众生。如此一来,佛教的众生观念就获得了比儒家人本思想更为深刻的人文基础和思想内涵。何承天固守儒家立场,难以对此作出有效的驳论。"使何承天败北的,不是别的,而是他狭隘的儒家立场。"③刘少府的《答何衡阳书》(载《广弘明集》卷二十)则针对何承天因果报应问题做了具体的回答。

---

① 〔南朝梁〕释僧祐撰,李小荣校笺《弘明集校笺》卷四,第195—196页。
② 〔南朝梁〕释僧祐撰,李小荣校笺《弘明集校笺》卷四,第195—196页。
③ 任继愈主编《中国哲学发展史·魏晋南北朝卷》,人民出版社1988年版,第790页。

刘少府坚持佛教轮回与因果报应思想,在《答何衡阳书》说:"善恶之业,业无不报。但过去、未来,非耳目所得,故信之者寡,而非之者众耳。"三世因果虽非耳目可得可证,但"日月之行,幽明之信,水火之降,风云之作"也是秉持着自然之因果缘起之法,足以推断人生的报应因果。何承天在《报应问》中曾评价佛教"其言奢而寡要,其譬迂而无征",充其量只是"假设权教,劝人为善",对此刘少府指出:"孔以致孝为务,则仁被四海;释以大慈为首,则化周五道。导物之迹,非乃冥耶? 但应有粗精,终然自殊耳。凡览般若诸经,不以无孔为疑,何独诵丘之书,而有见弃之言乎?"主张应以平等的态度对待各种文化,不能先入为主地局限在儒家思想之中,佛教也能和儒家思想一样,以慈悲之心有助教化,有效配合社会历史的发展。颜延之、宗炳等人为佛教的辩护在当时产生了很大的影响,曾受到宋文帝的高度评价:

> 范泰、谢灵运常云,六经典文,本在济俗为治耳。必求性灵真奥,岂得不以佛理为指南邪? 颜延年之折《达性》,宗少文之难《白黑》,论明佛法汪汪,尤为名理并足,开奖人意。若使率土之滨皆纯此化,则吾坐致太平,夫复何事?[①]

也是强调了佛教对于精神心性的开掘要高于儒家,关键是认可了佛教对于社会教化的积极意义,可使统治者"坐致太平"。皇帝政治上的表态对于推进佛教神不灭思想的被认可和深入具有很大意义。

---

① 石峻等编《中国佛教思想资料选编·汉魏六朝卷》,第 430 页。

在刘宋初年继承和发扬神不灭思想的代表性人物还有郑鲜之。郑鲜之的《神不灭论》(《弘明集》卷五)首先对形神予以区分，认为"夫形神混会，虽与生俱存，至于粗妙分源，则有无区异"，形与神虽与生俱存，但两者有粗妙之别，更有不同的本源，其粗杂者必有生灭，而至妙者则无生无灭。接着他又认为，"万化皆有也，荣枯盛衰，死生代乎。一形尽，一形生，此有生之始终也"。有形之生命，均为死生相递，而"神体灵照，妙统众形"，神是特殊的存在，非有形生命所能局限。

郑鲜之所谓"神体灵照，妙统众形"，明显带有玄学本体论思辨的痕迹。在他看来，形神虽可说"相资""相因为用"，但本质是"形神不相资"，神是本、体，形是末、用，"一形之用，犹以本末为兴废，况神为生本，其源至妙"。所以他又说："神理独绝，器所不邻"，"理精于形，神妙于理"，"太极为两仪之母，两仪为万物之本"。这里，他把神说成是可以脱离形器的最高存在"理"，相当于能最终生成宇宙万物的本原"太极"，他说："理无始终，玄极无涯……夫有物也，则不能管物；唯无物，然后能为物所归。若有始也，则不能为终；唯无始也，然后终始无穷。"神无形象，故能为有形万物之所归；神无始终，故能终始应化无穷事物。神与形相比，是根本的、绝对的，是体、是无。郑鲜之以玄学思辨的方法证明了神之不灭不尽，精致的辨析进一步把形神之论推向高潮。六朝形神论争的高潮出现在范缜的《神灭论》发表之后。

范缜历仕齐梁，博通经典，尤精《三礼》。性质直，好危言高论，不为士友所安。关于这场论争的缘起，《梁书》中记载：

> 初，缜在齐世，尝侍竟陵王子良。子良精信释教，而缜盛

称无佛。子良问曰："君不信因果,世间何得有富贵,何得有贱贫?"缜答曰："人之生譬如一树花,同发一枝,俱开一蒂,随风而堕,自有拂帘幌坠于茵席之上,自有关篱墙落于溷粪之侧。坠茵席者,殿下是也;落粪溷者,下官是也。贵贱虽复殊途,因果竟在何处?"子良不能屈,深怪之。①

　　这段用偶然性取代佛教因果论的说法,是关于六朝无神论者最著名的譬喻。在笃信佛教的萧子良西邸中,形神问题应是"竟陵八友"等文人热衷讨论的论题,在佛教学术气氛浓郁的西邸,盛称无佛的范缜可谓是不折不扣的异类。《南史》记载:

　　　　子良使王融谓之曰:"神灭既自非理,而卿坚执之,恐伤名教。以卿之大美,何患不至中书郎,而故乖刺为此,可便毁弃之。"缜大笑曰:"使范缜卖论取官,已至令仆矣,何但中书郎邪?"②

　　其后,范缜乃自设宾主,以问答形式,撰写《神灭论》(见《梁书》卷四八《范缜传》,又保存于《弘明集》卷九萧琛《难神灭论》)。"此论出,朝野喧哗,子良集僧难之,而不能屈。"面对王公贵族为首的朝野攻势,乃至以后以梁武帝为首组织近百人的笔墨讨伐,范缜都无所畏惧,面对弃论而得官禄的暗示也毫不动摇,其"性至直"的个性与追求真理的勇气令人敬佩,而范缜在梁亦官至中书郎,无论是

────────────

① ［唐］姚思廉《梁书》卷四十八,中华书局1973年版,第665页。
② ［唐］李延寿《南史》卷五十七,中华书局1975年版,第1421—1422页。

萧子良还是萧衍对异论的宽容，都体现出了南朝宗教文化争论平等理性的气氛，而不致以强权压迫而推进普及教化。

《神灭论》的核心观点为"形神相即"和"形质神用"，范缜说："神即形也，形即神也。是以形存则神存，形谢则神灭也。"范缜认为，形与神"名殊而体一"，既有区别，又有联系，所以又说"形神不二"，或形神"不得相异"。形神相即与以往"形神相合"之说不同，它着重说明精神不能离开形体而存在，并非两者的合处一宅。而范缜对"形质神用"的解释是："形者神之质，神者形之用。是则形称其质，神言其用，形之与神，不得相异。"认为"神"只是"形"的作用，神从属于形。范缜接着以"利刃"关系比喻"形质神用"，其结论是"形亡而神灭"。

范缜又指出，精神虽为形之用，但并非为任何形体所具有。"人质"与其他物质不同，精神现象为人类所特有。《神灭论》云："人之质，非木质也；木之质，非人质也"；"今人之质，质有知也；木之质，质无知也"；"人无无知之质，犹木无有知之形。"还指出，"死者有如木之质，而无异木之知；生者有异木之知，而无如木之质"，即只有活人的形体才有精神现象。范缜把精神现象分为能感受痛痒的"知"和能判断是非的"虑"，所谓"浅则为知，深则为虑"，"手等有痛痒之知，而无是非之虑"。从而对人体的知觉与思虑的关系作出基本正确的说明。在最后一段，范缜痛陈佛教之弊，点明文章主旨：

> 浮屠害政，桑门蠹俗，风惊雾起，驰荡不休，吾哀其弊，思拯其溺。夫竭财以赴僧，破产以趋佛，而不恤亲戚，不怜穷匮者何？良由厚我之情深，济物之意浅。是以圭撮涉于贫友，各

情动于颜色;千钟委于富僧,欢意畅于容发。岂不以僧有多余之期,友无遗秉之报,务施阙于周急,归德必有己。又惑以茫昧之言,惧以阿鼻之苦,诱以虚诞之辞,欣以兜率之乐。故舍逢掖,袭横衣,废俎豆,列瓶钵,家家弃其亲爱,人人绝其嗣续。致使兵挫于行间,吏空于官府,粟罄于惰游,货殚于泥木。所以奸宄弗胜,颂声尚拥,惟此之故,其流莫已,其病无限。若陶甄禀于自然,森罗均于独化,忽焉自有,怳尔而无,来也不御,去也不追,乘夫天理,各安其性。小人甘其垄亩,君子保其恬素,耕而食,食不可穷也,蚕而衣,衣不可尽也,下有余以奉其上,上无为以待其下,可以全生,可以匡国,可以霸君,用此道也。①

范缜对南朝尤其是梁武帝时过分崇信佛教带来的社会弊害分析十分透彻,供养僧人、建立寺庙致使"竭财""破产",僧人拥有千钟之富,而穷苦之人却得不到施舍。佛教以天堂地狱的诱惑恐吓使民众大量出家为僧,"家家弃其亲爱,人人绝其嗣续",危害子孙繁衍,逃脱税赋兵役,使国家遭受巨大危机。范缜认为这还是因为"厚我"的心理导致,提倡森罗万物皆安于自然之本性,停止虚诞茫昧的追求。范缜言辞痛切,分析透彻,从理论也就是"神不灭"还有社会实际两方面着手,企图从根本源头上化解佛教的存在意义,且论辩技巧高超,超过以往任何"神不灭"辩方,钱钟书就曾评论《神不灭》云:

精思明辨,解难如斧破竹,析义如锯攻术,王充、嵇康以

① [唐]姚思廉《梁书》卷四十八,第670页。

后,始见斯人。范氏词无枝叶,王逊其简净,稽逊其晓畅,故当出一头地耳。六朝文阐说义理,稍钩深造微,便未免释氏经纶机调,范氏独摆落悠悠,避之若浼。①

面对如此思辨缜密、对佛教杀伤力巨大的论作,举国朝野喧哗,范缜无所畏惧,且辩论技巧过人,"自谓辩摧众口,日服千人"。梁武帝亲自撰文驳斥,以为"神灭之论,朕所未闻","三圣设教,皆云(神)不灭",神灭论是"违经背亲,言语可息",组织规模浩大的笔墨围剿,大批贵族朝士蜂起响应,在《庄严寺法云法师与公王朝贵书(并公王朝贵答)》中涉及的就有六十二人,另外专门作文的还有萧琛《难神灭论》、沈约《难神灭论》和曹思文《难神灭论》《重难神灭论》。

反击《神灭论》之文皆把佛教的神不灭论与传统儒家的敬神祀鬼观念、佛教的因果报应与传统儒家的善恶福祸予以对应。在敕答的六十二人中,庾咏就认为,只有"研校孔、释,共相提证",才能俱释群疑。谢绰也认为"巨儒伸其祀事,大慈照其生缘,内外发明,已足祛滞",儒家重视祀事,佛教强调生缘,都基于神明不灭的原理,要用"内外发明"的思路来看待形神问题。庾黔娄和陆琏等人也都以儒家鬼神祭祀之说印证儒教的神明不灭。庾黔娄说:"弟子生此百年,早闻三世,验以众经,求诸故实,神鬼之证既布中国之书,菩提之果又表西方之学。圣教相符,性灵无泯;至言或异,其揆唯一。"又如陆琏说:"如来说三乘以标一致,言二谛以悟滞方;先王诠五札以通爱敬,宣六乐以导性灵。或显三世以征因果。或明诚

---

① 钱钟书《管锥编》第4册,中华书局1979年版,第1421—1422页。

感以验应实,岂可顿排神源,永绝缘识者哉?"他们在答文中皆提到儒、释并重"性灵",也就是不灭的精神,是范泰、谢灵运"性灵真奥,岂得不以佛经为指南邪"思想的延续,庾、陆二人认为,不仅佛教"性灵无泯",就是连儒家也以宣导性灵为目的,所以说是"圣教相符"。

其他作专论以反驳范缜的,有曹思文、萧琛、沈约等人。曹思文于永泰元年(498)曾任国子助教,梁武帝时任东寓舍人。他针对范缜的"形神相即"说,在《难神灭论》(《弘明集》卷九)中提出了"形神分合"说:"形非即神也,神非即形也,是合而为用者也,而合非即矣。生则合而为用,死则形留而神逝。"他举史书上记载的赵简子疾而不知人、秦穆公梦中神游于帝所等事件为例,说明形神之有分有合,说:"神之与形,有分有合。合则共为一体,分则形亡而神逝也。"庄生梦蝶也是此说的印证:"斯其寐也,魂交,故神游于蝴蝶,即形与神分也;其觉也,形开,蘧蘧然周也,即形与神合也。"但曹思文也在上武帝之启中坦陈在与范缜的辩论中,自己"情识愚浅,无以折其锋锐"。

萧琛在齐代与萧衍等人同为萧了良门客,入梁后宦至金紫光禄大夫。萧琛认为,"佛之有无,寄于神理存灭",所以必须不遗余力地证明神之不灭。其《难神灭论》(《弘明集》卷九)认为范缜主"形神一体",而自己主"灵质分途",以梦中神游为例解释道:"予今据梦以验,形神不得共体。当人寝时,其形是无知之物,而有见焉,此神游之所接也。"这就是说神可以脱离形而存在,故"形静神驰,断可知矣"。同时他又说,"神不孤立,必凭形器,犹人不露处,须有居室"。这是指神与形的暂合。但是"形器是秽暗之质,居室是蔽塞之地",所以"神反形内,则其识微昏","入归室中,则其神暂壅"。

这就揭示了佛教修行最终是要使神脱离形,进入生命的超越自由境界。

其次,萧琛还提出草木也有知的观点,他认为草木"当春则荣,在秋则悴;树之必生,拔之必死",形神关系与人是一致的,都是"神留则形立,神去则形废"。人知痛痒凉燠和木知生死荣枯都属神知,而非质知,所以说"凡万有皆以神知,无以质知者也",来反驳范缜曾将人的生死比作木的荣枯的比喻。最后,萧琛《难神灭论》反驳范缜《神灭沦》关于"形神不殊,手等皆是神分"之说,他认为,范缜之说乃是"神以形为体,体全即神全,体伤即神缺",但是实际上"人或断手足、残肌肤,而智思不乱",这适足证明"神与形离,形伤神不害"。形神并非一物,神的识虑归于心器,与形器无关。

沈约积极响应武帝号召,为神不灭立论,除了《难范缜神灭论》,还写有《神不灭论》《形神论》等。《难范缜神灭论》主要针对范缜"形即是神,神即是形""人体是一,故神不得二"的观点展开驳论,在他看来,若按范缜所说,"形即是神,神即是形,二者相资,理无偏谢",那么,"神亡之日,形亦应消"。但事实上,"今有知之神亡,无知之形在",可以证知,"神本非形,形本非神",两者并非一物之殊名,而是本来就分而为二的。对于范缜的"生者之形骸,变为死者之骨骼"之说,沈约认为:"若形骸即是骨骼,则死之神明不得异生之神明矣!向所谓死,定自未死也。若形骸非骨骼,则生神化为死神。生神化为死神,即是三世,安谓其不灭哉!"指出范缜此论在逻辑上是说不通的。

在《神不灭论》中,沈约从形粗神妙、形神有别观点出发,认为养形可至不朽,养神也可至不灭。他说:"养神不穷,不生不灭,始末相校,岂无其人?"事有精粗,人有凡圣,不可能"圣既长存,在凡独灭",推论出既然圣人之神可以长存,那么凡人之神也当不灭。在《形神论》中,沈约也指出"凡之与圣,其路本同。一念而暂忘,则是凡品;万念而都忘,则是大圣",圣人之无己与凡夫之暂忘在结果上也没有区别,定业因果是没有疑问的。

三、形神之争中譬喻手法的运用

六朝的形神之辨中,最有特色的论辩方法就是譬喻的运用。形神论争属于形而上的抽象概念,将之与生活中的现实事物相比,就更能使人们理解,也更能佐证自己的观点。

譬喻的运用在印度与中国演说传统中都源远流长。佛经以譬喻为名的就有《法句譬喻经》《杂譬喻经》《百喻经》等,《大智度论》说:"众生听受种种不同,有好义者,有好譬喻者。譬喻可以解义,因譬喻心则乐著,如人从生端政,加以严饰,益其光荣。此譬喻中多以譬喻明义。"①因为众人不同的接受情况,所以有讲义、讲譬喻两种讲法的方法,而因为譬喻有着"隐义明了"②、"本义净明"③的功效,所以佛为众生说法非常爱用譬喻,如《杂阿含经》中佛就说"今当为汝说譬,夫智者因譬得解"④、"汝今夫听我说譬,其智者以譬喻得解"⑤。尤其是比较艰深幽微的佛法,运用譬喻讲说更为适合,如讲般若学说,"般若波罗蜜甚深微妙,难解难量,不可以有量

---

① 《大智度论》卷三十五,《大正藏》第 25 册,第 380 页下。
② 《显扬圣教论》卷十二,《大正藏》第 31 册,第 538 页下。
③ 《瑜伽师地论》卷二十五,《大正藏》第 30 册,第 481 页下。
④ 《杂阿含经》卷三十四,《大正藏》第 2 册,第 248 页上。
⑤ 《杂阿含经》卷四十二,《大正藏》第 2 册,第 315 页下。

能知。诸佛圣贤怜悯众生,故以种种语言名字譬喻为说"①。《大智度论》又把譬喻喻为登楼之梯与和药之蜜:

> 譬喻,为庄严论议,令人信著故……譬如登楼,得梯则易上。复次,一切众生著世间乐,闻道德、涅槃,则不信不乐,以是故眼见事喻所不见。譬如苦药,服之甚难,假之以蜜,服之则易。②

说明譬喻方法就是佛教宣教的方便之法,"譬喻经者,皆是如来随时方便四说之辞,敷衍弘教,训诱之要;牵物引类,转相证据,互相善恶,罪福报应,皆可寤心,免彼三途。"③使人容易接受较为深奥难懂的经义。钱钟书在《管锥编》也说:"理赜义玄,说理陈义者取譬于近,假象于实,以为研几探微之津逮,释氏所谓权宜方便也。"④

中国传统为了解决"书不尽言,言不尽意"(《易·系辞传》)、"恒患意不称物,文不逮意"(陆机《文赋》)的问题,自先秦诸子著作中便频繁地使用各种譬喻,《墨子·小取》解释说:"辟也者,举也物而以明之也。"《荀子·非相》在说几种谈说的方法时也说:"谈说之术,矜庄以莅之,端诚以处之,坚强以持之,分别以明之,譬称以喻之。"《淮南子·要略》也说:"言天地而不引譬援类,则不知精微……知大略而不知譬喻,则无以推明事。"对譬喻说明事理的作用看得非

---

① 《大智度论》卷九十五,《大正藏》第 25 册,第 722 页下。
② 《大智度论》卷三十五,《大正藏》第 25 册,第 380 页下。
③ [南朝梁] 释僧祐《出三藏记集》卷九,第 354 页。
④ 钱钟书《管锥编》第 1 册,第 11 页。

常重要。刘向在《说苑·善说》举例解释譬喻的重要性说：

> 惠子曰："夫说者，固以其所知谕其所不知，而使人知之。今王曰'无譬'，则不可矣。"……（梁惠王）谓惠子曰："愿先生言事则直言耳，无譬也。"惠子曰："今有人于此而不知弹者，曰：'弹之状若何？'应曰：'弹之状如弹，'则谕乎？"王曰："未谕也。""于是，更应曰：'弹之状如弓，而以竹为弦。'则知乎？"王曰："可知矣。"惠子曰："夫说者，固以其所知谕其所不知，而使人知之。"[1]

《文心雕龙》在说比兴的修辞时也谈到"夫比之为义，取类不常；或喻于声，或方于貌，或拟于心，或譬于事"，"遁辞以隐意，谲譬以指事。"（《谐隐》）因为这两个文化传统的合流提供了理论上的依据，《理惑论》说："诗之三百，牵物合类；自诸子谶纬，圣人秘要，莫不引譬取喻。"又因为佛教初传时理解上的困难，当时的士人都很重视以譬喻来解说，王符《潜夫论·释难》说："夫譬喻也者，生于直告之不明，故假物之然否以彰之。"王洽《与林法师书》中也说："虽元宗冲缅，妙旨幽深，然所以会之者，固亦简而易矣。是以致离远，必假近言以明之；理虽昧，必借朗喻以证之。"

六朝形神之论中，用来论证离形神灭的譬喻自王充开始，在《论衡·论死》篇中提出了囊橐与粟米之喻：

> 人见鬼若生人之形，以其见若生人之形，故知非死人之精

① ［汉］刘向撰，向宗鲁校证《说苑校证》卷十一，中华书局1987年版，第272页。

也。何以效之？以囊橐盈粟米，米在囊中，若粟在橐中，满盈
坚强，立树可见。人瞻望之，则知其为粟米囊橐。何则？囊橐
之形，若其容可察也。如囊穿米出，橐败粟弃，则囊橐委辟，人
瞻望之，弗复见矣。人之精神藏于形体之内，犹粟米在囊橐之
中也。死而形体朽，精气散，犹囊橐穿败，粟米弃出也。粟米
弃出，囊橐无复有形，精气散亡，何能复有体而人得见之乎？①

　　这个譬喻将人的精气比作粟米，形体比作囊橐，这样囊橐装满
粟米的形态就类似于人形神合一后拥有生命的状态，是从精气说
的角度用来证明人死神灭的。葛洪又提出了堤水之喻，在《抱朴
子·至理》中说：

　　　夫有因无而生焉，形须神而立焉。有者，无之宫也。形
者，神之宅也。故譬之于堤，堤坏则水不留矣。方之于烛，烛
糜则火不居矣。身劳则神散，气竭则命终。②

　　以有无的关系比喻形神的关系，连用几个譬喻，说形是神的居
所，以表明形对神的重要性，后以水堤喻形、水喻神、蜡烛喻形、火
喻神，都强调了神没有形是不可能存在的。后来的国家与君王的
譬喻类似于此，嵇康《养生论》：

　　　精神之于形骸，犹国之有君也。神躁于中，形丧于外，犹

①　［汉］王充著，黄晖校释《论衡校释》，中华书局1990年版，第873页。
②　［晋］葛洪著，王明校释《抱朴子内篇校释》，中华书局1985年版，第110页。

君昏于上,国乱于下也。①

人的形体为国,精神为君,君昏则国乱,神躁而形丧,不过如果国不存在,君也就根本没有存在的可能。这代表了传统思想和玄学对于形神的基本观点,即神虽然统摄形,但形神相合,互相依赖。后来范缜的利刃之喻更是较为成功地说明了神对形的依赖,在《神灭论》中说:

> 神之于质,犹利之于刃,形之于用,犹刃之于利。利之名非刃也,刃之名非利也。然而舍利无刃,舍刃无利。未闻刃没而利存,岂容形亡而神在?②

说明神就是形的一种属性,就如锋利之于刀刃一样,刀刃不锋利固然失去了其价值,但如果没有刀刃,就根本不可能有锋利的存在,那么同理人的形体消失后也不可能有神的存在。这几个主张形亡神灭的譬喻,在东汉至梁代与神不灭的理论斗争中,在不断修改进步,完善自己的观点,但都是从朴素辩证主义的实证观点来说明惟恍惟惚的神是不可能离形独存的。佛教方面也是主要针对这点运用譬喻来证明自己的神不灭论点。像牟子《理惑论》说到了根叶与种实的譬喻:"身譬如五谷之根叶,魂神如五谷之种实。根叶生必当死,种实岂有终亡?"将神喻为可以产生新的生命的种子,但是根叶、果实和形神也有很多不同之处,果实也有死亡的情况,而

---

① [三国魏]嵇康著,戴明扬校注《嵇康集校注》,中华书局 2014 年版,第 253 页。
② [唐]姚思廉《梁书》卷四十八,第 666 页。

且是通过产生新的形体的方式繁衍生命,和神永恒不灭、随转赋形大有不同。不过以一个带有生命种子性质的实体来比喻神,抓住了不变的神灵游离迁移于不同形体中的关键属性。

形神论证中应用最为广泛的是薪火之喻,两方都以不同的角度来阐释这个譬喻来佐证自己的观点。薪火之喻源自《庄子·养生主》的"指穷于为薪,火传也,不知其尽也",而且两个民族都运用了这个譬喻。如《大智度论》中说:

> 今未得实道,是人诸烦恼覆心,作生因缘业,死时从此五阴相续生五阴,譬如一灯更然一灯。①

《法句经·生死品》就直接以此来比喻形神关系,说明形神可以分离开来:

> 神以身为名,如火随形字;著烛为烛火,随炭草粪薪。②

自东汉开始,桓谭、王充、葛洪、杨泉、戴逵、何承天、邢卲、慧远、郑鲜之、杜弼等人都灵活地加以运用。《淮南子》论"形神相失",说"膏烛之类也,火愈然而消逾亟;夫精神气志者,静而日充者以壮,燥而日耗者以老"③,来说明精神对形体的影响。桓谭在《新论·祛蔽》中说:

---

① 《大智度论》卷十二《释初中品檀波罗蜜法施之余》,《大正藏》第 25 册,第 149 页下。

② 石峻等编《中国佛教思想资料选编·汉译经论卷》,第 76 页。

③ [汉]刘安编,何宁整理《淮南子集释》卷一,中华书局 1998 年版,第 87、89 页。

　　精神居形体,犹火之然烛矣。如善扶持,随火而侧之,可
无灭而竟烛。烛无火,亦不能独行于虚空,又不能后然其炧。
炧,犹人之耆老,齿堕发白,肌肉枯腊,而精神弗为之能润泽,
内外周遍,则气索而死,如火烛之俱尽矣。①

　　正是认为"烛无火,不能独行于虚空",同理人的魂灵也不可能
没有实体地存在于世间。王充结合古代精气说,论证道:

　　形须气而成,气须形而知。天下无独燃之火,世间安得有
无体独知之精?②

　　他们都是以薪尽火灭来论证形死神灭,但在逻辑上是存在缺
陷的。形神之论的重要论证者慧远就据此利用薪火来证明其神明
不灭的思想,他说:

　　火之传于薪,犹神之传于形,火之传异薪,犹神之传异形。
前薪非后薪,则知指穷之术妙;前形非后形,则悟情数之感深。
惑者见形朽于一生,便以为神情共丧,犹睹火穷于一木,谓终
期都尽耳。③

　　基于中国传统文化上的阐释都把火作为非独立的存在而看

---

① ［汉］桓谭撰,朱谦之校辑《新辑本桓谭新论》卷八,中华书局 2009 年版,第
32 页。
② ［汉］王充著,黄晖校释《论衡校释》卷二十,第 875 页。
③ ［南朝梁］释僧祐撰,李小荣校笺《弘明集校笺》卷五,第 269 页。

待,但在佛教中,地、水、火、风为四大种,是构造世界一切事物的基本造色种子。火既然为色,与薪因缘和合而燃烧,就不会轻易消灭。慧远又阐明"火木之喻,原自圣典",早在佛经中就以此来证明神不灭问题,而且别具视角地看待薪火问题,火由前薪传至后薪而不灭,犹如神由前形传至后形而不灭一样。慧远将批判神不灭者的有力譬喻反为己用,给后来的神不灭论证者很大的启发。如郑鲜之申发出"火本""火理"概念:

> 夫火因薪则有火,无薪则无火。薪虽所以生火,而非火之本。火本自在,因薪为用耳。若待薪然后有火,则燧人之前,其无火理乎? 火本至阳,阳为火极,故薪是火所寄,非其本也。神、形相资,亦犹此矣。相资相因,生途所由耳。安在有形则神存,无形则神尽? 其本惚恍,不可言矣。请为吾子广其类以明之:当薪之在火则火尽,出火则火生,一薪未改,而火前期,神不赖形,又如兹矣。神不待形,可以悟乎![①]

之前以薪尽火灭论述形尽神灭的理论出发点都是薪为火存在之本,郑鲜之则认为"火理""火本"是无待乎薪而先验地存在着的,薪不是火存在的根本,而只是火暂时与其因缘寄合而已。所以神也是先验的永恒存在,根本无待乎形,即"神不赖形""神不待形"。在辩论技巧的抽象总结提炼上又增进一大步。

何承天又企图以薪火之喻重证形谢神灭,说:"形神相资,古人譬以薪火。薪蔽火微,薪尽火灭,虽有其妙,岂能独传?"(《答宗居

---

① ［南朝梁］释僧祐撰,李小荣校笺《弘明集校笺》卷五,第243页。

士书》,《弘明集》卷三)有慧远与郑鲜之的先例作启发,佛教学人在此时对这个问题的思辨能力已大有进展,宗炳在《答何衡阳书》中回答说:

> 夫火者,薪之所生,神非形之所作,意有精粗,感而得形随之。精神极,则超形独存;无形而神存,法身常住之谓也。①

“火者薪之所生,神非形之所作”,以釜底抽薪之法,来论证以薪火来喻形神从根本上就是不合适的,火不可能无薪而独燃,而神却可以无形而独存,这神就是常住的法身。正因为如此,凡夫俗子虽居于粗陋脆弱的形体之中,却可以感受神明而超脱成佛。这样的理论是在慧远详细阐释了神与法性观念之后才得来的,至此佛教学者在薪火之喻上已占据了绝对的理论优势,反对者再难以用新的角度和阐释方法去加以辩驳。所以范缜发展出利刃之喻加以取代。

范缜是以利刃之喻来证明他“形质神用”的理论的。范缜说:“形者神之质,神者形之用。是则形称其质,神言其用,形之与神,不得相异。”定义形的性质为神的一种功用,所以也是从属于形的。故范缜说此譬喻云:

> 神之于质,犹利之于刃;形之于用,犹刃之于利。利之名,非刃也;刃之名,非利也。然而舍利无刃,舍刃无利。未闻刃

---

① ［南朝梁］释僧祐撰,李小荣校笺《弘明集校笺》卷三,第184页。

没而利存,岂容形亡而神在?①

范缜以刀刃比喻形,以锋利喻神,这是将"神"看作了形体的一种属性,说明神依附形而存在。但刀不止有一种属性,萧琛马上以钝刀的存在来反驳,而且锋利这种属性也存在于很多不同的物品上,所以这也不是一种完美的譬喻。毕竟,不可能有一种譬喻能完全吻合形神关系,譬喻只是捕鱼之网、指月之手,在论辩过程和义理理解中只能起到初步带入的作用。但我们还是看出贯穿整部《弘明集》中的以譬喻论争形神问题的方式,是随着辩解双方对此问题了解的不断深入而水平愈加提高的。这样的综合论辩不但吸收了佛经里的论辩方式,而且对佛教原理的不断深化理解和灵活运用玄学思辨的方法,使反映形神之争的论说文论点鲜明,双方的辩驳逻辑思维技巧都大幅提高。正是在这种社会上热烈的学术讨论氛围下,形神问题深入到当时文士的思想领域之中,结合佛教、儒家、玄学、道教不同的文化背景,深刻影响了一代之文论。

节选自 2013 年中国人民大学博士论文:

刘玉叶《〈弘明集〉与六朝文论》

---

① [南朝梁] 释僧祐撰,李小荣校笺《弘明集校笺》卷九,第 464 页。

六朝形神论与文论中"重神""重形"之势

　　形神之争是哲学本体的问题,也是宗教要回答的基本问题。在佛教初传中土之际,形神之争更是牵涉到佛教在中国立足与发展的大问题。萧琛《难神灭论》即云:"佛之有无,寄于神理存灭。"王谧也将之作为佛教之"实理"与"根要"(王谧《答桓太尉》)。正因为形神之说关乎佛教存亡,在六朝时成为最激烈的论题之一,"纷纭交诤",可谓是六朝佛教论辩大潮中的主战场。《颜氏家训》中总结了五条世俗诽谤佛教的内容,首当其冲的就是关于形神之论,"以世界外事及神化无方为迂诞也"①。六朝的这场论战参与人数之多、规模之大、竞争之激烈,可以说是前无古人、后无来者,仅《庄严寺法云法师与公王朝贵书(并公王朝贵答)》(《弘明集》卷十)中涉及的就有 62 人,梁武帝、北周武帝等亲自参与论战。

　　形神之争的规模、水平、重要意义可以作为《弘明集》中内容之代表,且"神"的性灵之说极易与文论产生联系与影响。佛教重"神"的思想观念深刻影响了六朝文人精神心态,全面改造了以往

---

　　① 〔北齐〕颜之推撰,王利器集解《颜氏家训集解》卷五,第 371 页。

的观物鉴赏方式,渗透影响审美心理,改变一个时代的文风。

一、"重神"之境

《弘明集》较为明晰地体现了形神观念在六朝的流变发展过程。东汉末年佛教最初传入中国之时,牟子等第一批信奉佛教的士人依然以传统的魂魄观念来理解佛教的"神",以致佛教初传中国,佛也被理解为"戎神",《魏书·释老志》中汉明帝梦见的佛的形象就是"项有日光,飞行殿庭"的金人,完全是实体化的神仙姿态。中国的传统思想中形体包含灵魂的思想本是根深蒂固的,但是佛教之"神"与传统的灵魂说是大不相同的。袁宏《后汉纪》记载最初汉地人对于佛教"神"的看法:"以为人死精神不灭,随复受形。生时所行善恶,皆有报应。故所贵行善修道,以炼精神而不已,以至无为,而得为佛也。"这里把成佛的境界称为玄学化的"无为",佛教之"神"要点在于形死而神流转不灭及三世报应说,这是汉地从未有过的观念,故而很多人难以接受。接受佛教的人也将成佛与成仙,三世果报与传统的祸福报应思想联系了起来,"震旦人士观乎报应祸福之说,以及大乘成佛之理,以为必有神在"①。六朝佛教"神"观念的接受就是这样呈现了错综复杂的面貌。

中国传统从来没有否定人有灵魂、有神仙的存在,而是在神与形体的关系上产生了分歧。如司马谈、王充等主张神随形而灭,是朴素自然、形而下的生死观念。庄子以气论生命,"聚则为生,散则为死"(《知北游》)的观点是社会上的主流思潮。只有到了玄学流

---

① 汤用彤《理学·佛学·玄学》,北京大学出版社 1991 年版,第 470 页。

行之后,神不灭被赋予了形而上的精神涵义,超脱了自然主义对生命的理解,"神"才被赋予了审美价值。佛教的神不灭也依附在玄学思潮之后得到弘扬,一大批玄学名士成为较早信奉佛教的群体,在《弘明集》中成为佛教的代言人,以玄学的论证思路来据理力争,是为《弘明集》中第二个"神"被理解的阶段。

玄学对形神问题的重视,使早期格义佛教在这个问题上天然地与玄学亲近。六朝佛教对于形神问题的阐释基本都是使用玄学的概念、运用玄学经典来阐释的,牟子就征引老子理论说:

> 老子曰:"既知其子,复守其母,没身不殆。"又曰:"阐其光,复其明,无遗身殃。"此道生死之所趣,吉凶之所住,至道之要,实贵寂寞。佛家岂好言乎?来问不得不对耳。钟鼓岂有自鸣者,桴加而有声矣。[1]

牟子从老子的话中引申出"功逐身退,天之道也","为道亦死,不为亦死,而何异乎?"把老子之道嫁接到佛教之道上,引老子三十章"天道无亲,常与善人"与七十九章"有道虽死,神归福堂;为恶既死,神当其殃"来证明佛教的报应思想,牟子说:"老子云:'物壮则老,谓之不道,不道早已。'唯有得道者不生,不生亦不壮,不壮亦不老,不老亦不病,不病亦不朽。是以老子以身为大患焉。"曲解了老子的生命观来证明佛教对形体的蔑视。到了《弘明集》编纂末尾的南朝,仍然在使用这种方法,不过不像佛教初入中国时运用得那么生硬粗糙,如沈约参加神不灭论战时的阐述:

---

① [南朝梁]释僧祐撰,李小荣校笺《弘明集校笺》卷一,第28页。

　　且五情各有分域,耳目各有司存,心运则形忘,目用则耳废,何则? 情灵浅弱,心虑杂扰,一念而兼,无由可至。既不能兼,纷纠递袭,一念未成,他端互起。互起众端,复同前矣。不相兼之由,由于浅惑。惑浅为病,病于滞有,不浅不惑,出于兼忘。以此兼忘,得此兼照,始自凡夫,至于正觉。始惑于不惑,不兼至能兼,又谓不然也。(《广弘明集》卷二十二《神不灭论》)①

　　凡人一念之时,七尺不复关所念之地。凡人一念,圣人则无念不尽。圣人无已,七尺本自若空。以若空之七尺,总无不尽之万念,故能与凡夫异也。凡人一念,忘彼七尺之时,则目废于视,足废于践。当其忘目忘足,与夫无目无足亦何异哉?凡人之暂无,本实有。无未转瞬,有已随之,念与形乖则暂忘,念与心谢则复合。念在七尺之一处,则他处与异人同,则与非我不异。但凡人之暂无其无,其无甚促;圣人长无其无,其无甚远。凡之与圣,其路本同。一念而暂忘,则是凡品;万念而都忘,则是大圣。(《广弘明集》卷二十二《形神论》)②

　　论述基本上沿袭了庄子的心斋、坐忘。"形既可养,神宁独异?神妙形粗,较然有辨。养形可至不朽,养神安得有穷?"养神的方法便是"兼忘",最高境界是万念皆忘。产生这种联系,正因为玄学对于人的形体与神灵的关系是人格精神价值建构的基本问题之一,

① 石峻等编《中国佛教思想资料选编·汉魏六朝卷》,第288页。
② 石峻等编《中国佛教思想资料选编·汉魏六朝卷》,第286页。

"人的自觉成为魏晋思想的独特精神,而对人格作本体建构,正是魏晋玄学的主要成就"①。

延续《周易》与《庄子》的重神理念,魏晋玄学同样产生了重无重神的价值观,将有无之辨与形神问题结合在一起。何晏对"神"进行了阐释:"唯深也,故能通天下志,夏侯泰初是也;唯几也,故能成天下之务,司马子元是也;唯神也,不疾而速,不行而至,吾闻其语,未见其人。"②李泽厚、刘纲纪《中国美学史》对这段话阐释说:"这里所谓的'深'、'几'、'神',已不同于一般人物品藻中的评语,它是提升到了哲学高度的对人格理想的概括……'神'高于'深'和'几',而何晏又以'神'自况,因此'神'即成为何晏以及整个玄学所着重思考的问题。何晏的'贵无'论提出'以无为本','无之为用,无爵为贵',实际上就是从哲学上来探讨'不疾而速,不行而至'的'神'的境界。"③王弼注《周易》时就以"无"解"神",注《观卦》"圣人以神道设教"时云:"神则无形者也,不见天之使四时,而四时不忒,不见圣人使百姓,而百姓自服也。"在注《老子》第二十九章时也说:"神无形无方也。"以"无""无形"来解释"神",使"神"成为超越了具体形态的形而上之物。

玄学的另一重要问题言意之辨也能够自然地与形神问题发生联系。王弼《周易略例》中谈到对言意关系的看法说:

　　夫象者,出意者也。言者,明象者也。尽意莫若象,尽象

---

①　李泽厚《庄玄禅宗漫述》,《中国古代思想史论》,人民出版社 1986 年版,第193 页。

②　[三国魏]陈寿《三国志》卷九裴松之注引《魏氏春秋》,第 293 页。

③　刘纲纪《中国美学史》下卷,东方出版中心 2021 年版,第 87 页。

莫若言。言生于象，故可寻言以观象；象生于意，故可寻象以
观意。意以象尽，象以言著。故言者所以明象，得象而忘言；
象者，所以存意，得意而忘象。犹蹄者所以在兔，得兔而忘蹄；
筌者所以在鱼，得鱼而忘筌也。①

　　在言、象、意三者的关系之中，意是最终的目的，象是意的显
现，而言是表达象从而得意的方式。象与意的关系就很类似于佛
教中形与神的关系，形是神的一种外在表现，而体神才是最终的目
的所在。

　　汤用彤在《魏晋玄学论稿·言意之辨》中提到："圣人识鉴要在
瞻外形而得其神理，视之而会于无形，听之而闻于无音，然后评量
人物，百无一失，此自'存乎其人，不可力为'；可以意会，不能言宣。
故言意之辨盖起于识鉴。"②因人的内在神采难以用语言描述，就
必须由外形来入手进行衡量，这说明了言意之辨是由品评赏鉴人
物而起。《世说新语》的《容止》篇中大量应用"神"来品鉴人物风
貌，汤用彤就指出："汉代相人以筋骨，魏晋识鉴在神明。"在《世说
新语·排调》中有则故事说："桓豹奴是王丹阳外生，形似其舅，桓
甚讳之。宣武云：'不恒相似，时似耳！恒似是形，时似是神。'桓逾
不说。"③这也体现了魏晋品评人物的审美标准是重神而形为其次
的。汤用彤论曰："汉魏论人，最重神味。曰神姿高彻，神理隽彻，
神矜可爱，神锋太俊，精神渊箸。"④即使未用神字，如称夏侯玄"朗

①　［魏］王弼《周易略例》，中华书局 2011 年版，第 414 页。
②　汤用彤《魏晋玄学论稿》，上海古籍出版社 2001 年版，第 24 页。
③　余嘉锡《世说新语笺疏》，第 950—951 页。
④　《读〈人物志〉》，汤用彤《汤用彤学术论文集》，中华书局 1983 年版，第 197 页。

朗如日月之入怀",嵇康"岩岩若孤松之独立"之类,也是从精神层面上来进行品鉴。阮籍《清思赋》中云:"余以为形之所见,非色之美;音之可闻,非声之善。"说明在玄士眼中,超越具体"形"之美才是最高境界的美。

古代的相人术本身就是"相人之形状颜色而知其吉凶妖祥"①,《抱朴子·清鉴》云"区别臧否,瞻形见神",就说明了内在神是可以为外在形所体现的。东汉末年《人物志》评判人物,也阐发了观外在之色乃为求内在之神的观点,说:"夫色见于貌,所谓征神。征神见貌,则情发于目……故曰:物生有形,形有神精,能知精神,则穷理尽性。"②正是因为"刚柔明昌,贞固之征,著乎形容,见乎声色,发乎情味,各如其象",故能"征神见貌"而"穷理尽性"。所求的精神才是最后的目的。汤用彤点评形神问题在言意之辨乃至整个玄学中的关键地位说:"玄者玄远,则重神理而遗形骸。神形分殊本玄学之立足点。学贵自然,行尚放达,一切学行,无不由此演出……由重神之心,而持寄形之理,言意之辨,遂合于立身之道。"③玄学的超拔之处可谓正在于此。形神问题在玄学中地位如此重要,遂在佛教进一步肯定"神"的地位之前。"神"就被引入了审美领域,引起了重"神"的美学风潮。

在如此重视精神的玄学氛围之下,名士理想中的圣人承袭庄子"精神四达并流,无所不极"的无待逍遥人格理想,也是以神为主。郭象在《庄子·徐无鬼》注中就说"圣人之形,不异凡人,故耳

---

① ［清］王先谦《荀子集解》卷三,第72页。
② ［三国魏］刘劭撰,王晓毅译注《人物志译注》,中华书局2019年版,第26—29页。
③ 汤用彤《魏晋玄学论稿》,第35页。

目之用衰也。至于精神，则始终常全耳"①，圣人的外形与凡人没什么区别，感官同样会退化衰败，可以不甚在意，但精神却可以永远保持超越凡俗的姿态，也就是"虽终日挥形而神气无变，俯仰万机而淡然自若"②。玄学最高的人格理想就是精神常全、神气无变，是重神轻形的。

魏晋前期，重神的人格风尚便非常流行。除却以神韵风神品评人物之外，更有在各个审美层面上的论述。在山水诗文欣赏上，《世说新语·文学》就说："郭景纯诗云：'林无静树，川无停流。'阮孚云：'泓峥萧瑟，实不可言，每读此文，辄觉神超形越。'"③在自然中可以体现使人精神得到超越的道，谢灵运《游名山志》总结山水的这种精神属性说："夫衣食，人生之所资；山水，性分之所适。"嵇康《四言赠兄秀才入军诗》也说："至人远鉴，归之自然"，"长寄灵岳，怡志养神"。陶渊明的"心远地自偏"，也说明了"形"处何处不在于具体风景如何，关键是在"神"与自然相亲。

要使主体的精神与自然相契，必须调养精神。六朝文论画论中，认为个人的主体修养即神明可以影响作品的神意，《世说新语·巧艺》中就说："戴安道中年画行像甚精妙，庾道季看之，语戴云：'神明太俗，由卿世情未尽。'"④《文心雕龙·神思》说"陶钧文思，贵在虚静，疏瀹五藏，澡雪精神"，方能使主客契合，神游无极。徐复观也说："要能表现出山水的气韵，首须能转化自己的生命，使自己的生命，从个人私欲的蝇营狗苟的尘浊中超升上去，显发出以

<hr>

① ［晋］郭象注，［唐］成玄英疏《南华真经注疏》，第487页。
② 刘文典撰《庄子补正》卷三《大宗师》注，中华书局2015年版，第215页。
③ 余嘉锡《世说新语笺疏》，第303—304页。
④ 余嘉锡《世说新语笺疏》，第846页。

虚静为体的艺术精神主体;这样便能在自己的艺术精神主体的照射之下,实际即是美的观照之下,将山水转化为美的对象,亦即是照射出山水之神。此山水之神,是由艺术家的美的精神所照射出来的,所以山水之神,便自然而然地进入于艺术主体的美的精神之中,融为一体。"①阮籍《清思赋》说:"夫清虚寥廓,则神物来集;飘遥恍惚,则洞幽贯冥;冰心玉质,则激洁思存;恬淡无欲,则泰志适清。"②说的也是这种虚静的个人心灵状态。

这种精神上的神游影响到画论中,就是顾恺之的"迁想妙得"说,"迁想"就是精神并流四极的状态,因为顾恺之多作佛画,"传神写照"的"照"更来源于佛教概念,可以肯定顾恺之的形神理论是同时受玄佛影思想影响的。支遁的《大小品对比要抄序》说:

> 夫至人也,览通群妙,凝神玄冥,灵虚响应,感通无方。建同德以接化,设玄教以悟神。述往迹以搜滞,演成规以启源。
> 夫体道尽神者,不可诘之以言教;游无蹈虚者,不可以求之于形器。是以至人于物,遂通而已。③

支遁玄佛合一的"览通群妙,凝神玄冥""体道尽神"可以说影响了顾恺之的"迁想妙得"理论,重神的观点遂在六朝画论中最为盛行,王微《叙画》便说:"望秋云,神飞扬;临春风,思浩荡。虽有金石之乐,珪璋之琛,岂能仿佛之哉!披图按牒,效异山海。绿林扬风,白水激涧,呜呼!其独运诸指掌,亦以神明降之。此画之情

---

① 徐复观《中国艺术精神》,华东师范大学出版社 2001 年版,第 98 页。
② [清]严可均《全上古三代秦汉三国六朝文·全三国文》卷四十四,第 1305 页。
③ [南朝梁]释僧祐《出三藏记集》卷八,第 299—300、301 页。

也!""古人之作画也,非以案城域,辨方州,标镇阜,划浸流,本乎形者融,灵而变动者心也。灵无所见,故所托不动,目有所极,故所见不周。"①创作山水画与画地图不同,需要作者心神的全权参与,不能仅限于"目之所极"之"形"。

二、"文贵形似"之风

玄学虽有重神的传统,但认为形也极重要。与当时的"自然"观念相联系,阮籍的圣人理想境界为"大人"与"至人",阮籍将"神"看作"自然之根",说"天不若道,道不若神,神者,自然之根也",在《大人先生传》中云:"夫大人者,乃与造物同体,天地并生,逍遥浮世,与道俱成。"《达庄论》曰:"直能不害于物而形以生,物无所毁而神以清,形神在我而道德成。"可谓体顺自然,兼顾形神,"夫至人者,恬于生而静于死。生恬则情不惑;死静则神不离,故能与阴阳化而不易,从天地变而不移"②。更谈到"至人"无论生死而神不离,从而可以与天地阴阳契合而永恒。嵇康在《养生论》中说:"是以君子知形恃神以立,神须形以存,悟生理之易失,知一过之害生。故修性以保神,安心以全身。爱憎不栖于情,忧喜不留于意,泊然无感,而体气和平;又呼吸吐纳,服食养身,使形神相亲,表里俱济也。"③可见当时玄学名士虽重精神作用,但基本并重形神,二者皆不可或缺,最终的理想状态便是"形神相亲,表里俱济"。当时素以

---

① [唐]张彦远《历代名画记》,浙江人民美术出版社2019年版,第101页。
② [三国魏]阮籍著,陈伯君校注《阮籍集校注》,中华书局2012年版,第185、165、157、144页。
③ [三国魏]嵇康著,戴明扬校注《嵇康集校注》,第253页。

全形长生为重的道教,其实在这种氛围下,也是形神俱炼的。《抱朴子·微旨》就说"所为术者,内修形神",何晏也说"服五石散,非唯治病,亦觉神明开朗"①,强调了服药在治愈形体之外的利"神"作用。陶弘景总结说:"假令为仙者,以药炼其形,以精灵莹其神,以和气濯其质,以善德解其缠,众法共通,无碍无滞。"②可谓是融合了儒道释诸家塑造出的完美人格典型。

可见玄学还是讲求形神不离的,王弼《老子指略》说:"故象而形者,非大象也;音而声者,非大音也。然则四象不形,则大象无以畅;五音不声,则大音无以至。四象形而物无所主焉,则大象畅矣;五音声而心无所适焉,则大音至矣。"③虽然神极为重要,但是没有形这个寓所,神还是无所栖身,庾阐《吊贾生文》也说:"夫心非死灰,智必有形。形托神司,故能全生。"④

佛教却在这个重形养生的理论氛围之下,极度张扬精神的作用,认为可以完全抛弃形体肉身。宗炳认为"人是精神物",完全将人的形体忽视,说:"道在练神,不由存形,是以沙门祝形烧身,厉神绝往。神不可灭,而能奔其往,岂有负哉?"结合慧远所倡导的"法身"概念,宗炳《又答何衡阳书》解释说:"精神极则超形独存,无形而神存,法身常住之谓也。"将形神关系提到新的理论高度,认为精神可以离开形体而独存,这个时候留恋形体这个"寓所"也就没有意义了。谢镇之《折夷夏论》(《弘明集》卷六)就说:"夫神之寓形,犹于逆旅。苟趣舍有宜,何恋恋于檐宇哉!"佛教虽然此时极力攀

---

① 余嘉锡《世说新语笺疏》,第 87 页。
② [清]严可均《全上古三代秦汉三国六朝文·全梁文》卷四十六,第 3216 页。
③ [魏]王弼著,楼宇烈校释《王弼集校释》,第 195 页。
④ [清]严可均《全上古三代秦汉三国六朝文·全晋文》卷三十八,第 1682 页。

附玄学理论，但是对于自身的基本理念却毫不含糊。慧远在《形尽神不灭》一文中借庄子阐述佛教生死观念说："庄子发玄音于大宗曰：大块劳我以生，息我以死。又以生为人羁，死为反真。此所谓知生为大患，以无生为反本者也。"通过重新解释庄子来阐发佛教的基本观念："释迦设教，示不灭不生之永灭。"（唐代法琳《辩正论》）这也可以看出格义佛教与原玄学理论的貌合神离。而玄学文士热爱生命，"感性命之不永，惧凋落之无期"（石崇《金谷诗序》），认为"死生亦大矣"（王羲之《兰亭集序》），也正是因为不能放弃世俗的欢乐，才对形体留恋不舍。

在通向"神"的境界中，玄学不要求士人断绝世俗情欲。在圣人有情无情之辨中，王弼说："圣人茂于人者神明也，同于人者五情也。神明茂，故能体冲和以通无；五情同，故不能无哀乐以应物。然则圣人之情，应物而无累于物者也。"王弼认为，圣人比一般人高明的地方在于"夫明足以寻极幽微"，但也"不能去自然之性"，所以圣人亦"不能无哀乐以应物"①。向秀、郭象玄学沿着这条道路进一步地把玄学世俗化，向秀《难养生论》说："有生则有情，称情则自然，若绝而外之，则与无生同，何贵于有生哉？且夫嗜欲，好荣恶辱，好逸恶劳，皆生于自然。"②把这些世俗的欲望全都合理化了。郭象庄子注曰："夫小大虽殊，而放于自得之场，则物任其性，事称其能，逍遥一世，岂容胜负于其间哉！""苟足于其性，则虽大鹏无以自贵于小鸟，小鸟无羡于天地，而荣显有余矣。故小大虽殊，逍遥一也。""夫圣人虽在庙堂之上，然其心无异于山林之中，世岂识之

---

① ［三国魏］陈寿《三国志》卷二十八裴松之注引何劭《王弼传》，第 795 页。

② ［三国魏］嵇康著，戴明扬校注《嵇康集校注》卷四，第 283 页。

哉？徒见其戴黄屋，佩玉玺，便谓足以缨绂其心矣；见其历山川，同民事，便谓足以憔悴其神矣，岂知至至者之不亏哉！"①宣称逍遥就是足于自性，提出"朝隐"，世俗的富贵荣华便都有了高尚超脱的意味，为穷奢极欲的生活提供了玄学上的理论依据。

这种任性纵欲的风气在《列子·杨朱》篇中得以最充分的体现："恣耳之所欲听，恣目之所欲视，恣鼻之所欲向，恣口之所欲言，恣体之所欲安，恣意之所欲行。"②张湛《列子注》云："治身贵于肆任，顺性则所之简适。"③《列子·冲虚经》中也提到："为欲尽一生之欢，穷当年之乐。唯患腹溢而不得恣口之饮，力惫而不得肆情于色；不遑忧名声之丑，性命之危也。"④玄学追求的顺情顺性，逍遥遨游容易沦为这种恣意任性的对感官声色的放逐。而佛教此时彪炳精神的超越作用，蔑视形体世俗的享乐，着实提升了当时的思想境界。支遁就结合庄子理念，并糅合佛教观念，发展出了新的逍遥义。支遁的《逍遥游论》已散佚，现存一段保留于《世说新语·文学篇》的刘孝标注中：

　　夫逍遥者，明至人之心也。庄生建言大道，而寄指鹏鷃。鹏以营生之路旷，故失适于体外；鷃以在近而笑远，有矜伐于心内。至人乘天正而高兴，游无穷于放浪，物物而不物于物，则遥然不我得；玄感不为，不疾而速，则逍然靡不适，此所以为逍遥也。若夫有欲，当其所足，足于所足，快然有似天真，犹饥

①　[晋]郭象注，[唐]成玄英疏《南华真经注疏》，第1、4、13页。
②　杨伯峻《列子集释》卷七，中华书局1979年版，第222页。
③　杨伯峻《列子集释》附录，第279页。
④　杨伯峻《列子集释》卷七，第226页。

者一饱,渴者一盈,岂忘蒸尝于糗粮,绝觞爵于醪醴哉？ 苟非至足,岂所以逍遥乎?①

支遁反对至足即为逍遥,而引入了般若思想,认为应该以绝对空寂和超脱的态度去感应万物,达到精神自足而无待。钱穆《庄老通辩·记魏晋玄学三宗》评论"支义"说:"盖支遁之所异于向郭者,向郭言无待,而支遁则言至足。至足本于无欲,欲无欲,则当上追嵇阮,以超世绝俗为尚。而向郭以来清谈诸贤,则浮湛富贵之乡,皆支遁所谓有欲而当其所足,快乎有似乎天真也。游心不旷,故遂谓尺鷃各任其性,一皆逍遥矣。及闻夫支氏之论,遂不得不谓其卓然标新理于二家之表。"②这也本于佛教绝情去欲的根本教理。"沙门,汉言息也,盖息意去欲而归于无为。"③佛教的早期经典《四十二章经》亦云:"人为道,去情欲,当如革见人","使人愚蔽者,爱与欲也","人怀爱欲,不见道"。慧远就以"不以生累其神""不以情累其生"作为最高境界泥洹的必需条件。在玄学的形神观念上,何晏、王弼以"无"解神,将"形"超越;阮籍与道俱成,形神在我;嵇康保养形体,使形神相亲,向郭迹冥圆融,提倡"朝隐",为佛教奠定了重神的审美思想氛围,但慧远在玄学理论基础上,更是以对绝对之"神"的强调、三世因果论的威慑和严密的戒律升华了整个六朝的文论境界,将于另外文章中详述。

佛教在对精神的极度重视下,视形体为负累,"祝形烧身,厉神

---

①　余嘉锡《世说新语笺疏》,第 260 页。

②　钱穆《庄老通辩·记魏晋玄学三宗》,生活·读书·新知三联书店 2005 年版,第 325 页。

③　[南朝宋]范晔《后汉书》卷四十二引袁宏《汉纪》,第 1429 页。

绝往",慧远便在《答桓玄书》中自称"削发毁形之人",对于认为自身形体为父母所赐而不得伤害的传统儒家而言,的确为大逆不道。服制、礼制方面的攻击,也多从"毁形"出发:

> 端委搢绅,诸华之容;剪发旷衣,群夷之服。擎跽磬折,侯甸之恭;狐蹲狗踞,荒流之肃……全形守体,继善之教,毁貌易性,施恶之学。[①]

> 夫有为之教,义各有之。至若般舟苦形以存道,道亲而形疏,行之有理,用之有本;踞食之教,义无所弘,进非苦形,退贻慢易。见形而不及道者,失其恭肃之情,而启骇慢之言,岂圣人因事为教,章甫不适越之义耶。[②]

道士顾欢便以是否毁害形体作为判断宗教善恶之标准。王谧《答桓玄书明沙门不应致敬王者》为佛教辩解说:"今沙门虽意深于敬,不以形屈为礼,迹亦率土而趣超方内者矣。"说内心敬意比外在的形貌礼数要重要,桓玄《难王谧》则反唇相讥说:"沙门之敬,岂皆略形存心? 忏悔礼拜,亦笃于事。"质疑为何在忏悔礼拜中,僧徒都要如此恭行大礼? 桓玄指责佛教徒困苦形神,实则形毁而身迷:

> 夫至道缅邈,佛理幽深,岂是悠悠常徒所能习求? 沙门去弃六亲之情,毁其形骸,口绝滋味,被褐带索,山栖枕石,永乖

---

① ［南朝齐］顾欢《夷夏论》,［南朝梁］萧子显《南齐书》卷五十四,第 931 页。
② ［南朝宋］郑道子《与禅师书论踞食》,《弘明集校笺》卷十二,第 646 页。

世务。百代之中，庶或有一仿佛之间。今世道士，虽外毁仪
容，心过俗人，所谈道俗之际，可谓学步邯郸，匍匐而归。先圣
有言，未知生，焉知死。而令一生之中困苦形神，方求真置黄
泉下福，皆是管见，未体大化。迷而知反，去道不远。可不
三思。①

何充《奏言沙门不应敬王者》也批判佛教"至于守戒之笃者，亡
身不恪，何敢以形骸而慢礼敬哉！"②桓玄更从形与心的角度来论
证说："夫累著在于心滞，不由形敬，形敬盖是心所用耳！"（《重予慧
远书》）虽然东晋末年的沙门敬王之争因慧远的德高望重与不屈论
辩而不了了之，但可看出针对佛教对"形"的毁削是固守传统儒家
思想的士人攻击佛教的主要方向之一。佛教以内外二教的形、神
互济来调和，北周道安《二教论》云："救形之教，教称为外，济神之
典，典号为内……释教为内，儒教为外。"释道恒《释驳论》云："周孔
之教，理尽形器；至法之极，兼练神明。"都是以内在之"神"作为佛
教合理化的旗帜，来遮掩对于形体礼教的毁坏。

当时的文论画论中也确实存在一股重神轻形的风潮。王尚书
惠曾问王右军夫人："眼耳未觉恶不？"答曰："发白齿落，属乎形骸；
至于眼耳，关于神明，那可便与人隔？"③人的形体器官也以是否与
神明有关而被区别对待。顾恺之绘画中重视眼睛，正因为"征神见
貌，情发于目"，眼睛是"神"在人形体中的体现。相传他画人物，有

---

① 《与释慧远书劝罢道》，[南朝梁]释僧祐撰，李小荣校笺《弘明集校笺》卷十一，
第 621 页。
② ［清］严可均《全上古三代秦汉三国六朝文·全晋文》卷三十二，第 1641 页。
③ 余嘉锡《世说新语笺疏》，第 823 页。

时数年不点睛,人问其故,答曰:"四体妍蚩,本无关于妙处,传神写照,正在阿堵之中。"汤用彤解释说:"数年不点目睛,具见传神之难也。四体妍蚩,无关妙处,则以示形体之无足重轻也。"四肢连带眉、鼻、口因为难以传神,顾恺之认为没那么重要,可以随意增减。殷仲堪有眼疾而自认为"形恶",顾恺之"明点瞳子,飞白拂其上,使如轻云之蔽日",通过对神采的处理淡化了形体的缺陷。张彦远评论说:"顾公远思精微,襟灵莫测,虽寄迹翰墨,其神气飘然在烟霄之上,不可以图画间求。象人之美,张(僧繇)得其肉,陆(探微)得其骨,顾(恺之)得其神。"①神自然是高于属于形体的肉与骨范畴,书画中的"神"已经突破桎梏它的"形",也就是图画本身,故不能仅仅从纸张翰墨中欣赏神韵。"遍观众画,唯顾生画古贤,得其妙理,对之令人终日不倦,凝神遐想,妙悟自然,物我两忘,离形去智,身固可使如槁木,心固可使如死灰,不亦臻于妙理哉?"②这就是从画中有效通神、悟神的表现了。

　　不过佛教所轻视的"形"是指人的世俗肉身,但对于体现佛教精神的"形"如佛像却相当看重,可将其称为"色相形"或"法身形"。《高僧传》:"夫至理无言,玄致幽寂。幽寂故心行处断,无言故言语路绝。言语路绝,则有言伤其旨,心行处断,则作意伤其真……悠悠梦境,去理疏隔;蠢蠢之徒,非教孰启?是以圣人资灵妙以应物,体冥寂以通神,借微言以津道,托形传真。"③因为玄学的言不尽意思想,"言"与"象"都是为了体现"意"而存在,"微言"与"形象"都是传教的手段而已,周武帝认为"真佛无像",北齐慧远反驳说:"赖经

①　[唐]张彦远《历代名画记》卷五引《画断》,第82页。
②　[唐]张彦远《历代名画记》卷二,第28页。
③　[南朝梁]释慧皎《高僧传》卷八,第342—343页。

闻佛,借像表真","若以形像无情,事之无福,故须废者,国家七庙之像,岂是有情,而妄相遵事?"沈约《竟陵王造释迦记》:"夫理贵空寂,虽熔范不能传;业动因应,非形相无以感。"佛理幽寂空无,若无具体形象难以为人所感知,关键是由于人"兴感"的心理:

> 夫人情从所睹而兴感,故闻鼓鼙之音,睹羽旄之象,则思将师之臣;听琴瑟之声,观庠序之仪,则思朝廷之臣。迁地易观,则情貌俱变,令悠悠之徒,见形而不及道者,莫不贵崇高而忽仄陋。是以诸奉佛者,仰慕遗迹,思存仿佛,故铭列图像致其虔肃,割捐珍玩以增崇灵庙。故上士游之,则忘其蹄筌,取诸远味;下士游之,则美其华藻,玩其炳蔚。先悦其耳目,渐率以义方。三途吸引,莫有遗逸。①

这实为佛教传教的权教方便,但是"法身形"也正如蹄筌,得道后便可忘之。后慧远修建佛像、佛影,游历山水,皆将其作为佛的法身而倍加重视。因为有最大程度上反映神理的需要,所以要形象细腻地描摹形态,一般用画作与语言描述。佛教对"法身形"的重视催生了画论与文论中"形似"理念的繁荣。孙昌武在这个问题上谈道:

> 佛教义学中关于形象这两方面的理论,与文学的形象性原理有原则的不同……但是,佛家在中国第一次充分发挥了一套形象的原理,这个问题恰恰是中国学术较少研究的,因此

---

① 《正诬论》,[南朝梁]释僧祐撰,李小荣校笺《弘明集校笺》卷一,第74页。

对文学理论的发展产生一定的影响。这种影响,表现在自两晋以来,文人们形成重"神"的风气,在文艺上则重形似。如支遁、孙绰、慧远等人,都提倡"体道尽神",不受"言教""形器"的束缚。当时论人重神情、神似,艺术上也是如此。六朝的画论中,神似是个重要主题。像《世说新语》这样的志人小说,无论是其实践,还是其中表述的观念,都是追求"形似"的。[①]

六朝文学中文风"形似"的现象成为当时的风气,陆机《文赋》即云"虽离方而遁员,期穷形而尽相。"仅钟嵘的《诗品》就提到张协"巧构形似之言",谢灵运"杂有景阳之体,故尚巧似",颜延之"尚巧似",鲍照"善制形状写物之词,得景阳之诙诡……然贵尚巧似,不避危仄"。《文心雕龙·物色》篇总结这股文风说:

> 自近代以来,文贵形似,窥情风景之上,钻貌草木之中。吟咏所发,志惟深远;体物为妙,功在密附。故巧言切状,如印之印泥,不加雕削,而曲写毫芥。故能瞻言而见貌,即字而知时也。[②]

刘勰明确地指出这种"文贵形似"的风气是来自当时山水文学兴起的背景,描摹"草木""风景"的需要使然,不过源流是来自铺陈华丽的汉大赋,沈约的《宋书·谢灵运传论》中就谈到:"自汉至魏四百余年,辞人才子,文体三变:相如巧为形似之言,班固长于情

---

① 孙昌武《佛教与中国文学》,第 338 页。
② 范文澜《文心雕龙注》,第 294 页。

理之说，子建仲宣以气质为体，并标能擅美，独映当时。"评论司马相如的赋就以"巧为形似"为体，不带贬低之意。而后人往往以极力追求形似，讲求"情必极貌以写物，词必穷力而追新"，颇为后人诟病，如唐人元结就批判齐梁文学"拘限声病，喜尚形似，且以流易为辞，不知丧于雅正"①。

　　虽然六朝文学因尚"形似"多被后代文论家严肃批评，不过须要注意的是，当时理解的"形似"与后来文论中的"形似"是有不同的。这种对形描摹的重视也和佛教像教思想的流行有很大的关系。受慧远相关思想影响的宗炳和谢灵运都在画论与文论中发展了形似观，因为宗炳认为山水是"以形媚道"，故而提出"以形写形，以色貌色"的表现手法，来达到"畅神"的艺术效果，对"形"和"色"的追求还是为了最后"神"的取得。《历代名画记》引陆机语曰："存形莫善于画"，画可以比语言更加直接地体现形状，所以在作画过程中，通过"身所盘桓，物所绸缪"的体认，与"写"和"貌"的呈现方式，"以形写形，以色貌色"中的前一个"形""色"与后一个"形""色"意义便有不同，后者为自然之象，前者却已是蕴涵神理的"相"了。慧远委托谢灵运所作的《佛影铭》序中云："摹拟遗量，寄托青彩。岂唯象形也笃，故亦传心者极矣。"也说明白是要通过"象形"来"传心"的。以重神理念最为知名的顾恺之也对画中之形加以强调，在《魏晋胜流画赞》中云："若长短、刚软、深浅、广狭，与点睛之节，上下、大小、酞薄，有一毫小失，则神气与之俱变矣。"可见传神的效果取决于形的正确表现。他接下来就提出了"以形写神"说，认为"凡

---

　　① ［元］辛文房撰，周绍良笺证《唐才子传笺证》卷三，中华书局 2010 年版，第476页。

生人亡有手揖眼视而前亡所对者,以形写神,而空其实对,荃生之
用乖,传神之趋失矣。"①如果一个人手揖眼视而前方是空的,没有
形的存在,那么就根本谈不上去传神。所以在绘画中,最为基础与
关键的还是正确细致地刻画出生活中实在具体的对象。故六朝画
论最后还是兼顾形神:"学书之难,神彩为上,形质次之,兼之者便
到古人。"②顾恺之评《北风诗》云:"美丽之形,尺寸之别,阴阳之
数,纤妙之迹,世所并贵。"③一幅完美的作品中这些因素不可偏
废,缺一不可。

　　刘勰同样认为"形似"是最后达到"神似"的必经之路。兼蓄多
种思想的刘勰早已将"神"看作天道与人重要的本体,《原道》篇即
云"道心惟微,神理设教",《养气》篇中说"心虑言辞,神之用也",
"钻砺过分,则神疲而气衰"。之所以要追求"曲写毫芥""瞻言见
貌"的形似,正是因为《夸饰》中所说的"神道难摹,精言不能追其
极;形器易写,壮辞可得喻其真",就是慧远思想的继承。这种形神
关系实际上也是文论中说的心物关系,刘勰在《物色》篇中就说:
"是以诗人感物,联类不穷;流连万象之际,沉吟视听之区。写气图
貌,既随物以宛转;属采附声,亦与心而徘徊。"文学不是机械地反
映形,而是要融入对神的理解,也就是主观情性。王元化在《文心
雕龙讲疏》中分析说:

　　　　刘勰提出"随物宛转""与心徘徊"的说法,一方面要求以
　　物为主,以心服从于物;另一方面又要求以心为主,用心去驾

---

①　[唐]张彦远《历代名画记》,第82页。
②　[唐]唐太宗《笔意论》,[清]董诰等编《全唐文》卷十,第123页。
③　[唐]张彦远《历代名画记》,第82页。

驭物。表面看来，这似乎是矛盾的。可是，实际上，它们却互相补充，相反而相成……作家的创作活动就在于把这两方面的矛盾统一起来，以物我对峙为起点，以物我交融为结束。①

　　这样，形在经过了"感"的主体接受，并"与心徘徊"之后，此形已非彼形，已成蕴涵神体的心中意象。"古人形似之语，如镜取形、灯取影也"②，提取出来的形与影已不是原本的镜与灯了。唐代的遍照金刚在《文镜秘府论》中有"形似体"："形似体者，谓貌其形而得其似，可以妙求，难以粗测者是。诗曰：'风花无定影，露竹有余清。'又云：'映浦树疑浮，入云峰似灭。'此即形似之体也。""可以妙求，难以粗测"来自《庄子·秋水》的"可以言论者，物之粗也；可以意致者，物之精也"。只有"妙求"才能"得其似"。"表明他要求诗人不止于写物的外形，且应致力于描绘其精妙难言之处。所举例子即略具此特点，如'风花'句体物入微，'露竹'句更以'余清'反映出观赏者微妙的审美感受，传达出一种境界。可以说这里所谓'形似'实际上包含表现对象精神的意思在内。"③

　　所以刘勰也是在当时的时代氛围下，于"形似"的基础上追求"神似"而形神兼顾。刘勰在《比兴》中提出"拟容取心"，其实也就是形神关系，王元化先生就说：

　　　　《比兴》篇提出"比类虽繁，以切至为贵，若刻鹄类鹜，则无所取焉"，充分证明刘勰认识到形似的重要。他所说的"拟容

――――――――――

① 王元化《文心雕龙讲疏》，上海古籍出版社1992年版，第69页。
② 郭绍虞辑《宋诗话辑佚·潜溪诗眼》，中华书局1980年版，第322页。
③ 王运熙、杨明《隋唐五代文学批评史》，上海古籍出版社1994年版，第88页。

取心"就包括了心和容(即神和形)两个方面。拟容是指模拟
现实的表象,取心是指揭示现实的意义。他认为要创造成功
的艺术形象,拟容和取心都是不可缺少的条件,既需要摹拟现
实的表象,以做到形似,也需要揭示现实的意义,以做到神似。
《神思》篇"物以貌求,心以理应",《物色》篇"志唯深远,体物密
附",《章句》篇"外文绮交,内义脉注",都是申明此旨。①

　　这是六朝重神或者重形之说的实际涵义,无论是玄学还是佛
教标榜"神"义,最后还是不能放弃对"形"的追求。其实在大乘佛
教看来,任何对于"有""无","形""神"的纠缠都是落入世俗,僧肇
按照大乘般若学有无双遣的中观方法论破除迷执,在《不真空论》
中说:"欲言其有,有非真生;欲言其无,事象即形。事形不即无,非
真非实有。"《宗本论》云:"涉有未始迷虚,故常处有而不染。不厌
有而观空,故观空而不证。"《不真空论》云:"道远乎哉? 触事而真;
圣远乎哉? 体之则神。"世界万物的本质本身便是"性空"和"假
有",世间之象即幻即真,世间之法非有非无,彻底破除人对于这些
固有概念的执着。般若学的无上妙境也使刘勰在《文心雕龙·论
说》篇中说:"夷甫、裴頠,交辨于有无之域;并独步当时,流声后代。
然滞有者,全系于形用;贵无者,专守于寂寥。徒锐偏解,莫诣正
理;动极神源,其般若之绝境乎?"

　　自般若学从南朝转向为涅槃学,唐宋以后禅宗的兴起使得大
乘佛教的思辨精髓有逐渐丧失的倾向,对神灵顿悟的强调使得六
朝的形神对峙并存变为真正的重神轻形。《历代名画记》就说:"至

----

① 王元化《文心雕龙讲疏》,第69页。

于传模移写,乃画家末事。"苏轼更云:"论画以形似,见与儿童邻。赋诗必此诗,定非知诗人。"①南宋严羽亦云:"诗之极致有一,曰入神。诗而入神,至矣尽矣,蔑以加矣。"②故而可知六朝的重精神并蓄形的文论观念是从当时玄学、道教、佛教的冲击融合中产生出来的,完美体现《弘明集》的这种文化交融精神,并把多种文化中的形神观融会奠基的还是慧远,他在形神论争理论上的建设最终使得佛教在这场关乎存灭的论争中不仅得以生存,而且成为中国的宗教,在汉地蓬勃发展。

节选自 2013 年中国人民大学博士论文:

刘玉叶《〈弘明集〉与六朝文论》

---

① ［宋］苏轼《书鄢陵王主簿所画折枝二首》之一,《苏轼诗集》卷二十九,中华书局 1982 年版,第 1525 页。

② 郭绍虞《沧浪诗话校释·诗辨》,人民文学出版社 1961 年版,第 8 页。

慧远形神论及于南朝
文论的启导

　　形神之辨延续整个六朝时期,在玄佛学论中都属核心议题。汤用彤《魏晋玄学论稿》就指出,玄学学理之中"神形分殊本玄学之立足点。学贵自然,行尚放达,一切学行,无不由此演出",而佛教内形神之论一度震动朝野思想界,甚至成为决定佛教在中国命运走向之关键。作为积极参与这场论争的核心人物,慧远提出了一套系统的形神理论,其中相当一部分的佛学主张和实践可应用或启发于文论领域,尤其是承自传统儒道又融合般若学与禅法的审美认识方式,不啻对以往玄风弥漫的东晋文论的一次重构,带来了深层精神层面上的升华。其中感应实体形象的理论,推进了南朝一股"重形"审美之风,对于非实体"神"之观照,也使相关"重神"文论更加深入。其本人虽较少参与文艺领域,但对弟子宗炳、谢灵运及后来的刘勰等皆影响深远。葛洪《抱朴子》曾谓:"启导聪明,饰染质素。"其非谓远乎?

一、慧远形神论与感物审美理论

　　形神之辨中,慧远所标举的精神本体为"神"或"法性",他将

"神"拈出详述,在整场论争中影响重大。在《沙门不敬王者论》的《形尽神不灭》章中,慧远论述了"神"的形态和特征:

> 夫神者何耶?精极而为灵者也。精极则非卦象之所图,故圣人以妙物而为言。虽有上智,犹不能定其体状,穷其幽致……神也者,圆应无主,妙尽无名,感物而动,假数而行。感物而非物,故物化而不灭;假数而非数,故数尽而不穷。有情则可以物感,有识则可以数求。数有精粗,故其性各异。智有明暗,故其照不同。①

慧远表述中的"神"精灵至极,无生无名,性状是"感物而动,假数而行",无穷不灭,生命依靠"神"而流转不歇,是为一独立而永恒的存在,这成为慧远学说的基础,在论述报应罪罚思想时就言明"反此而寻其源,则报应可得而明;推事而求其宗,则罪罚可得而论"。慧远在此基础上建立了三世观念、三报论、净土修行等一系列完整的理论。

但在慧远的理论设计之中,"神"虽精灵至极,但仍却寄寓"形"内,"夫形神虽殊,相与而化;内外诚异,混为一体"。可见形神相即,是不可分开的。佛教素来重精神高蹈,轻视肉身形体,以为不过虚幻赘累。刘勰《灭惑论》中便以"佛法练神,道教练形"来区别佛道,宗炳论"人是精神物",慧远也自称佛教徒为"削发毁形"之人,但慧远对寄寓了"神"之"形"极为重视,认为要了解万物神理,必须从外在形体入手。无论是文字还是艺术形象,都可以帮助人

---

① 〔南朝梁〕释僧祐撰,李小荣校笺《弘明集校笺》卷五,第267页。

们领悟其中蕴含的神理,这些实体形象以佛像建筑与自然山水为代表,本文将其称为"法身形"。他描述建造襄阳丈六佛像的缘由说:"夫形理虽殊,阶途有渐;精粗诚异,悟亦有因。是故拟状灵范,启殊津之心;仪形神模,辟百虑之会。"虽然形与神精粗相异,但因为人的认识规律"悟亦有因",所以必须"拟状灵范""仪形神模",用形象大通证悟之门。在慧远生前写下的最后一篇文章《万佛影铭》中说得更加明白,"神道无方,触像而寄",法身虽超越万物,玄妙难言,无迹可寻,但又寄寓在万物形象之中而无所不在,"或晦先迹以崇基,或显生途而定体","语其筌寄,则道无不在",至高神妙的法身就可以在形象与影迹中体悟,正可谓"迹以像真,理深其趣"(《万佛影铭》第四首)。在欣赏"形"、领悟"神"时,审美价值就在于形神冥合为一的精神过程之中。

除佛像之形,慧远亦极重山水之形,史传记载,慧远选择庐山栖居正是看中庐山古传为"神仙之庐",慧远认为"此山足以栖神""幽岫栖神迹",看重的正是庐山的自然景色中处处寄寓着神理。《高僧传》记载慧远特别设计经营了在庐山上的居住环境:"远创造精舍,洞尽山美,却负香炉之峰,傍带瀑布之壑,仍石叠基,即松栽构,清泉环阶,白云满室。复于寺内别置禅林,森树烟凝,石筵苔合。凡在瞻履,皆神清而气肃焉。"①创造了极为清雅精致的修行环境,要求"凡在瞻履,皆神清而气肃",时时刻刻都能感受自然之美,拥有审美化的诗意心态。慧远专门撰写了《庐山记》,可称为当时游记的代表作,可能为题咏庐山之始者。在慧远看来,庐山"幽岫穷崖,人兽两绝",险峻原始的自然条件充分说明了宇宙神理的

---

① 　[南朝梁]释慧皎《高僧传》卷六,第212页。

博大神妙而不可预测,甚至回旋的云雾、震彻山谷的风声令人感觉"骇人",感慨"此其化不可测矣",在对大自然的惊叹和敬畏中感受"神"之妙应无方。

这点已为不少研究者所认识,如蒋述卓、张伯伟先生都论及慧远"法身"观在晋宋山水诗发展所起的作用①,蔡彦峰先生将之称为慧远的"形象本体"之学②。这种思考在当时佛学界不唯慧远独有,周武帝认为"真佛无像",北齐高僧慧远就反驳说:"赖经闻佛,借像表真","若以形像无情,事之无福,故须废者,国家七庙之像,岂是有情,而妄相遵事?"沈约《竟陵王造释迦像记》:"夫理贵空寂,虽熔范不能传;业动因应,非形相无以感。"《高僧传·义解论》亦言:"借微言以津道,托形象以传真。"佛教义理渺茫难解,只能依据"微言"与"形象"作为传教的手段。佛理幽寂空无,若无具体形象难以为人所感知,关键是由于人"兴感"的心理:"夫人情从所睹而兴感……今悠悠之徒见形而不及道者,莫不贵崇高而忽仄陋。是以诸奉佛者,仰慕遗迹,思存仿佛,故铭列图像,致其虔肃,割捐珍玩,以增崇灵庙。故上士游之,则忘其蹄筌,取诸远味;下士游之,则美其华藻,玩其炳蔚。先悦其耳目,渐率以义方,三途吸引,莫有遗逸。"③不同的人都能从具体形象中所感,精神得到形而上的升华。

这种感物理论在中国传统儒家的文艺理论中,表达人的情感与外在世界的互动关系,往往应用"感物"之说,以解释艺术的原始

---

　　① 蒋述卓《佛经传译与中古文学思潮》,江西人民出版社1990年版;张伯伟《禅与诗学》,人民文学出版社2008年版。

　　② 蔡彦峰《玄学与魏晋南北朝诗学研究》,人民文学出版社2013年版。

　　③ 《正诬论》,[南朝梁] 释僧祐撰,李小荣校笺《弘明集校笺》卷一,第74页。

产生体制。《礼记·乐记》解释音乐的产生说"凡音之起,由人心生也。人心之动,物使之然也。感于物而后动,故形于声",《毛诗序》解释诗歌的产生说"在心为志,发言为诗",孔颖达疏云"感物而动,乃呼为志,志之所适,外物感焉",已将"感"作为心与物交接的纽带,魏晋之后,曹丕、曹植等作家多用"感"表达作诗文之缘由,检视阮籍、潘岳、陆机之诗句,感物伤怀也成为常用字句。陆机《文赋》与钟嵘《诗品》更强调了自然景物、历史事件等对文思的感发作用。因"感"这种天然地与神秘情志的意蕴联系,初识佛教的中土文人便极多地用"感"表达宗教中的精微难测的精神感应,在《弘明集》《广弘明集》中的佛教论文中比比皆是。慧远将"感"加以应用,成为从"形"中悟"神"的津梁。

在传统"同声相应,同气相求"的感应说中,人的情绪受外界的影响往往表现为较为被动与机械化的对应复制,而慧远继承总结传统理论中感应在精神审美活动中的作用,更在精神层次上加以提升。在《世说新语·文学》中,面对殷仲堪以"铜山西崩,洛钟东应"这种传统天人感应的神秘观念去理解"感",慧远是"笑而不答",不以为然的。有学者把慧远的感应思想称为包括情虑感应和神明感应的"双重感应"①,无论是宗教体验还是审美实践,慧远所着重提倡的皆是后者。在慧远的理论中,"神"就是"感物而动"的,针对其特质,同时人又是"心无定司,感物而动",正如沈约《佛记序》中所说:"推极神道,原本心灵,感之所召,跨无边而咫尺。"

---

① 李明《慧远"双重感应"思想对儒家修养彻底化的探索》,《东岳论丛》2009 年第 5 期。

在宗教修行之中，慧远认为"虽神悟发中，必待感而应"，"神"与人心对话交流的方式即为感，"罪福之应，唯其所感"，且一旦与神明感应，犹如顿悟，可使修行成果大为精进，"一诣之感，超登上位"（《三报论》），"一觌之感，乃发久习之流覆，豁昏俗之重迷"（《念佛三昧诗集序》）；在审美体验之中，最美好的乐章标准也应是"拊之金石，则百兽率舞；奏之管弦，则人神同感"（《阿毗昙心序》）。在山水游历之中，"感遗迹以悦心"，以"感"产生审美的愉悦，更因"感至理弗隔""理感兴自生"，产生"兴"，领悟"理"，成为面对山水自然之美时的主要审美方式。面对美轮美奂的佛影，因为领悟到"妙寻法身之应，以神不言之化。化不以方，唯其所感"的道理，"感"是证得法身神理的唯一途径，所以"感彻乃应，扣诚发响"，用感应的方式中从人工雕琢的艺术品中体知神理。宗炳说"神本亡端，栖形感类，理入影迹，诚能妙写，亦诚尽矣"，正因如此，因感物而写神，由感而作诗绘画，诗画中"妙写"栖神之形便成必然，故有"以形写形，以色貌色"的绘画理论，"徒患类之不巧，不以制小而累其似"，追求图画之"形似"，谢灵运山水之诗形色皆细如毫厘，遍布景物意象，正如宗炳之画论在诗中的实践。钟嵘的《诗品》就以"形似""巧似"评价了张协、谢灵运、颜延之、鲍照等人，刘勰总结当时一股追求"文贵形似"的文风，谢灵运正是以文字细致描摹山水庄园物色，"曲写毫芥"，少加人工润色雕饰，目的正是在于"瞻言而见貌"，诗中有画，写实地还原天然物态，摈除带有感官情欲的联想修辞，通过文字的感发，直接联系实体化的事物形象。这样的感应才能够"援纸握管，会性通神"（《山居赋》），由重形似开启通神之途。

二、慧远感物论与观照说

慧远对于实体形象的重视已被学界论述较多，但不应忽略的是，描摹"法身形"而感神终究只是慧远所设计的方便权宜法门。慧远的般若学思想师承道安，亦属"本无宗"，慧远曾撰《本无义》，云："因缘之所有者，本无之所无。本无之所无者，谓之本无。本无与法性，同实而异名也。"实质上慧远是继承并改造了道安的学说。但严格秉承诸法空相、缘起性空的鸠摩罗什在与慧远对话的《大乘大义章》中，从正统大乘佛学的角度给予慧远委婉的批驳，强调"断一切语言道，灭一切心行，名为诸法实相"，指出法性非语言可表达，必须用中观学说的遮诠思维进行否定式的理解。慧远秉承中土传统思维，执着于"有""无"，或"非有""非无"来把握属寂灭之相的法性，是"离佛法"的"戏论"。而慧远则坚持认为，"因缘之所化，宜有定相"，"因缘之生，生于实法"，最终坚持己见。

这场学术辩论固然说明了以慧远为代表的"中国化佛教"与罗什的大乘中观学说的差异，但也能说明慧远针对中国国情设计的修行次第策略。因为从人的心理与"神"的特性出发，"盖神者可以感涉，而不可以迹求。必感之有物，则幽路咫尺。苟求之无主，则渺茫河津"。毕竟空虽然更接近大乘义理，但"求之无主"，令人"渺茫河津"，失去情感依托和精神目标，慧远将"神"高举标炳，以涅槃为理想人格修养目标，净土为宗教修行目标，令修行者"感之有物"，离目标即可"咫尺"，净土宗其后在中国的广泛流行也可证明这点。慧远以乱世中的亲身体认，感叹"三界犹如火宅"，刘遗民也感叹："晋室无磐石之固，物情有垒卵之危，吾何为哉？"现世短暂，无足贪恋，而实体化的西方净土世界，恰能与现世形成强烈对比，以此"拯溺俗于沉流，拔幽根于重劫"。所以，"东晋南朝思想文化界关于'神灭论'与'神不灭论'长期交争的症结所在，并不是认识论的原因，而是人们对于精神现象学的人生思考所致"①。

外物终非目的所在，应得意忘象，得鱼忘筌。"神"虽"感物而动，假数而行"，但"感物而非物，故物化而不灭；假数而非数，故数尽而不穷"，佛像与山水皆非常住不变之色身，不可以常情感之，不能以常眼观之。以往之感必用情，"有情于化，感物而动，动必以情，故其生不绝"，永难脱樊网，跳出轮回。只因"无明掩其照，故情想凝滞于外物"，只有做到"不以生累其神"，"不以情累其生"，便是宗教意义上的最高的"冥神绝境"的"泥洹"境界。宗炳"以形写形"的"妙写"与谢灵运白描式的景物描写都是对外物的如实呈现，理性地明白不应过度用情沉迷于眼前物象，"其为神趣，岂山水而已哉！"因为"众变盈世，群象满目，皆万世以来精感之所集矣"，是宗教的"神"决定了"形"，森罗万象"皆由心来"，"其性实无"。

这样的感知途径当不以眼耳鼻舌等感官，而应以般若智慧照见其中的空性，佛教术语译为"观照"。"观"虽为翻译，但与中国传统观念亦有传承。《论语·阳货》有"兴观群怨"之说，《老子》亦云"万物并作，吾以观复"，《周易·系辞下》说圣人"仰则观象于天，俯则观法于地"，这样的"观"是观物之神，可以很直接地被引申运用在文艺鉴赏领域，宗炳的"卧游"正是为了"澄怀观道"，以"观"的思维方式去体悟山水中之"道"，由"观"还引申出了"贞观"和"妙观"，宗炳提出"妙观天宇澄肃之旷，日月照洞之奇"，《周易·系辞下》有

---

① 袁济喜《论六朝佛学对中国文论精神的升华》，《学术月刊》，2006年第9期。

"天地之道，贞观者也"，天地垂象，示人以观，谢灵运以佛教的虚净心态以观天地万象，故有"遗情舍尘物，贞观丘壑美"，也就是《山居赋》序中说的"研精静虑，贞观厥美。怀秋成章，含美奏理"。遗落世情，正秉承了慧远"不以生累其神"的"冥神绝境"的泥洹境界，也就是"气虚神朗"的精神状态，才能"观"山水丘壑之美，故能"超尘埃以遐逝，与世事乎长辞"，超越尘俗，"观"后才能得"悟"，故而"观此遗物虑，一悟得所遣"，人生境界得以升华。

宗炳之"妙观"，可以说是为其"澄怀观道"作了进一步的解释，投身大化之中，遗情去欲，抛弃"唯唯人情，忽忽事务"，便能"妙观"天地自然真正的神奇美丽，而"怀远以开神道之想，感寂以昭明灵之应"，也就是得到了"神"之感应。宗炳之"观"的精神状态便是"澄怀"，以此"观道""味象"都强调以澄明之心境观物，也就是宗炳所说的"玄照而无思营之识"，使"心用止而情识歇"，做到"悟空息心"。

这种感悟方式尤其强调的是人心精神的作用，最基础的应是精神状态的调整。慧远同样从宗教修行实践中着手，发展出需要精神"专思寂想""气虚神朗"的"念佛三昧"修行法门：

　　夫称三昧者何？专思寂想之谓也。思专，则志一不分；想寂，则气虚神朗。气虚，则智恬其照；神朗，则无幽不彻。斯二者，是自然之玄符，会一而致用也。是故靖恭闲宇，而感物通灵。[1]

净土修行法门中，有称名念佛、实相念佛与观想念佛，慧远的

　①　［日］木村英一《慧远研究之遗文篇》，第78页。

三昧念佛属于观想念佛,属于禅观十念之一,在静虑入定后观想佛法身的种种美好与净土的庄严殊妙,在"专思寂想""气虚神朗"的精神高度集中状态下,便能精骛八极、思游万仞,使精神具有"感物通灵"的能力。传统的观物,仍然要依赖外在的形与色相,后反映在内心之中,而观照完全依赖精神的作用,在三昧念佛的观想之中,实相世界中均不能看到的景象也可观于心中,照见其美妙,也正因为宗炳所说的万物皆由"精感之所集",所以才能反映在精神世界中。

宗炳的"神游"与"卧游"皆本于此。宗炳本传记载,他"有疾还江陵,叹曰:'老疾俱至,名山恐难遍睹,唯当澄怀观道,卧以游之。'凡所游履,皆图之于室,谓人曰:'抚琴动操,欲令众山皆响。'"肉身之我虽困于一室之内,而"精神我"却遨游万里,阅遍天下山水,宗炳又阐释"神游"说:"昔佛为众说,又放光明,皆素积妙诚,故得神游。若时言成,已著之笼,故慢者可睹光明,发由观照,邪见无缘瞻洒。"作为精神物的人通过观照心中光明净澈而可得神游,这种"观"更加倚重精神的作用,丝毫不受外在之拘束,精神畅游于无境之境。这种卧游也正可与《文心雕龙·神思》为互证:"故思理为妙,神与物游","寂然凝虑,思接千载,悄焉动容,视通万里"。人脑中活动不为时空所拘,在极为空灵专注的精神状态下,竟至难分心物虚实,可知诸法实相,究竟为空。心空映照万物,佛教故以明镜作喻,引出"照"之审美方法,慧远认为这也是念佛三昧的至高境界:

> 入斯定者,昧然忘知,即所缘以成鉴。鉴明,则内照交映,而万像生焉。非耳目之所暨,而闻见行焉。于是睹夫渊凝虚

镜之体,则悟灵根湛一,清明自然。察夫玄音以叩心听,则尘累每消,滞情融朗。非天下之至妙,孰能与于此哉! 以兹而观,一觌之感,乃发久习之流覆,豁昏俗之重迷。①

　　"照"以镜、空、光明为意象,可达到智慧的观照,所以慧远才认为"三昧"中以"念佛为先",在空灵澄澈的心灵中,止息一切烦恼尘累,进入禅定状态后,这种主体的混沌净化状态类似于老庄的"玄同"和庄子的"坐忘",但佛教的"忘"更加彻底,空灵一切甚至于精神本身,般若智慧向内攀援为镜,宗炳以明镜为喻:"今有明镜于斯,纷秽集之,微则其照蔼然,积则其照朏然,弥厚则照而昧矣,质其本明,故加秽犹照,虽从蔼至昧,要随镜不灭,以之辨物,必随秽弥失,而过谬成焉。人之神理,有类于此。"明镜犹如内心,若沾满污秽则不能照物。心灵的污秽就是无明烦恼情欲,除去后才能使"神理"清晰地映照于心中。

　　顾恺之的"传神写照"说明了"照"于画论中的应用,刘勰以"研阅以穷照"说明广博学说广映于心中的状态,而掌握虚静心态富于观想之人也被称为"独照之匠"。在《知音》篇中提到了"圆照"之喻,谓"圆照之象,务先博观",然后才能"平理若衡,照辞如镜"。这种文学心理,恰恰"如太空之涵万象","若明镜之显众形",有了这种写作心理上的准备,行文便能达到自然神妙,随心所欲不逾矩。"圆"与"照"均来自佛教思想,此处之"照"是文学映于心灵之"照",心灵"照辞如镜",圆融的文字映于心中,应是洞照内外,莹澈无隔

<hr />

　　① 《念佛三昧诗集序》,《广弘明集》卷三十,石峻等编《中国佛教思想资料选编·汉魏六朝卷》,第98页。

的。这种体现于文字上的艺术境界,虚明、澄神而观照,慧远的学
说可称为刘勰文论的直接渊源之一。

三、慧远形神论与南朝重神、重形说

六朝文学尤其是齐梁文学因尚"形似"而一直被后代文论家
严肃批评。而受慧远形神思想影响"形似",与后来文论中的"形
似"是有不同的。《历代名画记》引陆机语曰:"宣物莫大于言,存
形莫善于画。"画可以比语言更加直接地体现形状,所以在宗炳
的画论中,通过"身所盘桓,物所绸缪"的体认,与"写"和"貌"的
呈现方式,"以形写形,以色貌色"中的前一个"形""色"与后一个
"形""色"意义便有不同,后者为自然之象,前者却已是蕴涵神理
的"相"了。唐代的遍照金刚在《文镜秘府论》中有"形似体":"形
似体者,谓貌其形而得其似,可以妙求,难以粗测者是。诗曰:
'风花无定影,露竹有余清。'又云:'映浦树疑浮,入云峰似灭。'
此即形似之体也。"[1]"妙求"意味着在形似之上更应取其神韵,
"古人形似之语,如镜取形、灯取影也"[2]。提取出来的形与影也
已不是原本的镜与灯了。

谢灵运继承慧远思想的《佛影铭》序中云:"摹拟遗量,寄托青
彩。岂唯象形也笃,故亦传心者极矣。"也说明白是要通过"象形"
来"传心"的。以重神理念最为知名的顾恺之也对画中之形加以强
调,在《魏晋胜流画赞》中云:"若长短、刚软、深浅、广狭,与点睛之

---

① ［日］遍照金刚撰,卢盛江校笺《文镜秘府论校笺》,中华书局 2019 年版,第
127 页。

② 郭绍虞辑《宋诗话辑佚·潜溪诗眼》,第 322 页。

节,上下、大小、酞薄,有一毫小失,则神气与之俱变矣。"可见传神的效果是取决于形的正确表现的。他接下来就提出了"以形写神"说,认为"凡生人亡有手揖眼视而前亡所对者,以形写神,而空其实对,荃生之用乖,传神之趋失矣"①。如果一个人手揖眼视而前方是空的,没有形的存在,那么就根本谈不上去传神。

　　刘勰同样认为"形似"是最后达到"神似"的必经之路。兼蓄多种思想的刘勰早已将"神"看作天道与人重要的本体,《原道》篇即云"道心惟微,神理设教",《养气》篇中说"心虑言辞,神之用也","钻砺过分,则神疲而气衰"。之所以要追求"曲写毫芥""瞻言见貌"的形似,正是因为《夸饰》中所说的"神道难摹,精言不能追其极;形器易写,壮辞可得喻其真",就是慧远思想的继承。这种形神关系实际上也是文论中说的心物关系,刘勰在《物色》篇中就说:"是以诗人感物,联类不穷;流连万象之际,沉吟视听之区。写气图貌,既随物以宛转;属采附声,亦与心而徘徊。"文学不是机械地反映形,而是要融入对神的理解,也就是主观情性。这样,形在经过了"感"并"与心徘徊"之后,此形已非彼形,已成蕴涵神体的心中意象。所以刘勰也是在当时的时代氛围下,于"形似"的基础上追求"神似"而形神兼顾。刘勰在《比兴》中提出"拟容取心",就类似于谢灵运的"象形传心",其实也就是形神关系,而包容了形神两个方面。《神思》篇"物以貌求,心以理应",也为此意。

　　在大乘佛教看来,任何对于"有""无","形""神"的纠缠都是落入世俗,僧肇按照大乘般若学有无双遣的中观方法论破除迷执,在《不真空论》中说:"欲言其有,有非真生;欲言其无,事象即

---

① ［唐］张彦远《历代名画记》,第82页。

形。事形不即无，非真非实有。"世间之象即幻即真，世间之法非有非无，彻底破除人对于这些固有概念的执着。般若学的无上妙境也使刘勰在《文心雕龙·论说》篇中说："夷甫、裴頠，交辨于有无之域；并独步当时，流声后代。然滞有者，全系于形用；贵无者，专守于寂寥。徒锐偏解，莫诣正理；动极神源，其般若之绝境乎？"

《高僧传》记载慧远本人"善属文章，辞气清雅，席上谈吐，精义简要"，擅以文辞说明义理。他的《游庐山诗》云：

> 崇岩吐气清，幽岫栖神迹。希声奏群籁，响出山溜滴。有客独冥游，径然忘所适。挥手抚云门，灵关安足辟。流心叩玄扃，感至理弗隔。孰是腾九霄，不奋冲天翮。妙同趣自均，一悟超三益。①

诗中求道者为求山水中的"神迹"而来，山水之形"吐气清""奏群籁"，皆不似无情之物的形迹，更似智慧生命体的生命体征，"神"的象征。求道者有"忘所适"的心理体验，沉浸于感神迹与穷观照之中，最后"感"至理得，有了"腾九霄"的超越形体限制的感受。一瞬间的顿悟，其速其效都超过儒家式的内省修身。慧远之诗整体仍与先前的玄言山水诗十分近似，玄言诗"以玄对山水"，同样期待从山水中悟理，王羲之《兰亭诗》云"寄畅在所因"，追求的是当下生命的体验，看待山水"寓目理自陈"，而慧远却"感至理弗隔"，山水之鉴赏从不隔到隔，所隔是佛教所言的自然万象幻影，须破此执念

---

① ［日］木村英一《慧远研究之遗文篇》，第35页。

方可顿悟，观山水的心态比纯粹玄学时期更多一层。慧远在这首诗内"感至理弗隔"，将感应神理运用在鉴赏山水的实践之中，并言鉴赏者与物色之间是有"隔"的，此隔为世俗的情感与执念，唯有"感"方能勘破。在谢灵运的山水诗中，亦常应用"感"来节"情"悟"理"，如"感往虑有复，理来情无存"，"理感深情恸，定非识所将"，企图化苦痛的生命体验为平静沉寂。

　　更能表现慧远形神鉴赏实践的是相传他所作的《庐山诸道人石门诗序》，这篇序作与王羲之的《兰亭集序》行文结构、语言风格等都非常相似，把石崇《金谷诗序》、王羲之《兰亭集序》与慧远的《庐山诸道人石门诗序》一起比较，就能比较形神之论后，三个时代士人群体观照山水的态度与人格境界的差别。

　　从思想内涵而言，西晋元康士人"优游卒岁"，追求"声名俱泰"，标举"好荣恶辱、好逸恶劳"的"自然"观，在山水吟咏中偏重豪奢的炫耀，以及恐惧于声名财富不能永恒拥有；玄佛并修的兰亭士人重在以思辨的眼光从自然中体悟人生精神，亲昵自然从而发现生命之可贵，晋末的慧远和诸道人则力图从山水中发现"神丽"，自然的"状有灵焉"在他们看来都是"神"与"道"的隐现，须要用感应与观照来"一悟超三益"，虽"不以情而开兴"，却又要兼顾"情发于中"。

　　从景物描写方式看，《金谷诗》的观物移步换景，可谓"烂若披锦，无处不善"，其"感"是最基础的缘情感物；而兰亭诗"仰观俯察"自然，玄览悟道，以人格化的自然山水体悟宇宙人生之理，其中的"感"主要是"兴感"，以"兴"而"感"，由自然景观上升到对生命意义的咏叹；而慧远对于"感兴"的注重更体现在领悟神理方面，由"理感兴自生"而影响到文学的创作风格，僧肇就赞誉慧远与刘遗民的文字"兴寄既高"（僧肇《答刘遗民书》），受到影响的谢灵运也被评价诗文"未能忘兴喻"（白居易《与元九书》）、"兴多才高"（《诗品》）、"兴会标举"（《宋书·谢灵运传》），这种兴寄之辞，"其为神趣，岂山水而已哉？"慧远时代所观山水，以其"神道无方，触像而寄"思想为指导，重在从"神丽"山水中发现"神迹"："归云回驾，想羽人之来仪；哀声相和，若玄音之有寄"，这就是慧远时代的兴感在观照山水中的具体落实。

从所青睐之景看，相比追求奢侈享受风气，"娱目欢心之物备矣"，多描写奢华人工庄园的元康士人，以及追求秀美灵动山水之姿的东晋江左士人，慧远专选人迹罕至、"悬濑险峻，人兽迹绝，径回曲阜，路阻行难"之地游览，所为在心灵修行，故"虽林壑幽邃，而开途竞进；虽乘危履石，并以所悦为安"，也正是为抽去自然中人的存在而与神理冥合。

与将山水视为"不朽之盛事""卒当以乐死"的东晋人相比，慧远与庐山道人见山水之美而"退而寻之"，不以奇美为执着妄念，东晋人以情观物，以"吾丧我"的态度与山水冥然和契，而庐山诸道人则保持着精神的相对独立，"神"与"情"若离若即，人心观物也是有无双遣，即色即空。这看似矛盾的形神关系、"崖谷之间，会物无主。应不以情而开兴，引人致深若此"的困惑正是由"虚明朗其照"解决，以虚空的禅定心态与明朗的般若智慧观照山水，体悟其中蕴含的万物自性。西晋文人"感性命之不永，惧凋落之无期"，东晋文人痛"死生亦大矣"，浸润于宗教理想世界的庐山诸道人停止了蔓延魏晋的生命悲鸣，以净土观想之法门，其"幽人之玄览"而"达恒物之大情"，与山水的每一次感涉都是形神的交一，寂智的并修，对生命精神的升华。以此而"畅神""情发于中"，从以客观实体存在的"见山是山,见水是水",到以"感神""以形媚道"为目的的"见山不是山,见水不是水",再到"冥神绝境""清净如虚空"状态下的"见山只是山,见水只是水",可谓已遥启南朝及隋唐山水诗歌的思维理路。

原载《中北大学学报(社会科学版)》2017 年第 8 期

南朝文人的忏悔思想与
忏文写作

　　作为佛教的基本教义与修习法门,忏悔思想在南朝已经渗入上层社会贵族乃至民众的主流思想之中。此时"家家斋戒,人人忏礼"①,文人大多选择作为居士在家修行,礼忏成为他们的日常功课,往往"宅内立道场,环绕礼忏,六时不辍"②。以讲经或礼忏为主要内容、汇聚众多名士与名僧的法会在都城建康更是连绵不绝,尤其笃信佛教的梁武帝在位期间,非常重视忏悔活动,他于"天监末年春,舍身大忏,招集道俗,并自讲金刚般若,以为极悔"③,"帝因于寺为设三百僧会,令彻(释明彻)忏悔,自运神笔,制忏愿文"④。像这样的活动在南朝非常频繁,与仪式相应的忏文写作也蔚然成风。南朝文人的忏悔思想的形成与内容,以及忏文在南朝的写作概况,牵涉佛教与中国传统思想的融合、佛教仪式中文学的运用、文体学的发展等诸多问题,本文将作一初步探究。

---

　　① [唐]李延寿《南史》卷六十,第1720页。
　　② [唐]李延寿《南史》卷七十六,第1904—1905页。
　　③ [唐]释道宣撰,郭绍林点校《续高僧传》卷五,中华书局2014年版,第172页。
　　④ [唐]释道宣《续高僧传》卷六,第203页。

一

　　佛教忏悔思想在南朝的风行有多方面的原因。首先是由于文人对生命之苦的体认。六朝政权递嬗频仍,南朝更是一百余年更换四个朝代,还面临北方胡族的威胁,每次朝代的更迭或者权力交接的斗争中,总有大批文人惨遭杀戮,不得善终。南朝的诸多帝王及名士贵族皆死于残酷的政治斗争。颜之推就沉痛地总结说:"自丧乱以来,见因托风云,侥幸富贵,且执机权,夜填坑谷,朝欢卓、郑,晦泣颜、原者,非十人五人也。"①另外,灾异疾病横行,一场瘟疫就会轻易取走大部分人的生命,许多文人终身被疾病困扰,而且大多体质虚弱,一逢兵乱,"肤脆骨柔,不堪行步,体羸气弱,不耐寒暑,坐死仓猝者,往往而然"②。在乱世之中生命是如此的脆弱渺小,故而文人多从关注彼世、重视众生生命的佛教中寻找心理安慰。与魏晋时期名士们精神高蹈、高唱挽歌来排解对死亡的恐惧和生命的情感不同,南朝文人在现实利益的苦苦挣扎中大多失去了这种对精神超越的追求,希望能在虔心忏悔中可以在此世消罪免灾,在彼世可以脱离苦海,往生净土,这种希望也减轻了他们对死亡的恐惧。

　　佛教的教义很好地切合了此时的文人心态,佛教宣扬三界皆苦,《法华经》云:"三界无安,犹如火宅。众苦充满,甚可怖畏。常有生老病死忧患,如是等火,炽然不息。"在现世中,生、老、病、死、

① 　[北齐]颜之推撰,王利器集解《颜氏家训集解》卷五,第 347 页。
② 　[北齐]颜之推撰,王利器集解《颜氏家训集解》卷四,第 322 页。

求不得、爱别离、怨憎会、五阴炽盛,种种皆苦。许多南朝文人颇有
同感,《广弘明集》中收有抒发生老病死之苦的就有庾肩吾作《八关
斋夜赋四城门更作四首》、无名氏所作《五苦诗》等等。梁武帝等皇
帝更将"度众生于苦海"(《舍道事佛疏义》)作为自己当仁不让的责
任和笃信佛教的主要原因。唯有通过精诚忏悔修行,才能够脱离这
世间之苦,自然南朝文人会虔诚忏悔,希望能够摆脱这现世的苦恼。

其次,是因为地狱之怖与天堂之诱。在佛教经典中,是否通过
忏悔消除罪业还在很大程度上决定着死后是往生净土还是下阿鼻
地狱。南朝时期弥陀、弥勒净土信仰都很流行,梁武帝、简文帝、沈
约等都很有可能兼信弥陀与弥勒[1],对阿弥陀佛的西方极乐净土
和弥勒菩萨的兜率天的无比庄严美好,佛经中都不惜余力地渲染
描绘,如《无量寿经》与《弥陀经》皆描绘净土黄金为地,空中飘荡曼
陀罗花,音乐阵阵,又有七重栏楯、行树、楼阁都用黄金和各种珍宝
装饰,环境的殊胜与庄严,与现世的秽土世界形成了强烈的对比。
能够往生这样的纯洁净土,永离轮回之苦,自然成为南朝文人忏悔
修行的目的之一。但同时,佛经同样大力渲染地狱的恐怖,生前犯
下罪过,死后必下地狱受各种令人发指的酷刑,且永世不得超生,
而消除罪业唯有虔诚忏悔修行。佛教的反对者往往对此进行抨
击,范缜在《神灭论》中就评价佛教的这种教化方式是"惑以茫昧之
言,惧以阿鼻之苦,诱以虚诞之词,欣以兜率之乐"[2],北周道安也
借道教徒之口抨击说:"佛经怪诞,大而无征。怖以地狱,则使怯者
寒心;诱以天堂,则令愚者虚企。"[3]指斥佛经为宣传教理的夸张描

① 参见刘长东《晋唐弥陀净土信仰研究》第二章,巴蜀书社2000年版。
② 《广弘明集》卷二十二,《大正藏》第52册,第92页。
③ 《广弘明集》卷八,《大正藏》第52册,第56页。

写,颇有愚弄民众之意味。但毋庸置疑,佛教不仅通过这种途径成功地弘法传教,也因为强调罪福自受,"若身所作当自得之"①,《地藏经》云:"莫轻小恶,以为无罪,死后有报,纤毫受之。父子至亲,歧路各别,纵然相逢,无肯代受。"②罪责自己承担,即使来世也无法摆脱,也不能代受,个人对主体行为的负责意识得到了强调,能令未作恶者心存忌惮,已作恶者忏悔改过,有利于社会道德的进步。萧琛即云:"今逆悖之人,无赖之子,上罔君亲,下虚俦类,或不忌明宪,而乍惧幽司。惮阎罗之猛,畏牛头之酷。遂悔其秽恶,化而迁善。"③确实起到了督促世人忏悔向善的作用。

　　所以,因恐惧地狱之残酷、因果报应而忏悔,在当时的记载中也多有体现,如沈约《忏悔文》中就说明:"彼恶加我,皆由我昔加人。不灭此重缘,则来恶弥遭。当今断绝永息来缘。"④梁武帝曾手敕江革说:"世间果报,不可不信"。⑤ 当时的僧人非常善于用忏悔悔罪的感应事迹来教化帝王忏悔之理,如《高僧传》记载三国时吴国君主孙皓即位后欲毁佛寺,将佛像置于不净处,并以秽汁浇灌取乐,不久就全身肿大,疼痛难当。经康僧会开导,他虔诚烧香忏悔,叩首自陈罪状,才得舒解,懂得了因果报应之理。《高僧传》还记载了西域高僧佛图澄以善恶报应等理成功规劝了杀戮成性的后赵统治者石勒、石虎。南齐周颙精通佛理,"(明)帝所为惨毒之事,颙不敢显谏,辄诵经中因缘罪福事,帝亦为之小止"⑥。故而南朝

---

① 《佛说泥犁经》,《大正藏》第 86 册,第 907 页。
② 《地藏菩萨本愿经》,《大正藏》第 13 册,第 777 页。
③ 《难神灭论》,《广弘明集》卷九,《大正藏》第 52 册,第 97 页。
④ 陈庆元《沈约集校笺》,浙江古籍出版社 1995 年版,第 237 页。
⑤ [唐]姚思廉《梁书》卷三十六,第 524 页。
⑥ [南朝梁]萧子显《南齐书》卷四十一,第 730 页。

人往往因为因果报应思想,"灭此重缘"而进行忏悔。

再次,南朝忏悔的盛行离不开皇室贵族的推动与律学的繁荣。东晋许荣曾上疏云:"尼僧成群,依傍法服。五诫粗法,尚不能遵,况精妙乎!"①可见之前很多僧侣对戒律的持守也不甚严格,士人主要是将佛教思想与玄理结合以追求精神上的超越。而南朝在帝王贵胄的支持下,律学研究发展迅猛,戒律要求也更加严格。齐竟陵王萧子良极重视戒律,所撰《净住子》中云:"托境行因,戒为其始,可谓入圣之初门,出俗之正路。如乖此训,永处三涂,人天长绝。"他也非常重视忏悔在修行中的作用,认为"灭苦之要,莫过忏悔",还强调"忏悔之法,先当洁其心,净其虑,端其形,整其貌,恭其身,肃其容,内怀惭愧,鄙耻外发"②。把中国传统儒家礼教的礼与敬结合到忏悔礼仪中去,作为忏悔的最基本要素,并详细言明身口意之忏悔。萧子良不仅著书弘法,而且严格身体力行,在当时影响很大,也影响了当时追随他的"竟陵八友"之一的萧衍,据学者研究,与梁武帝有密切关系的《梁皇宝忏》,在结构、内容、用语上都与《净住子》十分相近③。梁武帝非常重视戒律,曾说:"律教乃是象

---

① ［唐］房玄龄《晋书》卷六十四,第 1733 页。

② 《广弘明集》卷二十七,《大正藏》第 52 册,第 97 页。

③ 元智松柏庭述《梁皇忏法》的起源及其意义说:"世尊愍念四众,为说《观药王药上二菩萨经》,命礼诸佛,洗清障垢,依教奉行,俱获解脱。圣言虽在,凡情罕知。南朝齐武帝永明间,文宣王萧子良撰《净住子》二十卷,分净行法为三十门,未及流通,即罢变故。梁天监时,具德高僧删去繁芜,撮其枢要,采摭诸经妙语,改集十卷悔文,总列四十七章。前为六根三业,皈依断疑,忏悔解冤;后及六道四恩,礼佛报德,回向发愿。其中正以露缠结罪,涤过去之恶因,复凭发菩提心,植当来之种智。由萧梁武帝之创修,俗称《梁皇宝忏》。"(《慈悲道场忏法序》)参看释圣凯《中国佛教忏法研究》,宗教文化出版社 2004 年版,第 48—55 页。

运攸凭,觉慧阶渐,治身灭罪之要,三圣由之而归。"①更制《断酒肉文》,让天下"永绝辛膻"。在梁武帝的推动下,礼忏法门也被严格地重视与执行。

　　最后,南朝的僧侣们也深谙文人贵族的心理,往往凭借礼忏进一步亲密与贵族的关系,提升佛教的地位。"不依国主,则法事难立"②,当时的名僧与皇室贵族交往甚密,如竟陵王萧子良,"齐梁二代之名师,罕有与其无关系者"③,梁代文人王筠在《与云僧正书》中也形容与正法师"情同骨肉,义等金兰"④。很多知名比丘尼也自由出入后宫,为后妃经营法事。有的僧人还参与政事,如刘宋时慧琳就有"黑衣宰相"之称。正因为与文人贵族交往频繁,僧侣才有很多的机会去宣传忏悔思想,唱导师还可以根据听众的身份来选择宣唱内容:"如为出家五众,则须切语无常,苦陈忏悔;若为君至长者,则须兼引俗典,绮综成辞;若为悠悠凡庶,则须指事造形,直谈闻见;若为山民野处,则须近局言辞,陈斥罪同。"⑤还适时地结合传统儒家理论来影响帝王,使帝王懂得忏悔之理:

　　　　(昙宗)尝为孝武唱导,行菩萨五法礼竟,帝乃笑谓宗曰:"朕有何罪?而为忏悔。"宗曰:"昔虞舜至圣,犹云'予违尔弼',汤武亦云'万姓有罪,在予一人'。圣王引咎,盖以轨世,

---

① ［唐］释道宣《续高僧传》卷二十二,第 819 页。
② ［南朝梁］释慧皎《高僧传》,第 211 页。
③ 汤用彤《汉魏两晋南北朝佛教史》,第 403 页。
④ 《广弘明集》卷二十八,《大正藏》第 52 册,第 97 页。
⑤ ［南朝梁］释慧皎《高僧传》,第 445 页。

　　陛下德迈往代,齐圣虞殷,履道思冲,宁得独异?"帝大悦。①

可以看得出来,僧侣很会处理和贵族的关系,来引导王室贵族理解实践佛教忏悔之理。

　　僧侣利用礼忏来禳灾祈福在当时也很常见,《高僧传》就记载竺法旷因其师竺昙印病重而"七日七夜祈诚礼忏",后有妖星出现,"乃与弟子斋忏,有倾灾灭"。《竺昙猷传》记载晋太元中出现妖星,孝武帝便"普下诸国,有德沙门,令斋忏悔攘灾,猷乃祈诚冥感"。《释玄高传》也记载了北魏拓跋焘、拓跋晃父子生疑,"高令作金光明忏,七日恳忏",成功化解父子矛盾。由此可知中土帝王之所以如此重视礼忏仪式,在于看重忏悔对于社稷民生的多方位作用:"或建福禳灾,或礼忏除障,或飨鬼神,或祭龙王,诸所祈求帝必亲览。指事祠祷讫多感灵,所以五十年间,兆民荷赖缘斯力也。"②

二

　　佛教忏悔思想在南朝盛行的一个重要表现在文学,尤其是忏文之中。南朝文人"禅笔纷作",阮孝绪《七录序》中就曾说此时的释氏经论:"自江左篇章之盛,未有逾于当今者也。"③忏文是记录礼忏意识或忏悔自身罪过写下的文章,汤用彤先生认为忏文的产

---

① ［南朝梁］释慧皎《高僧传》卷十三,第513页。
② 《历代三宝记》卷十一,《大正藏》第49册,第99页。
③ 《广弘明集》卷三,《大正藏》第52册,第97页。

生与唱导有着密切的关系："中宵行道，请宿德说法警众，为唱导之原始，而亦后世忏文之先声也。"①可以说，忏文就是表明自己"发露悔除所犯"和"以净意乐起自除心"及"决定防护当来终不重犯"的文字②。后代忏悔灭罪时所诵唱的忏文渐渐固定，至智顗时遂具备了独立的形式③。如今以《华严经·普贤行愿品》卷四十中"我昔所造诸恶业，皆由无始贪嗔痴，从身语意之所生，一切我今皆忏悔"一偈最负盛名，为当今一般佛教修行者所熟习。而南朝文人因为文化与佛学造诣都很高，故而写作的忏文与后代忏文相比更具有文学价值，且颇具个性化色彩。

　　南朝的忏文较集中地收录在《广弘明集》卷二十八的《悔罪篇》中，共计 15 篇，有《谢敕为建涅槃忏启》（萧纲）、《六根忏文》（萧纲）、《悔高慢文》（萧纲）、《忏悔文》（沈约）、《陈群臣请隋武帝忏文》（江总）以及《梁陈皇帝依经悔过文》，具体包括《摩诃般若忏文》（萧衍）、《金刚般若忏文》（萧衍）、《胜天王般若忏文》（陈宣帝）、《妙法莲华经忏文》（陈文帝）、《金光明忏文》（陈文帝）、《大通方广忏文》（陈文帝）、《虚空藏菩萨忏文》（陈文帝）、《方等陀罗尼斋忏文》（陈文帝）、《药师斋忏文》（陈文帝）、《娑罗斋忏文》（陈文帝）、《无碍会舍身忏文》（陈文帝）等。忏悔不仅体现在忏文中，也体现

---

　　①　汤用彤《汉魏两晋南北朝佛教史》，第 215 页。

　　②　《瑜伽师地论》卷四十一《初持瑜伽处戒品第十二》，《大正藏》第 30 册，第 279 页。

　　③　智顗于所著《摩诃止观》卷二说法华三昧，为修习止观的重要行法。智顗依《法华经》的《普贤菩萨劝发品》和《普贤观经》而成的《法华三昧忏仪》，既是修行的方法，同时也是忏悔的仪式。其内容分为严净道场、净身、三业供养、奉请三宝、赞叹三宝、礼佛、忏悔、行道旋绕、诵法华法、思惟一实境界（即坐禅实相正观）等十法，可说是将《普贤观经》之说加以具体化。《法华忏法》所依据的《普贤忏》，刘宋的僧苞、道冏和北齐的灵品都曾依以修行。

在相当一部分愿文中。如敦煌文献中梁武帝的《东都发愿文》中即云:"仰愿十方尽虚空界一切诸佛,仰愿十方尽虚空界一切尊法,仰愿十方尽虚空界一切圣僧证明,弟子萧衍今日至诚发露,惭愧忏悔,愿众罪恶皆得消灭。今日至诚,自立誓愿,普垂证明,普垂拥护,使弟子萧衍生生世世不失今日之心,不失今日誓愿。"[①]

另外与忏悔有关的南朝诗文还有:王僧孺《忏悔礼佛文》、王筠《奉和皇太子忏悔应诏诗序》、萧纲《蒙豫忏悔诗》、萧衍《和太子忏悔诗》、王筠《和皇太子忏悔诗》、王筠《奉和皇太子忏悔应诏诗》、江总《至德二年十一月十二日升德施山斋三宿决定罪福忏悔诗》、沈约《南齐皇太子礼佛愿疏》、沈约《舍身愿疏》、沈约《南齐南郡王舍身疏》、萧衍《依诸经中行忏悔愿文》、沈约《千僧会愿文》、萧纲《四月八日度人出家愿文》、萧纲《八关斋制序》、萧纲《为人造寺疏》、萧纲《谢敕赉袈裟启》、萧纲《为诸寺作檀越愿疏》、萧纲《唱导文》、王僧孺《唱导礼佛发愿文》、王僧孺《初夜文》等等。其中的许多忏文,如梁高祖《摩诃般若忏文》《金刚般若忏文》、陈宣帝《胜天王般若忏文》、陈文帝《妙法莲华经忏文》《金光明忏文》《大通方广忏文》《虚空藏菩萨忏文》《方等陀罗尼斋忏文》《药师斋忏文》都在文中写明:"今谨于某处建如干僧如干日某某忏。"可见这些忏文应该是通用于各处所行法会的疏文[②]。南朝文人贵族举办这种礼忏法会,一般规模都较大,沈约在其私宅办法事,就能"仰会千僧于私宅"(《千僧会愿文》),梁代之大型法事,一般于建康同泰寺举办,或是宫中太极殿等地,是和礼乐大典同等级别的国家盛事。但具体

---

① 见郭丽英《敦煌本〈东都发愿文〉考略》,转引自《法国学者敦煌学论文选萃》,中华书局1993年版,第105页。

② 参看释圣凯《中国佛教忏法研究》,第49页。

仪轨形式在忏文中少有说明,陈文帝《大通方广忏文》中有描述:"读诵百遍,右绕七匝,涂香末香,尽庄严之相。正念正观,罄精恳之心,见前大众至心敬礼。"①且这些忏文大都依据某一经典而礼忏,如以《涅槃经》为中心的涅槃忏,根据《药师如来本愿功德经》而作的《药师三昧行法》,依《大通方广忏悔灭罪庄严成佛经》所作的《大通方广忏文》等等。

据史料记载,中国佛教礼忏仪的制作,最早开始于前文提到过的北魏玄高于太延五年为太子拓跋晃所作的"金光明斋",还有刘宋僧苞所作的"三七普贤斋忏"②。《历代三宝记》卷十一记载,宝唱于天监十六年(517)作《众经忏悔灭罪方法》三卷。在僧祐《出三藏记集》的"法苑杂缘原始集目录序"中也列出了一些忏仪的名称,如《金光明忏悔法》出《金光明经》,《虚空藏忏悔记》出《虚空藏经》,《方广陀罗尼七悔法缘记》出彼经(《方等陀罗尼经》)等等,依据弥勒、普贤、观音、大方等、虚空藏、金光明等经典制定的忏仪,在南朝非常盛行③,南朝文人贵族也常常依据这些经典来自制忏文。

从这些忏文来看,南朝文人贵族不但参与礼忏活动,还亲自撰写忏文礼仪,凭借对佛理的精通和身份地位的影响,积极地参与到当时的佛教忏悔活动之中。忏悔方式还结合了佛教之忏悔方法和

---

① 《广弘明集》卷二十八,《大正藏》第 52 册,第 97 页。

② "(僧苞)建三七普贤斋忏,至第七日,有白鹄飞来,集普贤座前,至中行香毕乃去。"(〔南朝梁〕慧皎《高僧传》卷七,第 271 页)

③ "至如药师行事,源出宋朝(刘宋),比用在疑,颇存沿俗……又有普贤别行,金光总忏,名归清众,事乖通俗……梁初方广(《方广忏悔灭罪经》),源在荆襄,本以厉疾所投,祈诚悔过,哀兹往业,悲恸酸凉,能使像手摩头,所苦欻然平复。因疾相重,遂广其尘。乃依约诸经,抄撮成部。"(〔唐〕释道宣《续高僧传》卷二十九,第 1231—1232 页)

儒家思想,如萧纲的《六根忏文》,六根即眼耳鼻舌身意的忏悔本是忏悔方法的一种①,其《悔高慢文》中又说"窃闻记称弗傲,表洙泗之遗文;经云不慢,验蹢阇之妙典",把传统儒家所批评的"傲"与佛教中强调要摒除的"慢"结合起来忏悔,富有个性色彩。后代智者大师著作中得以成熟的三种忏悔方法都已经得到了体现,如可消除众罪本源的"无生忏",强调"我心自空,罪福无主"(《观普贤菩萨经》),沈约《忏悔文》中就说:"今者兴此愧戒,磨昔所染,所染得除,即空成性。其性既空,庶罪无所托。"萧纲《六根忏文》中也说:"今愿断此意根,祛累斯尽,心当恬怕,洞煦无生。"也可说明了南朝文人的忏悔活动与写作,影响了隋唐时期中国本土系统忏悔法门的形成。

(一) 忏悔之目的

前文已提到,在佛教原始经典中,忏悔是修行的重要部分,不仅为了灭罪,更为了证三昧、得智慧。而发展至中土,人们精诚忏悔往往各有目的,"或建福禳灾,或礼忏除障,或飨鬼神,或祭龙王",个人多为除障祛病,皇帝则为国泰民安。陈文帝《金光明忏文》中更言忏悔之功德"能与众生快乐,能销变异恶星,能除谷贵饥馑,能遣怖畏,能灭忧恼,能却怨敌,能愈疾病"。

作为皇帝,其忏悔往往不是为了个人,《东都发愿文》中梁武帝

---

①　六根忏悔,《分别经》以六根为六欺,又有《文殊悔过经》的六根悔过、《现在贤劫千佛名经》的六根忏悔等,但最具代表性的是:依据《观普贤菩萨行法经》及其忏法、行法类,对六根所作的忏悔法。该经云:"普贤菩萨为于行者,说六根清净忏悔之法,如是忏悔,一日至七日。以诸佛现前三昧力故,普贤菩萨说法庄严故,耳渐渐闻障外声,眼渐渐见障外事,鼻渐渐闻障外香,广说如妙法华经。"(据丁福保《佛教大辞典》"忏悔"条,上海古籍出版社 2019 年版)

不仅替他的已故亲属"皇考太祖文皇帝""皇妣""皇兄长沙宣武王"
"二兄永阳照王""过去一切尊卑眷属""现前一切尊卑眷属"乞愿，
希望他们早脱苦难，永居乐土；而且还替"水陆空行一切四生""三
界六趣一切四众"祈愿①。皇帝忏悔也多为了镇护国土，如陈文帝
《金光明忏文》中就说明希望诸佛能够"护念众生，扶助国土"，在
《大通方广忏文》中更发愿"欲使普天率土，无复怖畏之尘；蠕动蜎
飞，永得归依之地"。自梁武帝起，南朝后几位皇帝大多以"菩萨皇
帝"自居，融合了佛教菩萨为众生代忏的思想和传统帝王的罪己观
念。除了护念国土，皇帝的忏悔一般都申明是怜悯苍生，如梁武帝
在《摩诃般若忏文》中"叹四生之俱溺，常愿以智慧灯照朗世间，般
若舟航，济渡凡识"，陈文帝在《娑罗斋忏文》中也"愍群生之颠倒，
嗟庶类之愚迷。常愿造六度之舟，济之于彼岸；驾一乘之御，驱之
于中道"。因为"皇帝菩萨"特殊的政教合一身份，皇帝代替众生忏
悔可以功德无量，"一念之善千里斯应，一心之力万国皆欢"（梁武
帝《金刚般若忏文》）。

　　此外，古代圣王祭祀，往往会罪己而祈愿百姓安居乐业，商
汤曾祷告天地："予小子履，敢用玄牡，敢昭告于皇皇后帝：有罪
不敢赦，帝臣不蔽，简在帝心。朕躬有罪，无以万方；万方有罪，
罪在朕躬。"②这种儒家传统观念被应用在南朝帝王的佛教忏悔
中，前文提到的昙宗就用商汤祈祷的例子告诉宋孝武帝忏悔之
理。梁武帝延续了此种传统，《续高僧传》就记载："品藻六根，大

---

　　①　见郭丽英《敦煌本〈东都发愿文〉考略》，转引自《法国学者敦煌学论文选萃》，中
华书局 1993 年版，第 105 页。
　　②　[清] 阮元校刻《十三经注疏·论语注疏》卷二十，第 5508 页。

忏其本,唯梁武帝亲行,情矜黔识,故文云:'万方有罪,在予一人。'"①其《净业赋》中也说:"初不内讼,责躬反己。皇天无亲,唯与善人。"可见梁武帝将此思想也贯彻到了他主持的礼忏仪式中去。陈代皇帝的忏悔也得以延续这种思想,陈文帝《大通方广忏文》中就说:"常以万邦有罪,责一人,四生未安,理为重任。"《无碍会舍身忏文》中也说:"雅诰奥义,皇王兴在予之言;礼经令典,圣人扬罪己之说。故亡身济物,仁者之恒心;克己利人,君子之常德。"所以将儒家传统罪己亡身之说与佛教代忏普度众生结合起来,可以说是南朝帝王忏悔的一大特色,对后代也颇有影响②。

　　佛教忏悔中的传统儒家思想不仅有皇帝罪己之说,更有浓厚的传统孝道思想。僧侣利用原始佛教所没有的中国孝道观念来诠释弘法,许多汉译佛经直接用"孝"来翻译佛经,或解释佛经中的相关故事。如《长阿含经·游行经》载,佛向诸比丘讲七不退法,第五就为"念护心意,孝敬为首,则长幼和顺,法不可坏"③。《观无量寿佛经》中也说:欲生阿弥陀佛极乐国土者,当修"三福",第一就是"孝养父母,奉事师长,慈心不杀,修十善业"④。南齐时期为驳斥顾欢的《夷夏论》,释惠通《驳顾道士夷夏论》说:"至于宗庙享祀,禘祫皇考。然则孝敬之至,世莫加焉。若乃烟香夕台,韵法晨宫,礼拜忏悔,祈请无辍,上逮历幼亲属,下至一切苍生,若斯孝慈之弘

<hr/>

① ［唐］释道宣《续高僧传》卷三十,第 1232 页。
② 参见 2005 年四川大学博士论文刘亚明《中国汉传佛教忏悔思想研究》第五章第四节"代忏思想的社会化运用"。
③ 《大正藏》第 12 册,第 341 页。
④ 《大正藏》第 1 册,第 11 页。

大,非愚瞽之所测也。"①说明南朝普遍流行将护佑父母亲属的内容融入忏悔之中。梁武帝也非常重视孝道,他怀念早逝的双亲,写下极其沉痛的《孝思赋》,建造了"竭工匠之巧,尽世俗之奇"的大爱敬寺与大智度寺来表达思念双亲之情。在他影响下编修的《慈悲道场忏法》中,《忏仪卷》就解释慈悲为:"此慈悲,诸善中王,一切众生所归依处,如日照昼,如月照夜,为人眼目,为人导师,为人父母,为人兄弟,同归道场。为真知识,慈悲之亲重于血肉,世世相随虽死不离。"②在"奉为父母礼佛"时,应该具述父母恩德:"应须五体投地,奉为父母育养之恩,怀抱乳哺爱重情深,宁自危身安立其子,至年长大训以仁礼,洗掌求师愿通经义,时刻不忘企及人流,所当供给不吝家宝,念思虑结有亦成病,卧不安席常忆其子,天下恩重世实无二。所以佛言:天下之恩莫过父母二……相与至心等一痛切,五体投地,各自奉为有识神已来至于今日,经生父母,历劫亲缘,一切眷属,归依世间大慈悲父。"③成功地糅合中国传统的贤王与孝道思想,也可以说是南朝忏悔在中土如此盛行的原因之一。

贵族文人的忏悔则大多为了自己的现实利益需要,如萧纲在《谢敕为建涅槃忏启》中就说建涅槃忏的目的是:"臣障杂多灾,身秽饶疾,针艾汤液,每黩天览。"沈约《千僧会愿文》也说明法会的目的是"往夏遭罹疴疾"。作为臣子,忏悔也不能总为一己之私,而要祈愿皇帝健康、国祚昌隆,萧纲《唱导文》就祝愿"克隆帝祉,永茂皇枝",沈约《南齐皇太子礼佛愿疏》也"奉资皇帝陛下寿与南山共久,

---

① ［清］严可均《全上古三代秦汉三国六朝文・全宋文》卷六十二,第 2774 页。
② 《大正藏》第 45 册,第 922—923 页。
③ 《大正藏》第 45 册,第 956 页。

年将北极俱长，道懋农轩，德高尧舜"，江总《群臣请陈武帝忏文》更
是赞美陈武帝"睿哲聪明，广渊齐圣；心若虚空，照穷般若；发弘大
誓，荷负众生；神道会昌，膺兹景业"，且"愿尘劳与云翳俱销，亿兆
与天地同泰"，王僧孺《忏悔礼佛文》"仰愿皇帝陛下，景祚与七政相
齐，皇基与二曜均永，地平天成，乐和礼洽……又愿皇太子殿下，睿
业清晖，与贞明而并烛，粹范温仪，从嵩霍而俱峻……愿诸王殿下，
裂壤盛于诸姬，磐石过于隆汉"。忏文本是坦陈自己的罪过，但不
少忏文都成了歌功颂德之文，这也是南朝佛教政治化后，不同于原
始佛教理念的中国特色，说明忏文已经成为国家礼乐仪式上的正
式政治文体。汤用彤先生曾评价"梁时佛教常微有华而不实之
嫌"，期间"朝臣信佛，自常附和人主"[1]。从这些忏文中确实都可
以体现，但是当忏悔法事成为一种国家的政治活动，必然不能要求
忏文本身脱离于现实之外，也不能因此全盘否定当时南朝文人对
佛教的信仰，一些文人还是在忏文中虔诚地坦承了自己的罪过，来
达到忏悔的目的。

（二）忏悔之态度

佛教忏悔的重要内容就是"自陈过也"，要在僧众前坦陈自己
的罪过。在大庭广众之下历数自己的隐私过错是很需要勇气的，
尤其是对于这些显贵的王公贵族，能在规模庞大的礼忏法会上自
我表白批判，的确可以体现其宗教虔诚。在佛教理念中，虽然教化
众生而少犯过失非常重要，但现实中罪过是终究难以避免的，佛教
由此开创忏悔法仪，教导信众悔过自新，体现了救助众生的慈悲精

---

[1]　汤用彤《汉魏两晋南北朝佛教史》，第 315 页。

神。佛经中常用"覆水之喻"鼓励人们改过向善,俗语即称"放下屠刀,立地成佛"。在《广弘明集·悔罪篇》小序中说得明白:

> 自古正圣,开喻滋彰,时张四惑,三三九品,欲使随念翦朴,岂得纵以燎原。然以烦恼增繁,难为禁制,勃起忽忘,早树根基。过结已成,追悔无己,但以诸佛大慈善权方便,启疏往咎,导引精灵。因立悔罪之仪,布以自新之道,既往难复,覆水之喻可知,来过易救,捕浣之方须列。遂有普贤药上之侣,分衢而广斯尘;道安慧远之俦,命驾而行兹术。至于侯王宰伯咸仰宗科,清信士女无亏诚约。①

　　佛教这种对待过失的宽容态度,很好地鼓励了信众正面自己的罪责,而不看作难与外人道之羞耻,所以才能"侯王宰伯咸仰宗科,清信士女无亏诚约"。王筠《和皇太子忏悔》诗中说:"习恶归礼忏,有恶称能改。"萧衍的《和皇太子忏悔》诗中也说:"兰汤浴身垢,忏悔净心灵。"忏悔就如洗浴一般洗去心灵的污垢,洗浴完之后仍然是纯洁无染的人。在这样的理念下,忏悔的信徒都能正面说出自己的过失,梁武帝在《摩诃般若忏文》中说自己"弥见愚痴",陈文帝在《药师斋忏文》中也自称"弟子司牧寡方,庶绩未父",萧纲《六根忏文》坦承自己在六根之上的过失,说自己在耳根上"闻胜法善音,昏然欲睡;听郑卫淫靡,耸身侧耳",在食物上穷奢极欲,"既贪五黄六禽之旨,又甘九鼎八珍之味","虽复鸲鹆鹿胃,犹不称甘;凤肺龙胎,更云不美"。梁武帝《敬业赋》中也坦露自己六根之罪,历

---

① 《广弘明集》卷二十八,《大正藏》第52册,第97页。

数了自己贪恋美色、丝竹、杀生、乱念、纵欲、酗酒等众多罪过，承认自己与这些罪过"与之偕老"而"终不能改"。作为皇帝能够这样表白，可以说是非常坦诚了。但是，对自己的过失坦白最为详细、也最为真诚的当数沈约之《忏悔文》了。

三

　　沈约历仕宋、齐、梁三朝，在南朝文坛非常有影响，被称作"一代辞宗"。在刘宋时代为征西将军、荆州刺史、蔡兴宗记室参军，后为齐文惠太子萧长懋家令，又为竟陵王萧子良"竟陵八友"之一，萧子良死后曾出为东阳太守，入朝任五兵尚书、国子监酒，后积极帮助萧衍篡齐建梁，梁代任尚书仆射、尚书令等职。他一生在仕途上积极进取，依违于儒、道、佛之间，可以说是南朝文人中一典型个案，可以帮助我们了解南朝文人对佛教忏悔思想的理解和接受。

　　沈约《忏悔文》忏悔了自己整个人生犯下的过失，认为自己"罪业参差，固非词象所算。"接下来一一反省自己的罪过：

　　　食肉之过："爰始成童，有心嗜欲，不识慈悲，莫辨罪报。以为毛群蚧品，事允庖厨，无对之缘，非恻隐所及。晨铧暮爝，亘月随年，嗛腹填虚，非斯莫可；兼曩昔蒙稚，精灵靡达，遨戏之间，恣行夭暴。蠢动飞沉，罔非登俎；傥相逢值，横加剿扑。却数追念，种汇实蕃；远忆相间，难或详尽。"

　　　杀生之罪："又暑月寝卧，蚊虻嚼肤，忿之于心，应之于手，岁所殄殒，略盈万计。手因忿运，命因手倾，为杀之道，事无不足，迄至于今，犹未顿免。又尝竭水而渔，躬事网罟，牵驱事卒，欢娱赏会。"

偷盗之罪："党隶宾游，愆眚交互。或盗人园实，或攘人拳养，弱性蒙心，随喜赞悦。受分吞赃，皎然不昧。性爱坟典，苟得忘廉，取非其有，卷将二百。"

绮语之罪："又绮语者众，源条繁广，假妄之愆。虽免大过，微触细犯，亦难备陈。"

邪淫之罪："又追寻少年，血气方壮，习累所缠，事难排壑，淇水上官，诚无云几；分桃断袖，亦足称多。此实生死牢阱，未易洗拨。"

嗔怒之罪："灌志有惨舒，性所同禀。迁怒过直，有时或然。厉色严声，无日可免。又言谴行止，曾不寻研。"①

可以看出，沈约的反省可谓全面而深刻。有些很私密的罪过如年少偷盗、断袖之癖等都进行了坦承，对自己写作中繁冗失真的绮语之过也认识深刻，沈约这篇《忏悔文》可以说不仅在南朝文人忏文中是反省最深刻最彻底的一篇，在其他时代的文人身上也很难见到这样的忏悔精神。

沈约的这种精神是因为他对佛教虔诚的信仰，也能说明他内心强烈的忏悔情结。沈约虽出身士族，但家系较为低微，幼年其父沈璞在政治斗争中被杀，少年时被迫流离失所，出人头地的愿望十分强烈，一生奔忙于功名，穿梭于一任又一任的新主之间，可谓八面玲珑，必要时刻也为自己的利益而不择手段。其本传记载，当初萧衍尚无篡齐之意，经沈约提醒仍"默而不应"，沈约便劝说道："今

---

① 　陈庆元《沈约集校笺》，第237页，下引沈约诗文同此。

与古异,不可以淳风期万物。士大夫攀龙附凤者,皆望有尺寸之功,以保其福禄。"赤裸裸地说出了自己"攀龙附凤"的人生观,完全不顾齐代皇帝贵族对自己的知遇之恩。萧衍听从他的劝告,命他与范云第二天来商议,沈约嘱范云等他同去,第二天却抢先到达,得以独立起草诏书,只留范云"徘徊寿光阁外,但云'咄咄'"。而后沈约为了斩草除根,竟然劝说萧衍杀掉年仅十五岁的齐和帝与许多齐代宗室成员,委实狠毒。综其一生,史官评价他"自负高才,昧于荣利,乘时借势,颇累清谈。及居端揆,稍弘止足。每进一官,辄殷勤请退,而终不能去,论者方之山涛。用事十余年,未尝有所荐达,政之得失,唯唯而已。"这确实是沈约一生的写照。因为沈约这种人生观,虽然其《忏悔文》写得非常真诚,但后人还是都给予恶评,隋末大儒王通就将沈约定性为"小人"①。明代张溥评论说:

　　　梁武篡齐,决策于沈休文、范彦龙,时休文年已六十余矣。抵掌革运,鼓舞作贼,惟恐人非金玉,时失河清,举手之间,大事已定,竟忘身为齐文惠家令也。佛前忏悔,省讼小过,戒及绮语,独讳言佐命,不敢搏腾。②

　　王鸣盛也评论说:

　　　中兴二年,逊位于梁,奉帝为巴陵王。梁武帝欲以南海郡

---

　　①　《中说》卷三《事君篇》,参见唐燮军《诗人之外的沈约:对沈约思想与生平的文化考察》,《文学遗产》2006 年第 4 期。
　　②　[明]张溥著,殷孟伦注《汉魏六朝百三家集题辞注》,人民文学出版社 1960 年版,第 221 页。

为巴陵国邑而迁帝,以问范云,云未对。沈约曰:"不可慕虚名
受实祸。"于是遣郑伯禽杀焉。余谓沈约佛前忏悔文云……
约历事齐朝,年至六十余,乃为梁武帝书篡夺之策,又力劝帝杀
其故主,其所为如此,忏悔中何不及之,乃自认扑蚊虻、淫僮女
诸罪乎!①

　　皆讥讽沈约为何不在忏悔文中写明劝杀故主一事,而只是"省
讼小过",忏悔些扑杀蚊蝇之类的平常小事。但是要知道忏文当时
都不是私下的写作,而是要坦陈给在法会仪式的所有人的,怎么能
明白写出当朝之讳事呢? 依梁武帝萧衍的性格,若知道沈约为此
事忏悔告白,沈约必遭大祸,性命堪忧。在文章中含糊其辞,并不
代表他心中毫无忏悔之意。沈约虽然帮助梁武帝建立了大功,但
是萧衍称帝后就十分厌恶他,一直不满足他的"有志台司",不给重
用,可能是因为憎恶其人品,对他文学上著名的"四声"创见也不以
为然。而沈约也在为自己的所作所为而深深忏悔,饱受折磨。本
传记载:"有妓婢师是齐文惠宫人,帝问识座中客不? 曰:'唯识沈
家令'。约伏地流涕,帝亦悲焉,为之罢酒。"沈约当着梁武帝的面
为前朝旧主痛哭流涕,这不会是逢场作戏,而是怀念起当时与他一
见如故的文惠太子,想必心中充满了深深的忏悔。临死前不久他
梦到齐和帝剑断其舌,惊惧之至,可以说明他心中对这件事情久久
不能释怀,惊恐之下,他以道教的方式忏悔,"呼道士奏赤章于天",
向齐和帝之灵申诉"禅代之事,不由己出",没想到此事被梁武帝知
道而数次谴责,沈约终于惊惧而死。他死后梁武帝仍难以释怀,将

---

① 〔清〕王鸣盛《十七史商榷》卷五十五,中华书局 2010 年版,第 657 页。

他的谥号"文"改成"隐"。张溥就评论说:"及齐和入梦,赤章奏天,中使谴责,趣其病殒。回思妓师识面,君臣罢酒,又成往事。然攀附功烈于生前,龙凤猜积于身后,易名一字,犹遭夺改。若重泉有知,能无抱恨于寿光阁外哉!"[①]沈约一生苦苦追求,却是一个"齿冷南朝沈家令,一生辛苦望台司"[②],最后怀着深深的忏悔恐惧而死的悲剧命运。

沈约饱读诗书,深受传统儒家文化熏陶,年轻时就被称为"人伦师表",自我期许一向很高,故对其一生的污点难以轻易释怀。沈约深信因果,临死前的噩梦相比也不会是第一次,而是纠缠他半生了。但生逢乱世,"六朝忠臣无殉节者",在这样的风气下,少有人免俗。梁武帝憎恶沈约的人品而不重用,实在是因为即位后,他成为虔诚佛教徒而化身"皇帝菩萨",对别人的道德污点难以容忍,但他本人实在也没有非常光彩,王鸣盛毫不客气地评价他:"梁武帝本齐明帝之谋主,代为定计,助成篡弑。后竟弑其子东昏侯宝卷,伪立其弟宝融,而又弑之、篡之,并尽杀明帝之子宝源、宝修、宝嵩、宝贞,又纳东昏侯之妃吴氏、余氏以为妃,乃舍身奉佛,以麦为郊庙牺牲,一何可笑!"[③]萧衍早年带兵打仗,肯定杀人无数。而且传说其郗后因妒忌武帝好色而死,化为巨蟒托梦,梁武帝为其做法事而制《梁皇宝忏》。她死后,梁武帝"于露井上为殿,衣服委积,置银鹿轳金瓶灌百味以祀之。故帝卒不置后"[④]。这也可以看作他

---

① ［明］张溥著,殷孟伦注《汉魏六朝百三家集题辞注》,第221页。
② ［清］李必恒《题初学集》,郭绍虞等编《万首论诗绝句》第1册,人民文学出版社1991年版,第334页。
③ ［清］王鸣盛《十七史商榷》卷五十五,第657页。
④ ［唐］李延寿《南史》卷十二,第339页。

心中愧疚忏悔的体现。又"纳东昏侯之妃吴氏、余氏以为妃",虽自称过五十而禁断房事,但不能抹去他以前的作为。清人由此讥讽:"吾未见好佛如好色者也。衍真比丘后身,色中饿鬼。"①王鸣盛说:"愚谓帝之信果报,正为于心有所不能释然者,故欲奉佛以禳之。"可以说是他们原来的所作所为在心中难以释然,与自己心中的道德标准强烈冲突,这是推动南朝文人进行佛教忏悔的一个非常重要的原因。

　　汤用彤先生关于南朝文人信仰佛教"微有华而不实之嫌"的定论,一定程度上影响了学界对于南朝文人忏悔思想的重视。有学者分析认为,沈约的宗教信仰基本是依据形势而改变的,宗教可以说只是他实现政治目的的一种手段②。这种说法也未免太过绝对,不可否认,积极响应皇帝对宗教的宣扬有政治上的意味,在佛教成为当时上层贵族的时尚之时,沈约作为一代文坛领袖,也自然会以领导精神潮流为荣,对佛教的参与,尤其是"禅笔纷作",可以说是一种行之有效的上层社会交流手段。就连道教领袖陶弘景晚年也迫于梁武帝压力而信佛,于天监四年"曾梦佛授其菩提记,名为胜力菩萨。乃诣鄮县阿育王塔自誓,受五大戒"③。故而以沈约为代表的南朝文人常常佛道双修,他们的宗教信仰不可否认有功

---

　　① ［清］尤侗《看鉴偶评》,李肇翔、李复波整理《艮斋杂说续说·看鉴偶评》,中华书局1992年版,第246页。
　　② 唐燮军《诗人之外的沈约:对沈约思想与生平的文化考察》中言:"汤用彤先生曾经断言'梁时佛教常微有华而不实之嫌',其间'朝臣信佛,自常附和人主'。沈约之皈依释氏,即其显例。律动于其好佛表象之下的,仍是对仕途利禄的强烈渴求。""他们(吴兴沈氏家族)对于道教或佛教的敬奉与家族传统无关,都只是根据自身生存环境而做出的个人选择。沈约亦复如此,建武年间的他之所以热衷于道教,关键就在于齐明帝'潜信道术'。"(《文学遗产》,2006年第4期)
　　③ ［南朝梁］姚思廉《梁书》卷五十一,第743页。

利性成分在内,但据此说南朝文人毫无真诚之心,就缺乏更多证据了。

对于沈约的宗教信仰,究竟是佛还是道的讨论,学术界提出了不同的看法。陈寅恪先生称沈氏家族为道教世家,称沈约临终时"呼道士奏赤章于天",为深受其家族道教影响之力证①。陈庆元《沈约集校笺》前言中认为沈约主要信道教,"从这些论文看,沈约似乎彻底皈依于释了。其实不尽然,沈约去世这一年'呼道士奏赤章于天',则又露出了马脚。沈约依违于道释之间,佞佛乃'逢时之意',骨子里所遵奉的却仍然是道"②。唐燮军《诗人之外的沈约:对沈约思想与生平的文化考察》认为沈约信佛信道基本都是"根据自身生存环境而做出的个人选择"。但若要以人之临终的自然体现来判断真诚,沈约之《临终表》则体现了他的佛教信仰:

> 臣约言:臣抱疾弥留,迄今未化。形神欲离,月已十数。穷楚极毒,无言以喻。平日健时,不言若此。举刀坐剑,比此为轻。仰为深入法门,厉兹苦节,内矜外恕,实本天怀,伏愿复留圣心,重加推广。微臣临途,无复遗恨,虽惭也善,庶等鸣哀。谨启。③

沈约晚年常常深受病痛折磨,"而开年以来,病增虑切。当由

---

①　详参陈寅恪《天师道与滨海地域之关系》,《金明馆丛稿初编》,上海古籍出版社 1980 年版,第 33 页。

②　陈庆元《沈约集校笺》,第 6 页。

③　[清]严可均《全上古三代秦汉三国六朝文·全梁文》卷二十七,第 3109—3110 页。

生灵有限,劳役过差,总此凋竭,归之暮年,牵策行止,努力祇事。外观傍览,尚似全人,而形骸力用,不相综摄"①。自述"百日数旬,革带常应移孔;以手握臂,率计月小半分"②。沈约临死之前,似乎还在畏惧梁武帝对他的怒火,有向梁武帝表示他的病痛而求得同情的成分。但临终之时,想必"举刀坐剑,比此为轻"也非夸张。他在临终清醒时想到的是佛教的关怀,自己"深入法门",经历如此苦难历练后,已有怜悯宽容之心,所以"无复遗恨"。所以不能简单地评价沈约"骨子里"信仰的是佛教还是道教,孙昌武认为:"沈约一生兼信佛、道二教,而从总的发展看,他越是到晚年,越加倾心佛说。不过道教信仰沉积在他的灵魂深处,所以又有临终上章的行动。"③吴正岚则认为,沈约"达则逢佛,穷则事道"④。对于这两位学者的观点,笔者比较赞同。对于沈约,佛教与道教都带给了他在"昧于荣利"恐惧不安生活中的精神慰藉,佛教主要体现在积极忏悔以消除内心谴责,避免果报,道教则体现在消极逃避政治的变化无常;佛教之忏悔可消罪业、保荣华,道教之隐遁可享逍遥、得清名;佛教指引了彼世净土,道教则许诺了长生不老。佛教与道教在沈约的思想中﹒起发挥着作用,并不是一定可以分出主次或真伪。章太炎曾说过:"中国之民徇通而少执着,学术宗教,善斯爱之,故终无涉血之争。"沈约也只是从佛教与道教中各取所需,用作心灵的慰藉罢了。当时南朝文人无不如此,虽然虔诚但终究不是一心

①　[唐]姚思廉《梁书》卷十三,第235—236页。

②　[唐]姚思廉《梁书》卷十三,第236页。

③　孙昌武《愧悔与忧惧——沈约的宗教世界》,湛如《华林》第一卷,中华书局2001年版,第232页。

④　详参吴正岚《六朝江东士族的家学门风》第七章第三节《沈约与佛道二教的微妙关系》,南京大学出版社2003年版。

修行超然物外的宗教徒。

　　沈约对于当时"且执机权,夜填坑谷"的残酷政治形势一直充满了恐惧,时有"忧生之嗟"①。他的悼友诗情深哀怨,其实名为悼亡,实为伤己。他哀叹王融"途艰行易跌,命舛志难逢"(《伤王融》),何尝不是对自己的未来的忧虑。《伤谢朓》说"岂言陵霜质,忽随人事往。尺璧尔何冤,一旦同丘壤",更是感叹人世沧桑无情,人的生命在乱世之脆弱。逃避乱世、隐居山林的念头一直徘徊在他脑海,他在晚年《郊居赋》中表白自己"迹平生之耿介,实有心于独往。思幽人而轸念,望东皋而长想。本忘情于徇物,徒羁绁于天壤",但他终其一生也并没有放弃已得高官厚禄的勇气:"沈约尝因疾,遂有挂冠志。疾愈,复流连替级。先生(陶弘景)封前书以激其志。约启云:'上不许陈乞。'先生叹曰:'此公乃尔蹇薄。'"②沈约身体不好或仕途不得意的时候就会想到辞官隐居,等到病好就留恋权位,把归隐忘在脑后,而以皇上不许为借口。这不会是一个虔诚道教徒的做法,怪不得陶弘景会嘲讽他"蹇薄",时人都把他比作山涛了。他自己解释为"徒抱出俗之愿,而无致远之力"(《桐柏山金庭馆碑》),所以道教的归隐之梦对于沈约来说,只是政治失意时用来安慰自己,留下的一条心理退路罢了。他的《八咏》诗极咏山水之美而向往其中生活,明人唐仲友即指出:"齐礼部郎沈休文,出守东阳,为《八咏》。词祖《骚》而义本于《诗》。谆谆乎,慕君恋阙之

---

　　① 《续高僧传·慧约传》记载"(天监)十一年(沈约)临丹阳尹,无何而叹,有忧生之嗟,(慧约)报曰:'檀越福报已尽,贫道未得灭度。'词旨凄然,俄而沈殒。"第 185 页。

　　② 〔唐〕贾嵩《华阳陶隐居内传》卷中,《道藏》第 5 册,上海书店 1988 年版,第 509 页。

意，非特流连光景之文也。"①从沈约所著《宋书·隐逸传论》，也可
看出他的思想端倪："夫独往之人，皆察偏介之性，不能摧志屈道，
借誉期通。若使值见信之主，逢时来之运，岂其放情江海，取逸丘
樊，盖不得已而然故也。"看来，道教的遁世对于沈约来说永远是
"不得已"的选择，代表着消极的逃避。只要有一线生机，"值见信
之主，逢时来之运"，他也不会选择退隐。平日的高唱挂冠之志只
是为自己寻找心理慰藉之外，营造一个不贪恋权位的清名罢了。

　　佛教对于沈约虽然同样能起到抚慰心灵的作用，但是却并不
能说是逃避的、消极的，道教之于沈约，如果仅仅在家修行而不隐
遁山林，便失去了其精神上的作用。而佛教不然，南朝时居士在家
修行之戒律已经非常成熟，佛教也鼓励作为居士在家修行，可以和
富贵权位相行不悖。如《维摩诘经》中的维摩诘，身在俗世享受荣
华富贵也可成佛②。南朝居士的在家修行，虽然戒律已经严格，但
是与原始佛教的苦修来说，已是宽松太多。沈约在《舍身愿疏》中
就说了大实话："招屈名僧，置之虚室。主人高卧，取逸闲堂。呼为
八关，去之实远。虽有供施之缘，而非断漏之业。"这在南朝文人中
是很普遍的，如江总信仰佛教但被称为"狎客"，可想其生活作风。
他在《自叙》中忏悔说："弱岁归心释教，年二十余，入钟山就灵曜寺

------

① 《金华府志》卷三十，参考唐燮军《诗人之外的沈约：对沈约思想与生平的文化
考察》。

② "（维摩诘）虽处居家，不著三界。示有妻子，常修梵行。现有眷属，常乐远离。
虽服宝饰，而以相好严身。虽复饮食，而以禅悦为味。若至博弈戏处，辄以度人。受诸
异道，不毁正信。虽明世典，常乐佛法……执持正法，摄诸长幼，一切治生谐偶，虽获俗
利，不以喜悦。游诸四衢，饶益众生。入治政法，救护一切。入讲论处，导以大乘。入诸
学堂，诱开童蒙。入诸淫舍，示欲之过。入诸酒肆，能立其志。"（《大正藏》第 14 册，
第 539 页）

则法师受菩萨戒。暮齿官陈,与摄山布上人游款,深悟苦空,更复练戒,运善于心,行慈于物,颇知自励,而不能蔬菲,尚染尘劳,以此负愧平生耳。"其信仰虽不可谓不真诚,但也是颇"染尘劳"的。这就是说,当时佛教的修行完全不需要沈约放弃功名利禄,相反还贴合了皇帝的口味。而且佛教思想,尤其是忏悔思想带给沈约很好的精神救治作用。因为佛教宣扬过而能改,并辅以方便法门,照之忏悔修行,能够很好地化解自己的道德困境,消解心中的愧疚情绪,还可以免除果报,确保自己的太平生活。最后还可以通过忏悔修行,往生净土天国,永久脱离轮回之苦。这一切美好的承诺非常适合治疗沈约的灵魂之苦,所以忏悔修行相比道教的隐遁成为沈约尤其是晚年更乐意的积极选择。

结　语

中国文化是否有忏悔精神? 本文认为,中国有忏悔精神且来自佛教,但是这种忏悔精神已经不是原始佛教的忏悔了,而是与中国传统思想融合以后的产物,因为中国的忏法兴盛是在宋代以后,所以在南朝,这种思想还是一个初步形成的过程,但也足以看出这种趋势。在中国佛教往往与现实利益相结合,忏悔被皇帝利用作祷告镇灾,被个人百姓利用来消罪免灾,避免果报。宋代以后礼忏法会、水陆道场盛行于民间,几乎成为寺院僧侣的主要职业,其意义和原先的忏悔相差已经很远了,已经成为一种祛病消灾的工具性集会,成为寺院的一种营利手段。但是,这种忏悔精神对于许多文人精神的救治作用还是不可忽视的,让他们找到了反省改错的责任感和抚慰心灵的途径。许多是儒家思想作了精神上的铺垫,而佛教的忏悔提供了一个实践的形式，而不可否认，汉传佛教与儒家许多观念在许多方面是相似的，比如本文提到的佛教的慈悲结合了儒家的孝道，佛教的代忏与儒家的亲情伦理的结合，忏悔活动不仅用于原始佛教的修行，而且用于为亲属等人谢罪，服务于伦理关系了。

　　学界多认为南朝时期文人的忏悔活动有附和人主、虚与委蛇的意味，因为中国人徇通的宗教观念，尤其是文人对于宗教往往没有那么赤诚和严肃，对佛教道教皆热情参与，对于戒律的遵守不甚严格。虽然几乎每朝每代都有不少文人忏悔于自己的绮语之罪，但是很少有人因为佛教戒律而完全放弃风格华丽的诗词歌赋的写作，很多文人的忏悔更有自嘲的意味，丝毫不影响他们继续犯戒。这确实是中国古代文人信奉宗教的特点，但是不能据此排除宗教对他们心灵精神的作用，更不能简单说是附和政治或现实需要而一笔带过。

原载《中国文化研究》2012 年第 8 期

佛教"口业"观念与中国古代文人的语言自忏

——以"绮语"和"净"为中心

　　佛教的罪业报应思想深入人心,早在南朝就充分地反映在众多文学作品之中,其中的"口业"思想也影响到了中国古代文人的语言观。本文以一对由佛教进入中土美学范畴的"绮语""净"为论述中心,"四口业"中的"绮语业"是文学写作中最容易犯下的过失,古代文人被其报应说所震慑,遂以"绮语"为中心忏悔自己的语言过失;"净"是佛教的道德追求与审美理想,与"绮语"相反,在一定程度上成为文学的标准之一。一尘不染的洁净身心与文字为文人所推崇,他们不仅忏悔着不净的身心,也忏悔着不净的语言文学,这可以说潜移默化地影响了中国文人的文学审美思维。

一

　　佛教认为语言是有业力的,有产生善恶果报的强大能力。口业作为身、口、意三业之一,在佛教的修行中具有举足轻重的地位。口业分妄语、两舌、恶口、绮语四口业,为"十过"中的恶行。《法苑

珠林》描述这"十过":

> 此之十善禁防身三过:杀、盗、淫;口四过:妄言、绮语、两舌、恶口;意三过:谓贪、瞋、邪见。此之十种是众善之根本。止则是持,作便是犯。犯是十恶之本,亦是万祸之殃。①

正因为佛教宣称作口业罪过深重,古代文人颇有为自己诗歌中所作口业而自忏者,如白居易曾说"些些口业尚夸诗"(《斋月静居》),苏轼也说过"口业不停诗有债"(《次韵秦太虚见戏耳聋》),南齐竟陵王萧子良的《净住子净行法门》就援引佛经语云:"不得离间、恶口、妄言、绮语、谄曲华辞,构扇狡乱",并指出口业是"患苦之门,祸累之始",再三强调"谄曲华辞"后果的严重性。口业与眼耳鼻舌身意之六根的舌相关,六根之忏悔也包括造口业之罪。如萧纲的《六根忏文》就忏悔口业之过说:"或复间朋乱友,破俗伤真;变紫夺朱,反白为黑。所以谗言三至,曾母投杼;端木一说,越霸吴亡。故知三寸之舌,未易可掉,驷马既出,于事难追。愿断烦惑,入清净境。"

这四口业中的"绮语",又译为"杂秽语""无义语",丁福保《佛学大辞典》解释为"一切含淫意不正之言词也"。佛教经典中解释"绮语"意义各不相同,《大乘义章》曰:"邪言不正,其犹绮色,从喻立称,故名绮语",强调其寓意不正;《俱舍论》曰:"一切染心所发诸语,名杂秽语",强调其被污不净;《成实论》曰:"语虽实语,以非时

---

① 〔唐〕释道世著,周叔迦、苏晋仁校注《法苑珠林校注》卷十六,中华书局2003年版,第529页。

故，即名绮语"，强调其"非时"。《法苑珠林》说："夫忠言所以显理，绮语所以乖真"，强调其有违事实。概括起来，绮语的主要意义就是有违事实或不合时机、繁芜杂秽的语言表达①。

基于绮语的这些特征，我们可以推知辞藻绚丽、渲染夸张、反复铺陈的文学基本可算作绮语一类，而文辞简洁、内容庄重雅正的文学则不属于此类。而佛教报应忏悔思想最早大规模盛行的南朝，流行的正是"绮縠纷披，宫徵靡曼，唇吻遒会，情灵摇荡"的文学，甚至提倡"为文且须放荡"，文辞香艳浮靡，可以说和佛教教义全然背道而驰。而南朝又是佛教思想盛行的时代，尤其是建斋营忏自王室以下成为一时风尚。忏悔是佛教中非常重要的修行法门，佛教徒通过真诚的忏悔，可以减轻甚至消除自己的罪过，免受报应之苦。尤其是梁代因为梁武帝的极度热衷，忏悔之风盛行，在这个文风与所崇尚经典发生强烈冲突的时代，虽然大部分文人还是不会因佛教而放弃绮丽文章的写作，但还是会因此而产生自我忏悔。这种忏悔的发生还因为佛教经典中对于作绮语业报应的描述。在佛经中，绮语之罪很重，死后定下地狱，对于地狱的描写震慑了文人的心灵：

> 绮语者反上作下，反下作上，调戏无节，巧言利辞。说无益语，说不利语，说无义语，赞叹五欲语，心不明了语，黑暗语，如刺如林，钩冒众生。此人恶报命终，当堕刺林地狱，百千铁

---

① 关于对"绮语"词义与源流的详细考证，目前研究有董桂琴《有关"绮语"文献的摭拾与辨析——兼论〈辞海〉此条注释的疏漏》(《古籍整理研究学刊》，1999年第6期)；刘竞飞《"绮"的意义域树及其作为文学理论范畴的历史生成》(《兰州学刊》，2009年第3期)

刺其舌出，作百千段。①

　　绮语无义理，令人心惑乱。为丧他善根，烊铜擘口灌。焰铁烧其舌，腹脏皆焦烂。此痛不可忍，悲号常叫唤。②

这些描述对文人起到很大的精神震慑。宋代黄庭坚听闻僧人法秀讲述绮语的果报，深受震动，当即"罢作小词"，在《晏小山集序》中说："余间作乐府，以使酒玩世，道人法秀独罪余，以笔墨劝淫，于我法中当下犁舌之狱。"③痛悔自己的过失，并说与德高望重的禅师亲近，"殊胜从文章之士学妄言绮语，增长无明种子也"④。自忏其绮语之过，不可谓不真诚。

二

受这些因素影响，南朝起文人就开始自忏因写作犯下的绮语之罪。陆云评其兄陆机《文赋》时说："《文赋》甚有辞，绮语颇多。"虽肯定陆机的文采华丽，但认为不够简洁精要，与他自己清省简净的文风理想仍有距离。沈约《忏悔文》对自己的诸恶进行了全面的反省。其中忏悔自己的文章时写道："又绮语者众，源条繁广，假妄之衍，虽免大过，微触细犯，亦难备陈。"自忏其作文有繁冗失实之过。萧衍对萧纲《菩提树颂》也曾批评道："但所言国美，皆非事实，

---

① 《受十善经》，《大正藏》第 24 册，第 1023 页。

② ［唐］释道世著，周叔迦、苏晋仁校注《法苑珠林校注》卷七十六，第 2252 页。

③ 唐圭璋编《词话丛编·词苑萃编》，中华书局 2005 年版，第 2034 页。

④ ［宋］黄庭坚《与胡少汲书》，曾枣庄、刘琳主编《全宋文》第 104 册，上海辞书出版社、安徽教育出版社 2006 年版，第 303 页。

不无绮语过也。"认为萧纲对梁朝的赞美有夸大事实之嫌。这里的"绮语"意为虚夸失真，可见南朝所用"绮语"的意义主要是繁冗拖沓或虚夸不真实，是基于佛典中"绮语"本义的。

唐代以后绮语的意域又得到了扩展，甚至可以代表一切文笔优美的文学。如"绮语洗晴雪，娇辞哢雏莺"（韩愈《城南联句》），"海神喜我著绮语，为我改容收雾雨"（杨万里《题南海东庙》），"自倚广平心似石，不妨绮语语梅花"（萧贡《乐府崔生》）等等，这里的"绮语"都为泛指而不含贬义。同时绮语也成为文人语言自忏的一个符号。从唐代以来，文人的这种忏悔从未间断。白居易就曾自忏其"狂言绮语"之说道："寓兴放言，缘情绮语者亦往往有之。乐天，佛弟子也，备闻圣教，深信因果，惧结来业，悟知前非……愿以今生世俗文字、放言绮语之因，转为将来世世赞佛、乘转法轮之缘也。"①白居易将"世俗文字"等同于绮语，将他文章中除了"根源五常、枝派六义、恢王教而弘佛道"以外的都算作绮语，自述因为对因果报应的深信不疑而进行忏悔，并承诺世世代代生为虔诚佛教徒来补偿今生绮语之过。

在禅风流行的宋代，尤其是苏轼为中心的文人圈更强调这种自忏，苏轼曾写"新诗绮语亦安用？相与变灭随东风"（《海市》），认为绮语有如海市蜃楼一般，虽看似美丽但虚幻即逝，从而痛呼"绮语真自患"（《新渡寺席上次赵景贶陈履常韵》），希望"借师锡端泉，洗我绮语砚"（《南华寺》）。陈师道也忏悔说："多生绮语未经忏，半世虚名足为累"（《别圆澄禅师》），"我此复助缘，语绮已多责"（《规

---

　　①　《苏州南禅院白氏文集记》，石峻等编《中国佛教思想资料选编·隋唐五代卷》，第 391 页。

禅停云斋》)。陆游也在阅读和与他人交流的过程中反省自己的绮语之过:"虽云多闻益,颇犯绮语戒"(《致斋监中夜与同官纵谈鬼神效宛陵先生体》),对自己的期望是"多闻竟何用,绮语期一扫"(《冬夜读书》)。

尤其是被视作艳科的词历来背负绮语之名,许多词集直接以绮语为名,如南宋张辑词名曰《东泽绮语债》,明代吴本泰名其词集曰《绮语障》,清朝郭麐亦名其词集曰《忏余绮语》,等等。元代以后,文人对于语言的忏悔有时已经变为一种玩笑的自嘲,但是这种艳科绮语因为这种观念,一直徘徊在主流文坛之外,文人在忏悔中表现出的是一种夹杂愧疚自责和无奈自嘲的复杂情绪,虽然敬惮因果报应,但仍放不下对于游戏笔墨的爱好,只能用一边写作一边以自忏的方式寓以心灵的解脱。如果说口业、绮语是佛教提出的对语言的戒律,那么佛教一尘不染的洁净理想从某种意义上来说就是指明了在语言上改过修行的道路。

三

前文提到的萧衍评萧纲《菩提树颂》,一面批评其"绮语之过",一面也赞扬其"捃采致佳,辞味清净",将佛教术语"清净"引入文学范畴之中。"绮语"是"染心所发"之语,要去除心中之染,只有净心一途。佛教的"净语"意思为真实之语,与"绮语"的"乖真"正相反。我们可以把"清净"简称为"净",和"绮语"这一对相反的范畴一起考察,应该能更好地阐释佛教对文人语言心态的影响。

"净"在《说文解字》中的本义为"冷也",古时有"净""瀞""净"三个字。《说文》段注解释"瀞"云:"瀞,无垢秽也","净"是"此今之净字也。古瀞今净,是之谓古今字"。《说文》段注释"清"说:"凡人洁之亦曰清,同瀞。"由此看来,"净"与"清""洁"有天然之关系,本义"冷"已经很少使用,最基本的意义是"洁净""无垢秽"。

"净"在佛教之中有特殊的含义,是佛教的重要品德、修行方法和审美标准。佛教修行精要就是"自净其意",排除心灵的烦恼污秽,一般有身语意三种清净,通过修行而达到有清净之心、清净之身、清净之相,六根清净佛的境界。净土信仰中的西方净土佛国是相对于人间秽土而言的,那里一切俱净,不染半点尘埃。在对净土洁净之极的描绘中,体现着佛教的审美观。净土众生身体非常洁净,支遁《阿弥陀佛像赞》称:"男女各化育莲华之中,无有胎孕之秽也。"释迦牟尼佛的身体更是洁净,出家前名为白净王子,《智度论》云:"世尊身好,细薄皮相,尘不着身,如莲花叶不受尘水。"《菩萨本行经》描述如来"在干土山中经行,土不着足"。比身净更重要的是心净,《维摩诘所说经》云:"菩萨欲得净土,当净其心,随其心净,则佛土净。"萧衍就提出要"外清眼境,内净心尘",达到"表里俱净"的境界,而且因"春蔬为净",从而提倡素食。萧子良在《净住子净行法门》中说:"将见如来相好光明者,先当净身、口、意,洗除心垢。六尘爱染,永灭不起,十恶重障,净尽无余……其清净一心者,则万邪灭矣。"①明确提出身体、语言、意识都要洁净。

在佛教传入之前,中国文化就已经崇尚洁净的人格。最典型的就是好洁的屈原在《离骚》中都选取洁净无瑕的意象进行描写,来反映自己在众群小之间出淤泥而不染、坚持洁净的道德情操,司马迁对屈原的高洁给予了高度评价:"自疏濯淖污泥之中,蝉蜕于

---

① 〔清〕彭绍昇撰,张培锋校注《居士传校注》卷六,中华书局2014年版,第58页。

浊秽,以浮游尘埃之外,不获世之滋垢。皭然泥而不滓者也。"以这种传统的意识为基础,又通过佛教的洁净意识的深化,使南朝士人受到了较大的影响,非常注重六根的清净,甚至有追求身净而至洁癖者:"(庾炳之)性好洁,士大夫造之者,去未出户,辄令人拭席洗床。时陈郡殷冲亦好净,小史非净浴新衣,不得近左右。"①"(王)思远清修,立身简洁。衣服床筵,穷治素净。宾客来通,使人先密觇视,衣服垢秽,方便不前,形仪新楚,乃与促膝。虽然,既去之后,犹令二人交帚拂其坐处。"②在文学上也有自觉的反污染意识③。六根污染的净化,忏悔是主要的途径,萧纲在《六根文》中深切忏悔自己六根受到污染,"尘缘秽体,愧荷相集"。绮语是由染心而起,必须忏悔改过,使心与文皆不染。"净"就作为忏悔的目标参与到了文人对于口业的自忏之中,让他们在忏悔中追寻心灵和语言的洁净。

　　以这样的契机,"净"带着佛教意味进入了文学领域之中。首先一些佛教名词如"净心""净眼"引入文学之中,王维提出"审象于净心,成形于纤手"的主张,以清净无杂念的心灵来观照世界万物,才能窥透万物的本质与美,下笔才会圆融无碍,有如神助。"净眼"在佛教中意为清净的法眼,《维摩诘经》云:"远尘离垢,得法眼净。"不为一切尘俗所蒙蔽来观察事物,作为文学的慧眼来运用:"净眼

---

① [南朝梁]沈约《宋书》卷五十三,第1517页。

② [南朝梁]萧子显《南齐书》卷四十三,第766页。

③ 李炳海《佛教净土思想与南朝崇尚洁净文风》(《江海学刊》,1996年第3期)对净土思想对南朝山水诗的影响、士人的反污染意识以及莲花意象的运用等都作了研究。其另一篇论文《净土法门盛而梅花尊——宋代梅花诗及其与佛教的因缘》(《东北师范大学学报[哲学社会科学版]》,1995年第4期),提到净土思想流行的宋代,社会出现崇尚洁净的风气,诗文多以纯洁的梅花意象作为载体。

见桃花,纷纷堕红雨"(苏轼《次韵表兄程正辅江行见桃花》),"净眼看山应是好,北来须乞送行诗"(黄裳《次陈子真见别》)。把六根洁净的生命体验运用到文学当中去,这似乎也是文人忏悔口业之后从佛经中重新悟得的开示。

从六朝开始,"净"作为一个文论范畴开始出现,《世说新语》中有"孙兴公云:'潘文浅而净,陆文深而芜'",以"净"来评价潘岳的文章。除了萧衍运用的"清净"以外,萧统《答晋安王书》中赞美萧纲之文"首尾裁净";《文心雕龙·杂文篇》赞美连珠体"义明而词净",《才略篇》评价陆云"布采鲜净,敏于短篇";钟嵘《诗品》中称陶渊明"文体省净,殆无长语",王融、刘绘"词美英净",王巾、卞彬、卞录"文体剿净"。联系钟嵘、刘勰的文论,他们都提倡简净的文风,所运用的"净"与"简""约"意味相似,主要关注于词句本身的简洁不繁缛,这"净"正是解绮语"源条繁广"之弊的方案。

后代文论中出现的"净"表现出了更加复合、多元的意味,引申出了一系列相关范畴。基本意思仍是简洁明快无赘言,如"简净",如宋代黄震评价朱熹文章"折衷诸家而归诸简净",《古今词话》评尹鹗词"以简净成句"。又如"干净",清代李光地曾说:"选文惟从汉起最干净。"此外,"净"还突出了自然淡雅或是明朗疏淡的意味。如推崇清新自然的方回在《瀛奎律髓》中多次使用"净",有"雅净""洁净""淡净""净洁""莹净""整净"等,这些用法不仅着眼于词句语言本身的简或繁,更是从神韵角度来把握全诗。

这些由"净"衍生出的范畴虽然意义有所不同,但都指向没有污染脏秽这个中心。要从更广义的视域来考察中国古代文学中的"净",我们还必须从其反面——文论中关于污染的角度来进行更全面的考察。关于语言中"秽""垢""尘"的评论,亦从魏晋六朝开始。如嵇康主张"析理贵约而尽情,何尚浮秽而迂诞哉",《晋书·华峤传》说:"初峤以汉纪烦秽,慨然有改作之意。"《隋书》评王劭"文辞鄙秽,体统繁杂"。刘勰尚简尚净,对于枝蔓繁冗的文字一概视为"秽":"杨雄之诔元后,文实烦秽","裁则芜秽不生","芟繁剪秽,驰于负担"。另外,文字还可称为"垢""尘滓""尘埃""尘埃气""纤尘""尘俗"等,这些比喻,或指繁冗,或喻粗鄙下流,或指俗套浮艳,都从反面解释了文学语言之"净"的含义。

另一方面,一些关于"洗"的词汇同样是值得我们注意的。通过"洗"这个过程,将文学中的污垢去除而还原净,如刘勰提倡"虚静"时说:"疏瀹五藏,澡雪精神。"朱熹在谈如何写文章时也强调通过"洗涤"来除去"秽浊":"来喻欲漱六艺之芳润,以求真淡,此诚极至之论。然亦恐须先识得古今体制雅俗向背,仍更洗涤得尽肠胃间夙生荤血脂膏,然后此语方有所措。如其未然,窃恐秽浊为主,芳润入不得也。"[1]另外诗文也多主张通过这个"洗"的过程来达到"净"的境界,如:

> 其间有精到之语,皆荡涤尘滓。——(唐)王建《绛守居园池记》

> (姚合)诗洗濯既净,挺拔欲高得趣。
> 陈正字淘洗六朝铅华。——(明)胡震亨《唐音癸签》

这个以"净"为核心的宽广义域在中国传统文论的言说习惯中

---

① 于民主编《中国美学史资料选编》,复旦大学出版社 2008 年版,第 304 页。

是不容忽视的,标示着中国所特有的洁净文学观。从人净、心净到文净,从开始就受到了佛教观念潜移默化的影响,为受口业观念而自忏的文人指明了在语言上改过自新之路。

忏悔分为身、口、意三种,文学的创作也归入由语言不当而犯下的口业之中。"绮语"和"净"作为一对意义有关联的范畴,从佛教术语借用到文学批评领域,从一个侧面反映了佛教观念对文人语言观的影响。从唐代以后。佛教尤其是禅宗思想更加深刻地影响了中国美学,如严羽、司空图推崇的淡泊之美、清空之美,宋代推崇的枯槁之美等。"净"之美出现较早,为唐宋禅宗理论广泛应用于美学开了先河。"净"包含着"洁净""明净""淡净",虽然提到的频率不如与其意义相似的"清""空""淡"等,但其意义即洁净的行文风格和思想内容实际已包含进去。有"净"意味的意象,如纯洁的荷花,不染纤尘的雪国,皎洁的明月,纯净的清泉,从南朝就为人们所喜用,在唐代而被大量运用在诗文当中。

佛教的口业观念反映在对文学作品的作用上,更多的是将文学向真实质朴的方向引导,在南朝构成了对齐梁文风的反动。要说刘勰仅仅继承了儒家传统的文道观,毋宁说他也受到了佛教语言观念的影响。刘勰批判"淫丽而烦滥"的文风,指出"志深轩冕,而泛咏皋壤;心缠几务,而虚述人外"是"真宰弗存"(《文心雕龙·情采》),这种虚妄造作的绮语,为刘勰所痛斥,真情、雅正、简洁得体的语言是佛教所倡导的,刘勰按儒家经典要求所提的标准"情深而不诡,风清而不杂,事信而不诞,义直而不回,体约而不芜,文丽而不淫"(《文心雕龙·宗经》),可以说既符合中正典雅的儒家观念,也不背离佛教经典对语言的主旨。其宗旨与儒家正统文学观念没有偏离,甚至起到了相辅相成的作用,一起克制着文学抒情功能的任意泛滥。齐梁文风能在唐初就得到彻底的反省,浮艳的诗词歌赋一直被自觉地排斥,恐怕不能忽视这样的因素。沈约虽为齐梁文学的主将,但他提出了文章"三易"之说,并"杂用子史文章浅言",而非艰深繁杂的语言来撰写郊庙歌辞,也应该是受到了佛教语言观的一定影响,在自忏的心态下自觉调整了文风。

原载《郑州航空工业管理学院学报
(社会科学版)》2011 年第 4 期

梁武帝素食改革事迹编年考

——兼论郊庙用牲歌辞修订

  梁武帝推行的素食禁杀是中国佛教史上的重要改革事件，历时多年，涉及广泛，在国家政治领域和佛教界同时开展，是一项经过精心理论铺垫与逐步周密实施的系统工程。其中，本文认为有必要首先进行对改革实施事迹的梳理考证，从中可以反映素食改革的具体步骤进程。本文第一部分即旨在系统梳理与梁代素食改革相关的事迹并编年排序，大略列出文献来源，并对一些时间等疑论作简单考证。在第二部分根据编年，分析素食改革在儒、释传统中的思想来源，以及在国家政治与佛教界的现实操作性。在梁代素食改革中，尤其重要而易被忽视的是郊庙祭祀中的革除用牲改革，这将在本文第三部分重点讨论，武帝曾敕命萧子云全面修改梁初沈约所作郊庙歌辞，除了对素食内容的修订，还有用典、思想内涵方面的要求，能够反映梁武帝中期的思想倾向与相关文学观念。

一、梁武帝素食改革与
宗庙去牲事迹考

天监五年（506）　43 岁

◎梁武帝晚年所作《净业赋》言自己自早年即位后就开始素食、断欲。

> 朕布衣之时，唯知礼义，不知信向。烹宰众生，以接宾客，随物肉食，不识菜味。及至南面，富有天下，远方珍羞，贡献相继，海内异食，莫不毕至。方丈满前，百味盈俎，乃方食辍箸，对案流泣，恨不得以及温清，朝夕供养，何心独甘此膳！因尔蔬食，不啖鱼肉，虽自内行，不使外知。至于礼宴群臣，肴膳案常。菜食味习，体过黄羸。朝中班班，始有知者。谢朏、孔彦颖等，屡劝解素……复断房室，不与嫔侍同屋而处，四十余年矣……本非精进，既不食众生，无复杀害障，既不御内，无复欲恶障，除此二障，意识稍明，内外经书，读便解悟。从是已来，始知归向。[①]

按：据《梁书》卷十五《谢朏传》，谢朏卒于梁天监五年十二月，武帝提及谢朏曾劝其解素，在此之前因对已故父母的孝道而食素，但"虽自内行，不使外知"，可知据武帝自己的说法，在天监五年十

---

① ［清］严可均《全上古三代秦汉三国六朝文·全梁文》卷一，中华书局 1958 年版，第 2950 页。

二月之前已开始蔬食。但武帝自白往往虚矫，《梁书》言"五十外便断房室"①，武帝享年八十六岁，何来四十余年之理？钱钟书对此已有分析②。而武帝共有九男，第七子萧绎生于天监七年八月武帝四十五岁时，第八子武陵王萧纪与早夭的幼子必生于四十五岁之后，说四十余年也确有牵强。大同十一年，82岁的武帝驳斥贺琛云"朕绝房室三十余年，无有淫佚"③，应更可信。武帝又在十几年后的《断酒肉文》④中自白此前"不持禁戒"，故而不能认为梁武帝此时已像自己所言的无复"杀害障""欲恶障"。

天监十年（511）　48岁

◎梁武帝天监元年曾梦檀像入国，令决胜将军郝骞、谢文华等至舍卫国只桓寺往迎。天监十年迎佛像还，武帝徒行迎还，菜蔬断欲。

> 天鉴元年正月八日梦檀像入国，因发诏募往迎……至天鉴十年四月五日，（郝）骞等达于杨都。帝与百僚徒行四十里，迎还太极殿，建斋度人，大赦断煞。但是弓刀稍等，并作莲华塔头。帝由此蔬食断欲。⑤

◎仪曹郎朱异提出多种明堂礼制改革方案，包括："宗庙贵文，故庶羞百品，天义尊远，则须简约……请自今明堂肴膳准二郊……

---

① ［唐］姚思廉《梁书》卷三，第97页。
② 钱钟书《管锥编》第四册，第1370页。
③ ［唐］姚思廉《梁书》卷三十八，第549页。
④ ［清］严可均《全上古三代秦汉三国六朝文·全梁文》卷七，第2988—2992页。
⑤ ［唐］释道世著，周叔迦、苏晋仁校注《法苑珠林校注》卷十四，第476页。

虽曰同郊，复应微异。若水土之品，蔬果之属，犹宜以荐，止用梨枣橘栗四种之果，菖蒲葵韭四种之菹，粳稻黍粱四种之米，自此以外，郊所无者，请并从省除。"①

天监十六年(517)　54岁

◎三月丙子，敕太医不得以生类为药；公家织官纹锦饰，并断仙人鸟兽之形，以为亵衣，裁翦有乖仁恕。于是祈告天地宗庙，以去杀之理，欲被之含识。郊庙牲牷，皆代以面，其山川诸祀则否。时以宗庙去牲，则为不复血食，虽公卿异议，朝野喧嚣，竟不从。②

◎夏四月甲子，初去宗庙牲③。

(天监)十六年四月，诏曰："夫神无常飨，飨于克诚，所以西邻禴祭，实受其福。宗庙祭祀，犹有牲牢，无益至诚，有累冥道。自今四时蒸尝外，可量代。"八座议："以大脯代一元大武。"八座又奏："既停宰杀，无复省牲之事，请立省馔仪。其众官陪列，并同省牲。"帝从之。十月，诏曰："今虽无复牲腥，犹有脯修之类，即之幽明，义为未尽。可更详定，悉荐时蔬。"左丞司马筠等参议："大饼代大脯，余悉用蔬菜。"帝从之。又舍人朱异议："二庙祀，相承止有一钘羹，盖祭祀之礼，应有两羹，相承止于一钘，即礼为乖。请加熬油莼羹一钘。"帝从之。于是起至敬殿、景阳台，立七庙座。月中再设净馔。自是讫于台

---

① ［唐］魏徵《隋书》卷六，中华书局 1973 年版，第 119 页。
② ［唐］李延寿《南史》卷六，第 196 页。
③ ［唐］姚思廉《梁书》卷二，第 57 页。

城破,诸庙遂不血食。①

武帝下《断杀绝宗庙牺牲诏(并表请)》。

　　梁高祖武皇帝临天下十二年(当作十六年),下诏去宗庙牺牲,修行佛戒,蔬食断欲。上定林寺沙门僧佑、龙华邑正柏超度等上启云……②

◎冬十月,宗庙荐羞,始用蔬果。③
天监十七年(518)　55 岁
◎刘勰上表"言二郊宜与七庙同改"。

　　刘勰……家贫不婚娶,依沙门僧佑,与之居处,积十余年,遂博通经论,因区别部类,录而序之。今定林寺经藏,勰所定也。天监初,起家奉朝请、中军临川王宏引兼记室,迁车骑仓曹参军。出为太末令,政有清绩。除仁威南康王记室,兼东宫通事舍人。时七庙飨荐已用蔬果,而二郊农社犹有牺牲。勰乃表言二郊宜与七庙同改,诏付尚书议,依勰所陈。④

　　按:据杨明照《梁书刘勰传笺注》⑤,刘勰言语"与僧祐等上启

①　[唐]魏徵《隋书》卷七,第 134 页。
②　[唐]释道宣《广弘明集》卷二十六,第 6746 页。
③　[唐]李延寿《南史》卷六,第 196 页。
④　[唐]姚思廉《梁书》卷五十,第 710 页。
⑤　杨明照《增订文心雕龙校注》,第 434 页。

如出一辙"，很有可能为呼应僧祐之举，僧祐卒于本年五月二十六日，刘勰上表应在此前。据《隋书·礼仪志》，梁南郊"常与北郊间岁"，"正月上辛行事"①，"梁社稷……每以仲春仲秋……社稷先农"②。故"已用蔬果"，当在上年十月后，"犹有牺牲"，应在本年正月仲春之后。故刘勰上表应在本年二至五月间。

◎梁武帝禁蒋子文庙用牲。

《断酒肉文》中云"北山蒋帝，犹且去杀，若以不杀祈愿，辄得上教，若以杀生祈愿，辄不得教"，可知此项措施必在《断酒肉文》颁布之前，暂系于此。又有萧琛任吴兴太守时，要求当地项羽庙"禁杀牛解祀，以脯代肉"③，琛为吴兴太守，史书记载在天监九年与普通元年之间，与武帝大力推行祭祀去牲时间相近，地方神如蒋子文、项羽的祭祀去牲，应是对国家宗庙去牲的余波回应。武帝"在西邸，早与琛狎"④，萧琛此举也是对武帝政策的支持体现。

天监十八年(519)　56岁

◎四月，梁武帝受菩萨戒。

(天监十八年)夏四月丁巳，帝于无碍殿受佛戒，赦罪人。⑤

◎五月，武帝敕写《出家人受菩萨戒法》⑥。

---

① ［唐］魏徵《隋书》卷六，第108页。
② ［唐］魏徵《隋书》卷七，第141页。
③ ［唐］姚思廉《梁书》卷二十六，第397页。
④ ［唐］姚思廉《梁书》卷二十六，第397页。
⑤ ［唐］李延寿《南史》卷六，第197页。
⑥ 今残卷《敦煌写经·出家人受菩萨戒法卷第一》编目为"伯希和第二一九六号"，收藏在巴黎国民图书馆。日本土桥秀高于1968年加以校读整理，全文刊于龙谷大学佛教学会编《佛教文献の研究》，昭和四十三年，第93～148页。

◎梁武帝撰写《断酒肉文》。

五月二十二日，聚集僧尼"合一千四百四十八人。并以五月二十二日五更一唱，到凤庄门。"

五月二十三日，于华林园华林殿举行法会，历数僧人饮酒食肉，不如外道者十事，不如在家人者九事。光宅寺法云为法师。瓦官寺慧明为都讲，唱《大涅槃经·四相品》四分之一，陈食肉者断大慈种义，法云解释。耆阇寺道澄又登唱此断肉之文。诸僧尼或犹云："律中无断肉事，及忏悔食肉法。"

五月二十九日，又敕请义学僧一百四十一人、义学尼五十七人。于华林华光殿与庄严寺法超、奉诚寺僧辩、光宅寺宝度等三律师讨论戒律。敕始兴寺景猷读《楞伽》《央掘摩罗经》所明断肉经文。

五月二十九日夜，武帝五敕周舍，再论断肉持戒义。

按：有关梁武帝颁布《断酒肉文》的年代，一般系于天监十六年（517）（根据文中"今日大众已应闻知，弟子已敕诸庙祀及以百姓凡诸群祀，若有祈报者，皆不得荐生类"，应作于天监十六年四月下敕宗庙去牲之后）到普通五年（524）之间（周舍卒于此年）。如诹访义纯系于天监十八年（519）[①]，康乐根据郭祖深的上书认为是普通四年（523）[②]。本文暂系于天监十八年。原因如下：

1. 于天监十八年四月八日受戒，《受菩萨戒法》显然专门为此次受戒撰写，其中根据的《梵网经》菩萨戒，是明令禁断酒肉的大乘律典，说明梁武帝此次受戒已做好全面推进素食契机的长久准备，

① ［日］诹访义纯《中国南朝佛教史の研究》，京都：法藏馆1997年版，第119页。
② 康乐《素食与中国佛教》，商务印书馆2017年版，第135页。

本人亦应在此次受戒后率先垂范而食素。而《断酒肉文》中自剖"弟子萧衍，虽在居家，不持禁戒"，必然不会距此次受戒与撰写菩萨戒法相距太远。依据慧约此次拒绝与梁武帝一同受戒所言"戒终是一，先已同秉，今重受者，诚非所异"①可知，梁武帝之前确实曾受戒，但看来并未真正持戒。但前次受戒与此次意义大有不同，此次正史予以记载，更加隆重正式，且有自己撰写的菩萨戒法，可见有长期的前期准备工作，梁武帝正是要从这次受戒开始要真正持戒礼佛的。

2. 普通二年郭祖深的上书列举的户籍、穿着、吃食等都属"非法"之行（具体上书参看普通二年）②，也正说明了蔬食本已有法可依，而此时推行效果仍不甚理想，而不能说明此时梁武帝仍未敕令全面制断酒肉。

普通元年（520）　57 岁

◎太子萧统食素，甘露感而降。

"普通元年四月，甘露降于慧义殿，咸以为至德所感。时俗稍奢，太子欲以己率物，服御朴素，身衣浣衣，膳不兼肉。"其母丁贵嫔亦长期食素，曾感得甘露而降，《南史》记载："及武帝弘佛教，贵嫔长进蔬膳。受戒日，甘露降于殿前，方一丈五尺。帝所立经义，皆得其指归，尤精净名经。"③

普通二年（521）　58 岁

◎郭祖深上书要求"僧尼皆令蔬食"。

---

①　[唐] 释道宣《续高僧传》卷五，第 163 页。
②　[唐] 李延寿《南史》卷七十，第 1721—1722 页。
③　[唐] 李延寿《南史》卷十二，第 340 页。

都下佛寺五百余所,穷极宏丽。僧尼十余万,资产丰沃。所在郡县,不可胜言。道人又有白徒,尼则皆畜养女,皆不贯人籍,天下户口几亡其半。而僧尼多非法,养女皆服罗纨,其蠹俗伤法,抑由于此。请精加检括,若无道行,四十已下,皆使还俗附农。罢白徒养女,听畜奴婢。婢唯着青布衣,僧尼皆令蔬食。如此,则法兴俗盛,国富人殷。不然,恐方来处处成寺,家家剃落,尺土一人,非复国有。[1]

普通三年(522)　59 岁

◎普通中,省《涤雅》《铨雅》。

据《隋书·音乐志》,时间考证详见后文。据"普通中",暂系于普通三年。

大同二年(536)　73 岁

◎萧子云上启请改雅乐歌辞。

据《梁书·萧子云传》,时间考证详见后文。

大同十一年(545)　82 岁

◎十二月,贺琛上奏时事之弊四条,包括饮食竞相豪奢、蓄妓乱象等,武帝大怒,口授斥责曰:"朕有天下四十余年……昔之牲牢,久不宰杀,朝中会同,菜蔬而已,意粗得奢约之节……朕绝房室三十余年,无有淫佚。朕颇自计,不与女人同屋而寝,亦三十余年。"[2]据《资治通鉴》系于此时[3]。

---

① [唐]李延寿《南史》卷七十,第 1721—1722 页。
② [唐]姚思廉《梁书》卷三十八,第 546—549 页。
③ [宋]司马光《资治通鉴》卷一百五十九,中华书局 1956 年版,第 1342 页。

二、祭祀去牲的思想来源与现实操作

可以看出,武帝之改革动作密集集中在天监末年,但先前自己早已茹素,有长期的铺垫与舆论造势,且面对僧俗强大压力,采取循序渐进的方式推进改革。天监十年左右二郊、明堂的肴膳就已改革,天监十六年起改革先从宗庙开始,后扩展到二郊,郊庙祭祀的改革后,再正式制定《断酒肉文》在佛教界推行。武帝的素食改革是一项经过长期准备、精心策划的系统工程,主要顺序是由己及人,由国家政治到宗教层面,由俗入道,其中的国家祭祀改革顺序是由二郊至七庙。

从思想来源来看,武帝的戒杀素食观念既是对儒家与佛教传统经典的革命,也融合了相当一部分佛教学说和儒家斋戒、丧期的饮食传统。也有取自晋以来一些崇佛人士的观点与实践。

我国祭祀素有用牲传统,多用牛、羊、猪的毛、血、肉,《周礼·春官·肆师》:"立大祀用玉帛、牲牷,立次祀用牲币,立小祀用牲。"①《礼记·郊特牲》:"郊血,大飨腥,三献爓,一献孰。"②依祭祀等级不同,使用血、半生肉、生肉与熟肉。以动物作牺牲是对上古茹毛饮血传统的延续致敬,故《礼记·杂记》中说:"疏食不足祭也。"③《墨子·尚同》亦云:"其事鬼神也……牺牲不敢不腯肥。"④这意味着以素食祭神在理论和传统上都是将面临巨大挑战的。但

---

① ［清］阮元校刻《十三经注疏·周礼注疏》卷十九,第 1658 页。
② ［清］阮元校刻《十三经注疏·礼记正义》卷二十五,第 3129 页。
③ ［清］阮元校刻《十三经注疏·礼记正义》卷四十三,第 3403 页。
④ 吴毓江撰,孙启治点校《墨子校注》卷三,第 118 页。

同时,儒家又素有斋戒与居丧上的特定饮食传统,这种对于洁净饮食的追求在一定程度上可转换为佛教层面的饮食要求。《礼记外传》:"凡大小祭礼,必先斋,敬事天神人鬼也……斋必变食,去其荤膻也。"①《庄子·人间世》中孔子与颜回的对话中也称"不饮酒,不茹荤"为"祭祀之斋"②。在儒家丧制中,同样也有素食的规定,《礼记·间传》即云:"父母之丧,既虞卒哭,疏食水饮,不食菜果。"③

　　而佛教大乘经典中,已有佛祖准食"三净肉"的内容④,虽早有佛教徒与僧人坚持茹素,如谢弘微兄长卒后"蔬食积时,哀戚过礼,服虽除,犹不啖鱼肉"⑤,裴子野"末年深信释氏,持其教戒,终身饭麦食蔬"⑥,但终究是少数的个人行为。释慧琳就曾劝谢弘微放弃吃素:"檀越素既多疾,顷者肌色微损,即吉之后,犹未复膳。若以无益伤生,岂所望于得理。"⑦可见,僧人激烈反对素食原因有二,第一是群僧认为"律中无断肉事及忏悔食肉法";第二是传统认为素食对健康不利。当时普遍认为蔬食使人"虚冷",释慧琳认为吃素"伤生",严植之"少遭父忧,因菜食二十三载,后得风冷疾,乃止"⑧。

　　武帝的素食思想在付诸实际行动前应是由来已久。其佛教思

---

　　① [宋]李昉等《太平御览》卷五百三十引《礼记外传》,中华书局 1960 年版,第 2403 页。

　　② [清]王先谦《庄子集解》卷一,中华书局 1987 年版,第 35 页。

　　③ [清]阮元校刻《十三经注疏·礼记正义》卷五十七,第 3603 页。

　　④ 《十诵律》卷三十七,《大正藏》第 23 册,第 264—265 页。

　　⑤ [南朝梁]沈约《宋书》卷五十八,第 1592 页。

　　⑥ [唐]姚思廉《梁书》卷三十,第 444 页。

　　⑦ [南朝梁]沈约《宋书》卷五十八,第 1592 页。

　　⑧ [唐]姚思廉《梁书》卷四十八,第 671 页。

想深受西邸时萧子良的影响,而子良一向有强烈的戒杀思想,史书记载"世祖好射雉",子良曾上书以"闻其声不食其肉,见其生不忍其死"的儒家思想和"功德""果报"佛教理论谏之①,何胤的学生钟屿认为蚶蛎不能算肉,大可放心食用,子良也愤而斥之②。另外沈约早在天监三年左右写作了包含素食思想的《均圣论》与《究竟慈悲论》③,除了沈约本人的佛学思想、萧子良的影响外,在这两年集中写作佛教论文,揣摩圣意也是一个重要的因素。沈约在《因缘义》中说"好生之性,万品斯同"④,《均圣论》中将佛教戒杀与"仁"相联系,《究竟慈悲论》更言"慈悲之要,全生为重",儒家圣人没有提出戒杀是因为"立教设方,每由渐致",佛祖准许吃"三净肉"是因为"是故开设三净,用伸权道,及涅槃后说,立言将谢",沈约甚至要求断"蚕革",禁止穿蚕丝和皮革衣物,比戒律都更要严格⑤。在这几篇论文中,沈约实际已着手从儒家传统与大乘经典角度为素食改革扫清理论障碍。

武帝先从俗界的宗庙祭祀入手,一个重要原因是他的身份权威更容易强力推动,他做了八座讨论等的表面功夫,虽引起了"公卿异议、朝野喧嚣",但"竟不从"⑥,一意孤行,总体来说进展较为顺利。但在佛教界,武帝尚未取得"菩萨"的身份,僧人也仍具有一些"沙门不敬王者"的传统气质,实则推行难度更大,也可见诸多僧众敢于公开表示不满。

① ［南朝梁］萧子显《南齐书》卷四十,第 698—699 页。
② ［南朝梁］萧子显《南齐书》卷四十一,第 732—733 页。
③ 据林家骊《沈约研究》附录《沈约事迹诗文系年》,第 386 页。
④ ［清］严可均《全上古三代秦汉三国六朝文·全梁文》卷三十,第 3126 页。
⑤ ［清］严可均《全上古三代秦汉三国六朝文·全梁文》卷二十九,第 3119 页。
⑥ ［唐］李延寿《南史》卷六,第 196 页。

推行了宗庙去牲后，武帝着手借受菩萨戒之机，使制断酒肉成为戒律。从《断酒肉文》记载的几次法会情况来看，遭到了佛门僧众强力的反对。武帝对此软硬兼施，一方面苦口婆心，以身作则：

> 弟子今日唱言此事，僧尼必当有不平色，设令刳心掷地，以示僧尼，丏数片肉，无以取信。古人有言：非知之难，其在行之。弟子萧衍虽在居家，不持禁戒。今日当先自为誓，以明本心：弟子萧衍，从今已去，至于道场，若饮酒放逸，起诸淫欲，欺诳妄语，啖食众生，乃至饮于乳蜜，及以酥酪，愿一切有大力鬼神，先当苦治萧衍身，然后将付地狱阎罗王，与种种苦。乃至众生皆成佛尽，弟子萧衍犹在阿鼻地狱中。①

武帝事先已知僧众的不合作态度，"僧尼必当有不平色"，只得自身重言立誓，发誓自己此后若有破戒必下地狱，态度真诚恳切。另一方面以严厉态度，点名批评不满素食改革的几位德高望重的高僧僧超、僧辩、宝度、法宠等，并动用"王法"力量即国家行政手段介入佛教界素食改革："若复有饮酒啖肉，不如法者，弟子当依王法治问。"②但从几年后郭祖深的上书情况来看，僧尼的素食执行情况并不是十分理想。戒律的严格执行与观念的渗透尚且需要数年的时间，后又有北方齐宣帝、周武帝等相继颁布相关法令，而武帝

---

① ［清］严可均《全上古三代秦汉三国六朝文·全梁文》卷七，第 2991—2992 页。

② ［清］严可均《全上古三代秦汉三国六朝文·全梁文》卷七，第 2991 页。

已从理论和实践上完成了最初最困难的部分。

从事迹表中来看，雅乐歌辞的改定已是素食改革完成之后，一定程度上意味着武帝对国家祭祀儒家传统突破性改革的成功。有意思的是，在颠覆儒家血牲祭祀传统的同时，武帝又试图在文学上回归儒家经典的雅正传统。武帝几乎否定了原来沈约所作的郊庙歌辞，敕令萧子云重新写作，此次修订因素食改革而起，但最后修改重点却在回归雅正文学、强调皇帝权威之上，从中可以看出梁武帝在梁代中期对于国家政治、文化方面的重新思考与设计。

三、梁中期郊庙用牲歌辞的修订

关于这次雅歌修订，主要有《隋书·音乐志》与《梁书·萧子云传》的两段记载：

《隋书·音乐志》：

> 普通中，荐蔬之后，改诸雅歌，敕萧子云制词。既无牲牢，遂省《涤雅》《牷雅》云。①

> 普通中，荐蔬以后，敕萧子云改诸歌辞为相和引，则依五音宫商角徵羽为第次，非随月次也。②

《梁书·萧子云传》：

---

① ［唐］魏徵《隋书》卷十三，第 297 页。
② ［唐］魏徵《隋书》卷十三，第 302 页。

大同二年……梁初,郊庙未革牲牷,乐辞皆沈约撰,至是承用,子云始建言宜改。启曰:"伏惟圣敬率由,尊严郊庙,得西邻之心,知周、孔之迹,载革牢俎,德通神明,黍稷苹藻,竭诚严配,经国制度,方悬日月,垂训百王,于是乎在。臣比兼职斋官,见伶人所歌,犹用未革牲前曲。圜丘眠燎,尚言'式备牲牷';北郊诚雅,亦奏'牲玉孔备';清庙登歌,而称'我牲以洁';三朝食举,犹咏'朱尾碧鳞'。声被鼓钟,未符盛制。臣职司儒训,意以为疑,未审应改定乐辞以不?"

敕答曰:"此是主者守株,宜急改也。"仍使子云撰定。

敕曰:"郊庙歌辞,应须典诰大语,不得杂用子史文章浅言;而沈约所撰,亦多舛谬。"

子云答敕曰:"殷荐朝飨,乐以雅名,理应正采五经,圣人成教。而汉来此制,不全用经典;约之所撰,弥复浅杂。臣前所易约十曲,惟知牲牷既革,宜改歌辞,而犹承例,不嫌流俗乖体。既奉令旨,始得发蒙。臣凤本庸滞,昭然忽朗,谨依成旨,悉改约制。惟用五经为本,其次《尔雅》《周易》《尚书》《大戴礼》,既是经诰之流,愚意亦取兼用。臣又寻唐、虞诸书,殷《颂》周《雅》,称美是一,而复各述时事。大梁革服,偃武修文,制礼作乐,义高三正;而约撰歌辞,惟浸称圣德之美,了不序皇朝制作事。《雅》《颂》前例,于体为违。伏以圣旨所定乐论钟律纬绪,文思深微,命世一出,方悬日月,不刊之典,礼乐之教,致治所成。谨一二采缀,各随事显义,以明制作之美。覃思累日,今始克就,谨以上呈。"敕并施用。①

———————

① 〔唐〕姚思廉《梁书》卷三十五,第514—515页。

　　关于歌辞修改的时间,《隋书·音乐志》与《梁书·萧子云传》记载却有出入,一记为普通中,一记为大同二年。陈庆元认为是普通中①,钱汝平定为大同年间②,闫运利则认为"《隋书·音乐志》可能将普通中、大同年间两次修改相互混淆",认为可能普通中只更改了用牲内容,而"郊庙歌辞,应须典诰大语"的敕答发生在大同二年③。张恩普从萧子云"兼任斋官"时间推断,萧子云曾兼尚书左丞,《南齐书·百官志》中记尚书左丞之职为"掌宗庙郊祀,吉庆瑞应",据萧子云任北中郎庐陵王咨议参军,兼尚书左丞的时间,判定萧子云上启改辞应在普通三年至大同元年,最大可能在普通六年④。

　　对此次修订时间学界众说纷纭,而笔者认为,从两番敕答语气来看,应是萧子云将修改后歌辞呈上后,武帝进一步提出意见,认为前作"亦多舛谬",子云答"臣前所易约十曲,惟知牲牷既革"云云,明显不是多年后的口吻。子云上启,并得到允许修改,又第二次修改直至最后"施用"必定中间没有长时间间隔。尚书左丞官职虽与祭祀相关,但子云时为庐陵王咨议参军,主要时间应不在京城,没有证据表明他能够在京主持管理祭祀事宜。《涤雅》《牷雅》对应的祭祀流程已被取消,这两首乐歌不可能在革除郊庙牲牷后十几年的大同年间才会发现不合时宜,故《隋书·音乐志》记载的"普通中,荐蔬之后,改诸雅歌……既无牲牢,遂省《涤雅》《牷雅》

① 陈庆元《一代辞宗——齐梁之际文坛领袖沈约》,《辽宁大学学报(哲学社会科学版)》,1996 年第 3 期。
② 钱汝平《萧衍研究》附录年谱,中国社会科学出版社 2011 年版,第 345 页。
③ 闫运利《南朝郊祀歌留存状况考论》,《乐府学》,2016 年第 1 期。
④ 张恩普《刘勰生平系年考略》,《东北师大学报(哲学社会科学版)》,1986 年第 4 期。

云"为准确,而这句话中间的"敕萧子云制词"不一定发生在此时。子云的上启中举例是"式备牲牷"出自《禋雅》,"牲玉孔备"出自《诚雅》,"我牲以洁"出自登歌,应该说明此时《涤雅》《牷雅》已无。可以推测在普通中的第一次雅歌修改是仓促应对祭祀改革,仅仅删去了再无用途的两首乐歌,其他雅乐如旧。数年后萧子云才发现其他歌辞中也有许多不太妥当的相关词句,这时武帝也才多年后又重新细读雅乐歌辞,并提出自己的不满。大同二年,子云迁员外散骑常侍、国子祭酒,南朝国子祭酒、国子博士多参与议礼,南齐之王俭、张绪、萧子良、何胤相继为国子祭酒并修撰五礼,至梁代礼学名家明山宾也曾于普通四年兼任国子祭酒,故而子云任国子祭酒期间兼任斋官也是职责情理之中。子云所作《介雅》开头即云"明君创洪业,大同登颂声"①,也很有可能呼应了刚改元的年号。故梁代雅乐歌辞的修改时间问题大略应是如此,《隋书·音乐志》记载将删减二歌与子云作词时间相混,《梁书》记载较为精确。

从君臣两番敕答来看,他们认为沈约所作歌辞有三方面的问题:第一是文辞上还和用牲相关;第二是"杂用子史文章浅言",以致歌辞"舛谬""浅杂";第三是"惟浸称圣德之美,了不序皇朝制作事",应强调本朝文治礼乐之制作。第一次修改,子云仅修正了原先与肉食牺牲相关的词句,并未大改,在得到武帝的指示后,云"悉改约制",重点从后两个方面几乎重写了所有歌辞。

武帝对于"浅言"的指责,关乎郊庙歌辞的雅正文学传统问题。虽然钟嵘《诗品》曾评价沈约"不闲于经纶,而长于清怨",但沈约所作郊庙歌辞确有一定文采且注重新变,他使用典故不拘一格,如

---

① ［宋］郭茂倩《乐府诗集》卷十四,第 203 页。后引歌辞皆出于此。

《雍雅》"属厌无爽，冲和在御"，出自《老子》"冲气以为和"①，《牷雅》"庖丁游刃，葛卢验声"，庖丁解牛的典故出自《庄子》，《需雅》"道我六穗罗八珍"，"六穗"典故则出自司马相如《封禅文》等等。从文学角度说，这是沈约创新文体的尝试，也可体现永明以来以及沈约本人"三易说"的文学观念。开国之初，武帝以个人文学趣味而言也更倾向这样创新的歌辞形式，而时过境迁，武帝更多从国家政治与个人权威的角度看待郊庙歌辞的作用，沈约的创新歌辞虽更粲然可诵，但从典故等来看不够雅正，郊庙歌辞的政治意义应大于文学意义，子云也是体悟到这点而"昭然忽朗"的。可知梁代中期的这次歌辞修改由素食改革而起，但最终重点是武帝巩固权威，加强意识形态教化的重要手段。

子云所作十篇现已不能确知是哪十篇，"十二雅"中，现《隋书·音乐志》《乐府诗集》中收录《俊雅》（众官出入）、《胤雅》（皇太子发西中华门）、《介雅》（上寿酒）、《需雅》（食举）、《雍雅》（撤馔）、《寅雅》（王公出入）六篇。对比二人歌辞文本，更可知武帝此时的相关心理意图。从内容上看，子云新作歌辞与沈约旧作有三方面的差异：

首先是最基本的关于饮食方面的修改。沈约旧作颇重对美食的描写，体现一派和乐且湛的氛围。如《介雅》中对酒器、美酒的描写："百味既含馨，六饮莫能尚。玉罍信湛湛，金厄颇摇漾。"气派华贵，突出对美酒滋味的享受。而子云将这四句改为"三朝礼乐和，百福随春酒。玉樽湛而献，聪明作元后"，减少了对酒本身的描写。在《需雅》中，沈约因"人欲所大味为先"，更是穷形尽相地描绘奢侈

① 朱谦之《老子校释》，中华书局1984年版，第175页。

的食材如"三危之露九期禾""玄芝碧树寿华木",丰富的调味品如"楚桂胡盐荂芳卉",高超的厨艺如"或鼎或鬴宣九沸",精美的食具如"加笾列俎雕且蔚",味觉享受如"滑甘潽灂味和神",包含肉食的内容更是琳琅满目,如"用拂腥膻和九谷""碧鳞朱尾献嘉鲜,红毛绿翼坠轻翾""荆包海物必来陈"等,务在体现国宴的奢华、口欲的满足。武帝奉佛后生活方式逐渐朴素、节欲,"日止一食,膳无鲜腴,惟豆羹粝食而已"[①],不难理解他在大同时期再看到这样的饮食描写会觉得不适了。子云新辞则着重强调戒杀之意与素食之可贵,如"蔬膳菲食化始至""况遂豚鱼革前典",子云辞曰"弋不射宿杀已祛",引用孔子典故正面论证戒杀,而"《行苇》之微犹勿践,宁惟血气无身剪",《大雅·行苇》篇中大啖烤肉、牛胃、牛舌,则以此典故为反例。总体子云新辞重在说明"大羹不和有遗味。非极口腹而行气,节之民心杀攸贵",真正的美食非为尽口腹之欲和杀戮,迎合武帝此时的素食节欲心理。沈约辞曰"道我六穗罗八珍",子云则曰"蕰藻之菜非八珍",颇有针锋相对之意。

其次,子云新作中更重对皇帝威仪、君臣之序的描写,沈约倾向于侧面描写皇家威仪,更富文学色彩,如《皇雅》云"清跸朝万宇,端冕临正阳。青绚黄金缲,衮衣文绣裳。既散华虫采,复流日月光",重在描写衣着与仪态,又如沈约之《俊雅》,突出百官人才济济、出入时风神潇洒、彬彬有礼的阵容:"珩佩流响,缨绂有容。衮衣前迈,列辟云从","思皇蔼蔼,群龙济济。我有嘉宾,实惟恺悌",一派君臣和谐友睦的场面。而子云之《俊雅》直接赞颂武帝"於赫有梁,向明而治。知人则哲,聪明文思",突出百官"威仪有则,是降

---

① ［唐］姚思廉《梁书》卷三,第97页。

是升","左右秩秩,终敬且矜"的森严君臣之别,子云在《胤雅》中也直接赞颂"英华外发,温文成性",都更加倾向直接赞颂。

尤其是君臣礼仪,新旧辞有从君臣和睦共处到严格区分君臣上下秩序的转变。在《寅雅》中,沈约描写王公们"如矜严,终醋醋",在《乐将殚恩未已应诏》一诗中,沈约同样说"群臣醉又饱,圣恩犹未半",以醉饱来反映圣恩之隆,这也是《诗经》中君臣宴乐传统的反映,沈约描写醉态来自《既醉》"既醉以酒,既饱以德,君子万年,介尔景福",《诗经》中如君待臣的《彤弓》云"我有嘉宾,中心喜之",臣待君的《蓼萧》云"既见君子,我心写兮",都是一派君臣和乐氛围。而子云相应地在《寅雅》中改成了"仪抑抑,皇恂恂","抑"与"恂"也颇有针对"醋醋"的意味。沈约在《需雅》中称颂"皇举斯乐同山河""悠悠四海同兹庆"时,子云须要突出的则是"卑高制节明等差,君臣之序正在斯。"

第三,子云新辞中体现"各述时事""皇朝制作事",点明梁代制礼作乐的文治成就,如《寅雅》云"车同轨,行同伦","礼时行,乐日新"等,沈约在武舞《大壮舞》歌中固然赞叹武帝一平天下的武功,但在文舞《大观舞》歌中也没有过多渲染新朝礼乐成就,只说"《咸》《英》《韶》《夏》,于兹比盛"而已。沈约所作鼓吹曲几乎皆为武帝军功,这与鼓吹性质有关,而其中全篇皆为颂赞梁代开国的《于穆》《惟大梁》也只言"君臣和乐""隆周何足拟,远与唐比纵",失之笼统泛泛。因未留下全部新辞,现在看来子云也并未过多体现出梁代文治成功的独特性,"一二采缀""圣旨所定乐论钟律纬绪"也有体现,如"钟石变箫韶""搓夷则,奏雅寅",应都与武帝创"四通十二笛"等乐律制度相关。

但总体而言,新辞语句多继承自旧辞。如《俊雅》旧辞"唐义咸事,周宁多士",子云改为"思皇多士,俊乂咸事",《雍雅》旧辞"其容穆穆,其仪济济",子云改为"穆穆天子""济济群公"等。为配合旧乐,子云新辞大体不变旧韵,重点只是对引起武帝不满的几点思想倾向修改而已,文学水平并不如旧辞。但对于传统儒家雅乐歌辞而言,文辞中的文采与政治功能相比,是并不重要的。本文首先作简单文献梳理考论,并从其中发现值得讨论的问题。其中郊庙歌辞的修订一事因常被忽略,故而认为有深入探讨的必要。修订歌辞作为梁代素食改革的一个重要方面,也牵涉到佛教对国家祭祀传统的影响、雅乐文学观念流变等,从中我们也可以窥见梁代政治制度、文化观念、文学新变等问题,也是梁武帝本人心理变迁的写照。

原载《五台山研究》2020年第4期

论佛学对传统自由精神的
圆融超越

　　对自由的追求和向往是人类的天性,也是中华民族的传统精神价值之一。从孔子"风乎舞雩咏而归"的场景想象,到庄子"逍遥游"的精神漫游,再到《周易》"知周乎万物"故而"乐天知命"的审美境界,中国传统学术对于自由精神有着诸多探索。佛教传入中国后,更是完成了对儒家、道家与印度佛教传统学说的圆融,在六朝的"中国化"进程中实现了形式、思维和审美上的自由,并创造了实有的自由净土世界,在唐代更是形成了完全中国化、世俗化的禅宗,禅宗的灵魂就是自由无碍、自在解脱的审美境界。佛教在传统学术的基础上,拓展了自由理论的广度和深度,兼顾士大夫与平民阶层,从超然高迈与日常世俗两个维度推进了对自由精神的探索,使得中国传统人文精神进一步升华。自由精神早已融入了中华传统文明的"根"与"魂"中,十八大提出的"社会主义核心价值观"中,"自由"被列入"社会层面的价值取向",也足以证明自由精神从古至今就是华夏儿女不懈追求的宝贵民族精神价值。

一、儒家与道家传统学说
对自由精神的阐释

　　先秦的儒家与道家都有对于自由的阐释。孔子在建构个体人格的修炼路径时，就将实现身心自由嵌入其中，使之不但充盈在不断完善自我的修身过程中，提供着精神愉悦感，也成为最后人格成熟完备的目标之一，与礼仪伦理契合无间，是"尽美矣，又尽善也"。个体人格、情感追求和社会价值完美和谐，就是儒家追求的自由。

　　孔子、孟子都认为，这种令人格臻于至美至善的强烈需求人人都有，应凭借个体主动独立的意志去发现实践，即"为仁由己，而由乎人哉?"这种人格的力量就彰显了伟大与自由的道德精神。而且"仁"的实践过程本身就有快乐与自由充实感，如"一箪食，一瓢饮，在陋巷，人不堪其忧，回也不改其乐"，又如"发愤忘食，乐以忘忧，不知老之将至云尔"，这种有益的审美愉悦情感更多地来自诗歌和艺术，孔子的修学步骤是"兴于诗，立于礼，成于乐"，或者"志于道，据于德，依于仁，游于艺"，最后落脚点都在"乐"和"艺"上，使得个人悠游自得浸润其间，不动声色地将社会理性规范转化为了出于个人天性的自由之境。到达这个境界后，会产生"养吾浩然之气"的精神状态，产生"充实之谓美"的道德满足，"上下与天地同流"的审美体验。乃至孔子强烈认可的"莫春者，春服既成，冠者五六人，童子七人，浴乎沂，风乎舞雩，咏而归"的理想场景，就是孔子对于个人处于天地之间，一派和谐自由状态的诗意想象。"说明孔子所追求的'治国平天下'的最高境界，恰好是个体人格和人身自由的最高境界，两者几乎是同一的……在孔子那里，这个仁学的最高境界恰恰不是别的,而是自由的境界、审美的境界。"①

不过,自由对儒家学说而言并不是直接目的,而且是有约束的(礼)、有进程的("三十而立……七十而从心所欲不逾矩")、有目标的(修身齐家治国平天下)。先秦道家所追求的就是超越社会性、功利性的绝对自由。老子的哲学建立在反思个体丧失自由天性而异化的基础之上,认为"大道废,有仁义","天下多忌讳而民弥贫",礼法反而会成为祸乱之源,要获得自由,必须效法自然之道,"复归于朴",剥落欲望和文明加上的桎梏,通过"涤除玄览",从而"致虚极,守静笃"。庄子则继承老子,发展出了直接讴歌追求自由的美学。庄子感慨人们为物所役,为礼所缚,"终身役役而不见其成功,苶然疲役而不知其所归",生命的真正意义应效法"道","道"本身就是自由的象征,无为自在,无所不能,超越时空,成就万有。故而人也应"法道",控制欲望、安顿情绪,让个体生命顺遂大道流化,采取"心斋""坐忘"的修炼功夫,让内心一步步化为"纯白",进一步超越世俗而"独与天地精神往来",个体精神"出入六合,游乎九州,独往独来","朝彻,而后能见独;见独,而后能无古今;无古今,而后能入于不死不生"。虽身处社会纷扰中,个体精神依然能高度独立,安命无为,逍遥游世,进入永恒的精神世界。

孔子的"游于艺"是基于道德伦理的全面修养基础之上,但庄子的"游"就是一种绝对纯粹自由的精神活动,庄子将关于自由的理论最后都以"游"这种姿态形象化地具现,或是宇宙漫游,"游于天地""游乎四海之外""游乎尘垢之外",或来到大道生成凝聚之神域,"上与造物者游""游无何有之乡""游夫遥荡恣睢转徙之涂",乃

---

① 刘纲纪《中国美学史》上卷,第135—136页。

至以"游心"归之,"乘物以游心,托不得已以养中""不知耳目之所宜,而游心乎德之和"。"游"是身心无比轻灵逍遥的姿态,是空明澄澈并无所待的心境,也是四海八荒无所不至的无限。庄子的自由之游有着强烈的美学意味,他赞美"不知其几千里"的鲲,"抟扶摇而上者九万里"的鹏,"其大蔽数千牛"的树,"大泽焚而不能热,河汉冱而不能寒"的"至人","生也天行,其死也物化"的"圣人","磅礴万物"的"神人","登高不栗,入水不濡,入火不热"的"真人",都有着等同于宇宙的广博领域和伟大力量,充分肯定了恢弘无限的自由境界。

庄子的自由美学跳出了社会现实的界限,关注内心精神世界的广阔玄远,开拓了全新的精神活动空间,为之后佛教在中国发展奠定了坚实的思想基础。先秦学说中对于自由的理论探索很多,有不少都达到了极高的思想水平,如《周易·文言》描述了人与天地自然实现和谐合一后的状态:"夫大人者,与天地合其德,与日月合其明,与四时合其序,与鬼神合其吉凶,先天而天弗违,后天而奉天时。"[1]《周易·系辞》进一步说明圣人利用"与天地准"的易理"弥纶天地之道",进而"仰以观于天文,俯以察于地理"来感知宇宙万物,进而与道合一,实现了身心自由:

　　　知周乎万物,而道济天下,故不过。旁行而不流,乐天知命,故不忧。安土敦乎仁,故能爱。范围天地之化而不过,曲成万物而不遗,通乎昼夜之道而知,故神无方而易无体。[2]

———————————

① 周振甫《周易译注》,中华书局 2013 年版,第 9 页。
② 周振甫《周易译注》,第 247 页。

这是儒家发出的对于刚健自由个人意志的最强音之一,与西方康德、黑格尔的自由理论相比,有学者认为:

> 《易传》既不将自由仅仅视为意志的产物,重视人类在认识必然的过程中获取自由,以趋利避害,亦不完全主张在必然性面前无所作为,一筹莫展,陷入宿命论的怪圈之中,而是力倡在无法逆料的变故与必然性面前充分发挥人的主观意志,以趋利避害,张大精神意志的力量……这是儒家思想精华的升华。①

尽管先秦儒道二家对于自由的理论阐释都已有了相当的成果,但高扬人性自由的精华部分在秦汉后都出现了一定程度的异化。先秦最后一位儒学大师荀子从政治层面深化了儒家思想,但也压抑了个体独立张扬的精神,认为只有符合"道""礼""规矩"的人生才是真正的美与快乐。儒家也素来讲"规矩",如孔子说"从心所欲不逾矩",孟子说"大匠诲人必以规矩,学者亦必以规矩",但荀子更多从国家与统治者角度出发,认为"绳者直之至,衡者平之至,规矩者方圆之至,礼者人道之极也"。到了西汉董仲舒,更是强调天意、王者教化,更重视政治教化功能,先秦儒家尊重个体人格的精神逐渐丧失了。

以至魏晋,有些统治者已把名教彻底异化成了政治上束缚人民的工具,源于老庄哲学的玄学应运而生。名士们尽情辩谈玄理,

---

① 袁济喜《从"神感说"探讨古代文论的"神思说"》,《厦门大学学报(哲学社会科学版)》,2005 年第 1 期。

从理论上探求宇宙本体,何晏的"以无为本"、王弼的"应物而无累于物"都指向了精神自由层面。阮籍批判统治者"坐制礼法,束缚下民",使人们"唯法是修,唯礼是克""心若怀冰,战战栗栗",因此他构建了一位达到绝对自由之境的"大人先生"形象。嵇康则是一位坚决捍卫个人自由的斗士,痛斥儒家经典压抑人性自由:"六经以抑引为主,人性以从容为欢",明确提出"超名教而任自然",以向往自由的鹿自比:"长而见羁,则狂顾顿缨,赴蹈汤火,虽饰以金镳,飨以嘉肴,愈思长林而志在丰草也。"①最后也为自由付出了生命的代价。郭象玄学则将庄子的"逍遥"转化为"自适""自得",认为只要在自己的限定性分中生活而安于际遇、没有非分之想,就达到了"逍遥","天地虽大,万物虽多,然吾之所遇适在于是,则虽天地神明,国家圣贤,绝力至知而弗能违也"。无论人后天如何努力,也不可能超越自己的"真性"和"自然"。

魏晋之后,随着乱世中生死问题的进一步凸显,个体价值的进一步觉醒解放,一代中国人对于生命自由的追寻就愈显急迫。从《古诗十九首》的"人生寄一世,奄忽若飙尘""人生忽如寄,寿无金石固",到曹操的"对酒当歌,人生几何",桓温的"树犹如此,人何以堪",再到王羲之的"死生亦大矣",都说明了传统学术对死亡问题的探讨已经不足以解决当下的现实问题。海德格尔说,人们只有领会到死亡的威胁和必然,才能够意识到自我独一无二的价值,能进行自由的选择来确定人生的价值和意义②。子曰:"未能事人,焉能事鬼?""未知生,焉知死?"之后正统儒家学说对于生死基本持

---

① [三国魏]嵇康著,戴明扬校注《嵇康集校注》,第197页。
② [德]海德格尔著,陈嘉映、王庆节译《存在与时间》,生活·读书·新知三联书店1987年版。

回避态度。庄子豁达坦然直面死亡，认为"生也死之徒，死也生之始"，企图说明生死都是自然规律，"死生，命也，其有夜旦之常，天也"，以"死生存亡之一体"的审美超越来消解生死界限。但这些理论在六朝时期疾疫横行、战争频仍、政治斗争残酷的严峻现实面前，仍显得乐观理想化，儒家刚毅坚韧的态度全然失效，庄子的潇洒超然也过于玄远虚无。

道教在汉代应运而生，继承了老庄生命哲学中的重身与重生倾向，一些流派走向了以虚妄妖邪之术追求长生不老的修炼中。曹植《喻道论》就指出道教不愿意面对人必有一死的客观事实，迷恋尸解升仙、死而复生之事，释玄光面对道士们对佛教的攻击，写作《辩惑论》反击一些道士利用死亡焦虑谋财，"贩死利生，欺罔天地"，或伪造天书符咒，或编造养生秘笈，令本因追求精神自由而超拔高逸的社会精神逐渐卑下堕落。一种能够圆融传统学说，并全面超越的新自由学说亟待出世。

二、六朝佛学自由理论的探索实践

若总结六朝之前中国传统自由学说的不足之处，儒家，其一为世俗化，其二为回避生死鬼神问题；道家，其一是学说玄远而难以践行，其二是"重生"倾向极易发展为肉体长生的片面追求。佛教本是强调修行智慧以超脱烦恼的宗教，有着浓郁的精神自由气息。自东汉传入中国，在六朝时期开始兴盛，实为响应了人们对于自由价值的渴求呼唤。

在彼时重视"华夷之别"、尊王权、重孝道、强调生育、倾向养生的中国人面前，印度佛教的教义教规都显得惊世骇俗。佛教采取

的是首先圆融传统学术,"中国化"改造而得以立足,在此基础上再
全面超越传统的道路,六朝时期的佛教发展很好地体现了这种圆
融超越进程。传统学说的守护者在六朝与佛教徒展开了激烈的论
辩,得益于六朝较为自由的思想氛围,佛教在思想对话中迅速成
长,双方的论文集中收录在南朝高僧僧祐编纂的《弘明集》和唐代
释道宣续编的《广弘明集》中。

　　在对自由精神的不断追求上,中国化的佛教不独针对儒道二
家的疏漏,也大胆超越印度大乘佛教教义教规,大致有二:印度传
统佛教教义经典繁琐难懂,需要长期清苦修行;大乘空观宣扬毕竟
绝对的"空",反而不能提供世俗众生所需的自由与幸福感。佛教
经过种种的圆融改革后,相比于传统学说体现出了显著的优势。
宗炳《明佛论》即指出,"中国君子,明于礼义而暗于知人心,宁知佛
心乎?"宋文帝也评论道:"六经典文,本在济俗,为症必求性灵真
奥,岂得不以佛理为指南耶?"①导致六朝时期,一大批原先熟稔儒
家经典、醉心老庄学说的士人投身佛教。如僧肇少年时"志好玄
微,每以庄、老为心要。尝读老子道德章,乃叹曰:美则美矣,然期
栖神冥累之方,犹未尽善"②。东晋名僧慧远的心路历程更是典
型,他少年时"游心世典,以为当年之华苑也",后来"及见老、庄,便
悟名教是应变之虚谈耳",由儒转道,最后意识到"沉冥之趣,岂得
不以佛理为先?"③这"性灵真奥""栖神冥累""沉冥之趣"都是佛教
对于传统学术的超拔之处,也是一种精神的自由审美之境。六朝

　　①　[唐]释道宣撰,刘林魁校注《集古今佛道论衡校注》,中华书局2018年版,
第64页。
　　②　石竣等编《中国佛教思想资料选编·汉魏六朝卷》,第194页。
　　③　石竣等编《中国佛教思想资料选编·汉魏六朝卷》,第118页。

时期,佛教中国化历程中带来的自由,可以大致分为形式自由、思维自由、审美自由、实有自由四个方面。

(一)形式自由。即外在形式上以沙门不敬王者、不婚不育、断发祖服等种种行为,大胆冲击儒家世俗伦理制度,表达对传统世俗君臣、父子、夫妻等伦理制度的消解。近代倡导"独立之精神,自由之思想"的陈寅恪就说:"释迦之教义……与我国传统之学说,存在之制度,无一不相冲突……能于吾国思想史上发生重大久远之影响者,皆经国人吸收改造之过程。"①

此"吸收改造"就是佛教不断与中国传统思想圆融超越的过程。慧远一贯坚持调和内外之教,认为这几种思想学术可以圆融一体,殊途同归:"道法之与名教,如来之与尧、孔,发致虽殊,潜相影响;出处诚异,终期则同。"在《沙门袒服论》中,以外在的服制,慧远解释发挥出了"笃其诚而闲其邪""履正思顺"的功能,既与儒道思想暗合,更是突出了佛教的超越意义。面对实际当权者桓玄的强硬要求,慧远坚持佛教的独立自由地位,撰文回应"出家则是方外之宾,迹绝于物",强调"出家""在家"与"方内""方外"之别,来自《庄子·人宗师》中"游方之外""游方之内"的划分。阮籍丧母却不哭,裴楷就评论说:"阮方外之人,故不崇礼制。"②这种说法提供了一类人超越所有世俗礼法的合理性。

桓玄又认为,沙门在经济上要受到世俗的供养,故而不能"受其德而遗其礼,沾其惠而废其敬",而慧远化用《周易·蛊》"不事王侯,高尚其事",傲然指出,沙门所做的是伟大的事业功绩,有权利

　　① 陈寅恪《冯友兰中国哲学史下册审查报告》,载冯友兰《中国哲学史》下册附录三,中华书局1961年版,第3页。
　　② 余嘉锡《世说新语笺疏》,第862页。

"抗礼万乘、高尚其事、不爵王侯而沾其惠者也"。这一响亮的宣示，也正是思想者们借宗教之名对自由独立行动、高贵纯洁思想的大胆追求。

（二）思维自由。首先，佛教要求抛弃传统思维惯性，否定一切世俗价值意义上的审美判断。儒家重世间、此岸的自由，佛教对传统自由领域进行扩充，构成了相对完整的自由哲学。宗炳认为传统儒学"专在治迹"，专注于世俗人伦领域，"逸乎生表者，存而未论也"。有些学者拒绝佛教"穷神积劫"之说，是一种狭窄的精神视野，对于这种固步自封、对外来文化盲目摒弃的思维惯性，号召打破狭隘的"井蛙之见"，以开放的文化精神来满足人们对自身精神心灵的追求。如以地理概念为例，原先中国人着眼于"天下"，而佛教带来时间和空间都广阔无垠的"世界"概念，在"三千大千世界"中存在"亿万诸佛"，《维摩经·不可思议品》有"芥子纳须弥"之说，想象瑰丽奇伟，都是对旧有思维的打破。

其次，佛教改变了传统中国人以理性、实用、世俗快乐为美的思维定势。印度佛教基本教义"四谛"第一谛即为"苦"，预设人生一切皆苦，以悲剧美学的眼光看待生命，彻底否定人生经验现实中存在审美与愉悦。在佛教思维中，釜底抽薪的否定才能开拓超越现实经验的新无限世界，引导大众看到此岸之外的形而上佛国，走向彼岸的涅槃、般若之境，领略精神的自由与解放。令一向"未知生，焉知死"、有"乐生""乐天知命故不忧"思维倾向的国人大开眼界。这和东汉末年"以悲为美"的美学倾向形成了内外张力。

再次，佛教的"空"义拓展了传统自由的领域。般若中观之学代表人物龙树《中论》的"三是偈"说："众因缘生法，我说即是无(空)。亦为是假名,亦是中道义。"①万法皆空,就连空本身也为假名。非有非空,离弃二边而"无执"为中道。龙树用否定思维解说"中道"说:"诸法不生不灭,非不生不灭,亦不生灭非不生灭,亦非不生灭非非不生灭。"②在佛学看来,儒、道二家的自由都属于现实中的相对自由,"空"的美学意义在于彻底拔离世俗、斩断因缘,超越于入世和出世的人性选择之上,追求无限的绝对自由,达到主体精神的清净禅悦。

这样绝对的"空"是世界唯一的真实存在(真如),也是对传统美学本体的消解,对于中国传统思维存在很大挑战。故而早期翻译往往将"空"译为"本无",以老庄之"无"来辅助理解"空"。这种引譬连类的"格义""连类"方法体现出了六朝学者思维的灵活自由性,"六家七宗"皆以"无"解"空",东晋玄佛双修的名僧支遁创即色宗,撰《即色游玄论》,对郭象主张"适性"的逍遥理论提出了批评,他的"逍遥义"倡导"至足",是指"至人"凝神于玄冥,悠然于无待之境,即不执着于万物,不生得失喜忧之心的精神状态。支遁的"至人逍遥"论是由即色宗"即色即空"提出的。他认为只要心不起执着,就无物存在,一切皆空,而"全人"正是体悟到了这种"空"的人,所以他不执着而逍遥。这是引入般若智慧而拓展了传统思维、升华了精神高度的一例。

(三)审美自由。这主要来源于六朝时佛学在"形神之争"中对"神"价值的高扬,以此强烈颂赞人之精神的价值,强调意识作用的力量,解决传统学术"明于礼义而暗于知人心"的缺憾,使人再次

---

① 龙树《中论》卷四《观四谛品》,《大正藏》第30册,第33页。
② 龙树《大智度论》卷五《大智度初品中菩萨功德释论》,《大正藏》第25册,第97页。

检视内在生命,求索自我性灵。刘勰《灭惑论》就比较佛、道说:"夫佛法练神,道教练形。形器必终,碍于一垣之里;神识无穷,再抚六合之外。"说明佛学重"神"是相比于儒、道的突出特征。

　　慧远在《沙门不敬王者论》中说:"夫神者何耶? 精极而为灵者也。""神也者,圆应无主,妙尽无名,感物而动,假数而行。"慧远之"神"脱胎于《周易》与《庄子》中"变化之极""妙万物而为言""四达并流,无所不极"的"神"而又超越之上,是永恒不变的绝对存在,认为"神"是精神之主宰,通过"不以生累其神""不以情累其生"的断生死、除烦恼修行,可以达到"冥神绝境"的精神极致状态即"涅槃"。与"神"意义相当,慧远也同时宣扬真实、永恒的世界万物本性,也就是法性或法身。在《阿毗昙心论》中,慧远总结说:"己性定于自然,则至当之有极。"说明法性为己性、自然之性所摄,为恒常的存在。沿着这样的思路,慧远的弟子宗炳在《明佛论》中提出"人是精神物",人就是精神的聚合体,注重"精神我"的存在,就可以与"神"感应,在审美追求中超越现实、超越自我。重"神"与"形"的分疏,成为佛教的超拔之处。慧远在《三报论》中说:"佛经所以越名教、绝九流者,岂不以疏神达要,陶铸灵府,穷源尽化,镜万象于无象者哉!"

　　"形神之争"带来的思维革命对文艺审美领域影响甚大,慧远师徒"练神达思,水镜六府,洗心净慧,拟迹圣门"的虚静修行心态直接影响到了《文心雕龙》中的"陶钧文思,贵在虚静,疏瀹五藏,澡雪精神"[1],宗炳在《画山水序》中提出的"澄怀味象""山水以形媚道""应会感神,神超理得""万趣融其神思"和"畅神"等审美理论,

---

　　① 范文澜《文心雕龙注》,第493页。

皆围绕着"神"而论述,慧远的另一位弟子谢灵运在《山居赋序》中说"援纸握管,会性通神",这是一种刘勰称之为"般若之绝境"的文艺审美境界。

且重神、以形写神的观念对日后山水诗的发展有极大影响。慧远的《庐山诸道人石门诗序》力图从山水中发现"神丽",与东晋人以情观物,以"吾丧我"的态度与山水冥然和契不同,而庐山诸道人则保持着精神的相对独立,"神"与"情"若离若即,人心观物也是有无双遣,即色即空。以虚空的禅定心态与明朗的般若智慧观照山水,体悟其中蕴含的万物自性。以净土观想之法门,其"幽人之玄览"而"达恒物之大情",与山水的每一次感涉都是形神的交一,寂智的并修,对生命精神的升华。以此而"畅神""情发于中",所谓从以客观实体存在的"见山是山,见水是水",到以"感神""以形媚道"为目的的"见山不是山,见水不是水",再到"冥神绝境""清净如虚空"状态下的"见山只是山,见水只是水"①,可谓已遥启唐宋禅宗山水诗之理路。

(四)实有自由。慧远不仅将"神""法性"都实有化,西方净土也成了实有的自由世界。《无量寿经》描绘西方极乐世界宝树遍国,楼台华美,众生容貌希有,受用具足,"永无众苦、诸难、恶趣、魔恼之名……微妙奇丽,清净庄严,超逾十方一切世界"②。这是一个与世俗完全相反的世界,满足了民众的世俗欲望。支遁在《阿弥陀佛像赞并序》里说"非无待者,不能游其疆",把庄子"逍遥游"和净土世界联系起来,把庄子的自由精神境界实体化

---

①　[宋] 释普济《五灯会元》卷十七,中华书局 1984 年版,第 1135 页。
②　[三国魏] 康僧铠译《佛说无量寿经》,《大正藏》第 12 册,第 271 页。

了。慧远进一步发展出更为简便易行的"念佛三昧"修行法门，将原本精神层面的自由境界落实在每个人的实体终极归宿之中。

但是，如此执着于永恒与实有，已经有违于宣扬"毕竟空"的印度大乘佛教精神。与慧远同时的鸠摩罗什继承大乘中观学说，认为诸法实相缘起性空，在与慧远对话的《大乘大义章》中，强调"断一切语言道，灭一切心行，名为诸法实相"，批评慧远没有脱离中国传统思维，执着于以"有""无"或"非有""非无"来把握本属寂灭之相的法性，是"离佛法"的"戏论"①。而慧远则坚持认为，"因缘之所化，宜有定相"，"因缘之生，生于实法"。因为彼时中国人崇尚佛理，往往就是为了脱离世间之苦，找寻永恒完美的自由彼岸。慧远感叹"三界犹如火宅"，率庐山众人郑重发愿往生净土，正因为他叹息"'人生天地之间，如白驹之过隙。'以此而寻，孰得久停，岂可不为将来作资?"在残酷而短暂的现实人生面前，慧远于此岸以智慧涅槃超越生死之苦，于彼岸以常乐净土带给人希望与目标，他从人的心理与"神"的特性出发，"盖神者可以感涉，而不可以迹求。必感之有物，则幽路咫尺。苟求之无主，则渺茫河津"。虽然绝对的"空"消解一切，但"求之无主"，令人"渺茫何津"，只能使精神永远漂泊无定，而若将"神"高举标炳，以涅槃为理想人格修养目标，建构一方最后的皈依精神圣地，令修行者"感之有物"，离目标即可"咫尺"，净土宗其后在中国的广泛流行，也正是因为这个实体自由世界安顿了在乱世中向往自由无碍的大众愿景。

---

① ［南朝梁］释僧祐《出三藏记集》，第95页。

三、禅宗自悟日常的审美境界

中国化、世俗化的"教外别传"禅宗终于圆融儒、道与传统佛教,并在精神理念上实现了全面超越。自由是禅宗的根本精神和核心命题,在禅宗典籍中,有逍遥、自在、无碍、任性、解脱、无所滞碍、不与物拘等多种表达,自由是人性深层的呼唤,也是禅宗最着意关注之处。圆悟克勤禅师说:

> 如何是大丈夫事? 直须是不取人处分,不受人罗笼,不听人系缀。脱略窠臼,独一无侣,巍巍堂堂,独步三界,通明透脱,无欲无依,得大自在。①

禅宗佛学认定一生自由无碍,是人世最幸福之事。禅宗认为,佛的本质就是"自由"。怀海说:"佛只是来去自由。"他的禅诗说:"绿杨芳草春风岸,高卧横眠得自由。"②禅宗追求"处处不滞,通贯十方"的活泼自由境界,背离了印度佛教烦琐的经义理论,打破了传统宗教提倡的戒律和苦行,甚至取缔了佛菩萨的偶像权威乃至呵佛骂祖,无拘无束,快乐自在,"快乐无忧,故名为佛"③。临济义玄即云:"你若欲得生死去住著脱自由,即今识取听法的人,无形无相,无根无本,无住处,活泼泼地。"

禅宗在士大夫阶层中影响很大,其原因还是针对儒家自由学

① 《禅宗语录辑要》,上海古籍出版社 2011 年版,第 219 页。
② [宋] 颐藏主编《古尊宿语录》,中华书局 1994 年版,第 21 页。
③ [宋] 释普济《五灯会元》,第 60 页。

说的疏漏之处,朱熹就说:"记诵为词章者,又不足以救其本心之陷溺……盖佛氏勇猛精进、清净坚固之说,犹足以使人淡泊有守,不为外物所移也。"①针对道家学说,禅宗认为其自然虚无理念已成为真正自然生活的桎梏:"彼欲习虚无以合于道,而虚无翻为窠臼矣。道无有自,云何有然。随缘而然,然而非自。"②禅宗还展开了对净土信仰的反思,认为自由世界就在现实之中。《坛经》中讲:"东方人造罪,念佛求生西方;西方人造罪,念佛求生何国?""若悟无生顿法,见西方只在刹那;不悟顿教大乘,念佛往生路遥,如何得达?"③除此之外,禅宗对传统佛教修行方式进行了全面超越。一则公案中说洪州城大安寺主四十年讲经讲论,但诽谤马祖道一作下口业,鬼使来取他性命,寺主乞得一日修行时限,在马祖指导下开悟,鬼使再来已觅他不到④。在禅宗看来,四十年修行只是"贪讲经论",竟毫无裨益,而当下顿悟自性才是根本的解脱方法。

（一）禅宗的修行方法为悟。佛祖"拈花微笑"的故事奠定了禅宗自由诗意的美学底蕴:

> 世尊在灵山会上,拈花示众。是时众皆默然,唯迦叶尊者破颜微笑。世尊曰:吾有正法眼藏,涅槃妙心,实相无相,微妙法门,不立文字,教外别传,付嘱摩诃迦叶。⑤

① ［宋］黎靖德编《朱子语类》,中华书局1986年版,第3184页。
② 石峻等编《中国佛教思想资料选编·宋元明清卷》,第492页。
③ 丁福保《六祖坛经笺注》,齐鲁书社2012年版,第116、118页。
④ ［南唐］释静、释筠编撰《祖堂集》,中华书局2007年版,第611页。
⑤ ［宋］释普济《五灯会元》,第10页。

南宗禅学尤其重视顿悟，惠能运用"自心顿现真如本性"的修行方法，排除一切烦琐的程式，直指人心，单刀直入，见性成佛。他继承达摩禅以自觉圣智、证悟性净为核心的真谛，提倡"顿悟菩提"，把自心的迷悟看作能否成佛的唯一标准，"前念迷即凡，后念悟即佛"①。人们无须长期修习，只要刹那间领悟自心等同佛性，便是成佛之时。传说慧能并不识字，正应了"不立文字"的教中宗旨，提倡以心传心，"故知本性自有般若之智，自用智慧观照，不假文字"②。也摆脱了语言本身的限制阻碍，更可使精神观照通达无滞，对于禅者而言"才涉唇吻，便落意思，尽是死门，终非活路"③。皎然也认为诗歌的理想境界便是"但见性情，不睹文字"，严羽在《沧浪诗话》中所指出的"禅道唯在妙悟，诗道亦在妙悟"，都是一种超越语言的高峰体验。

（二）禅宗悟道强调自身内心力量，允许探索个性化的个体独特体验。惠能顿悟成佛说讲求"自悟自修"，在《坛经》中宣说"见自性自净，自修自作自性法身，自行佛行，自作自成佛道"④，连续八个"自"强调了每个人强大的精神力量，鼓励依靠自身的直觉体验，探寻自身的真如本性。因为禅宗认为佛法自在"心"中，只能由"悟"的主体当下承担，不依赖于自身之外的力量，"若自悟者，不假外善知识。若取外求善知识望得解脱，无有是处"⑤。由外在对佛的崇拜与对净土的追求转化成为内在自性的觉悟。真如法性乃至

①　丁福保《六祖坛经笺注》，第 23 页。
②　丁福保《六祖坛经笺注》，第 98 页。
③　[宋] 释普济《五灯会元》第 719 页。
④　石峻等编《中国佛教思想资料选编·隋唐五代卷》，第 10 页。
⑤　石峻等编《中国佛教思想资料选编·隋唐五代卷》，第 16 页。

佛本身,在禅宗都已转化为心性本体,潜藏在众生的"本性""本心"之中,提出"万法皆从心生,心为万法之根本"①,"自性心地,以智慧观照,内外明彻,识自本心,若识本心,即是解脱"②。故而要自信"自心是佛",最终才能"始得解脱,不与物拘,透脱自在"③。

这样的修行实践打破了任何通行的法则和模式,惠能就说"各各自修,法不相待"④。提倡"妙悟"的大慧宗杲强调说:"如人饮水,冷暖自知。除非亲证亲悟,方可见得。"⑤如此尊重个人体验、重视个性化的自由修行方式使得禅宗超越了一般意义上的宗教,极易与生命之美相结合,实现在日常世俗生活中的诗意栖居。

(三)禅宗的悟道,是在再平凡不过的日常生活中践履。"平常心是道。"⑥"饥来吃饭,困来即眠"⑦,因为"行住坐卧,无非是道"⑧。有了悟道之心,便"日日是好日,年年是好年"⑨,无门慧开的著名禅诗就说:"春有百花秋有月,夏有凉风冬有雪。若无闲事挂心头,便是人间好时节。"

禅宗认为,体道者必须能与道冥契,但又入诸平凡世间。南泉普愿说:"须向那边会了,却来者边行履。"⑩长沙景岑招贤说:"始

---

①　[宋]道原著《景德传灯录译注》,上海书店出版社 2009 年版,第 2252 页。

②　李申校译,方广锠简注《敦煌坛经合校译注》,中华书局 2018 年版,第 89—90 页。

③　[宋]赜藏主编《古尊宿语录》,第 65 页。

④　李申、方广锠《敦煌坛经合校译注》,第 118 页。

⑤　[明]瞿汝稷《指月录》,巴蜀书社 2012 年版,第 968 页。

⑥　[宋]释普济《五灯会元》,第 199 页。

⑦　[宋]释普济《五灯会元》,第 157 页。

⑧　[宋]释普济《五灯会元》,第 157 页。

⑨　[宋]释普济《五灯会元》,第 938 页。

⑩　[宋]赜藏主编《古尊宿语录》,第 198 页。

从芳草去，又逐落花回。"①禅宗填平了此岸与彼岸间的沟壑，在尘世间得到心灵的超越。"佛法在世间，不离世间觉，离世觅菩提，恰如求兔角。"②后来的洪州禅、临济禅都融入了庄子的"逍遥游"精神，洪州宗的创始人马祖道一认为"佛不远人，即心而证"，认为"何谓平常心？ 无造作，无取舍，无断常，无凡无圣……只如今行住坐卧，应机接物，尽是道"③。般若智慧可以从世俗之心和日常生活中自然流露，将美的本体建立在当下的现实与人心之上，塑造了一种诗意化栖居的自然生存方式。

禅也在日常的自然万相之中，从南朝竺道生的佛性学说开始，佛就在有情众生心中，而禅宗进一步揭示"无情有性"，佛性蕴含在一切有情、无情的"万法"之中。"性含万法是大，万法尽是自性。"④日常生活、自然万物、一切无情物也都是佛性的化身："青青翠竹，总是法身；郁郁黄花，无非般若。"⑤"如何是灵泉境？ 师曰：枯椿花烂熳。"⑥"如何是清静法身？ 师曰：红日照青山。"⑦在日常人生与平凡万物中，禅宗提炼出了空灵自由、潇洒圆转的美学意蕴，不拘于任何世俗经典哲学理论，超越了一般宗教的规矩范式，钱穆先生也认为，禅宗的境界正是对宗教束缚的冲决和突破。运水担柴，莫非神通；嬉笑怒骂，全成妙道。中国此后文学艺术的一切活泼自然空灵洒脱的境界，论其意趣理致，几乎完全与禅宗的精

---

① ［宋］释普济《五灯会元》，第 208 页。
② 丁福保《六祖坛经笺注》，第 111 页。
③ ［宋］道原《景德传灯录译注》，第 2252 页。
④ 李申、方广锠《敦煌坛经合校译注》，第 70 页。
⑤ ［宋］释普济《五灯会元》，第 945 页。
⑥ ［宋］释普济《五灯会元》，第 834 页。
⑦ ［宋］释普济《五灯会元》，第 415 页。

神发生内在而深微的关系①。这种对自由的深刻认识和践行促成了禅宗佛学在唐宋后的盛行以及中国文艺审美的极大发展。

禅宗爱讲"游戏"。如仰山慧寂讲"神通游戏"②,无门慧开说"如夺得关将军大刀在手,逢佛杀佛,逢祖杀祖,于生死岸头得大自在,向六道四时中游戏三昧"③。孔子的"游于艺"是人性道德修养臻于极致的自由状态,庄子的"游心"是超越时空的精神自由漫游,支遁的"即色游玄"是玄佛合一的自由思维运转,而禅宗的游戏于人间更是一种极致审美的自由生存方式,但再也不是庄子"不餐五谷,吸风饮露"的神人,而是还原到每个普通人都能日常践行的凡常琐事。宏智正觉说"游世"就是"飘飘不羁,如去成雨,如月随流,如兰处幽,如春在物……有自由分"④。

一旦顿悟证道,就成为精神大自由、大解放的人,如克勤所说"草偃风行得自由""当处便超越","快骑骏马上高楼,南北东西得自由"⑤,这样的自由禅境也如德诚《拨棹歌》所唱的:"乾坤为舸月为篷,一带云山一径风。身放荡,性灵空,何妨南北与西东。"⑥也像"清净如满月,妙明常照烛""秋水着月,境界澄明"⑦的这样晶莹、澄澈、圆满、妙胜的真实生命境界,这种境界中体现的是审美的自由、解放精神本质,也是一种中国传统美学追求的最高的审美境界。

---

① 钱穆《中国文化史导论》,商务印书馆1994年版,第166页。
② [明]瞿汝稷《指月录》,第398页。
③ [唐]文远记录,徐琳校注《赵州录校注》,中华书局2017年版,第585页。
④ 《禅宗语录辑要》,第571页。
⑤ [宋]释普济《五灯会元》,第1133页。
⑥ 陈尚君《全唐诗补编》,中华书局1992年版,第1056页。
⑦ 《禅宗语录辑要》,第580页。

　　纵观中国传统自由精神的发展,走过了从伦理世俗到出世超越,再复归平凡日常的历程,或圆融并蓄、继承发展,或不破不立、独辟蹊径,总体发展路径一脉相承,注重个体自我力量的肯定挖掘,和内在心性的不断开拓完善,融入中国传统思想学术发展的大势之中,体现了中国整体学术精神和人格价值追求的不断自我超越过程。与近代西方的相关自由思想比较,更彰显了中国传统思想的独特思维特点与现代价值。

原载《中国美学》2022 年 7 月刊

下编：传统文学观念与文学理论浅论

论《金楼子》评任昉"甲部阙如"

——兼论萧绎的文论派别与文学理想

萧绎所著《金楼子》中的《立言篇》第 51 则,是一篇备受重视的文学理论文献,尤其在文中明分"文""笔",明确提出"文"的特征为"吟咏风谣,流连哀思""绮縠纷披,宫徵靡曼,唇吻遒会,情灵摇荡","笔"的评价则为"退则非谓成篇,进则不云取义,神其巧惠,笔端而已",成为了解六朝文笔之辨的重要论据,往往被作为"文""笔"的定义特征与萧绎本人注重抒情华美文学的证据[①]。而后萧绎提到的"任彦昇甲部阙如,才长笔翰,善缉流略,遂有龙门之名,斯亦一时之盛",也都历来被看作对任昉的褒扬之辞,对"甲部阙如"往往一笔带过。但若结合全篇上下文,无论是对"文""笔"的描述,还是对"文""笔"之典型大家谢朓、任昉的评价,都是萧绎有意逆时俗而为之,批判当世文风的论据,俱含贬义。萧绎以尊古贬今的手法,奉曹植、陆机之文为经典,贬低当世最为流行的谢朓之诗、

---

① 如云:"反映了当时人对抒情诗赋等作品的审美特征的认识,也反映了文人创作接受民歌影响的事实。"(王运熙、杨明《魏晋南北朝文学批评史》,上海古籍出版社 1989 年版)"萧绎这段话说明文与非文的区别在于抒情、声律词采的华美,且亦说明此种华美实含有娱乐的性质。"(罗宗强《魏晋南北朝文学思想史》,中华书局 1996 年版)

任昉之笔，以彪炳其文学观念，强调自己的政治上的正统合法性。本文试从《金楼子》的《立言篇》第 51 则与其他篇章的文本本身出发，分析萧绎对于文笔之辨、文质之辨等重要文学理论问题的思想倾向。

一

萧绎以"立言"为题，便可知他此篇立意即为上承儒家"三不朽"的道德理念，而开篇就以古今学风对比，实奠定基调，论学风也更是论儒风、文风，整体厚古而薄今。接下来他将古之学者分为儒、文，今之学者分为儒、学、笔、文，其中的关键也是在儒学修为之上，萧绎以此标准评文笔，实则对于无论是擅长"文"还是"笔"的文人都持贬斥态度。"屈原、宋玉、枚乘、长卿之徒，止于辞赋，则谓之文"①，屈原等正是因缺乏儒家才能，才"止于辞赋"，而当今之真儒往往成为虽"博穷子史"，"但能识其事，不能通其理"之"学"。

而后论"笔"云："至如不便为诗如阎纂，善为章奏如伯松，若此之流，泛谓之笔"，倾向性更为明显，意指擅长笔体者往往是"不便为诗"，因缺少文学才华不得不退而求"笔"，还特意举张竦为例，史书记载，他为王莽写《为陈崇草奏称莽功德》《为刘嘉作奏称莽功德》，"莽大悦"，封"淑德侯"。"长安为之语曰：欲求封，过张伯松；力战斗，不如巧为奏。"讽刺不少擅长写公文奏表的文人皆为善于揣摩圣意的功利小人，更是与儒家士人旨趣相去甚远。再来看经

---

①　［南朝梁］萧绎撰，陈志平、熊清元疏证校注《金楼子疏证校注》，上海古籍出版社 2014 年版。《立言篇》第 51 则以下不再赘引，第 770—771 页。

常被论作萧绎对文、笔下定义之句："笔退则非谓成篇,进则不云取义,神其巧惠笔端而已。至如文者,惟须绮縠纷披,宫徵靡曼,唇吻遒会,情灵摇荡。"以"而已"论"笔",以"惟"论"文",都表达出了蔑视的态度。笔退不能成为诗文,进又与阐述义理的论文有别,进退皆不可得,只能雕琢辞藻,求其"巧惠"以对上层的口味。"文"则"惟须"有音韵、辞采、情感即可,指出当下风气对于文笔都只追求表面辞藻声韵的精巧华丽,而对最重要的思想内核过于忽视。萧绎接下来提出他的文学理想,他理想的"文"是《诗经》《周易》的"《象》《系》《风》《雅》",理想的"笔"是"名、墨、农、刑"诸子之作,价值取向是"虎炳豹郁,彬彬君子",明显是"尊经"旗帜下文质彬彬的儒家正统文学观念。

这段话表面看来举出了文笔的特点,当时对文笔的一般看法是"无韵者笔也,有韵者文也"(《文心雕龙·总术》),一般认为,萧绎跳出了有韵无韵的界限,以内容的抒情性、辞藻与声律来界定纯文学与非文学作品,具有相当的文艺自觉意识与科学性、前瞻性[①]。萧绎确有辨体观念,《内典碑铭集林序》中提到了"班固硕学,尚云赞颂相似;陆机钩深,犹闻碑赋如一",而此处萧绎则无意区分文笔,联系上下文,他的目的是为"古之文笔"与"今之文笔"作一对比,对"今之文笔"的描述皆为贬斥之意,再者,当时人们普遍对文笔概念仍实模糊,文体不清的问题广泛存在,认为萧绎是有意识地对纯文学作出科学的定义,未免过于用今日的眼光看待古人。实际上,因为萧绎过于追求文学的政治思想性,反而对文学性本身

---

① 参见黄侃《文心雕龙札记》,中华书局 2006 年版;逯钦立《说文笔》,《汉魏六朝文学论集》,陕西人民出版社 1984 年版;赵昌平《"文章且须放荡"辩》,《古典文学理论研究(第九辑)》,上海古籍出版社 1984 年版。

有所忽略。为了进一步说明对"今之文笔"的贬斥之意，萧绎选择
了当世人眼中的"文"之大家谢朓与"笔"之大家任昉来举例。选择
此二人，是因为他们的文学造诣与声名皆属当今独步。《诗品序》
中评价"谢朓今古独步"，沈约则评"二百年来无此诗也"；任昉之笔
则被萧纲称誉为"斯实文章之冠冕，述作之楷模"。萧绎评价二人
云："至于谢玄晖，始见贫小，然而天才命世，过足以补尤。任彦昇
甲部阙如，才长笔翰，善缉流略，遂有龙门之名，斯亦一时之盛。"对
二人都有褒有贬，但首先指出的是谢朓"始见贫小"和任昉"甲部阙
如"的缺陷。

　　何为"甲部阙如"？ 在四部分类的发展中，荀勖《晋中经簿》中
以六艺、小学为甲部，后来李充《晋元帝四部书目》以经部为甲部，
《新唐书·艺文志》更将甲部细分为十一类："一曰易类，二曰书类，
三曰诗类，四曰礼类，五曰乐类，六曰春秋类，七曰孝经类，八曰论
语类，九曰谶纬类，十曰经解类，十一曰小学类。"[①]故"甲部阙如"
指的是任昉并无经学方面的著作。而"始见贫小"，可参考《颜氏家
训·文章》评何逊的"贫寒气"："何逊诗实为轻巧，多形似之言，扬
都论者，恨其每病苦辛，饶贫寒气，不及刘孝绰之雍容也。"[②]诗歌
"轻巧""多形似"而缺乏内涵，因儒家底蕴之欠缺，使得文学格局难
以雍容大气，然谢朓幸得绝顶天才得以弥补。此处评谢朓之"贫
小"与任昉之"甲部阙如"实质问题是一样的，都是基本的儒家修为
问题使得文学价值出现了缺憾。可见萧绎论文士，是以思想内涵
而非文章才华作为评判标准的。

　　①　［宋］欧阳修、宋祁《新唐书》，中华书局 1975 年版，第 1419 页。
　　②　［北齐］颜之推著，王利器集解《颜氏家训集解》，第 276 页。

按一般人看来,任昉作为文士,在文章写作中已经取得了相当耀眼的成绩,为何要以四部著作俱全来苛求呢?再者,有经学著作之文士亦不为众。为何萧绎要特别点出任昉呢?首先,萧绎重视研究经学,也有重"通人"的倾向。他批判当世文笔大家,实则是把自己作为了理想标杆。

萧绎一向自视甚高,甚而自认为是孔子的接班人,孔子修订五经,泽被后世使得他深有感触。故而他重"立言",也重经学研究。南朝风尚本来就崇尚博学通才,萧绎曾概括自己思想的全面性说:"余以孙吴为营垒,以周孔为冠带,以老庄为欢宴,以权实为稻粮,以卜筮为神明,以政治为手足。"他与其父萧衍正是四部著作皆全的通才式人物。梁武帝萧衍著作极为丰富,仅甲部著作就"造《制旨孝经义》《周易讲疏》及六十四卦、二《系》《文言》《序卦》等义,《乐社义》《毛诗答问》《春秋答问》《尚书大义》《中庸讲疏》《孔子正言》《老子讲疏》,凡二百余卷"①,萧绎自己的甲部著作在《金楼子·著书篇》中有记录曰:"《连山》三秩三十卷。《金楼秘诀》一秩二十二卷。《周易义疏》三秩三十卷。《礼杂私记》五秩五十卷。右四件,一百三十二卷,甲部。"故而他对一般文士仅"止于辞赋"是很不满的。

其次,任昉不但文学声名卓著,也富有儒家修为,有深厚的经学学养,在一般文士中具有代表性。任昉为人深有德行,颇具儒家风仪,钟嵘《诗品》评论其作品云"拓体渊雅,得国士之风"②,《南史》本传记载:"昉孝友纯至,每侍亲疾,衣不解带,言与泪并,汤药

---

① [唐]姚思廉《梁书》卷三,第 96 页。
② 曹旭《诗品集注》,第 316 页。

饮食必先经口。"①又云父丧去官,泣血三年,遭继母忧,哭泣之地,草为不生。王僧孺就赞美任昉:"过于董生、扬子。昉乐人之乐,忧人之忧,虚往实归,忘贫去吝。行可以厉风俗,义可以厚人伦,能使贪夫不取,懦夫有立。"②王通亦云任昉"有君子之心焉,其文约以则"③。任昉不仅有儒家德行,更有深厚五经修养。本传云其"四岁诵诗数十篇,八岁能属文,自制《月仪》,辞义甚美"④,虞世南更云"昔任彦昇善谈经籍,梁代称为五经笥"⑤。通经之名至唐代而不衰,在士人普遍追求博学强识,富有经学修养的南朝,任昉也是堪称代表。而任昉的学术著作有《地记》《地理书钞》《秘阁四部目录》《杂传》《文章缘起》等,包括乙、丙、丁各部,而唯独没有甲部著作。任昉以儒家学养深厚著称,却不深入研究,只把经学用在章表书记中用作"神其巧惠"的修饰,这也是萧绎感到不满的地方。

故萧绎正是在对自身的儒学与文学修养、著述皆自负的心态下评点任昉的"甲部阙如"的。任昉满腹经纶,笔才无双,是"学"与"笔"的结合,但萧绎对当今文士都颇为不满。他也说明了他内心理想的文士典型:"曹子建、陆士衡,皆文士也,观其辞致侧密,事语坚明,意匠有序,遗言无失,虽不以儒者命家,此亦悉通其义也。"赞美二人的文章中通晓儒家之义,也可看出萧绎并不实际在意于儒者之身份,是否有五经专门著述,而重在所作文辞中是否体现五经大义。在萧绎看来,当代文士无论是谢朓还是任昉的主要差距也就在此处。

----

① [唐]李延寿《南史》卷五十九,第 1452 页。
② [唐]李延寿《南史》卷五十九,第 1455 页。
③ [隋]王通著,张沛校注《中说校注》,中华书局 2013 年版,第 80 页。
④ [唐]李延寿《南史》卷五十九,第 1452 页。
⑤ [后晋]刘昫《旧唐书》卷七十二,中华书局 1975 年版,第 2584 页。

二

　　萧绎虽然贬低"今之文笔",但对先秦、两汉著名文士屈原、司马相如等人也持保留态度,反而对魏晋文士曹植、陆机赞叹有加,根本原因就是"虽不以儒者命家,此亦悉通其义",虽然二人在经学研究领域也无特殊建树,但他们的文学作品不是"止于辞赋"而已,萧绎曾说文学"其美者足以叙情志,敦风俗;其弊者足以烦简牍,疲后生",曹、陆二人之作中表现出的儒者之志向与才气恰符合萧绎的文学标准。

　　曹植的诗文中最给人留下深刻印象的就是永不失建功立业的赤子激情,其文"情兼雅怨,体被文质",文质彬彬,再加上同为不得太子之位的皇子,有这样的身份认同,这几点原因应是萧绎在前贤文士中尤为偏爱曹植,常常"徘徊月影,悬思子建之文"的主要原因。即使面对明帝,"植每欲求别见独谈,论及时政,幸冀试用,终不能得。既还,怅然绝望",仍一生不放弃对"荣声""功名"的追求。他秉承儒家礼乐文化,在《制命宗圣侯孔羡奉家祀碑》中忧虑"大道衰废,礼乐灭绝",更以儒家修齐治平的人生观描绘志向蓝图,"愿蒙矢石,建旗东岳……奋戈吴越"(《责躬》),梦想"希鹏举以抟天,蹶青云而奋羽"(《玄畅赋》),在《与杨德祖书》中说:"吾虽德薄,位为藩侯,犹庶几戮力上国,流惠下民,建永世之业,流金石之功,岂徒以翰墨为勋绩,辞赋为君子哉!"[①]表现得尤为激昂慷慨,情真意切。若以萧绎《金楼子·序言》中的一段与裴子野的对话比较,就

――――――
　　① [南朝梁]萧统编,[唐]李善注《文选》,上海古籍出版社1986年版,第1904页。

可见二人的情志是何其相似：

> 吾于天下亦不贱也，所以一沐三握发，一食再吐哺，何者？正以名节未树也。吾尝欲棱威瀚海，绝幕居延，出万死而不顾，必令威振诸夏，然后度聊城而长望，向阳关而凯入。尽忠尽力，以报国家，此吾之上愿焉。①

上愿为立功报国，次则尽情骋文，萧绎政治上的热情与才能的自负也都与曹植如出一辙。而被萧绎同样称为悉通儒者之义的陆机，《诗品》评价"源出于陈思"，与曹植有许多共通之处。陆机颇具儒者风度，史传云其"服膺儒术，非礼不动"，东吴陆氏家族素以"忠"著称②，陆机入洛，就有"将弘祖业，实崇奕世"（陆云《答兄平原》）的家族意识。陆机更是一生注重功名，诗中表白"但恨功名薄，竹帛无所宣"（《长歌行》），"生亦何惜，功名所勤"（《秋胡行》）。"陆机一生的行止，也显示出他是西晋文士中政治追求最为执着、功名欲念最为强烈的人物之一。"③《晋书·陆机传论》更是给陆机之文以极高的评价："文藻宏丽，独步当时；言论慷慨，冠乎终古。高词迥映，如朗月之悬光；叠意回舒，若重岩之积秀。千条析理，则电坼霜开；一绪连文，则珠流璧合。其词深而雅，其义博而显，故足远超枚马，高蹑王刘，百代文宗，一人而已。"④唐太宗与萧绎同为帝王，更关注文学的政治性，二者的评价可对比参阅。清水凯夫也认为，

---

① 陈志平、熊清元《金楼子疏证校注》，第 622 页。
② 《世说新语·赞誉》："吴四姓，旧目云：张文、朱武、陆忠、顾厚。"
③ 徐公持《魏晋文学史》，人民文学出版社 1999 年版，第 368 页。
④ ［唐］房玄龄《晋书》卷五十四，第 1487 页。

"太宗把陆机评为'百代文宗',决不只是注目于陆文的华丽的表现形式,而主要是为陆机文章的内容所吸引","论赞的整体思想几乎就是注目于陆机的治世才能的","以'政治标准'放在第一位"①。

时易世变,建安、西晋文士的政治激情在南朝文人的身上已不再显露,正如《颜氏家训》中的谆谆教诲,长期的乱世与王朝更迭使得文人处事圆融,世故老到,"士大夫攀龙附凤者,皆望有尺寸之功,以保其福禄"②,就是沈约的肺腑之言。且"笔"多为代言,必要揣摩对方意旨,所论往往代表国体,更必深具典雅雍容之风,措辞精工且谨慎。任昉历仕宋、齐、梁三代,深谙政治的残酷,《金楼子·戒子》中即录有他的处世良言:"任彦昇云:'人皆有荣进之心,政复有多少耳。然口不及,迹不营,居当为胜。'"③任昉在政治与写作中都保持小心慎言的态度,才能与梁武帝保持相当和洽的关系,不似沈约屡因言论文章招致武帝的忿怒。

再来看任昉的文学造诣,作为当时文坛大手笔,他上继颜延之、王俭、傅亮之风,擅以儒家经典用典入文,以用典渊雅繁密为显著特征,形成了南朝竞于用事、典正华丽的"笔"体风格,充分体现了任昉"五经笥"的博学,但也引来了争议。过于卖弄才学,用典过密导致"文章殆同书抄",萧子显曾批判这一学派说:"次则辑事比类,非对不发,博物可嘉,职成拘制。或全借古语,用申今情,崎岖牵引,直为偶说。唯睹事例,顿失清采。"④而任昉又将善于用事引入到诗的创作中,进一步"竞须新事",引发更多讥评,如钟嵘批评:

---

① ［日］清水凯夫《论唐修〈晋书〉的性质》,《北京大学学报》,1995年第5期。
② ［唐］姚思廉《梁书》卷十三,第234页。
③ 陈志平、熊清元《金楼子疏证校注》,第356页。
④ ［南朝梁］萧子显《南齐书》卷五十二,第908页。

"昉既博物,动辄用事,所以诗不得奇。少年士子,效其如此,弊矣。""词不贵奇,尔来作者,寖以成俗。遂乃句无虚语,语无虚字,拘挛补衲,蠹文已甚。"这样的"笔"体文风,也正是南朝重文章文采与笔札才能的结果。

以博学为诗,虽显博物繁富,但已伤害了文学本身的审美,"顿失清采"。这一派虽富经学学养,但不深入研究以求"通圣人之经"而为萧绎所言之"儒",而甘为只"博穷文史","但能识其事,不能通其理"的"学"型文人。此类文人为刀笔之吏,无经国之能,亦"不便为诗",缺乏"文"才,以"学"为"笔",以堆砌经典典故、辑事比类为能。这样的风气,萧绎在《立言》中是予以痛斥的,评论过谢朓、任昉后,紧接着便说:

> 夫今之俗,缙绅稚齿,闾巷小生,学以浮动为贵,用百家则多尚轻侧,涉经记则不通大旨,苟取成章,贵在悦目;龙首豕足,随时之义;牛头马髀,强相附会;事等张君之弧,徒观外泽,亦如南阳之里,难就穷检矣。

与萧绎交游甚多的裴子野,在《雕虫论》中论当时风气云:"自是闾阎年少,贵游总角,罔不摈落六艺,吟咏情性。学者以博依为急务,谓章句为专鲁。淫文破典,斐尔为功,无被于管弦,非止乎礼义。"也与萧绎观点非常类似。在《立言》篇处处的古今对比中,对今之俗风的批驳中,都暗含了对"甲部阙如"的解释与呼应。儒风昌炽的世风背后,实质是徒以经典为丽辞,难辨经教之宗旨的现实。萧绎虽肯定当时文坛的谢、任为"一时之盛",但毕竟只堪"博古今""上书奏事",难以成为汉代刘向、扬雄那样的"鸿儒",亦难以和建安、太康文士曹植、陆机相比。任昉虽满腹五经，但徒以"博物"之用，且缺乏"定礼乐之是非，辨经教之宗旨"的使用价值，然亦依凭笔才、目录学才华享誉文坛士林。如果说和曹植的文章相比，任昉缺乏的是报国立功的情志，那么和陆机的笔札相比，任昉之笔则缺乏的是经世致用的实际意义。

陆机之文也好用儒家经典用事，且素有辞繁之病。但陆机之"笔"与齐梁之"笔"相比，虽重文采而言之有物，有理有实。可以二人所作策秀才文对比，看陆机为尚书郎时所作的对秀才纪瞻之策文第二、三则①，此两则策问重在议，略在问，一曰礼仪，一曰法律，皆铺叙昔王典制，可见其"缀辞尤繁"的特点，但论议之中，多有对政治实务的梳理概括，设计问题也较为务实。再看任昉《策秀才文》第一篇，几近句句用典，典故出自《尚书》《史记》《汉书》《三国志》《礼记》《周礼》《周易》《论语》《管子》《国语》《孟子》《汉旧仪》《月赋》《说苑》等，基本出自经史，渊博细密的典故令全篇雍容厚重，为梁武帝代言的自白更是情真意切，别具一格。然而丽文之下，求贤之本意已然不显，更少经世致用之言，问题亦过于笼统，可想诸生对策的文风也必然辞藻华丽，但缺乏实际。这样的策试也进一步推动造就了"甲部阙如"的文人，"然囊之弼谐庶绩，必举德于鸿儒，近代左右邦家，咸取士于刀笔"②。

在萧绎看来，陆昉之笔不但只是"贵在悦目"，枉费满腹学识，也更架空了笔札原来经世致用的实际作用。刘勰在《文心雕龙·议对》中提出的对议对的基本要求也可以说是对"笔"类实用文体

---

① ［唐］房玄龄《晋书》卷六十八，第 1816 页。
② ［唐］魏徵《隋书》卷七十五，第 1706 页。

的共通要求：

> 故其大体所资，必枢纽经典，采故实于前代，观通变于当
> 今；理不谬摇其枝，字不妄舒其藻。又郊祀必洞于礼，戎事必
> 练于兵，田谷先晓于农，断讼务精于律。然后标以显义，约以
> 正辞，文以辨洁为能，不以繁缛为巧；事以明核为美，不以环隐
> 为奇；此纲领之大要也。若不达政体，而舞笔弄文，支离构
> 辞，穿凿会巧，空骋其华，固为事实所摈；设得其理，亦为游辞
> 所埋矣……魏晋以来，稍务文丽，以文纪实，所失已多。①

　　刘勰承认"笔"体的文体特征必然要多用典，所谓"枢纽经典，采故
实于前代"，但必有真才实学作为支撑，而不可本末倒置，追求文采华
美繁缛而忽略实际功能，不顾事实而卖弄玄虚、内容空泛，这就是"以
文纪实"，是在用"文"的手段来写"笔"，其实是一种文体上的混淆，这
也确可反映存在于南朝的应用文体中的普遍风气，任昉流派的精工
博学之风也是压过了笔札实应有的"实"与"理"，一味矜夸才学，只会
让文辞成为萧绎论"笔"之"巧惠"，刘勰所称"空骋其华"之"游辞"。
　　这样的风气不仅在文笔之辨中使得"笔"持续掉价，成为"贱
伎"②，也使得文人"常耻作文士"。萧绎并非一味重"文"轻"笔"，
萧纲评价裴子野"了无篇什之美"，而萧绎则在其墓志铭中赞美"比
良班、马，等丽卿、云"③，肯定了他的文学成就。说明萧绎并非一

---

①　范文澜《文心雕龙注》，第438—439页。
②　［南朝梁］萧子显《南齐书·丘巨源传》："笔记贱伎，非杀活所待。"（第894页）
③　《散骑常侍裴子野墓志铭》，严可均校辑《全上古秦汉三国六朝文·全梁文》，
第3055页。

味追求性灵摇荡之文,而是看不起一味炫耀文采、无经国志略的文人。萧绎虽自白"余性不耐奏对",然又"军书明檄,文章诏诰,点毫便就,殆不游手",却又轻视笔才敏捷的任瑀,目之为"儿戏"①。萧绎虽以文学为终生爱好,但只有"文""笔"之才,在他看来毕竟非其"上愿"。齐武帝亦常云:"学士辈不堪经国,唯大读书耳……沈约、王融数百人,于事何用。"②故范晔因"多公家之言,少于事外远致"而恨,任昉以"沈诗任笔"之说而恨。其中都包含文士对一己地位之怅恨。

文风、儒风浮风相扇,士子不肯专儒,不为淳儒,只舞笔弄文以求显达,五经、文章之学都沦为伎艺,充斥功利色彩。颜之推在《勉学》篇中就说明在乱世之下,学习经典可为谋身糊口之手段③。在皇帝奖掖、生存危机的考虑下而欣欣向荣的儒学局面,从一定程度上说是虚弱的,而文学同样如此,难以摆脱功利色彩与同时求新尚奇的群体心态。这样的文风跟时代有关,明人张溥就认为江淹、任昉若生于汉代,可能会取得更大的文学成就④。萧绎企图以文学"叙情志""敦风俗",上追两汉、还原建安的儒家文学观念,也必然反映为经学、文学修养皆深厚的任昉亦"甲部阙如"的喟叹。不过,

---

① 《太平御览》卷六百引《金楼子》:"刘备叛走,曹操使阮瑀为书与备,马上立成。有以此为能者,吾以为儿戏耳。"《金楼子校笺》,第1371页。

② [唐]李延寿《南史·刘挚传》,第1927页。

③ 《颜氏家训·勉学》:"梁朝全盛之时,贵游子弟多学无术……自荒乱以来,诸儿俘虏,虽百世小人知读《论语》《孝经》者尚为人师,虽千载冠冕不晓书记者,莫不耕田养马……夫明六经之指,涉百家之书,纵不能增益德行,敦厉风俗,犹为一艺得以自资。"(王利器《颜氏家训集解》,第145、153页)

④ "余每私论江、任二子,纵横骈偶,不受羁勒。若使生逢汉代,奋其才术,上可为枚叔、谷云,次亦不失冯敬通、孔北海,而晚际江左,驰逐华采,卓尔不群,诚有未尽。"([明]张溥著,殷孟伦注《汉魏六朝百三家集题辞注·江醴陵集》,第218页)

正如刘勰在批判当时笔札"稍务文丽，以文纪实"后所感叹的，"难矣哉，士之为才也！或练治而寡文，或工文而疏治。对策所选，实属通才，志足文远，不其鲜欤！"委实，对士人兼有盖世之才与治国大略的要求确实不免过于严苛，正如对于已"才长笔翰""善辑流略"的任昉还责其"甲部阙如"一样。

三

可以说，萧绎的思想倾向在《立言篇》该则中体现十分明显，因为历来对这段文字的解读不同，再加上他本人言行矛盾多变，萧绎的文学思想派别一直是学界讨论、莫衷一是的问题，被认为充满了矛盾、"二重性"，其文学思想一般多被与萧统、萧纲比较。学界或认为三萧虽内部有所区别，但仍是一派，如郭绍虞等；或认为萧绎与萧统更为接近，文质兼顾，如罗根泽等；或认为萧绎与萧纲接近，与萧统对立，如朱东润等①。本文认为，萧绎的文学思想为其政治目的服务，明显依据其所处政治环境而发生变化：

萧统为太子时期，可以判断大致上萧绎的文风是仰慕追随萧统的。从萧统答复萧绎的回信中，可知萧统以长兄、太子与文坛领袖的多重身份在予以指导，批评了萧绎文章"事涉乌有，义异拟伦"

---

① 参见郭绍虞《中国古典文学理论批评史》，人民文学出版社 1959 年版；罗根泽《中国文学批评史》，上海人民出版社 2003 年版；朱东润《中国文学批评史大纲》，上海古籍出版社 1983 年版。另有认为萧绎文质并重或者质重于文者，如曹旭《论萧绎的文学观》（《上海师大学报［哲社版］》，1999 年第 1 期），刘晟《萧绎〈金楼子·立言〉主旨辨正》（《华南师大学报》，2000 年第 2 期），杜志强《从〈金楼子〉看萧绎的文论》（《河西学院学报》，2006 年第 3 期）；蔡锺翔《中国文学理论史》即认为："重质更甚于重文……他的文学思想与当时的风习迥异。"（北京出版社 1987 年版）

的缺陷,又肯定了"清新卓尔,殊为佳作",接着阐述了自己的理想文学观:"夫文典则累野,丽则伤浮。能丽而不浮,典而不野,文质彬彬,有君子之致。"也是从这个评判标准出发,对萧绎之文给予了基本的肯定:"吾尝欲为之,但恨未逮耳。观汝诸文,殊与意会。"再者,萧绎与裴子野等一派文人"为布衣之交",与裴子野尤其感情尤笃,裴子野"为文典而速,不尚丽靡之词,其制作多法古,与今文体异",很有可能在文学派别上也殊为接近。萧绎《内典碑铭集序》中所说的"艳而不华,质而不野,博而不繁,省而不率,文而有质,约而能润,事随意转,理逐言深"能够代表他的文学标准。

萧纲成为太子以后,不满于传统沉闷的"京师文体",意图一扫萧统的余风流泽,真正树立自己的影响力,便主动拉拢自小"相得"的萧绎,释放善意:"每欲论之,无可与语。思吾子建,一共商榷",说明文学应是"吟咏情性",专门点出裴子野之作"了无篇什之美"予以提醒。萧绎心领神会,在出镇荆州时给刘孝绰的信中也提到了"吟咏情性",并积极追随萧纲,参与宫体诗的创作,故有后人"简文、湘东,启其淫放"之说。

本纪评价萧绎性格"好矫饰""虚矫",性格特征虚伪、阴沉、野心勃勃。他一生因政治处境,变换着追随仿效的对象,内心真实想法鲜有机会显露,而本文认为《金楼子》之《立言篇》正可窥其一二。萧绎对《金楼子》视之甚高,将其看作生命中最后一部著作也是传世之作经营,也有学者认为《金楼子》作于晚年,考证《立言篇》作于太清三年(549)之后①。在这生命的最后几年,叛乱征战中萧绎拥兵自重,可以不再唯上是从,得以在《金楼子》中吐露真言,这在《金

①　杜志强《萧绎〈金楼子〉的版本及其写作时间》,《文献》,2004年第1期。

楼子》中数次毫不掩饰的野心表达上也可以显现。

故而本文认为,《金楼子·立言》的这段议论有比较大的可能性代表萧绎的最后真实、成熟的想法。不管是"绮縠纷披,宫徵靡曼,唇吻遒会,情灵摇荡"的理论,还是宫体诗创作的实践都不能概论萧绎的文学思想。后世论者往往将萧纲与萧绎合称,而二人的思想在今古问题上实有区别,萧纲厚今薄古,"若以今文为是,则古文为非,若昔贤可称,则今体宜弃",而《金楼子》中则尊古贬今;从宫体诗的创作来看,萧绎所作宫体诗的数量和艳情程度也都远不及萧纲,《玉台新咏》收萧纲诗 109 首,萧绎 18 首;萧绎之宫体诗,亦多以艳诗为名,实则传统之作。如《戏作艳诗》:"入堂值小妇,出门逢故夫。含辞未及吐,绞袖且踟蹰。摇兹扇似月,掩此泪如珠。今怀固无已,故情今有余。"有模仿国风的痕迹,抒情委曲委婉,大有温柔敦厚之意,与萧纲的"放荡""轻艳"之辞实有区别,不能将二人一概而论。

所以,若一定要把萧绎的思想与萧统、萧纲其中一人比较,那么萧绎应与萧统更为接近一些;若要辨析萧绎是更注重绮丽辞藻还是文质兼顾,那么文质彬彬应更符合萧绎的文学理想。在《金楼子·立言》中,萧绎以厚古薄今的方式强调了自己儒家正统文学观,而他的尊古与裴子野的"法古"仍有不同。第一,萧绎对今人如任昉、谢朓是辩证看待,在指出他们儒家修为薄弱的缺陷同时,肯定了某一方面的文学才华,并没有排斥对辞藻的修饰,而是注重"虎炳豹郁,彬彬君子"。第二,萧绎大为褒扬"古之文笔",但并没有上推至先秦、汉代文人,即使对"古之文"屈原、宋玉、枚乘、司马相如等,也因其"止于辞赋"而无褒扬之意,真正推崇的是《诗》《易》、先秦诸子,其次是曹植、陆机这样的魏晋文人。他在《内典碑铭集林序》中说："夫时代迤改，论文之理非一；时事推移，属词之体或异。"认为文学理论与实践都应与时俱进而不应拘泥古人，所以，对于萧绎不能简单地以"新变"派或"复古"派概论之。对"以政治为手足"的萧绎而言，文学并非简单地娱人情性，他以五经为参照文本，以先秦诸子为理想写作者，对文士的要求非比寻常地拔高，以致苛责任昉无经学研究，谢朓诗作格局贫小，以不破不立的否定思维来立言后世。

萧绎在《金楼子序》中说到了自己的"三废学"，其一是因为热衷佛道，"外陈玉铉之文，内宏金叠之典"而"废乎昌言之说"；其二是因政务战事而不得不"替于笔削"；其三是耽于"西园秋月"而多"连章摘翰"。可知在萧绎看来，佛道、"笔"、诗皆非正途，"虽有欣乎寸锦，而久弃于尺璧"，诗为"寸锦"，能承载"立言"之志的著作为"尺璧"，对比之下即可知萧绎的真正旨趣。"窃重管夷吾之雅谈，诸葛孔明之宏论，足以言人世，足以陈政术，窃有慕焉。"在萧绎看来，当世所谓"文"、"笔"、佛、玄皆为外道，"言人世""陈政术"之文才是传世立言之作。人们所追慕的文笔大家，在萧绎看来因"甲部阙如"，也只不过是搬弄辞藻、徒留当世之虚名罢了。

原载《郑州大学学报（哲学社会科学版）2018 年第 5 期》

重建中国文学之大传统

——试论章太炎的文学思想

对文学基本概念、范围的探索是中西文学研究者百年来要面对的一个基本问题，而中国的文学的概念似乎更加扑朔迷离。因为中国的文学特质深深浸染了本土传统的人文精神，而现在却在西方现代文学权力话语制约下隐而不彰。"在此清学蜕分与衰落期中，有一人焉能为正统派大张其军者，曰：余杭章炳麟。"[①]当是时，章太炎没有盲目投入学习西方的革命洪流，而是自觉地继承了中国的文学传统，以期实现传统精华的现代转化，以继承实现重建。在这里，笔者将中国的文学传统称之为大文学观念，意指中国古代范围宽泛的正统文学观念。这种观念以中国特有的人文精神与士人道义担当情怀为内核，而排斥审美的独立性。这种大文学观念滋生于中国特有的文学义域上，存在与西方完全不同的存在形态与话语系统。但对章太炎在文学史上的地位，以前学界的认识还并不够；对于中国文学大传统继承的必要性，还存在相当多的

---

① 梁启超著，朱维铮校注《梁启超论清学史二种》，复旦大学出版社 1985 年版，第 77 页。

不同意见。笔者愿就这个问题为核心作重新探讨,以求抛砖引玉,求教于方家。

一、章太炎对中国传统文学观念的回归

章太炎在《国故论衡》的《文学总略》篇中,提出了他对文学的定义:"文学者,以有文字著于竹帛,故谓之文;论其法式,谓之文学。凡文理、文字、文辞皆称文;言其采色发扬,谓之彣。以作乐有阕,施之笔扎,谓之章。"①若要真正理解章太炎这一文学思想对重建中国文学传统的意义,脱离中国传统的文化背景而一味站在现代文学观念的立场上去解读和批判,必是不可取的。所以我们必须考镜源流,简要地回顾"文"这个概念在中国的初始含义及其发展。"文"最初为象形字,《说文解字》释云:"文。错画也,象交文。"段玉裁注"象交文"说:"像两纹交互也。"②但其含义很快就引申至一切有抽象意义的构形组合上,如"物相杂故曰文"(《周易·系辞下》)、"物一无文"(《国语·郑语》)等。文的外饰性成为其基本属性,韩非即云:"文为质饰者也。"尔后,"文"经历了一个普遍化和本体化的进程。如刘勰即云:"旁及万品,动植皆文。"天地间的事物都在抽象意义上表现出文的特质,成为文的具体存在方式。《周易》将这个过程概括为"参伍以变,错综其数,通其变而成天下之文"。于是人们可以"观乎天文,以察时变,观乎人文,以化成天

---

① 章太炎撰,庞俊、郭诚永疏证《国故论衡疏证》,中华书局 2008 年版,第 247 页。
② [汉] 许慎著,[清] 段玉裁注《说文解字注》,凤凰出版社 2007 年版,第 744 页。

下"，成为自我精神的主宰。接着，在文的本体定义上，文与道被联结起来，在讨论文的起源时，刘勰说："文之为德也大矣，与天地并生者何哉?"圣人成了联结道与文的桥梁："道沿圣以垂文，圣因文而明道。"朱熹在《论语集注》中即云："道之显者谓之文。"文成了道的表现形式，在本体意义上，文排斥纯粹的自我表现，而应是道的忠实呈现。这就构成了文与道之间的隐含张力，造成了以后文学观念内部的冲突。

孔子对广义人文涵义的"文"作了最早与最具体的言说。《论语》中有三十一例使用"文"，大部分指各个层面上的人文。以典籍文献作为文明载体的文，这个意义上也可以称作文学，如"君子博学于文"，"行有余力则以学文"，章太炎的文学定义最早可发端于此。文之义至此是如此广泛，刘师培曾说："三代之时，凡可观可象，秩然有章者，咸谓之文。就事物言，则典籍为文，礼法为文，文字亦为文；就物象言，则光融者为文，华丽者亦为文。"[①]明代宋濂在《文原》中说："故凡有关民用及一切弥纶范围之具，悉囿乎文，非文之外别有其他也。"[②]文承载了如此之多的人文使命，成为中华民族的基本精神内核。现在研究中国文学理论，就不可能对中国传统的大文学观念视而不见，并有所反思和继承。

前文也提到，文的外饰性与生俱来，这一意义上的文也可以写作"彣"，《说文解字》中说："彣，𩛿也。从彡文。"段玉裁注云："𩛿，有彣彰也。是则有彣彰谓之彣。彣与文义有别。凡言文章皆当作

---

① 刘师培《广阮氏文言说》，载《刘申叔遗书》，凤凰出版社1997年版，第1283页。
② ［明］宋濂著，徐儒宗等点校《宋学士文集》，浙江古籍出版社2014年版，第1590页。

彣彰。"①此后，不断有人欲提高彣彰位置，而让其与文学等同。文的这种功能分化其实很早就开始了，并渐渐大有取代正统文学之势，早在先秦，诸子如老庄等就开始警惕人为的雕琢，对文的纯朴本然的破坏。这点中国的文人历来是非常自觉的，屈原因为自身遭遇，在长歌中充满了"心郁郁之忧思兮，独永叹乎增伤"（《抽思》）的哀怨申诉，就遭到了秉持正统文学观念的班固的严厉批评："今若屈原，露才扬己，竞乎危国群小之间……皆非法度之政，经义所载。"②他批评屈原对"诗言志"传统的僭越，正是要将其重新纳入正统政教的话语系统中来。

到了六朝，美文大兴，萧统编撰的《文选》将不纯以审美为追求的子史排斥在外，成为现在所说文学自觉的标志。萧绎区分文笔，认为"至如文者，惟须绮縠纷披，宫徵靡曼，唇吻遒会，情灵摇荡"。可见文的美饰性已为当时人们所公认。可更重要的是，人们也在始终警惕着文在虚丽之美中迷失自身的人文追求。刘勰在充分肯定文的美学属性的同时，并不从于文笔之分，在《书记》篇中分出二十四品，其中连方、术、式、律等纯实用文体也皆一一收入，认为"文附质也"。整部《文心雕龙》都希望重归经典传统，建立美义写作的人文基础。陆机《文赋》中对文学的文采之美的追求作了大量的论述，但也不忘声明文在质后："理扶质以立干，文垂条而结繁。"即使是萧统也秉持广义文学概念，而不以体裁作为选文标准，故《文选》中不仅有赋、诗、骚、七、文、辞等文体，也更有诏、册、令、教、表、上书、启、弹事、笺、奏记、书、檄、对问、设论、序、

---

① [汉] 许慎著，[清] 段玉裁注《说文解字注》，第744页。
② [宋] 洪兴祖《楚辞补注》，中华书局1983年版，第49页。

颂、赞、符命、史论、史述、论、连珠、箴、铭、诔、哀、碑文、墓志、行状、吊文、祭文等文体，萧统的文学理想亦是"丽而不浮，典而不野，文质彬彬，有君子之致"。

这种文学观念内部不断地自我修正，在中国历史上从来没有停止过。唐初陈子昂对士人"尚志"的人文担当就作了著名的表达，对"彩丽竞繁""兴寄都绝"的齐梁文风作出深刻检讨。其后，经过了韩柳的复古文学运动，中国的文学再次回到了正统的轨道上来。柳宗元在《杨评事文集后序》中说："文之用，辞令褒贬，导扬讽喻而已。虽其言鄙野，足以备于用……夸示后学，立言而朽，君子不由也。"①这种中国士人的道义担当意识，实际使得单纯审美的文学根本不可能独立出来，因为其缺乏中国文化土壤上根本的人文理念和精神的支撑，刘熙载概括其为"八代之衰，其文内竭而外侈"②。

中国的这种文学传统有时确实会走向极端，忽视文学的美学本性。这点常被一些学者所诟病，如程颐曾云："且如今言能诗无如杜甫，如云：'穿花蛱蝶深深见，点水蜻蜓款款飞。'如此闲言语，道出做甚?"③这就完全以有用和无用衡量文学的价值，完全否定了文学的美学属性。但是我们应该看到，历史上更多是这架天平的暂时倾斜，基本从来没有一方完全克制另一方的时候存在。审美的文学要靠人文道统填补其虚空，而道统在人心中的导扬讽喻作用也离不开富有文采的文学传播。文质彬彬就是这两者张力的平衡，历来是文人心中真正的文学追求。

---

① ［唐］柳宗元《柳宗元集》，中华书局1979年版，第578页。
② ［清］刘熙载著，袁津琥笺释《艺概笺释》，中华书局2019年版，第121页。
③ ［宋］程颢、［宋］程颐《二程集》，中华书局2004年版，第239页。

二、中国文学大传统的现代重建

中国所有的文体,包括章太炎列出的令今人匪夷所思的地图、演草等,在古代都有共同的基本特点,即都为天地之文,道的呈现,以经典为典范而建立。刘勰在《宗经》中说得非常具体明白:"故论说辞序,则《易》统其首;诏策章奏,则《书》发其源;赋颂歌赞,则《诗》立其本;铭诔箴祝,则《礼》总其端;记传盟檄,则《春秋》为根。"黄侃解释为:"经史子集一概皆名为文,无一不本于圣。"①这就是章太炎文学定义所继承的传统大文学思想,他也对谲诡浮夸的尚美文学不遗余力地批判。当是时,他的主要批驳对象是刘师培和阮元的狭义文学观念。

刘师培在《广阮氏文言说》中,以《释名·释言语》中的"文者,会集众彩以成锦绣"为根据,引申出"以藻绘成章为文学之文的本训",坚持文学的精英雅正传统,认为:"文也者,别乎鄙词俚语者也。"据此认为宋儒语录和清儒考据之学等"咸不可目之为文"②。对这种历史上一直存在的以高贵文化相炫耀的思想,章太炎予以了批驳,在他提出的雅俗观和对小说的言说中可得到充分的表现。可见,言辞的鄙倍在章太炎看来并不是重要的问题。最重要的是剥开外表或美丽或质朴的外壳,窥见其中的是怎样的内核。

章太炎着力批判的另一人阮元,其《文言说》与《书梁昭明太子文选序后》把孔子的《文言》与萧统的《文选》作为理论基础,认为像

---

① 黄侃《文心雕龙札记》,第 15 页。
② 刘师培《论近世文学之变迁》,载《刘申叔遗书》,第 1647 页。

《文言》一样的"用韵比偶"的文章才能称之为文学,而"不务协音以成韵,修词以达远,使人易诵易记,而惟以单行之语,纵横恣肆,动辄千言万字"①的文章应该排除在"文"的范围之外。章太炎对此都进行了针锋相对的批驳,最终说明了他的思想:"恶夫冲澹之辞,而好华叶之语,违书契记事之本矣。"②

　　章太炎的高足黄侃在其《文心雕龙札记》中,根据刘勰对文学领域的划分,对其师说做了继承与调整。他结合了章太炎与刘师培的见解,以《文心雕龙》为理想的比照。他一方面认为阮氏之言"不足以尽文辞之封域"③,认为其文学观念过于狭窄,另一方面,黄侃也肯定了阮、刘对于文学美感特点的论述:"若夫文章之初,实先韵语;传久行远,实贵偶词,修饰润色,实为文事;敷文摘采,实异文言;则阮氏之言,良有不可废者。"他对文学下了宽与窄的两个定义:"窃谓文辞封略,本可弛张,推而广之,则凡书以文字、著之竹帛者,皆谓之文。非独不论有文饰与无文饰,抑且不论有句读与无句读,此至大之范围也。"这是对章太炎文学定义的继承:"再缩小之,则凡有句读者皆为文。而不论其文饰与否,纯任文饰,固谓之文矣,即朴质简拙,亦不得不谓之文。"这个定义是对《文心雕龙》文学范围的回归。黄侃结合了文学封域之宽泛和文学本质的修饰性:"然则拓其疆宇,则文无所不包,揆其本原则文实有专美。"④可以说黄侃在其师章太炎理论的基础上,对大文学传统做了更加细致

---

　　① 徐世昌等编《清儒学案》卷一百二十一,中华书局 2008 年版,第 4825—4826 页。
　　② 章太炎撰,庞俊、郭诚永疏证《国故论衡疏证》,第 249 页。
　　③ 黄侃《文心雕龙札记》,中华书局 2006 年版,第 11 页。
　　④ 黄侃《文心雕龙札记》,第 11 页。

全面的总结。

　　由于中西文化的交汇,20世纪中国的大文学传统被西方注重审美的纯文学体系取代。章太炎对纯文学(彣)早已作了很好的概括。即:"凡成彣者必皆成文,凡成文者不必皆彣。"但是受西方观念影响的人们已经将其作为古代文学研究的准绳,1932年胡云翼在《新著中国文学史》中直接批评中国传统的杂文学观念是古人"于学术文化分不清的结果",而纯文学才是"现代的进化的正确的文学观念"①。1935年刘经庵《中国纯文学史》序中曾言:"本编所重者是中国的纯文学,除诗歌、戏曲及小说外,其他概附阙如。"②这样以纯文学理论阉割中国的大文学,不顾国情,正是当年章太炎最为忧虑之事。以现代西方学者眼光改造中国的胡适,在《白话文学史》中,将诸子散文、史传文、汉赋、骈文甚至《诗经》《楚辞》都排斥在文学史视野之外,对后来影响深远。我们现在的文学依然承受西方权力话语的制约,甚至对章太炎继承的大文学定义,至今几乎无肯定者,被认为不符合文学发展的规律让文学概念"又重新回到原初的浑沌而宽泛的状态"。这种民族自主性的缺失造成的对中国文学理论的削足适履,已经严重影响了当代文学理论的发展。中国文学被世界认知,自然离不开我们自己学者对本土资源信心化的阐释。

　　其实,西方文学观念的狭义化也是个现代的过程。英语"literature"19世纪前包含的也是广泛的"学问"之义。如英国文学理论家特雷·伊格尔顿曾写到:"在18世纪的英国,文学这一概

① 胡云翼《胡云翼重写文学史》,华东师范大学出版社2004年版,第6页。
② 刘经庵《中国纯文学史》,著者书店1935年版,第2页。

念不像今天有些时候那样,仅限于'创造性'或者'想象性'作品。它意味着社会中被赋予高度价值的全部作品:既有诗,也有哲学、历史、随笔和书信。"①现代西方学者也并非都秉持狭义的文学观念,韦勒克、沃伦在《文学理论》中说:"我们还必须认识到艺术与非艺术、文学与非文学的语言用法之间的区别是流动性的,没有绝对的界限……我们还必须承认有些文学,诸如杂文、传记等类过渡的形式和某些更多运用修辞手段的文字也是文学。"②而中国文学传统自先秦以来绵延相传,组成中华人文精神的基本内核,我们不得不承认其理论普适性。西方理论不能解释中国现象是因为西方理论在中国文学经验之外。章太炎深切明白:"民族无自觉,即为他民族陵轹,无以自存。""自弃其重而倚于人,君子耻之。"自觉承继文学传统,将"反本以言国粹"作为一生的理想。

三、结　语

20世纪在文学研究中做出卓越贡献的学者,思维都不可能局限在狭隘的文学观念内。如鲁迅的《魏晋风度及药及酒的关系》、陈寅恪的《元白诗笺证稿》、汤用彤的《魏晋玄学与文学理论》等皆是如此。这些大学者都没有囿于纯文学范围之内,而是在大文学范围内纵情遨游,成为大师级的人物。20世纪80年代以来,建立新的"大文学史观"被提出并且日渐获得学界的重视,如傅璇琮主

---

① 〔英〕特雷·伊格尔顿著,伍晓明译《二十世纪西方文学理论》,陕西师范大学出版社1987年版,第19页。

② 〔美〕雷·韦勒克、奥·沃伦著,刘象愚译《文学理论》,生活·读书·新知三联书店1984年版,第13页。

编的《大文学史观丛书》，陈伯海、董乃斌的《宏观文学史丛书》等都进行了较为成功的实践，但目前看来这还是远远不够的。人们太容易把"复古守旧"当作彻底的贬义词，殊不知《易经》中曾说"器唯其新，人唯其旧"，中国历史上文化的大发展往往都是以回归传统、托古改制之名发生的。章太炎亦用一生的著述证明了中国传统的"闳硕壮美之学"足以自信自立，不必尊崇远西之学。相比同时代的革命健将们，他看似保守落后，甚至与时代格格不入，是"抗议"①、"否定的思想家"②，"个人主义式地反对所有已建构之社会规范"，但我们今天理应看到时代不能没有这样的摩擦力。今日我们的国学研究依旧要常常回味于章太炎，他在重建中国文学大传统的努力，"凝聚了他全部心血，成为直面本世纪初世界史现实，致力于将中国文明从其自律性基础开始重建的不懈努力的重要部分"③。今日也亟待我们的重新发掘与建设。在 21 世纪我们必须充分肯定他在文学史上的地位，肯定和发掘我国大文学传统的人文价值。

原载《郑州航空工业管理学院学报
（社会科学版）》2009 年第 4 期

①　萧公权《中国政治思想史》，辽宁教育出版社 1998 年版。
②　［日］河田悌一《否定的思想家——章太炎》，章念驰《章太炎生平与学术》，生活·读书·新知三联书店 1988 年版。
③　［日］木山英雄著，赵京华编译《文学复古与文学革命——木山英雄中国现代文学思想论集》，北京大学出版社 2004 年版，第 209 页。

六朝儒家礼乐文学"尚规矩"与繁密文风的形成

——以陆机、颜延之为中心

《诗品》评价陆机为"尚规矩",《文心雕龙·征圣》讲"文成规矩,思合符契","禀经以制式",说明这"规矩"就是儒家的宗经复古文风。陆机、颜延之一脉传承,又各以"繁""密"为文章特色,这繁密文风为何形成,与"尚规矩"的宗经文风又有何关联,为何后人多予以批评,这些问题前人少有论及。之前学界普遍认为:"南朝的文风偏重辞藻文华,趋向于把经典中除《诗》以外排斥于文外,所以萧统《文选》不选经文。因此刘勰的宗经是违反风气的,具有救弊的作用。"①实际情况并非如此。南朝经学和文学各自区分独立,文体不再混淆,正是因为颜延之致力于将儒家经史之学作为标的来指导文学创作,将之转换为富有审美性与仪式实用性的文学体裁,使得宗经复古,博物繁密成为南朝文坛的重要一派,产生了深远的影响。

---

① [南朝梁]刘勰著,周振甫注《文心雕龙注释》,人民文学出版社1981年版,第25页。

　　本文使用了"礼乐文学"这一概念,我们可以把用于国家礼乐仪式、形式上宗经典雅的文学称之为礼乐文学。礼乐文学用于国家的、帝王的、宫廷的礼仪性场合,有公开性、对外性、现场性特点,大部分是应命所作,极少适合表达私人感情。我们可以说最早的礼乐文学是《诗》中用于祭祀典礼的《雅》《颂》,是《书》中的典诰,后来是为帝王宣读的汉大赋,还包括相当一部分传统所说的应制文学、宫廷文学,或者庙堂体、廊庙体、公宴诗等诸多名称。对文章"规矩"的寻求和强制性规定,"繁""密"的文学风格,更加集中地表现在礼乐文学之中。本文认为,陆机并未对礼乐文学与其他私人化的吟咏情性文学予以明晰区分,以"繁"为总体文风,而颜延之先是以有着多重复合意蕴的"密"替代了"繁",又将这种规矩固定在礼乐文学之中,故而在颜延之文学作品中,同时存在"错采镂金"的礼乐文学和较为清新天然的私人化文学两种体裁。但后人并未有效意识到颜延之的刻意经营,又将繁密用典、精工雕镂之风用于所有文学体裁之上,招致钟嵘、刘勰等人的批评,传承流播,陆机、颜延之作为这一派的祖师,也被明清人多为诟病。

一

　　翻检历代文论,对陆机往往以"繁"称之[①]:

　　《文心雕龙·史传》:"至于晋代之书,繁乎著作,陆机肇始而未备。"此谓陆机著作数量之多。

---

　　① 跃进《陆机创作之"繁"》认为陆机之"繁"体现在著作、文情、词藻之繁。(《文学遗产》,2001 年第 3 期)

《文心雕龙·哀吊》:"陆机之《吊魏武》,序巧而文繁。"①此谓陆机文章篇幅之长。

《世说新语·文学》篇引孙兴公云:"潘文烂若披锦,无处不善;陆文若排沙简金,往往见宝。"又注引《文章传》,言张华评论陆机之文:"人之作文,患于不才;至子为文,乃患太多也。"②"排沙简金""乃患太多",或隐晦或直接指出陆机文章篇幅问题。张华将"繁"的原因归结为才华太多,后人也往往如此解释:《文心雕龙·镕裁》:"至如士衡才优,而缀辞尤繁;士龙思劣,而雅好清省。"此处之"繁"指绮丽雕琢文辞的堆叠。《文心雕龙·才略》也说:"陆机才欲窥深,辞务索广,故思能入巧,而不制繁。"③《诗品》则评陆机"才高词赡,举体华美"。"赡"与繁义类似。在后人眼中,"繁"不仅为陆机的特点,更是西晋一代文风。《宋书·谢灵运传论》云:"降及元康,潘、陆特秀,律异班、贾,体变曹、王,缛旨星稠,繁文绮合。"④点明"繁""绮""缛""稠"为西晋开始的文学新趋势。

六朝人谈陆机之"繁",多以中性义看待,也有微辞者。如《文心雕龙·议对》:"及陆机断议,亦有锋颖,而谈辞弗剪,颇累文骨。"⑤而后人谈及陆机之"繁",则多持贬意。如严羽《沧浪诗话》谈及晋人说:"陆士衡独在诸公之下。"⑥元好问《论诗绝句三十首》说:"斗靡夸多费览观,陆文尤恨冗于潘。"⑦胡应麟《诗薮》:"平原

①　杨明照《增订文心雕龙校注》,第206、169页。
②　余嘉锡《世说新语笺疏》,第309、306页。
③　杨明照《增订文心雕龙校注》,第422、573页。
④　[南朝梁]沈约《宋书》卷六十七,第1778页。
⑤　杨明照《增订文心雕龙校注》,第329页。
⑥　[清]何文焕辑《历代诗话》,中华书局2004年版,第696页。
⑦　王叔岷《钟嵘诗品笺证稿》,中华书局2007年版,第181页。

诸诗,藻绘何繁,独造何寡也。"①可见六朝人对文章之"繁"与后代人态度是不同的。

而对颜延之往往以"密"称之:

《诗品》明确指出颜延之文风"源出于陆机",并说"颜延谢庄,尤为繁密","尚巧似,体绮密,情喻渊深,动无虚散,一句一字,皆致意焉"②。"繁密"指用典数量多、密度大,"绮密"即时人评价的"铺锦列绣,雕聩满眼"之意。"情喻渊深"则与陆机之"情繁"则类似。

沈约《宋书·谢灵运传论》中说:"爰逮宋氏,颜谢腾声,灵运之兴会标举,颜年之体裁明密,并方轨前秀,重范后昆。"③《南史》也说:"(谢灵运)纵横俊发,过于延之,深密则不如也。"④以"明密"和"深密"赞誉延之,这里的"密"包含多种意蕴,有典故丽辞丰赡之意,有辞采绮丽细密之意,也有思虑深沉紧致严密之意。而后人说颜延之的"密",则只注重用典一点,且和对陆机的评价相似,多为贬意:

　　　延之雕绘满眼,荆棘满手,以故意致虽密,神韵不生。⑤

　　　颜延之诗密如秋荼,《五君咏》独清出。⑥

---

① ［明］胡应麟《诗薮》,上海古籍出版社1979年版,第147页。
② 王叔岷《钟嵘诗品笺证稿》,第267页。
③ ［南朝梁］沈约《宋书》卷六十七,第1778—1779页。
④ ［唐］李延寿《南史》卷十九,第538页。
⑤ 丁福保辑《历代诗话续编·诗镜总论》,中华书局1983年版,第1406页。
⑥ 郭绍虞编选《清诗话续编·抱真堂诗话》,上海古籍出版社1983年版,第117页。

颜诗虽若伤密,不逮诸作者,然赵宋以后,轻滑飒洒便利轻快之体,久不识此古音古貌矣!

颜诗全在用字密,典则楷式,其实短浅。①

士衡对偶已繁,用事之密,始于颜延之,后世对偶之祖也。②

《曲阿后湖》之篇,诚擅密藻,其它繁挟之作,间多滞响。③

其他诸多论述将陆机之"繁"和颜延之的"密"同列,如沈德潜《古诗源》:"士衡长于敷陈,延之长于镂刻。"④其实"敷陈"即为"繁","镂刻"即为"密"。这两种文学风格在《文心雕龙》中多有涉及。

《文心雕龙》将雕缛作为一种文学风格:"繁缛者,博喻酿采,炜烨枝派者也",但又强调"文以辨洁为能,不以繁缛为巧"。《文心雕龙》追求中正中庸,赞美"景纯绮巧,缛理有余"(《诠赋》),但提出"明贵约"(《乐府》),对"繁"以否定态度居多,《物色》云:"凡摛表五色,贵在时见,若青黄屡出,则繁而不珍。"文辞美丽自然是好,但若过多,则弊大于利。在评价前人著作时,多指出有"繁"之弊病,如《铭箴》:"温峤《侍臣》,博而患繁";《才略》:"赵壹之辞赋,意繁而体疏";《诔碑》:"陈思叨名,而体实繁缓";《论说》:"敬通之说鲍邓,事

① [清]方东树《昭昧詹言》,人民文学出版社2006年版,第160页。
② 郭绍虞《清诗话续编·围炉诗话》,第521页。
③ [清]陈祚明《采菽堂古诗选》,转引自王叔岷《钟嵘诗品笺证稿》,第268页。
④ [清]沈德潜《古诗源》,辽宁教育出版社1997年版,第157页。

缓而文繁";《情采》:"繁采寡情,味之必厌";等等,认为文采过繁往往伴随情感缺乏。《物色》:"诗人丽则而约言,辞人丽淫而繁句也"。最后的结果是"繁华损枝,膏腴害骨,无贵风轨,莫益劝戒"①,伤害文学的规矩宗旨。

《文心雕龙》中的"密"可表示思维缜密,如《才略》:"范雎上书密而至";《论说》:"锋颖精密","辞共心密,敌人不知所乘";《指瑕》:"精思以纤密";《序志》:"魏典密而不周,陈书辩而无当";《封禅》:"扬雄《剧秦》……骨制靡密"。也有表示辞采细密工巧,如《才略》:"王褒构采,以密巧为致","庾元规之表奏,靡密以闲畅";《诠赋》:"言务纤密";等等。《镕裁》中形象地说明如何才是"密":"句有可削,足见其疏;字不得减,乃知其密。"可知"密"是每个字都是精心设置以尽其用,是文章旨趣的浓缩提炼。方法之一就是用典,这是不增加篇幅,而提升文辞深奥浓缩意蕴的最佳手段。最后达到的境界正是《丽辞》中所说的"魏晋群才"可以"析句弥密,联字合趣,剖毫析厘",可以"理圆事密,联璧其章。迭用奇偶,节以杂佩,乃其贵耳"②。是精细至毫厘的安排,这种安排必有精心的挑选和删减,这就和陆机"榛楛勿剪,蒙荣集翠"③、"情苦芟繁"的心理完全不同了。

可见六朝人对于"密"是褒义居多,且是一种很难达到的文章境界。颜延之对于"密"不仅出自时人的文学观念,更出自一种自

---

① 杨明照《增订文心雕龙校注》,第 376、329、96、83、564、140、572、155、246、412、564、97 页。

② 杨明照《增订文心雕龙校注》,第 571、244、496、607、292、571、573、96、422、443、444 页。

③ [清] 严可均《全上古三代秦汉三国六朝文·全晋文》卷九十七,第 4026 页。

觉自发的追求。颜延之《庭诰》一段佚文云:"至于五言流靡,则刘桢、张华;四言侧密,则张衡、王粲。若夫陈思王,可谓兼之矣。"①"侧密"又见于《金楼子·立言》:"曹子建、陆士衡皆文士也,观其辞致侧密,事语更明,意匠有序,遣言无失,虽不以儒者命家,此亦悉通其义也。"②这应是继承了颜延之的说法。颜延之认为四言诗与五言诗应该有不同的风格指向,这也影响了刘勰:"若夫四言正体,则雅润为本;五言流调,则清丽居宗。"③这说明雅润侧密与流靡清丽是相对的风格,三人都认为只有曹植能兼而有之。

看颜延之认为符合"侧密"标准的张衡、王粲,《文心雕龙》称"张衡《应间》,密而兼雅","平子得其雅",并称"张衡《怨篇》,清典可味","张衡通赡,蔡邕精雅,文史彬彬,隔世相望"④。张衡现存四言诗极少,其《怨篇》残句:"猗猗秋兰,植彼中阿。有馥其芳,有黄其葩。虽曰幽深,厥美弥嘉。之子之远,我劳云何。"⑤可见对偶精工,古朴雅致。而《文心雕龙》评价王粲"仲宣溢才,捷而能密""仲宣靡密,发端必遒"⑥,可见张衡、王粲之"密"为六朝人所共识,《古文苑》卷八《思亲为潘文则诗》章樵注引挚虞《文章流别论》可作王粲诗"侧密"的注脚:"王粲所与蔡子笃及文叔良、士孙文始、杨德祖诗,及所为潘文则作思亲诗,其文当而整,皆近于雅矣。"⑦至于曹植,《文心雕龙·练字》中说:"故陈思称扬、马之作,趣幽

---

①　[清]严可均《全上古三代秦汉三国六朝文·全宋文》卷三十六,第5274页。

②　[南朝梁]萧绎撰,许逸民校笺《金楼子校笺》,第966页。

③　杨明照《增订文心雕龙校注》,第65—66页。

④　杨明照《增订文心雕龙校注》,第181、66、65、572页。

⑤　逯钦立《先秦汉魏晋南北朝诗》卷六,中华书局1983年版,第179页。

⑥　杨明照《增订文心雕龙校注》,第72、96页。

⑦　[三国]孔融等著,俞绍初辑校《建安七子集》,中华书局2005年版,第84页。

旨深,读者非师传不能析其辞,非博学不能综其理,岂直才悬,抑亦字隐。"①王粲、曹植四言诗更加对偶工整、练字精巧、典故繁多,典故多出自《诗经》,这就是颜延之所说的"侧密"的大致特征。

尤为值得注意的是,在几位文学批评家看来,"密"和"雅"是截然难分的,张衡"兼雅""得其雅",王粲"近于雅",而"雅"如何体现?张衡体现在"清典""通赡",曹植体现在"师传""博学",都是学识渊博、用典繁密、雕琢精巧,使得文辞古奥雅致,取法《诗经》等经典,这也正是陆机、颜延之一派的突出特点。

"繁"与"密"的核心意义都是过多。陆机也有"密"的一面,如《文心雕龙·事类》说"士衡沉密",而颜延之也被称为"繁密"。"繁"的意义较为单一,而"密"则包含复合多重意义。但二者都和博学通赡的儒家学者气质有着紧密联系,陆机的"繁"可能是因为才欲窥深,因为炫才逞博而下笔不能自持,也有"恒患意不称物,文不逮意"的思想顾虑,但更是因为他的写作来源就是古代经典,他在《文赋》中说灵感来源之一是"颐情志于典坟",力争要"倾群言之沥液,漱六艺之芳润","观古今于须臾,抚四海于一瞬","收百世之阙文,采千载之遗韵"②。潘尼《赠陆机出为吴王郎中令》也说陆机是"婆娑翰林,容与坟丘"③。陆机的"繁"正是建立在博学弘闻的学术基础,以及企图网罗百世千载的群言六艺的壮志之上的。但文辞篇幅情感都过多是一种较为简单粗暴的实现方法,多为时人诟病,且以陆机之才难以模仿,"密"在"繁"的基础上予以改良,是一种更升级的文学表现技巧。"密"追求在有限的篇幅内体现更多

---

① 杨明照《增订文心雕龙校注》,第481页。
② [清]严可均《全上古三代秦汉三国六朝文·全晋文》卷九十七,第4025页。
③ 逯钦立《先秦汉魏晋南北朝诗》卷八,第764页。

意涵，就要精心设计用典、雕琢篇章结构、专注炼字工夫。更重要的是，颜延之认识到"繁密"文学特征的性质，最适合表现儒家的礼乐文学，将之固定在一派之中。

<h2 style="text-align:center">二</h2>

　　学风能够影响文风，前人早有共识。西汉司马谈将儒家学风评为"博而寡要，劳而少功"，就是一种勤奋博学、繁琐细密的为学工夫。古人常将潘岳、陆机一起比较，说"潘文浅而净，陆文深而芜"，有一清省一繁多的特点。有趣的是，《世说新语·文学》总结南北学风，说"北人学问渊综广博"，"南人学问清通简要"，支道林比喻为"北人看书如显处视月，南人学问如牖中窥日"，刘孝标注将其归之为"学广则难周""学寡则易核"的区别①。不过潘岳是中原人，陆机是江南人，看似学风与文风相反，实则是当时中原流行玄谈，而江南流行汉儒学说的缘故②。可见儒家学风会使得文风同样趋近博学而繁琐。

　　"繁"与"密"的文学特征也与作家的儒学背景关系密切，这古人也早有认识。还以潘岳和陆机的比较举例，《文心雕龙·体性》："安仁轻敏，故锋发而韵流；士衡矜重，故情繁而辞隐。"③《论语》说"君子矜而不争"④，《大戴礼记·小辨》说"矜行以事君"⑤，"矜重"是儒士君子特有的庄重文雅的仪态气质。陆机的儒士气质是相当突出的，

　　①　余嘉锡《世说新语笺疏》，第 256 页。

　　②　参见曹道衡《南朝文学与北朝文学研究》，商务印书馆 2017 年版，第 107—108 页。

　　③　杨明照《增订文心雕龙校注》，第 376 页。

　　④　［清］阮元校刻《十三经注疏·论语注疏》卷十五，第 5470 页。

　　⑤　［清］王聘珍《大戴礼记解诂》，中华书局 1983 年版，第 205 页。

《晋书》本传曰:"机服膺儒术,非礼不动。"葛洪评价陆机兄弟:"岂徒儒雅之士,文章之人也。"①可见,刘勰把情繁的文学特征归结为陆机隐晦内敛的性格,也就是"服膺儒术"的结果。"矜重"是儒士个性,"轻敏"更趋近"清通简要"的玄士风度,对比鲜明,故而有"浅而净""深而芜"的区别。《金楼子》谈曹植与陆机的"侧密",同样是为了说明他们"虽不以儒者命家,此亦悉通其义",虽没有致力于儒学研究,但堪称儒者型作家,陆机和颜延之都应是典型的儒者型文人②。

　　儒者志于谋天下之道,而儒者型文人则志于立文章的规矩。钟嵘说陆机"尚规矩",这规矩也正是自认为孔子追随者的刘勰追求的"原于道""征于圣""宗于经",刘勰也致力于从儒家经典中建立规矩,所谓"文成规矩,思合符契","禀经以制式,酌雅以富言,是仰山而铸铜,煮海而为盐"。经典如取之不尽的山海,博学是首要功夫,必须"思摹经典""还宗经诰""积学以储宝"③。

　　这一派在《文心雕龙》的"八体"中是为"典雅":"典雅者,镕式经诰,方轨儒门者也。"点明这一体裁的写作心要是效仿经典并以自身生命感悟加以熔炼,虽非儒家学者,但也堪合儒家正统道义法度。《定势》又说:"是以模经为式者,自入典雅之懿。"只要以经典为摹本法式写作,自然就成典雅一派。《封禅》篇中说《典引》所叙,雅有懿采,历鉴前作,能执厥中",说明"历鉴前作"的宗经博学和"能执厥中"的中正端方就是"雅"的标准。刘勰所说的"《封禅》

---

① 　[清]严可均《全上古三代秦汉三国六朝文·全晋文》卷一百十七,第2132页。
② 　陆机和颜延之的儒学气质对文学的影响,孙宝《陆机的儒风旨趣及其繁缛风格的形成》(《殷都学刊》,2009年第1期)、《颜延之与南朝宗经复古文风的建构——基于人的主体性的视角》(《临沂大学学报》,2020年第1期)中亦论述颇详。
③ 　杨明照《增订文心雕龙校注》,第384、394、365页。

靡而不典,《剧秦》典而不实"中的"典",就是依照儒家经典的标准,是否守规矩。在《体性》"新奇"是与"典雅"相对,"新奇"就可一定程度上理解为不守规矩。但要创新,还是不能完全打破规矩。《风骨》说得很明白:"若夫熔铸经典之范,翔集子史之术,洞晓情变,典昭文体,然后能孚甲新意,雕画奇辞。"①这和陆机所说"或袭故而弥新,或沿浊而更清"意思是一样的。

因为要体现宗经博学,必然要情繁文繁;因为要符合文辞华美的六朝审美要求,又要符合典雅标准,最容易施行的方法就是细密用典。故而复古宗经典雅最后往往会走向繁密文风。《文心雕龙》认为"繁"是一种运用恰当就会十分得体的体裁,在《征圣》中举出"简言以达旨"和"博文以该情"两种相对的文风,举例繁缛文风为"邠诗联章以积句,《儒行》缛说以繁辞"②,《豳风·七月》历数节令物候,篇幅是风诗中最长的,而《礼记·儒行篇》中孔子将十六儒一一列出,刘勰认为一些经典之作因内容重要,可以不避繁琐,将全部内容情旨列出讲明。前人也论及六朝之文人是"以典为雅",多用典就是基本手段,和唐宋人"以真为雅"的审美有所不同③。

三

那么,是否六朝人的心目中,无论何种文学体裁,都是典雅、

---

　①　杨明照《增订文心雕龙校注》,第 376、402、292、385 页。
　②　杨明照《增订文心雕龙校注》,第 17 页。
　③　许文雨《文论讲疏》:"大抵六代文士,以典为雅。陈思善用史事,康乐善用经语,皆名震一时。彭泽真旷,反有田家语之诮。唐宋诗词,则颇以真为雅,涂辙渐殊矣。"(詹锳《文心雕龙义证》)

"尚规矩"为最上呢？显然不是。刘勰的"文成规矩""禀经以制式"面对的是征圣宗经之文，传统儒家从掌管礼乐仪式出身，力图恢复礼乐文化，虽然正统文学都应原道，但不是每篇文章都承担得起"纬区宇，弥纶彝宪，发挥事业，彪炳辞义"的目的。文章风格多种多样，对于表达一己情感、吟咏情性的小文，追求典雅反而会失去"在心为志，发言为诗"的本意。刘勰在《神思》中说："夫神思方运，万涂竞萌，规矩虚位，刻镂无形。登山则情满于山，观海则意溢于海，我才之多少，将与风云而并驱矣。"虽然前文说到"积学以储宝，酌理以富才，研阅以穷照，驯致以怿辞"的前期功夫，但神思灵感降临的时候，必须将那些"规矩""刻镂"抛在一边，才能纵情发挥，展现自己的天才。《明诗》说建安诗"慷慨以任气，磊落以使才。造怀指事，不求纤密之巧；趋辞逐貌，惟取昭晰之能"①。这也是陆机所不能达到的"直致之奇"。

　　而在陆机笔下，礼乐文学和吟咏情性的文章风格区别并不大。如《皇太子赐宴诗》，篇幅虽不长但用典非常繁密，基本来自《雅》《尚书》《礼记》等，文风繁复典雅，非常契合礼乐仪式的现场感，且很好地传达了陆机"感圣恩之罔极"的个人意图。但非礼乐文学这样去写，很容易显得呆板陈腐，丧失自我。前人对陆机的许多批评也都由此而发。《文赋》雕琢过甚，陆云已委婉指出"绮语颇多，文适多体"②，有文体不清的问题。对于陆机的拟古诗，王夫之《古诗评选》评"步趋如一"，李重华《贞一斋诗说》评"名重当世，余病其呆板"，陈祚明《采菽堂古诗选》就点明陆机太看重规矩，不敢越雷池

---

①　杨明照《增订文心雕龙校注》，第365、65页。
②　[清]严可均《全上古三代秦汉三国六朝文·全晋文》卷一百二，第4081页。

一步："士衡诗,束身奉古,亦步亦趋,在法必安,选言亦雅,思无越
畔,语无溢幅。"太矜重谨慎的结果就是黄子云《野鸿诗的》所说的
"一味排比敷衍","不能流露性情"①,本来抒发个人情感的作品却
充满了礼乐文学的仪式感,场面话、套话太多,这就是陆机太过于
注重一个普世规矩而对文学体裁功能发生了淆乱的结果。沈德潜
则说陆机"言志章教,惟资涂泽,先失诗人之旨","遂开出排偶一
家"②,认为陆机文体的混淆来自本人身份认同的错乱,写作时自
认为是儒者,其次才是诗人。当然,唐前相当一部分诗人都同时是
儒士,几乎无人认为自己单纯是位文学家的。陆机一些赠答、行旅
之作,也有跳脱规矩者,如"昔者得君书,闻君在高平"(《为周夫人
赠车骑诗》),何等质直,但确实数量不多,且成就不为人所注目。

　　颜延之全力学习陆机,继承了陆机之"尚规矩",但有反省与改
良。其一,上文提到,"密"与"繁"相比本身就是一个更复杂、更利
于持续发展的文学技巧;其二,颜延之意识到,这宗经典雅的"规
矩"不能放之四海而皆准,而只适用于礼乐文学之中。因此,颜延
之的文学作品中呈现了两种不同的样貌,有雕镂金玉的礼乐文学,
如《宋郊祀歌》《宋南郊登歌》《三月三日曲水诗序》《曲水诗》《车驾
幸京口三月三日侍游曲阿后湖作诗》《车驾幸京口侍游蒜山作诗》
《皇太子释奠会作诗》《为皇太子侍宴饯衡阳南平二王应诏诗》《赭
白马赋》《拜陵庙作诗》《侍东耕诗》等,成为世人眼中的代表作,而
还有一些不为国家礼乐仪式写作的文学作品,则明显更清新俊逸,
如《五君咏》《秋胡行》《赠王太常诗》《夏夜呈从兄散骑车长沙诗》

----

① 王叔岷《钟嵘诗品笺证稿》,第173—174页。
② [清]沈德潜《说诗晬语》卷上,刘志伟主编《文选资料汇编·赋类卷》,第
610页。

《还至梁城作》《始安郡还都与张湘州登巴陵城楼作》等。尤其是《赠王太常》"庭昏见野阴，山明望松雪"，《还至梁城作》"故国多乔木，空城凝寒云"诸句，自然混成，境界高拔，与镂金错采相差甚远。同样是写景，颜延之在《车驾幸京口游蒜山作》中就是"陟峰腾辇路，寻云抗瑶甍。春江壮风涛，兰野茂荑英"，《应诏观北湖田收诗》中是"阳陆团精气，阴谷曳寒烟。攒素既森蔼，积翠亦葱芊"，一派雕琢富丽气象。

　　王夫之就说颜延之风格的不同犹如非一人所作："颜诗亦若有两种者，然《侍游蒜山》《赠王太常》诸作与《五君咏》如各出一手。"沈德潜《古诗源》："颜诗惠休品为镂金错采，然镂刻太甚，填缀求工，转伤真气，中间如《五君咏》《秋胡行》，皆清真高逸者也。"①说《北使洛》"黍离之感，行役之悲，情旨畅越"②。明清人对颜延之有两种风格都有共识，且都持鲜明的一褒一贬态度。叶矫然说："颜擅雕镂，而《秋胡行》《五君咏》不减芙蕖出水。"③陈祚明点评说："《五君》五咏，苍秀高超；《秋胡》九章，流宕安雅而束于时尚，填缀求工。《曲阿后湖》之篇，诚擅密藻，其它繁搀之作，间多滞响，就其所造，工琢未纯，以望康乐，相去甚远。"④颜延之能灵活运用这两种相反的风格，这就说明他是有意识地把礼乐文学与吟咏情性之文这两种体裁区别开来，并将"密"之风格固定于礼乐文学之上。

　　后人对颜延之的批评和轻视，很多在于只看到了他的礼乐文学，而且过于苛责的人可能没有意识到，礼乐文学除了文学审美属

①　［清］沈德潜《古诗源》，第 157 页。
②　［清］沈德潜《古诗源》，第 160 页。
③　郭绍虞《清诗话续编·龙性堂诗话》，第 959 页。
④　王叔岷《钟嵘诗品笺证稿》，第 267 页。

性以外，有着更强的意识形态意义和国家政治方面的考量。"礼乐"本就是规矩，《礼记》云："礼之于正国也，犹衡之于轻重也，绳墨之于曲直也，规矩之于方圆也。"①《正义》注《礼记·仲尼燕居》"文为在礼"云："礼为制度、文章之本。"②在正统儒者看来，礼为文章之本，文章来源于礼，是礼的外化。所以《礼记·乐记》说："故知礼乐之情者能作，识礼乐之文者能述。"这里的"文章"是儒家正统文学，也就是礼乐文学，这派文学与政治、学术等粘连太密，早已和单纯抒情言志的文学不在一路。陈仅《竹林答问》："谢工于山水，至庙堂大手笔，不能不推颜擅场，大家不必兼工也，大抵山林、廊庙两种，诗家作者，每分道而驰。"③有学者认为，这准确地道出了刘宋以后山水文学和庙堂文学分道扬镳的事实④。

　　礼乐文学有属于自己的评判标准即规矩。此"规矩"其一是宗经博古。西晋与南朝都是重儒学、重国家礼乐建设的时代，尤其是南朝人最有博学风气，依前文所述，这是儒士最重要本分的特征。陆机说要"倾群言之沥液，漱六艺之芳润"，颜延之就说要"校之群言"，要"观书贵要，观要贵博"，"咏歌之书，取其连类合章，比物集句"⑤。

　　规矩其二是密集用典。此不再赘述，陆机开启多用儒家经典一途，颜延之完全予以继承且将密度增大，钟嵘批评颜延之已经把文章写成"殆如书抄"。张戒在《岁寒堂诗话》说："诗以用事为博，

---

①　[清]阮元校刻《十三经注疏·礼记正义》卷五十，第3494页。
②　[清]阮元校刻《十三经注疏·礼记正义》卷五十，第3503页。
③　周维德笺注《诗问四种》，齐鲁诗社1985年版，第338页。
④　可参见孙明君《颜延之与刘宋宫廷文学》，《文学遗产》，2012年第2期。
⑤　[清]严可均《全上古三代秦汉三国六朝文·全宋文》卷三十六，第5273页。

始于颜光禄而极于杜子美。"①

　　规矩其三是弘丽之美。颜延之《庭诰》佚文谈到"秦勒望岱,汉祀郊宫"的时候就评价:"虽雅声未至,弘丽难追矣。"王寿昌《小清华园诗谈》说:"何谓广大?曰:颜延年之《郊祀》《曲水》《释奠》,以及《侍游》诸作,气体崇闳,颇堪嗣响《雅》《颂》。"②这是看到了颜延之礼乐文学追求的复古雅致,崇高宏大之美。

　　规矩其四是骈偶、练字精工雕琢。葛立方《韵语阳秋》就说:"应制诗非他诗比,自是一家句法,大抵不出于典实富艳耳。"③其实用典、弘丽乃至雕琢,也全都是文章复古的不同手段。叶矫然"惟颜延之《夕牲》《应送神》等作,新练矜贵,最称古则"④。"古则"这古代的规矩其实就是企图接近《诗》的《雅》《颂》。乔亿就说:"颜诗昔人病其刻镂太甚,余谓刻镂处亦近古。"⑤沈德潜说:"延年声价虽高,雕镂太过,不无沉闷,要其厚重处,古意犹存。"⑥方东树说:"久不识此古音古貌。"⑦这都是看到了颜延之的目的所在。毛先舒《诗辨坻》:"'初日芙蓉',微开唐制,'镂金错采',犹留晋骨,此关诗运升降。"⑧说到陆机、颜延之是复古一派,只能根植在唐前的政治土壤上,追求博学和礼乐制度重建的思想上壤上,文学尚未声色大开的时期,而讲求自然天趣的文学是晋宋以来的新创,将引领

　　①　王叔岷《钟嵘诗品笺证稿》,第267页。
　　②　郭绍虞《清诗话续编·小清华园诗谈》,第1849页。
　　③　[清]何文焕辑《历代诗话·韵语阳秋》,第498页。
　　④　郭绍虞《清诗话续编·龙性堂诗话》,第952页。
　　⑤　郭绍虞《清诗话续编·剑溪说诗》,第1079页。
　　⑥　丁福保《清诗话·说诗晬语》,中华书局1978年版,第532页。
　　⑦　[清]方东树《昭昧詹言》,第160页。
　　⑧　郭绍虞编选《清诗话续编》,第85页。

唐宋诗风,并为明清人所延续。

这种回归经典、密集用典、雕琢艳丽、骈偶精工的应制诗规矩,陆机是开山祖师,颜延之是真正奠定下规矩的人。也正是因为他的这种创制所产生的巨大影响,后人便有意无意把这种体裁当作颜延之创作的全部。《诗品》说他"是经纶文雅才",清方东树说"颜比于谢,几于有山无草木,树无烟霞之病",还说颜延之的诗"如吃糙米饭""不能活活泼泼地"①,这只能说唐后的文人们一味从性灵真趣和审美出发,已经不太能感同身受应制诗的创作背景和氛围了。如果说陆机对真性情的隐晦还是忌惮于复杂的政治形势,以及自身的隐忍性格所致,那么颜延之的礼乐文学中完全看不到个人的影子,则是主动的选择,是一种对主流意识形态认可、积极与朝廷合作的态度。后人也很难理解儒士和文人身份缠绕难分的状况,只能叹息他"作法自缚"。沈德潜感叹"士衡长于敷陈,延之长于镂刻,然亦缘此为累"②,王夫之叹息"其才本傲岸,而法特繁重"③,陈祚明也打比方说:"颜光禄诗如金、张、许、史大家命妇,本亦有韶令之姿,而命服在躬,华铛饰首,约束矜庄,掩其容态。暂复卸妆闲燕,亦能微露姣妍。"④此"法"、此沉重华丽的命服就是从陆机到颜延之苦心经营的文章规矩,只能戴着这副镣铐舞蹈。陆时雍说:"此盖谓其人力虽劳,天趣不具耳。"天趣的失去,则是必然的代价。

而有规矩,有章法,就意味着易于模仿学习。齐高帝萧道成就

① 〔清〕方东树《昭昧詹言》,第 160 页。
② 〔清〕沈德潜《古诗源》,第 157 页。
③ 〔明〕王夫之《古诗评选》,岳麓书社 2011 年版,第 750 页。
④ 王叔岷《钟嵘诗品笺证稿》,第 267 页。

说:"康乐放荡,作体不辨有首尾,安仁、士衡深可宗尚,颜延之抑其次也。"①"放荡""不辨首尾"其实就是找不到规矩章法,有规矩的才"深可宗尚"。可以说,学会颜延之的"密"就是学会了颜延之文学体裁的真髓。方东树就说:"颜诗全在用字密,典则楷式,其实短浅,其所长在此,病亦在此。然学者用功,先从颜诗下手,可以药伧父无学,率真砌之陋。"②颜延之实则创立了一派容易模仿的文学流派,只要博学,就能入其门槛。大明泰始年间,专门学习"颜体"的诗人集团已经形成,代表人物有谢超宗、丘灵鞠、檀超、颜则、刘祥、钟宪、顾则心七人,《诗品》说:"檀、谢七君,并祖袭颜延,欣欣不倦,得士大夫之雅致乎。"

但时人对这个流派微词颇多,《南齐书·文学传论》说这一派是"缉事比类,非对不发,博物可嘉,职成拘制。或全借古语,用申今情,崎岖牵引,直为偶说。唯睹事例,顿失清采"。后人对颜延之的学习陷入机械化,满篇古语,卖弄学问,字字用典,词词对偶,主张"自然英旨"的钟嵘更是对只知密集机械用典的作家们直言批评,说:"颜延、谢庄,尤为繁密,于时化之。故大明、泰始中,文章殆同书抄,近任昉、王元长等,词不贵奇,竞须新事,尔来作者,浸以成俗。遂乃句无虚语,语无虚字,拘挛补衲,蠹文已甚。"③自颜延之将用典密度发展到"殆同书抄"的极致后,这规矩后人除了沿袭,其实已经难以创新。沈约与任昉从用典内容上发展出两种路径相反的新变理论:"易用事"与"用新事"。沈约实际走的是与颜延之相

---

①　[南朝梁]萧子显《南齐书》卷三十五,第 625 页。

②　[清]方东树《昭昧詹言》,第 160 页。

③　王叔岷《钟嵘诗品笺证稿》,第 97 页。

反的道路,意图创新,超越古人,鼓吹自己的声病论,说是"直举胸情,非傍诗史"①。但事实证明只有颜延之探索出的文章规矩最为适合礼乐文学,钟嵘也说他"不闲于经纶,而长于清怨",沈约所作梁代雅乐歌辞被梁武帝斥为"郊庙歌辞,应须典诰大语,不得杂用子史文章浅言;而沈约所撰,亦多舛谬"②,指出沈约用典太浅,不够宗经复古,最后尽数让萧子云重写。

钟嵘已经指出了陆机、颜延之、任昉的传承轨迹。任昉以博学著称,唐代虞世南说任昉"善谈经籍,梁代称为五经笥"③,可见其儒学水平。任昉擅长于"笔",而笔体正与"绮縠纷披,宫徵靡曼,唇吻遒会,情灵摇荡"的文体相对,其实相当一部分的"笔"面向帝王,为国家礼乐仪式所用,就是礼乐文学。笔体本身就应该是用典铺排,这也是人所共识。钟嵘说:"夫属词比事,乃为通谈,若乃经国文符,应资博古,撰德驳奏;宜穷往烈。至于吟咏情性,亦何贵于用事?"认为"经国文符"与"吟咏情性"应该截然分开。原来,钟嵘所针对的就是当时文体不分,针对"吟咏情性""情灵摇荡"的文章也要沿袭"颜体",繁密地用事的作家们。

陆机针对不同文体没能清晰区分风格,但他天才绮练,又是此风格的开创者,为南朝人所崇拜学习;颜延之有意区分不同类型文体,以用典密集为礼乐文学的突出特征,将规矩固定,成为后人写作礼乐仪式类文学的不二法门;任昉专攻"笔"体,用典不仅密而且新,不惜"多用新奇,人所未见",已经是剑走偏锋,实际上也是用"笔"体为"文",混淆了文体,让颜延之的努力倒退。其他梁代诗人

---

① [南朝梁] 沈约《宋书》卷六十七,第 1779 页。
② [唐] 姚思廉《梁书》卷三十五,第 514 页。
③ [唐] 刘𫗧撰,程毅中点校《隋唐嘉话》,中华书局 1979 年版,第 4 页。

更是只会"终朝点缀,分夜呻吟",不分体裁地全部密集用典,完全放弃吟咏真情实感,这种只用博学来作文的风气一定程度上演变成了才学之辨①。刘勰专门强调"才为盟主,学为辅佐",而被奉为以学问写诗之祖师的颜延之就被不断地嘲讽只是勤学而无天才,钟嵘嘲曰"虽谢天才,且表学问",后来方东树评价颜延之"功力有余,天才不足"②,刘熙载直接以"谢才颜学"称之③,这也真是颜延之的无奈之处了。

而颜延之"终身病之"与任昉晚年作诗"欲以倾沈",都反映了这一派以"繁密"为宗的作家所遇到的困境。谢灵运与颜延之、沈约与任昉这两对风格相反的作家,因为后人普遍对礼乐文学的文学价值较为轻视,而被分出了高下。方东树说颜延之的礼乐文学只是"装点门面",只是皇家的一件精美装饰品,而谢灵运才是"妙象神会",是直入人心的天才作家。颜延之听到别人的"错采镂金"评价而抱恨终身,还有一个可能性是世人只看到了他繁密的礼乐文学风格,而选择性忽略了他有意经营的另一派出水芙蓉之风。文坛需要规矩,有规矩才可让后人效法,才可让文学不断传承而始终以儒家经典为宗,不改本色,但规矩也必须打破,萧子显说"若无新变,不能代雄",实际上从陆机到颜延之再到任昉,规矩已经在不断被更改,以致在初唐、中唐,礼乐文学与其他体裁文学一起,有了巨大的突破。"繁""密"的文学风格也伴随着西晋与南朝礼乐制度的重建浪潮,将高潮时期留在了六朝,成为六朝文学风格的特色之一。

---

① 可参见拙文《南朝才学之辨与沈约任昉用典论》,《哈尔滨师范大学社会科学学报》,2018年第2期。
② ［清］方东树《昭昧詹言》,第159页。
③ ［清］刘熙载《艺概》卷二,第262页。

沈约《宋书·乐志》与梁代
雅乐歌辞创制

　　梁武帝即位初始就重视礼乐建设，大修文教，取得了令人瞩目的礼乐重建成果，对唐代乃至后世都有重要影响。李延寿在《南史·梁武帝纪》中赞其"制造礼乐，敦崇儒雅，自江左以来，年逾二百，文物之盛，独美于兹"，而雅乐歌辞的创制更是礼乐建设工程的重中之重。沈约作为齐梁文坛德高望重的"一代辞宗"，也是梁武帝夺取政权的首要功臣之一，以文学才能、政治地位、文士名望而论皆责无旁贷，接受了为新朝撰写雅乐歌辞的重要使命。沈约不但参与了梁初五礼制度建设，对乐学也深有造诣，其《宋书·乐志》可以系统地反映他的乐学思想，雅乐的历史流变及风格讨论正是其中重要的内容。对于沈约的乐学思想理论与其歌辞创作实践的联系，以及从文学角度对歌辞的文本分析，学界以往并无专门谈论，本文试从《宋书·乐志》出发，讨论归纳沈约关于正统雅乐的乐学理论，联系《乐府诗集》中他所作的郊祀、燕射歌辞，从乐学与文学的角度，探讨沈约所作出的平衡礼乐典制规范与文学审美要求，兼容古今与雅俗的创新尝试。

一、沈约的《宋书·乐志》与
其乐学理论

梁武帝即位之初，梁代雅乐制度因袭前代旧制，使他颇为不满。《隋书·音乐志》记载："梁氏之初，乐缘齐旧。武帝思弘古乐，天监元年，遂下诏访百僚曰：'……朕昧旦坐朝，思求厥旨，而旧事匪存，未获厘正，寤寐有怀，所为叹息。卿等学术通明，可陈其所见。'"武帝的下诏求古乐，共有对乐者七十八家，大部分都从宏观着眼，建议先梳理传统乐学历史脉络以作今用，史书只记述了沈约的奏答：

> 窃以秦代灭学，《乐经》残亡。至于汉武帝时，河间献王与毛生等，共采《周官》及诸子言乐事者，以作《乐记》。其内史丞王定，传授常山王禹。刘向校书，得《乐记》二十三篇，与禹不同。向《别录》有《乐歌诗》四篇、《赵氏雅琴》七篇、《师氏雅琴》八篇、《龙氏雅琴》百六篇。唯此而已。《晋中经簿》无复乐书，《别录》所载，已复亡逸。案汉初典章灭绝，诸儒捃拾沟渠墙壁之间，得片简遗文，与礼事相关者，即编次以为礼，皆非圣人之言。《月令》取《吕氏春秋》，《中庸》《表记》《防记》《缁衣》皆取《子思子》，《乐记》取《公孙尼子》，《檀弓》残杂，又非方幅典诰之书也。礼既是行己经邦之切，故前儒不得不补缀以备事用。乐书事大而用缓，自非逢钦明之主，制作之君，不见详议。汉氏以来，主非钦明，乐既非人臣急事，故言者寡。陛下以至圣之德，应乐推之符，实宜作乐崇德，殷荐上帝。而乐书沦亡，寻

案无所。宜选诸生,分令寻讨经史百家,凡乐事无小大,皆别纂录。乃委一旧学,撰为乐书,以起千载绝文,以定大梁之乐。使《五英》怀惭,《六茎》兴愧。①

在奏答中,沈约简要叙述了乐书的发展情况,因"乐书事大而用缓",自秦代后在流传上遗失残落,制作上摘抄补缀,针对乐书沦亡,创制实践无所依凭的现状,沈约建议先从乐书编纂入手,汇录史料中的乐事,纂成一部"起千载绝文"的乐书,在其理论指导下"定大梁之乐"。《汉书·礼乐志》云:"昔黄帝作《咸池》,颛项作《六茎》,帝喾作《五英》。"②沈约对于这部"大梁之乐"期许甚高,乃至要超越三皇五帝之古乐,此雄心实为前人所未有。抄缀汇编材料也本是史籍的基本编纂方法,现在《宋书》的《乐志》就完全符合沈约在这篇答诏中的构想,可以看作是沈约乐书编纂的重要成果,体现了沈约对乐学的基本理解。

正如沈约所言,秦后音乐的整理研究都未得到应有的重视,在《宋书》之前,《史记·乐书》及班固《汉书·礼乐志》均只有一卷涉及音乐,《后汉书》与《三国志》皆无乐志。在《宋书·志序》中,沈约叙述了对以往史书乐记与音乐流传的态度,可与答诏内容相互对照:

乐经残缺,其来已远,班氏所述,政抄举乐记,马彪后书,又不备续。至于八音众器,并不见书,虽略见世本,所阙犹众。

① [唐]魏徵《隋书》卷十三,第288页。
② [汉]班固《汉书》卷二十二,第1038页。

爰及雅郑，讴谣之节，一皆屏落，曾无概见。郊庙乐章，每随世改，雅声旧典，咸有遗文。又案今鼓吹铙歌，虽有章曲，乐人传习，口相师祖，所务者声，不先训以义。今乐府铙歌，校汉、魏旧曲，曲名时同，文字永异，寻文求义，无一可了。不知今之铙章，何代曲也。今志自郊庙以下，凡诸乐章，非淫哇之辞，并皆详载。①

《宋书·乐志》正是针对前代乐书之疏弊而作，《汉书》《后汉书》仅"抄举乐记"，不列八音众器，且保存歌辞太少。尤其提到历代雅乐歌辞"每随世改，雅声旧典，咸有遗文"，更有整理保存的紧迫性。与前代乐志相比，《宋书·乐志》篇幅长达四卷，为后代保存了相当多的乐曲古辞，第一卷是一部秦汉以来的音乐通史，也就是沈约理想中"起千载绝文"的乐书，对于雅乐的发展历史梳理论述甚详，保存了有关雅乐发展的历代奏折答对和重要讨论，充分体现了沈约本人对雅乐样貌与改革的意见。

沈约的音乐理论必然指导了他的乐府写作实践，沈约编写乐志的目的之一就是积极展现实力，争取成为新朝制礼作乐的核心成员，在编纂过程中为完成作乐任务做好准备，另一方面他丰富的雅乐与民间乐府诗写作实践使得乐志材料筛选得当，脉络发展清晰可辨，议论富有创见。将《宋书·乐志》与沈约的具体创作联系对照，可更为完整地体现沈约的雅乐创作理论体系，从"训其义"的角度理解梁代雅乐歌辞的文本内涵。

梁武帝"思弘古乐"，亲自制乐的出发点就是再造真正雅正的

---

① ［南朝梁］沈约《宋书》卷十一，第204页。

庙堂音乐,他感慨"《韶》《护》之称空传,《咸》《英》之实靡托,魏晋以来,陵替滋甚。遂使雅郑混淆,钟石斯谬,天人缺九变之节,朝宴失四悬之仪"。将梁代雅乐以"雅"定名,也显示了武帝恢复雅乐传统的决心与信心。在《宋书·乐志》中,沈约非常强调雅乐的正统性,痛感"淫声炽而雅音废矣",并引用王僧虔的上奏,指出近世以来"家竞新哇,人尚淫俗,务在噍杀,不顾律纪。流宕无涯,未知所极,排斥典正,崇长烦淫"。在雅乐发展历史中,他重点批评汉武帝时期的乐府"商周雅颂之体阙焉",评价南朝新造的民间歌曲《襄阳乐》《寿阳乐》《西乌飞》诸曲"哥词多淫哇,不典正",声明"非淫哇之辞,并皆详载",认为"盖乐先王之乐者,明有法也;乐己所自作者,明有制也",此"法"此"制"就是制定雅乐的根据,正所谓他所作《牲雅》中所说的"反本兴敬,复古昭诚"。

　　梁代雅乐中的复古意味是浓厚的。实际上,历代雅乐改革的先驱行动都是因袭复古。曹操令杜夔等"绍复先乐",西晋傅玄作歌辞时,"郊祀明堂礼乐权用魏仪,遵周室肇称殷礼之义,但改乐章而已","永嘉之后,旧典不存",才渐有补益,而宋颜延之造登歌时,依然"大抵依仿晋曲",后"南齐、梁、陈,初皆沿袭,后更创制,以为一代之典"[①]。但在实际操作上,重现西周雅乐早已成为不可能实现的理想。自先秦起,新声俗乐也不断冲击与融入雅乐中去,如先秦的郑声、曹氏父子所喜的相和三调等。刘勰即云"虽三调之正声,实韶夏之正曲也",在梁代佛教法乐也进入了庙堂。这些改变使得雅乐去古愈远的同时,也令古老神圣的祭歌不断焕发新的生机。这就是雅乐创制中复古与创新的双重诉求,也是梁代雅乐创

---

　　①　[宋]郭茂倩《乐府诗集》卷一,第2页。

制中亟须解决的问题。

复古本身又产生新的问题，到底以何为古？是以夏商周为古，还是前代为古？理想上应回归先秦雅颂传统，但实际操作上因袭前代才是较稳妥的做法。在这个问题上，张华与荀勖曾有一番争议：

> 张华表曰："按魏上寿食举诗及汉氏所施用，其文句长短不齐，未皆合古。盖以依咏弦节，本有因循，而识乐知音，足以制声，度曲法用，率非凡近所能改。二代三京，袭而不变，虽诗章词异，兴废随时，至其韵逗曲折，皆系于旧，有由然也。是以一皆因就，不敢有所改易。"荀勖则曰："魏氏歌诗，或二言，或三言，或四言，或五言，与古诗不类。"以问司律中郎将陈颀，颀曰："被之金石，未必皆当。"故勖造晋歌，皆为四言，唯王公上寿酒一篇为三言五言，此则华、勖所明异旨也。[1]

张华认为汉魏雅乐"文句长短不齐，未皆合古"，但考虑到"韵逗曲折皆系于旧"，因音乐的因循而"不敢有所改易"，实际上以前代即汉魏为古；而荀勖坚持"古诗"传统，所作雅乐皆为四言体，是以先秦为古。可见在复古原则下，具体操作是可以协调改易的，因循前代是较为稳妥的做法。对于新兴梁代的君臣梁武帝、沈约而言，既有痛感宋齐四厢音律不全的认识，也有"思弘古乐""使《五英》怀惭，《六茎》兴愧"的野心，显示他们并不甘于沿袭宋齐，而是要超越前代，回归先秦雅颂传统。沈约还以反思精神对前代的雅

---

[1] ［南朝梁］沈约《宋书》卷十九，第 539 页。

乐进行了批评,主要针对的是汉武帝时所作的乐府雅乐歌。

《宋书·乐志》评论说:"汉武帝虽颇造新哥,然不以光扬祖考、崇述正德为先,但多咏祭祀见事及其祥瑞而已。"批判的主要原因就是"商周《雅》《颂》之体阙焉",不复古亦不雅正。沈约认为郊祀雅乐最重要的功能是"光扬祖考,崇述正德",而武帝雅乐内容的主要缺陷有两点,一是"多因前代",缺乏"时事",二是内容多为歌咏祭神与祥瑞之事,武帝多从自身好恶出发,讲求个人权威意志与审美需要的满足,较为忽略雅乐应承担的政治功能。

自创制之初,汉武帝所造新歌就已屡遭讥评。河间献王曾献雅乐于朝廷,但武帝并不感兴趣,偏爱李延年所造新声,"常御及郊庙皆非雅声"。故《汉书·礼乐志》总结说:"今汉郊庙诗歌,未有祖宗之事,八音调均,又不协于钟律,而内有掖庭材人,外有上林乐府,皆以郑声施于朝廷。"[1]音律与歌辞内容皆非雅正传统。针对武帝《天马》的歌辞内容,中尉汲黯就进言:"凡王者作乐,上以承祖宗,下以化兆民。今陛下得马,诗以为歌,协于宗庙,先帝百姓岂能知其音邪?"[2]认为雅乐应有光扬祖宗、教化民众的作用。汉武帝时所造郊祀歌、房中歌在沈约看来,不复古却也没有"时事",音律内容亦非雅正,体现了雅乐创作今、古与雅、俗这多重诉求的失调。

无论是对前代雅乐历史的梳理,还是对汉武帝郊庙歌的批评,刘勰《文心雕龙·乐府》与沈约观点皆十分相似,说:"暨武帝崇礼,始立乐府,总赵代之音,撮齐楚之气,延年以曼声协律,朱马以骚体

---

① [汉]班固《汉书》卷二十二,第1071页。
② [汉]司马迁《史记》卷二十四,中华书局2013年版,第1178页。

制歌。桂华杂曲,丽而不经;赤雁群篇,靡而非典。河间荐雅而罕御,故汲黯致讥于天马也。"①批评"桂华杂曲""赤雁群篇"也就是《安世房中歌》《郊祀歌》"丽而不经,靡而非典"。不经不典即指音律上多用郑声俗乐,内容上《安世房中歌》歌颂汉高祖,《郊祀歌》歌颂汉武帝,都没有歌颂先祖与德政,反而在语言上过于"丽""靡",满足了文学审美需要,但从郊庙乐应承担的国家意识形态功能而言,绮丽华美的文辞与庄重恭敬的氛围营造很难相容。颜延之的《庭诰》就评价汉郊祀歌"虽雅声未至,弘丽难追矣"②。沈约也力图解决这对矛盾,毕竟在极度崇尚文学性的南朝文风下,过于质朴的文辞难以得到上层士族的由衷欣赏。

沈约的基本做法是在郊庙歌辞中雅正复古、肃庄恭敬,而燕飨歌辞力图气氛和乐,语言更加铺排华丽,故而规避汉武帝郊祀歌、房中乐中出现的多重诉求失调问题,塑造理想中回归"商周雅颂之体"的雅乐,是沈约进行创作的首要目标。可以说在《宋书·乐志》对于前代历史的梳理总结中,沈约已确立了本朝雅乐的基本原则方向。

二、雅正复古——沈约的
郊祀歌辞创作

关于郊祀歌的作用,《易》曰:"先王以作乐崇德,殷荐上帝,以配祖考。"③《汉书·郊祀志》曰:"祀者,所以昭孝事祖,通神明

---

①　杨明照《增订文心雕龙校注》,第 82 页。
②　[清] 严可均《全上古三代秦汉三国六朝文·全宋文》卷三十六,第 2636 页。
③　[清] 阮元校刻《十三经注疏·周易正义》卷二,第 62 页。

也。"①主要有祭奉神明与祖先，弘扬德政的政治作用，沈约也在《乐志》中也多次借前人之口强调过郊祀歌辞复古雅正之急迫需要。在恢复古乐的实践中，沈约认可先辈杜夔的做法："远考经籍，近采故事，魏复先代古乐，自夔始也。而左延年等，妙善郑声，惟夔好古存正焉。""远考经籍"正是纂录古今乐事以修乐书，"近采故事"则是结合新朝当下新情况新变化，与时俱进描写"时事"。

　　基本形式上，沈约所作郊祀歌除南郊登歌用三言外，皆使用四言。在张华与荀勖的争论中，二人都认为汉魏所作歌辞字数"长短不齐"，是不"合古"的，都承认"古"之雅乐应该是四言齐言体，四言的采用不仅是为了与古诗相符，在文学特点上四言诗也更具有庄重典雅的审美观感。《文心雕龙·明诗》即云："若夫四言正体，则雅润为本。"挚虞在《文章流别论》中说："诗虽以情志为本，而以成声为节，然则雅音之韵，四言为正，其余虽备曲折之体，而非音之正也。"②故而荀勖所作歌辞"终宋、齐以来，相承用之"，产生了深远的影响。梁郊祀歌几乎都用四言体，可体现沈约理想中复古雅正的歌辞典型。五帝登歌也没有沿用谢庄的"以数立言"而皆用四言体，只有南郊登歌与南郊降神、北郊迎神歌用三言，这是遵循了汉代以来迎送飨神歌如《练时日》《华烨烨》的传统。傅玄所作《天郊飨神歌》《地郊飨神歌》，颜延之所作《天地飨神歌》及谢庄的迎神歌诗、送神歌诗也都继承了三言形式，在谢庄歌后《宋书·乐志》就注明了"依汉郊祀迎神，四句一转韵"，"汉郊祀送神，亦三言"。此外，沈约的南郊登歌内容多描写祭天仪式，与其他歌诗内容也有不同。

---

① 〔汉〕班固《汉书》卷二十五，第 1189 页。
② 〔清〕严可均《全上古三代秦汉三国六朝文·全晋文》卷七十七，第 1905 页。

在内容上，沈约注重"光扬祖考，崇尚正德"，如祭祀太祖的《梁宗庙登歌》歌曰："殷兆玉筐，周始邠王。於赫文祖，基我大梁"，"在夏多罪，殷人涂炭。四海倒悬，十室思乱。自天命我，歼凶殄难"，有意用《诗》的雅颂写法。沈约也在歌辞中多次强调重礼守敬的基本态度，礼与乐本身不可分割，"礼乐相须以为用，礼非乐不行，乐非礼不举"①。沈约作为礼学专家，尤其重视礼乐的基本作用。诗歌中多以庄严肃穆的祭祀现实场景描写，来烘托庄敬的气氛。如《梁南郊登歌二首》：

> 暾既明，礼告成。惟圣祖，主上灵。爵已献，罍又盈。息羽籥，展歌声。俨如在，结皇情。

> 礼容盛，樽俎列。玄酒陈，陶匏设。献清旨，致虔洁。王既升，乐已阕。降苍昊，垂芳烈。

歌辞本身也可成为后代了解祭祀礼仪形式的宝贵资料。《礼记·郊特牲》云："奠酬而工歌，发德也。歌者在上，匏竹在下，贵人声也。"②登歌内容示祖宗功德，形式突出人声清唱，故而对于歌辞内容有更高的要求。这首歌辞明白地指出了南郊祭天使用登歌的时间："暾既明，礼告成"，形式为"息羽籥，展歌声""王既升，乐已阕"，陈设为"礼容盛，樽俎列。玄酒陈，陶匏设"，气氛是"献清旨，致虔洁"。沈约往往细致地描绘仪式场景，目的就是为了展现"将

---

① ［宋］郑樵《通志二十略》，第883页。
② ［清］阮元校刻《十三经注疏·礼记正义》卷二十五，第3133页。

修盛礼,其仪孔炽"(《涤雅》)、"祀典昭洁,我礼莫违"(《梁宗庙登歌》)。如《诚雅》其二描写降神仪式"扬羽翟,鼓应辣",其三"牲玉孔备,喜荐惟旅。金悬宿设,和乐具举",重点是为了突出虔诚礼敬的态度,就如《论语·八佾》所云"祭如在,祭神如神在"。《禋雅》描写了就燎仪式的场面:"载陈珪璧,式备牲牷。云孤清引,枸虡高悬",以及就埋仪式:"坎牲瘗玉,酬德报功。振垂成吕,投壤生风……俯昭象物,仰致高烟。"包括在《五帝歌》中描写庙堂陈设与仪式乐器布置:"雕梁绣栱,丹楹玉墀"(《歌青帝》)、"齐醍在堂,笙镛在下"(《歌赤帝》)、"载列笙磬,式陈彝俎"(《歌白帝》),突出重礼复古的新兴王朝意识形态,也通过盛大华丽的仪式场面展现了国家的实力。

在政权天命的表现上,武帝郊祀歌多以祥瑞之事证天命,十九首中就有《天马》《景星》《齐房》《朝陇首》《象载瑜》五首,被《乐志》批评偏离了雅乐的基本方向。后代雅乐也多有颂天命祥瑞的内容,如宋王韶之所造《食举歌》:"瑞徽璧,应嘉钟。舞灵凤,跃潜龙。景星见,甘露坠。木连理,禾同穗。玄化洽,仁泽敷。极祯瑞,穷灵符",梁代雅乐中祥瑞描写比之前代大为减少,倾向于回归儒家礼乐正统的沈约多叙现实,即使描写迎送神的场景时,对于超现实的想象描写都节制而收敛,如描写神之降临只云"出杳冥,降无象"(《诚雅》),"灵降无兆,神飨载谧""或升或降,摇珠动佩"(《梁北郊登歌》),相比前代的迎神飨神歌,傅玄只描述赐福:"神祇来格,福禄是臻"(《飨神歌》),或天命,"於赫大晋,膺天景祥"(《降神歌》),而谢庄与颜延之的想象描写则华丽浪漫,神来时"地纽谧,乾枢回。华盖动,紫微开。旌蔽日,车若云。驾六气,乘绵缊"(《迎神歌》),神去时"月御案节,星驱扶轮。遥兴远驾,曜曜振振"(《迎送神歌》)。在雅正复古的目标下,沈约使用文字相当审慎,不以过多

的文采来损害雅乐的基本功能,而采用传统雅颂的方法来歌颂时王,弘扬天命。如皇帝出入时所奏的《皇雅三首》:

> 帝德实广运,车书靡不宾。执瑁朝群后,垂旒御百神。八荒重译至,万国婉来亲。

> 华盖拂紫微,勾陈绕太一。容裔被缇组,参差罗罕毕。星回照以烂,天行徐且谧。

> 清跸朝万宇,端冕临正阳。青绚黄金缛,衮衣文绣裳。既散华虫采,复流日月光。

以礼的外在表现形式——衣冠服饰的大段描写来表达皇权的尊崇,以"华盖拂紫微,勾陈绕太一""星回照以烂,天行徐且谧"的天象描写肯定天命之神圣。与之前歌颂皇帝的歌辞比较,全诗用典不多,更不古奥,也很少直接歌功颂德,整体感情色彩庄严节制。梁代礼乐中对本朝天命的宣扬是隐性含蓄的,多以自然、四时予以影射。《相和五引》作为梁代三朝元会礼乐程序的第一首乐歌,以宫、商、角、徵、羽对应春、夏、秋、冬和君、臣、民、事、物,有着特殊的含义。《礼记·礼器》说:"作大事必顺天时",周代宗庙有对应四时的祠、礿、尝、烝之祭,杜佑《通典》:"先王制礼,依四时而祭者,时移节变,孝子感而思亲,故奉荐味以申孝敬之心,慎终追远之意。"[①]《相和五引》首先将自然四时兴替与乐、礼联系起来,将本朝仪式乐

---

① ［唐］杜佑《通典》卷四十九,中华书局 1988 年版,第 1364 页。

章与上古雅乐类比:"《咸池》始奏德尚仁(《宫引》)""优游律吕被
《咸》《英》(《角引》)",有学者指出,梁代将古有的"相和六引"改造
为"相和五引"并专用于元会仪中,目的就是将确认君主权威的方
式由人事关系的仪式化改革为拟则天道①。梁十二国乐"止乎十
二,则天数也",并将鼓吹十六曲改为十二曲,新制十二律设十二镈
钟,对应十二个月;黄钟厢用钟、磬各二十四,以对应二十四节气。
在传统乐制中,五宫十二律就有比象天地阴阳之气的神圣作用,梁
武帝此举有着复古与宣示自身天命的双重寓意。沈约所作《五帝
歌》也与前代所作相异,谢庄之《五帝歌》不仅"以数立言",形式翻
新,且颇富文采,如九言诗《歌白帝》"木叶初下洞庭始扬波,夜光彻
地翻霜照悬河",相比之下,沈约所作就古朴精简,将重点放在了对
四时物候的描写上,如《歌青帝》言春天物候:"群居既散,岁云阳
止。饬农分地,人粒惟始",《歌赤帝》言夏天物候:"靡草既凋,温风
以至",四时歌从来都包含着政治暗喻,自然交替象征人主恩威并
施,如汉郊祀歌中,春夏赐福,如《春阳》"众庶熙熙,施及夭胎,群生
喤喤,惟春之祺",而秋冬施威,如《玄冥》"易乱除邪,革正异俗,兆
民反本,抱素怀朴"。梁代郊祀乐就是以这种复古的方式替代了直
白宣示祥瑞天命的书写,使得整体雅乐歌辞形式简明整洁,文字表
达雍容克制,在汉后郊祀乐中颇有特点。

　　《乐志》曾批评汉武帝作乐府缺乏"时事",而梁代新制鼓吹就
是全叙时事以述功德之作。梁武帝在汉代鼓吹思想主题的基础
上,将十六曲减为十二曲,同时更改曲名与曲辞,创制"鼓吹十二

---

① 曾智安《从"相和六引"到"相和五引"——梁代对元会仪的改革与"相和引"之
变》,《乐府学》第 6 辑,2011 年。

案"。梁武帝的目的就是"更制新歌，以述功德"，宣传歌颂自己建立大梁的功勋事迹，而沈约以史家的深厚素养，以歌辞为历史，提炼记载了梁武帝建立梁朝过程中的九个标志性事件，从"肇王迹"的破魏，到讨伐东昏侯，平定京城，受禅登位，使梁代鼓吹成为一部史歌，如描写大破魏军的场景："乘岘凭，临胡阵。骋奇谋，奋卒徒。断白马，塞飞狐。殪日逐，歼骨都。"在地方司职州牧的功绩："大震边关，殪獯丑。农既劝，民惟阜。穗充庭，稼盈亩。"破加湖的水战之激烈："忱威授律命苍兕，言薄加湖灌秋水。回澜瀄汩泛增雄，争河投岸掬盈指。犯刃婴戈洞流矢，资此威烈齐文轨。"且以史家习惯，对功绩多有点评，如评价起兵"登我圣明由多难，长夜杳冥忽云旦"，破加湖之战"资此威烈齐文轨"，鲁山之战"因此龙跃，言登泰阶"，郢城之战"金汤无所用，功烈长巍巍"，《诗经》之颂就多有以叙时事歌颂时王之作，如《鲁颂·閟宫》历述鲁僖公受命获封、祭祀先祖、讨伐戎狄等文治武功，以祝国君长寿、邦国有福。梁代鼓吹一方面回归诗颂传统，一方面以歌载时事，更有效地传播宣扬了梁武帝的功德。

三、和乐创新——沈约的 燕飨歌辞创作

郊庙祭祀与燕射典礼同属国家层面的重大仪式，但二者承担着不一样的政治功能。《乐府诗集》引《周礼·大宗伯》说："以饮食之礼亲宗族兄弟，以宾射之礼亲故旧朋友，以飨燕之礼亲四方之宾客。"①

---

① ［宋］郭茂倩《乐府诗集》卷十三，第181页。

在西周礼乐体系的设计下，郊祀歌多为"尊尊"，而燕射歌多为"亲亲"。郊庙祭祀仪式庄重肃穆，强调君臣的森严等级，是对君主绝对权威的确认，为实现"礼"与"情"的中庸之道，又制定燕飨之礼以为平衡，燕飨伴随酒食、乐舞，是以柔性手段联络君臣感情，营造上下和谐与同心同德的氛围，二者在礼乐系统中共同发挥作用，在君臣向宾主的身份转换中，刚柔并济，紧张兼具活泼，更好地实现统御群臣的政治目的。

在文本阅读中，就能感受到沈约在二者明显不同的语言风格和氛围塑造，与复古保守的祭祀乐歌相比，沈约在燕飨歌辞中更多创新。各代雅乐虽皆以复古为最高标准，但也都有意识地突出创新特征。《乐志》中多次提到："周存六代之乐，至秦唯余《韶》《武》而已。始皇改周舞曰《五行》，汉高祖改《韶舞》曰《文始》，以示不相袭也。""至明帝初，东平宪王苍总定公卿之议，曰：'宗庙宜各奏乐，不应相袭，所以明功德也。'"这是有意识地做出改变以宣示没有完全因循相袭，有本朝的创新。《乐志》也记载了东晋太常贺循介绍历代遭遇丧乱，旧典音韵无存，但历朝也照样创制了本朝雅乐，只是"自汉氏以来，依放此礼，自造新诗而已"。相比于郊庙歌辞，燕飨歌具有相对更宽容的创作自由。

就前章所述，梁武帝对四厢乐歌音律进行了极大改革，并将种种民间俗舞、乐伎、佛教法乐引入宴会，可以想见梁代国宴仪式的风格追求就是求新争奇、热闹和谐的。在此背景下看沈约的燕飨歌辞形式，在字数设置上就显得更富有变化创新，如王公出入之《寅雅》用三言，上寿酒之《介雅》用五言，食举歌《需雅》用七言，以此来配合更多使用了流行新声的音乐。在整体的歌辞文本中，洋溢着君臣和乐且湛的轻松氛围，在礼乐仪式的先导《相和五引》中，沈约就强调了音乐的和乐相感作用:"八音备举乐无疆""兴此和乐感百精""风流福被乐愔愔""物为音本和且悦",《梁鞞舞歌·明之君》更曰:"熙熙亿兆臣,其志皆欢愉。"在沈约看来,发自内心之"乐"本就是音律之"乐"的本义。在《乐志》中阐述音乐的起始说:

> 民之生,莫有知其始也。含灵抱智,以生天地之间。夫喜怒哀乐之情,好得恶失之性,不学而能,不知所以然而然者也。怒则争斗,喜则咏哥。夫哥者,固乐之始也。咏哥不足,乃手之舞之,足之蹈之,然则舞又哥之次也。咏哥舞蹈,所以宣其喜心,喜而无节,则流淫莫反。故圣人以五声和其性,以八音节其流,而谓之乐,故能移风易俗,平心正体焉。①

沈约借用《诗大序》的传统说法来描述礼乐的诞生缘由,所谓"礼缉民用扰,乐谐风自移"(《梁鞞舞歌·明之君三》),这与《宋书·谢灵运传论》中评论文学之诞生也十分相似,都说明文学与音乐之本义皆为宣发人的自然情感:

> 夫志动于中,则歌咏外发。六义所因,四始攸系,升降讴谣,纷披风什。虽虞夏以前,遗文不睹,禀气怀灵,理无或异。然则歌咏所兴,宜自生民始也。②

乐舞自产生之始就为宣泄感情,而礼则为了约束天性过度泛

---

① ［南朝梁］沈约《宋书》卷十九,第 548 页。
② ［南朝梁］沈约《宋书》卷六十七,第 1778 页。

滥。沈约的宴饮歌辞往往是礼制与和乐兼具，如大臣出入的《俊雅》，有对现实场景的描写："珩珮流响，缨绂有容。衮衣前迈，列辟云从。义兼东序，事美西雍。分阶等肃，异列齐恭。"描述众臣衣冠整齐，队列有序出入大殿的场景，正是恭敬有礼为臣之道的体现。而"百司扬职，九宾相礼。齐宋舅甥，鲁卫兄弟。思皇蔼蔼，群龙济济。我有嘉宾，实惟恺悌"，又有一派平等亲切、团结和乐的意味。

这种宴饮和谐欣悦的气氛描写本也是《诗经》传统。《鹿鸣》云"鼓瑟鼓琴，和乐且湛。我有旨酒，以燕乐嘉宾之心"，《常棣》亦歌曰"傧尔笾豆，饮酒之饫。兄弟既具，和乐且孺"，君待臣亲切慷慨，如《彤弓》"我有嘉宾，中心喜之"，臣待君也是发自内心的喜悦，如《蓼萧》"既见君子，我心写兮。燕笑语兮，是以有誉处兮"，客人的醉饱也是对美食满意、对主人感激的体现，如《既醉》："既醉以酒，既饱以德。君子万年，介尔景福。"沈约侍宴诗《乐将殚恩未已应诏》即云："群臣醉又饱，圣恩犹未半。"但往往酒醉后会不顾礼仪，故《诗经》中篇目多礼仪与和乐并重，如《楚茨》既描写"既醉既饱，大小稽首"，又提醒"礼仪卒度，笑语卒获"，《湛露》既歌唱"厌厌夜饮，不醉无归"，也赞颂"岂弟君子，莫不令仪"。《宾之初筵》描绘的就是随着酒宴进行，客人从最初的温和恭敬渐渐不顾礼节的现象，而沈约用于王公出入的《寅雅》初写大臣们守礼恭敬，"礼莫违，乐具举……升有仪，降有序。齐簪绂，忘笑语"，但最后却"始矜严，终酣酺"，与《诗经》宴饮诗有异曲同工之妙，可谓是对诗雅颂传统的回归。

《仪礼·燕礼》记载，先秦燕礼用歌诗《鹿鸣》《四牡》《皇皇者华》《鱼丽》《南有嘉鱼》《南山有台》六首。《鹿鸣》常用于燕群臣嘉宾。至魏，《乐府诗集》云："魏有雅乐四曲，皆取周诗《鹿鸣》。"而

《宋书·乐志》评论魏雅乐曰："按《鹿鸣》本以宴乐为体，无当于朝享，往时之失也。"晋初食举仍沿用《鹿鸣》，直到荀勖将之废除，《乐府诗集》云："晋荀勖以《鹿鸣》燕嘉宾，无取于朝，乃除《鹿鸣》旧歌。"先秦君臣平等和乐的乐歌已不适合大一统王权下的国宴场合，西晋上寿酒、食举乐歌内容都已脱离了先秦的宴会诗模式，如荀勖的《王公上寿酒歌》："践元辰，延显融。献羽觞，祈令终。我皇寿而隆，我皇茂而嵩。本枝奋百世，休祚钟圣躬。"内容并无与上寿酒仪式相关者，而沈约所作用于上寿酒的《介雅》就全然不同："百味既含馨，六饮莫能尚。玉罍信湛湛，金卮颇摇漾。敬举发天和，祥祉流嘉贶。"先描绘酒之甘美、酒器之精致，再恭颂吉祥福祉，重点是在于仪式本身的样貌和意义上。傅玄、张华所作食举东西厢乐歌内容皆为祈福颂德，无宴乐本身描绘，而沈约的食举歌辞《需雅》内容基本皆为饮食，共有八首，每首五句，前四句皆为饮食宴会描写，最后以一句祈福结尾。对食物描写细致入微，罗列了各种奇珍美味、烹调方法与多种口味，如"或鼎或萧宣九沸，楚桂胡盐芼芳卉"，"道我六穗罗八珍，洪鼎自爨匪劳薪。荆包海物必来陈，滑甘潾潾味和神"，不惜笔墨描写食材"碧鳞朱尾献嘉鲜，红毛绿翼坠轻翾"，视觉效果上"三危之露九期禾，圆案方丈粲星罗"，极尽华丽奢侈的罗列描写有《招魂》和《大招》的影子，可谓用辞赋手法撰写乐歌歌辞。如此耗费笔墨的原因其实就是诗中所说"人欲所大味为先，兴和尽敬咸在斞"，饮食是人最基本的原始欲望，故最能体现礼之重要性，所谓"侑食斯举扬盛则，其礼不愆仪不忒"。饮食之礼自西周就备受重视，《论语·尧曰》记载：周代"所重：民、食、丧、祭"①。

---

①　［清］阮元校刻《十三经注疏·论语注疏》卷二十，第 5508 页。

《礼记·礼运》也说："夫礼之初，始诸饮食。"由此可见，沈约的做法看似开创，实则复古。以先秦传统为"古"，这在魏晋以来逐渐形成定式的南朝，也意味着创新。

雅乐因为具备国家礼乐政治与乐歌的双重身份，故而兼具"礼"与"文"的双重需求，文学评论家往往面对雅乐的鉴赏，采取与普通乐府不同的标准，优先考虑意识形态而忽视甚至有意贬斥文学审美，这"表现了古人评价艺术时两种标准的冲突，即'礼'的标准（或政治标准）同'文'的标准（或艺术标准）的冲突"，这种冲突是难以被调和的，因为"音乐评价的标准来源于古来的雅乐传统，文学评价的标准则来源于当时的审美风尚"①。沈约在创作中根据情境在这双重标准中自如切换，并着力兼顾雅乐的礼乐标准与鉴赏趣味，具体体现在沈约在《乐志》中的理论表达与他日常所作民间乐府诗的双重标准，在《乐志》中斥南朝新曲"歌词多淫哇不典正"，但在日常创作中却多写艳情，这是沈约在遵守传统正统教化与紧跟时代潮流审美之间的切换，也是代表官方的正式写作与私人文学场合活动的身份切换。从这个角度说，沈约也的确是"立身先须谨慎，文章且须放荡"的践行者。其次，国家雅乐首要承载着祭祀仪式用乐、宣传王朝政治意识形态的功能，其次也体现了本朝的文化水平与精神层次。沈约无意于偏废后者，故于郊庙歌辞强调重礼庄恭，而燕飨歌辞也突出礼乐，加强"文"的修饰。

理论与实践、政治作用与审美需要、传统观念与时代风尚之间都存在着截然相反的双重诉求，辨明调和才是国家雅乐创制者面临的首要挑战。沈约从《乐志》的历史梳理与确定方向入手，将理

---

① 王小盾《〈文心雕龙·乐府〉三论》，《文学遗产》，2010 年第 3 期。

论转化为实践,并将郊庙与燕射歌辞分开处理以调和今、古与雅、俗的要求,很好地回应了雅乐创制中的多重诉求。而之后这套歌辞却以不符合雅正要求为名遭到了最高统治者的严厉批评,被梁武帝斥为"郊庙歌辞,应须典诰大语,不得杂用子史文章浅言,而沈约所撰,亦多舛谬。"这反映了在以人主喜好为度量的国家意识形态的改变,也宣告了沈约企图调和雅俗、今古实践的失败。

原载《殷都学刊》2018 年第 9 期

南朝才学之辨与沈约
任昉用典论

　　"天才"与"学问"在文学创作中的作用是文学理论中的重要问题。南朝重博学的社会风气使得"学问"首次进入文论领域,与作家的天才获得了同等地位,二者的关系成为当时的热门话题,如钟嵘《诗品》的"虽谢天才,且表学问",刘勰《文心雕龙》的"才为盟主,学为辅佐"等。而学问在文学中的基本表现形式之一即是用典,沈约与任昉作为齐梁并列的两位文坛宗师,沈之诗与任之笔尤为独领风骚,为当世"文章之冠冕,述作之楷模"①,也几近针锋相对地各自提出了自己的用典理论,皆产生了很大影响,引来无数追随效仿者。以往学界对于二人的比较研究②,并未详述这两种截然不同的理论何以产生且共存,与南朝天才学问之辨之间有何关联,本文试图就此问题进行探讨,借以对南北朝文坛的新变趋势与审美趣味变化有更深入的了解。

---

　　①　［南朝梁］萧纲《答湘东王书》,［唐］姚思廉《梁书》卷四十九,第 691 页。
　　②　陈伟娜《沈约任昉比较研究》,浙江大学 2009 年博士论文。

一、唐前文论视域内的天才学问之辨

才、学往往被作为区分盛唐诗与中晚唐及宋诗的主要美学标准,在明清时期被反复讨论。葛晓音先生认为,天分、学力之说的起源可追溯到唐代"天真""修饰"的提法,及皎然《诗式》论"苦思"与"自然"①。其实在唐前,才学之辨已经多有研讨,基本定型②。对个人天才的发现是和对个体尊严价值的注重相伴而生的,故而真正对于个人才华的推崇是从魏晋开始,先天之才与后天之学的关联讨论至此而产生。汉代讲求个人价值时,重"善""恶""贤"与"不肖"等儒家伦理道德,东汉末年以来,个人价值超越了以往的道德式评价,天赋才华被肯定和追捧,建安以后,"人人自谓握灵蛇之珠,家家自谓抱荆山之玉"③,文学也被看作个人天赋的极佳展现形式,祢衡吊张衡曰:"南岳有精,君诞其姿。清和有理,君达其机。故能下笔绣辞,扬手文飞。"④明确地将天赋才华与写作能力联系在一起。杨修称赞曹植云:"非夫体通性达,受之自然,其孰能至于此乎?"⑤同样认为曹植的文才是"受之自然"的。

刘劭《人物志》把各人所具的自然才性作为重要衡量标准来品

①　葛晓音《从历代诗话看唐诗研究与天分学力之争》,《文艺理论研究》,1982 年第 4 期。

②　这方面的系统研究还有张国兴《魏晋六朝文学的才学观》,《河北大学学报》,1984 年第 4 期;赵树功《论古代文艺思想中的文才尊奉观念》,《文艺研究》,2016 年第 2 期。

③　[魏] 曹植《与杨德祖书》,[晋] 陈寿《三国志》卷十九,第 59 页。

④　[清] 严可均《全上古三代秦汉三国六朝文・全后汉文》卷八十七,第 943 页。

⑤　《答临淄侯笺》,[南朝梁] 萧统《文选》卷四十,第 1819 页。

藻人物,才性论成为清谈的热门话题,在《世说新语》中多为时人津津乐道。当时所称之"才",指的是先天天赋与后天习得的总和,博学多知亦为"才"之一。如:"刘舆才长综核,潘滔以博学为名,裴邈强立方正……时人称曰:舆长才,滔大才,邈清才也。"①郭璞"奇博多通,文藻粲丽,才学赏豫,足参上流"②。但很少有人提到博学与文学创作的关系,"文学的自觉"催生的更多是妙笔生花、悟性通神的天才追求,博学苦思往往还是学者而非文人的基本素质。陆机《文赋》中描述写作灵感来临时说:"若夫感应之会,通塞之纪,来不可遏,去不可止,藏若景灭,行犹响起。方天机之骏利,夫何纷而不理。"非人力所可及,更无关于读书学问。

天才与文学创作论一直密不可分,至于东晋,名士放达任诞,耻于勤学苦诵,沈约总结此时文学风气说:"在晋中兴,玄风独扇,为学穷于柱下,博物止乎七篇。驰骋文辞,义殚乎此。"③很多名士只读老庄以备玄言之需,且讲求得意忘言,认为"诵书当味义根,何为费功于浮辞之文?"④"讽诵遗言,不若亲承音旨。"⑤"好读书,不求甚解"成为当下时髦。在名门贵族阶层巩固的心理舒适区内,学问可有可无,甚至"才"亦可无:"名士不必须奇才,但使常无事,痛饮酒,熟读离骚,便可称名士。"⑥学问不足,导致东晋诗文用典不多,较平易直白,呈现平、淡、浅的特点,"理过其辞,淡乎寡味","皆

---

① 余嘉锡《世说新语笺疏》,第 436 页。
② 余嘉锡《世说新语笺疏》,第 257 页。
③ [南朝梁]沈约《宋书》卷六十七,第 1778 页。
④ [唐]房玄龄《晋书》卷八十九,第 2311 页。
⑤ [唐]房玄龄《晋书》卷四十九,第 1364 页。
⑥ 余嘉锡《世说新语笺疏》,第 764 页。

平典似《道德论》"①，"魏晋浅而绮"②。

南朝的社会风气发生很大变化，自帝王起皆重聚书，好文学，勤奋用功成为社会风尚。南朝史籍中士人普遍好读书、好抄书、好著书，大量类书在此时编纂以适应背诵记忆的需要，渊博成为值得夸耀的文化资本而备受重视。寒门获得了上升的途径，读书可以改变命运。王僧虔的家训中告诫说："或有身经三公，蔑尔无闻；布衣寒素，卿相屈体。或父子贵贱殊，兄弟声名异，何也？体尽读数百卷书耳。"③自南齐王俭推重隶事，这种类事之学成为新的人物考评方式，或取自经史，如沈约"策刘显经史十事"，刘显问韦棱"《汉书》十事"，或作为清谈游戏，士人往往以此炫才矜能，对比试结果非常重视。如梁武帝曾两次因隶事游戏而动怒，一次"策锦被事"，沈约等皆故意推让，唯有刘峻一口气写下十余事，"坐客皆惊，帝不觉失色。（帝）自是恶之，不复引见"④。又与沈约比试"栗事"，沈约照故推让后与人说："此公护前，不让即羞死。"⑤武帝大怒，沈约因此忧惧而死。这种比赛学问的隶事之学体现在文学作品中就是用事，对典故的运用。在这种社会风气的培育下，学问在文学中的重要性大大提高了，得以和天才说在文学创作论中分庭抗礼。此时之"才"往往专指天赋才禀，与"学"并列。总的来说，南朝的才学论可以分为三派：

第一派仍是传统的天才论者。钟嵘在《诗品》中推崇"自然英

---

① ［南朝梁］钟嵘著，曹旭集注《诗品集注》，第 24 页。

② 范文澜《文心雕龙注》，第 520 页。

③ ［南朝梁］萧子显《南齐书》卷三十三，第 599 页。

④ ［唐］李延寿《南史》卷四十九，第 1219—1220 页。

⑤ ［唐］姚思廉《梁书》卷十三，第 243 页。

旨",立场尤为鲜明地力挺自然天成的作家,评陆机"大才""高才",
潘岳"诗才如海",谢灵运"兴多才高",而评谢瞻等五人"才力苦
弱",汤惠休"情过其才",对于学问派的颜延之评价"虽谢天才,且
表学问",虽一定程度上予以肯定,但仍透露出遗憾嘲讽之意。萧
子显在《南齐书·文学传论》中说:"文章者,盖情性之风标,神明之
律吕也。蕴思含毫,游心内运,放言落纸,气韵天成,莫不禀以生
灵,迁乎爱嗜,机见殊门,赏悟纷杂……属文之道,事出神思,感召
无象,变化不穷……若夫委自天机,参之史传,应思悱来,忽先构
聚。"强调文章得来于"神明""天成""神思""天机",是典型的文学
天才论者。他所针对批评的就是傅咸、应璩等以学问为诗、用典繁
密的一派:"缉事比类,非对不发,博物可嘉,职成拘制。或全借古
语,用申今情,崎岖牵引,直为偶说。唯睹事例,顿失精采。"①颜之
推对后人之告诫也相当典型:

> 学问有利钝,文章有巧拙。钝学累功,不妨精熟;拙文研
> 思,终归蚩鄙。但成学士,自足为人。必乏天才,勿强操笔。
> 吾见世人,至无才思,自谓清华,流布丑拙,亦以众矣,江南号
> 为詅痴符。②

颜之推认为,做学问不问聪颖或驽钝,只要后天勤学努力,都
会有所成,而缺乏天才是无论如何都不可能写出好文章的。沈约
在《谢灵运传论》中介绍自己的声病论说:

---

① ［南朝梁］萧子显《南齐书》卷五十二,第908页。
② ［北齐］颜之推撰,王利器集解《颜氏家训集解》,第254页。

子建"函京"之作，仲宣"灞岸"之篇，子荆"零雨"之章，正长"朔风"之句，并直举胸情，非傍诗史。正以音律调韵，取高前式。自灵均以来，多历年代，虽文体稍精，而此秘未睹。至于高言妙句，音韵天成，皆暗与理合，匪由思至。①

将自己的声律说形容为"匪由思至"，而是"天成"的天才发现，"直举胸情，非傍诗史"否定了学问对于好诗创作的作用。天才说往往将神秘的宗教天人体验与文学创作相糅合，在宗教修行中，个人精神世界与佛理的打通对接经常靠的不是日久天长的苦修，而是一时之"感""通神"，这种灵光一现，宛如神助的宗教体验与天才式的文学创作何其相似，钟嵘引《谢氏家录》，记载了传说中谢灵运作"池塘生春草"一联的过程："康乐每对惠连，辄得佳语。后在永嘉西堂，思诗竟日不就。寤寐间，忽见惠连，即成'池塘生春草'。故尝云：'此语有神助，非吾语也。'"②与宗教体验的结合，成为南朝天才说的显著特征。

第二派是南朝新兴的学问论者。这一派鲜有文学理论，而多以创作实践展现个人特点。从频出的崇尚天才的文学理论中，可以侧面反映出南朝人多勤苦读书以作文，"终朝点缀，分夜呻吟"以苦吟③。这一派主要代表人物是颜延之与任昉，二人都是南朝重"博"风气中成长的典型博学之士。任昉本传云其"博学，于书无所不见，家虽贫，聚书至万余卷"④，唐代虞世南说任昉"善谈经籍，梁

---

① ［南朝梁］沈约《宋书》六十七，第 1779 页。
② ［南朝梁］钟嵘著，曹旭集注《诗品集注》，第 284 页。
③ ［南朝梁］钟嵘著，曹旭集注《诗品集注》，第 54 页。
④ ［唐］李延寿《南史》卷十四，第 1455 页。

代称为五经笥"①。颜延之"好读书,无所不览",在《庭诰》中论"博"的重要性说:"观书贵要,观要贵博,博而知要,万流可一,咏歌之书,取其连类合章,比物集句,采风谣以达民志。"②强调诗歌的"比物集句"功能,还说:"凡有知能,预有文论,若不练之庶士,校之群言,通才所归,前流所与,焉得以成名乎?"③表明要广泛学习前流,"校之群言",方能使自己成名成才。

第三派是才学折衷论者,以《文心雕龙》为代表,倡导"才为盟主,学为辅佐"。刘勰在诸多文学问题上都一贯坚持中和折衷立场,在才学之辨上亦是如此。在《体性》篇中,刘勰将作家创作个性归纳为四项:才、气、学、习,论述先天的天才、性格,后天的学问、生长环境都对作品优劣与个性产生着影响。其的才指的就是天才,"才力居中,肇自血气",是刘勰认为最为重要的。在《事类》篇中,他系统地阐释了其才学论观点:

> 夫姜桂因地,辛在本性;文章由学,能在天资。才自内发,学以外成,有学饱而才馁,有才富而学贫。学贫者迍邅于事义,才馁者劬劳于辞情,此内外之殊分也。是以属意立文,心与笔谋,才为盟主,学为辅佐;主佐合德,文采必霸,才学褊狭,虽美少功。④

才与学缺一不可,但两者比较,刘勰仍然认为才为主,学为辅,

---

① ［唐］刘𫗧《隋唐嘉话》,第4页。
② ［清］严可均《全上古三代秦汉三国六朝文・全宋文》卷三十六,第2637页。
③ ［南朝梁］沈约《宋书》卷七十三,第1895页。
④ 杨明照《增订文心雕龙校注》,第684页。

先天情性是基础。"故辞理庸隽，莫能翻其才；风趣刚柔，宁或改其气；事义深浅，未闻乖其学；体式雅郑，鲜有反其习。"他评价桓谭："偏浅天才，故知长于讽论，不及丽文也。"认为无天才可作"笔"，但作不好"文"。另一方面，刘勰也认为后天的学习不可偏废，就像最后器皿被加工，布料被染色，有不可替代的意义："夫才有天资，学慎始习，斫梓染丝，功在初化，器成彩定，难可翻移。"采取调和的不偏不倚中庸态度，认为在有天赋的基础上，再加上后天努力学习，方能写得好文章。刘勰为何将才学之辨放在专门讨论用典问题的《事类》中？因为用典是学问在文学创作中的直接表现形式，而南朝文坛用典之风兴盛，天才与学问之辨在文学领域的直接体现也就成了该不该用典以及如何用典的问题。

二、南朝新变用典论：沈约"易用事"与
任昉"用新事"

用典作为艺术手法由来已久，《文心雕龙》的《事类》专论用典，下定义说"事类者，盖文章之外，据事以类义，援古以证今者也"①，指出《周易》与《尚书》中就开始用典。汉末以来，诗中用典现象越来越多，萧子显批评的傅咸、应璩的五经诗、《百一诗》是基本"全借古语"的集经诗，但正如沈约所说，建安时期诗歌大多尚"直举胸臆，非傍诗史"，太康后潘安、陆机的用典已逐渐增多，陆机诗风"情繁而辞隐"，《诗品》同样批评其诗"有伤直致之奇"②，南朝之后重

---

①　杨明照《增订文心雕龙校注》，第 468 页。
②　［南朝梁］钟嵘著，曹旭集注《诗品集注》，第 24 页。

学问的风气带来了真正用典的高峰。刘宋以来,用典更为普遍,宋孝武帝之文"雕文织采,过为精密"①,鲍照之诗"字字典,字字炼,步步留"②,风格"雕藻淫艳,倾炫心魄"③,尤其是颜延之和谢庄将用典密度发挥到新的高峰,"诗以用事为博,始于颜光禄而极于杜子美"④。钟嵘对这股风气强烈批评说:

> 至于吟咏情性,亦何贵于用事?"思君如流水",既是即目;"高台多悲风",亦惟所见;"清晨登陇首",羌无故实;"明月照积雪",讵出经史?观古今胜语,多非补假,皆由直寻。颜延、谢庄,尤为繁密,于时化之,故大明、泰始中,文章殆同书抄。⑤

用典之密达到"殆同书抄"的程度,在密度上已经达到极致,无可附加。而学问在文学中的体现需要继续探索,南朝文坛又尚新、重奇、求变,"习玩为理,事久则渎;在乎文章,弥患凡旧,若无新变,不能代雄"⑥。齐梁文坛的两大领军人物沈约与任昉在同样重视用典的基础上,专注于典故本身的选择运用,提出了基本相反的两种理论:

沈约提出了"易见事"。在《颜氏家训》中记载了沈约的"三易说","沈隐侯曰:'文章当从三易:易见事,一也;易识字,二也;易

---

① [南朝梁]钟嵘著,曹旭集注《诗品集注》,第405页。
② [清]方东树《昭昧詹言》,第159页。
③ [南朝梁]萧子显《南齐书》卷五十二,第908页。
④ [宋]张戒《岁寒堂诗话》,丁福保《历代诗话续编》,第452页。
⑤ [南朝梁]钟嵘著,曹旭集注《诗品译注》,第174页。
⑥ [南朝梁]萧子显《南齐书》卷五十二,第908页。

读诵,三也。'邢子才常曰:'沈侯文章,用事不使人觉,若胸臆语也。'深以此服之。祖孝征亦尝谓吾曰:'沈诗云:崖倾护石髓。此岂似用事邪?'"①此"易"当有典故常见、易被识别,与即使不辨用典,诗意亦圆融无碍两层含义。如邢却举例的"崖倾护石髓",暗含《嵇康传》中的典故:"康又遇王烈,共入山,烈尝得石髓如饴,即自服半,余半与康,皆凝而成石。"②但若只将"石髓"作景物理解,依然于诗意理解无碍。又如收入《文选》的沈约《别范安成》:"生平少年日,分手易前期。及尔同衰暮,非复别离时。勿言一樽酒,明日难重持。梦中不识路,何以慰相思。"③全诗首先皆"易识字",在用典上,"勿言一樽酒,明日难重持"能较为容易地识别出来自苏武的"我有一樽酒,将以赠远人",暗含了如苏李分别时的深情厚意,而是否识别出此典也根本不影响对诗义的理解;"梦中不识路,何以慰相思",典故来自注引《韩非子》:"六国时,张敏与高惠二人为友。每相思,不能得见,敏便于梦中往寻,但行至半道,即迷不知路,遂回。如此者三。"这个故事用在此处贴切且毫不穿凿,使诗境多了一层情深脉脉的隐含意蕴,但只从字面上鉴赏也同样不减原意,深情婉转。

任昉则实践的是"用新事"。在《诗品》中重点批评了他的用典,"晚节爱好既笃,得国士之风,故擢居中品。但昉既博物,动辄用事,所以诗不得奇。少年士子,效其如此,弊矣。"钟嵘"虽谢天才,且表学问"的感叹便是因此而发:"近任昉、王元长等,词不贵奇,竞须新事。尔来作者,寝以成俗。遂乃句无虚语,语无虚字,拘

---

① [北齐]颜之推撰,王利器集解《颜氏家训集解》,第 272 页。
② [唐]房玄龄《晋书》卷四十九,第 1370 页。
③ [南朝梁]萧统《文选》卷二十,第 983 页。

鸾补衲,蠹文已甚。但自然英旨,罕直其人。词既失高,则宜加事义。虽谢天才,且表学问,亦一理乎。"之后追随任昉多用新事的还有王僧孺,"其文丽逸,多用新事,人所未见者,时重其富博"①。陈代的姚察,"每有制述,多用新奇,人所未见,咸重其博"②。

"新事"所指为何,尚无统一看法,有学者认为指冷僻典故③,也有观点认为当包括生僻与新产生两层含义④。"新事"的定义就是"人所未见",有产生年代不长,尚未成为熟典者,如任昉《答到建安饷杖诗》"坐适虽有器,卧游苦无津"之"卧游",来自宗炳"澄怀观道,卧以游之",年代时隔未远;又如王融《寒晚敬和何徵君点》的"早轻北山赋,晚爱东皋逸",宋代章樵注"北山"云:"周彦伦(周颙)隐于钟山,后应诏出为海盐县令,欲过北山,孔稚珪假山灵之意作《北山移文》,点早年已轻之。"⑤按章樵的说法,王融用的典故就来自同代人孔稚珪,更可体现时间之"新"。另外对于常见经史,用新事者往往不是直接搬原句作典,而经过提炼改装,如任昉《出郡传舍哭范仆射》的"已矣余何叹,辍春哀国均","辍春"李善注引《史记》:"赵良谓商鞅曰:'五羖大夫死,秦国男女流涕,春者不相杵。'"⑥

用"新事"的目的主要在于显示学问,而不惜"人所未见",影响

① [唐]李延寿《南史》卷五十九,第 1462 页。
② [唐]姚思廉《陈书》卷二十七,第 353 页。
③ 何诗海《齐梁隶事的文化考察》,《文学遗产》,2005 年第 4 期。
④ 陈伟娜《沈约任昉比较研究》,浙江大学 2009 年博士论文;陈丕武、刘海珊《钟嵘所言"新事"考——兼论"今典"》,《学理论》,2015 年第 8 期。
⑤ [宋]章樵注《古文苑》卷九,《丛书集成初编》第 1693 册,中华书局 1985 年版,第 223 页。
⑥ [南朝梁]萧统编《文选》卷二十三,第 1101 页。

读者的阅读体验。而今所见任昉、王融的作品用典虽多细密，但非常晦涩难查、"人所未见"之典并不多，但从钟嵘等人的大力批判来看，这一派又的确有显著的诗意艰涩、不"流便"的问题，这也只能解释为有些作品因伤害了审美价值而渐渐不得流传了①。素以博学见称的李善，遇此类"新事"也只得标注"未详"，如王俭《褚渊碑文(并序)》"仰南风之高咏，餐东野之秘宝"之"东野"，王融《永明九年策秀才文五首》"分命显于唐官，文条炳于邹说"之"邹说"。

　　二人在用事理论上产生这样的差异，因"文""笔"的审美差异，形成了不同的治学倾向及文学趣味。这两种理论对比鲜明，一派向下看，从俗中求变；一派更向上攀援，从雅中求新。沈约在创作中就多借鉴民间乐府诗，或借汉魏乐府古题为诗，或借民歌直白手法描写艳情，民歌乐府清新自然的风格对其文学理论产生了直接影响。沈约在梁初为十二雅乐撰写歌辞，在庄严的郊庙歌辞中繁密运用儒家经典用事，但也不甘禁锢以求新变，如《需雅》对祭祀食物的描写"碧鳞朱尾献嘉鲜，红毛绿翼坠轻翾"，颜色艳丽，全用赋体；《牷雅》"庖丁游刃，葛卢验声"引用《庄子》与《左传》。在雅乐歌辞中也运用"用事易"，招致梁武帝的反对："郊庙歌辞，应须典诰大语，不得杂用子史文章浅言；而沈约所撰，亦多舛谬。"萧子云亦答曰："殷荐朝飨，乐以雅名，理应正采《五经》，圣人成教。而汉来此制，不全用经典；约之所撰，弥复浅杂。"②都批评了沈约用典"浅"的特点，而参考颜延之对民歌的态度："延之每薄汤惠休诗，谓人曰：'惠休制作，委巷中歌谣耳，方当误后生。'"③以诗与民歌相似

---

①　曹道衡《论任昉在文学史上的地位》，《齐鲁学刊》，1993 年第 4 期。
②　[唐] 姚思廉《梁书》卷三十五，第 514 页。
③　[唐] 李延寿《南史》卷三十四，第 881 页。

浅显为耻,可看出颜延之、任昉这以学问为诗的一派与沈约的大
不同。

　　而任昉的"用新事"是以作"笔"之法为"文"。笔体本身就应
该是用典铺排,这是当时人所共识。汉代韩安国云:"古之人君
谋事必就祖,发政占古语,重作事也。"①故《文心雕龙·事类》中,
《周易》引古事,是"略举人事,以征义者也",《尚书》引圣贤之言,
是"全引成辞以明理者也",都是"圣贤之鸿谟,经籍之通矩"。任
昉之笔被作为当时之楷模典范,即以用典渊雅繁密为显著特征。
如《策秀才文》第一篇,几近句句用典,典故出自《尚书》《史记》
《汉书》《三国志》《礼记》《周礼》《周易》《论语》《管子》《国语》《孟
子》《汉旧仪》《月赋》《说苑》等,基本出自经史,渊雅有国士之风。
但把作"笔"的成功经验移植到诗歌中,就出现了文体不清的问
题。钟嵘也说:"夫属词比事,乃为通谈,若乃经国文符,应资博
古,撰德驳奏;宜穷往烈。至于吟咏情性,亦何贵于用事?"认为
"经国文符"与"吟咏情性"分属文笔,性质不同,"吟咏情性"之作
贵用典,就是文笔不分,亟须厘清。这也是文笔之辨在当时备受
重视的重要原因。

三、文笔之辨与才学之分:"颜终身病之"与任昉"欲以倾沈"

　　才学高下的讨论也直接进入文论领域以比较作家长短,最典
型的就是颜延之、谢灵运与沈约、任昉之间的比较。颜延之与谢灵

---

　　① 〔汉〕班固《汉书》卷五十二,第2401页。

运的对比因鲍照与汤惠休的评论而闻名，"延之尝问鲍照己与灵运优劣，照曰：'谢五言如初发芙蓉，自然可爱；君诗若铺锦列绣，亦雕缋满眼。'"《诗品》中品："汤惠休曰：'谢诗如芙蓉出水，颜诗如错采镂金。颜终身病之。'"二人天然清新与人工雕饰之比，钟嵘实际上转化为天才与学问之别，在《诗品》中评点谢灵运："兴多才高，寓目辄书，内无乏思，外无遗物，其繁富宜哉！然名章迥句，处处间起；丽典新声，络绎奔会。譬犹青松之拔灌木，白玉之映尘沙，未足贬其高洁也。"谢灵运被评"才高词盛""体贰之才""兴多才高"，天才勿双；而评价颜延之："其源出于陆机，尚巧似。体裁绮密，情喻渊深，动无虚散，一句一字，皆致意焉。又喜用古事，弥见拘束，虽乖秀逸，是经纶文雅才。雅才减若人，则蹈于困踬矣。"肯定了颜延之继承的规矩典雅的太康诗风，而着重点出他富有学问而喜用典造成的缺憾。后人也是以才学区分二人，方东树评价颜延之"功力有余，天才不足"①，刘熙载直接以"谢才颜学"称之②。

　　其实在普遍重用典的风气下，谢灵运也没有免俗，在《诗品》中颜谢二人同源自陆机，其诗作"合《诗》、《易》、聃、周、《骚》、《辩》、仙、释以成之"③，用典同样繁复绮密。但正如后来王世贞所说，谢诗"至秾丽之极而反若平淡，琢磨之极而更似天然"④，也有"易用事"的特点，在典故的选择上不拘一格，且融入诗境。如最以自然信口闻名的《等池上楼》，"进德智所拙"典自《乾卦·文言》"君子进

---

①　［清］方东树《昭昧詹言》，第159页。

②　［清］刘熙载《诗概》，郭绍虞《清诗话续编》，第2422页。

③　黄节《谢康乐诗注·序》，中华书局2008年版，第3页。

④　［明］王世贞《读书后》卷三，转引自顾绍柏《谢灵运集校注》，中州古籍出版社1987年版，第674页。

德修业,欲及时也","祁祁伤豳歌,萋萋感楚吟"的"祁祁""萋萋"取
自《豳风·七月》与淮南小山《招隐士》,"无闷征在今"则来自乾卦
的"遁世无闷",都是平常典故,且与诗境相融无碍。而对比收入
《文选》的颜诗《赠王太常》,风格典雅,用事繁密,典故取自《尸子》
《老子》《左传》《庄子》《山海经》《国语》《尚书》《礼记》《周易》《汉书》
《淮南子》等,"庭昏见野阴,山明望松雪"颇有自然妙致,其余诸句
难免性情为绮密文辞所掩。首句"玉水记方流,琁源载圆折",就典
自《尸子》"凡水,其方折者有玉,其圆折者有珠也"①,改造原辞,寄
托新意,也可看作是"用新事"了。

　　颜谢风格理论上各有千秋,但"颜终身病之",反映出他的不自
信心态。无独有偶,任昉在与自己和沈约的比较过程中,也有类似
的心路历程,本传中记载说:"既以文才见知,时人云'任笔沈诗',
昉闻甚以为病。晚节转好著诗,欲以倾沈。用事过多,属辞不得流
便,自尔都下士子慕之,转为穿凿,于是有才尽之谈矣。"任昉当时
文名绝不在沈约之下,但听到"任笔沈诗"之说却"甚以为病",开始
着力转型,以至为和沈约竞争,发展出自己的"用新事"风格,虽然
产生极大影响,有大批学习者追随,却在当时就饱受争议,甚至有
"才尽"之说。

　　颜延之和任昉为何会产生这样的不自信心理? 这在一定程度
上可以反映当时"文"与"笔"、"天才"与"学问"的地位不均等。
"笔"的地位几经升降②,在南朝已颇受重视,可与"文"平起平坐,
大量"笔"家因此掌握政治资源,"近代取士,多由刀笔",崇拜任昉

---

　　① ［南朝梁］萧统编《文选》卷二十六,第 1201 页。
　　② 可参见胡大雷《"文笔之辨"与中古政治、文化——中古"文""笔"地位升降起伏
论》,《文学评论》,2015 年第 6 期。

的魏收"唯以章表碑志自许,此外更同儿戏",《文心雕龙》的《程器》篇也强调"笔"经世致用的功能,"《周书》论士,方之梓材,盖贵器用而兼文采也","摛文必在纬军国,负重必在任栋梁",务实的颜延之在《颜氏家训》中告诫后代说:"朝廷宪章,军旅誓诰,敷显仁义,发明功德,牧民建国,施用多途。至于陶冶性灵,从容讽谏,入其滋味,亦乐事也。行有余力,则可习之。"直言诗文是闲暇之余用于陶冶情操,娱乐心灵的,个人要养家、国家要运转,靠的都是"笔"体文章。

"笔"就是靠这样的时代因素被功利化、实用化地重视,被作为政治上得以上升的捷径,这反而更让高门贵族们鄙视看轻,目之为"贱伎"①、"儿戏"②。萧绎论"笔""笔退则非谓成篇,进则不云取义,神其巧惠,笔端而已",说明"笔"本身就是"神其巧惠",多雕饰用典,然而六朝的"笔"发展过程中一味以"文"入"笔",华丽雕琢成分愈来愈重,实际内容反而被轻视,如秀才策试就过多注重文采,如北朝刘昼,"举秀才,策不第,乃恨不学属文,方复缉缀辞藻。言甚古拙,制一首赋,以六合为名,自谓绝伦,乃叹儒者劳而寡功"③,沈约曾言:"及登庸历试,辞翰繁蔚,笺记风动,表议云飞。雕虫小艺,无累大道。"④这造成了"笔"体徒具空壳的致命问题。刘勰在《文心雕龙·议对》中提出的对议对的基本要求也可以说是对"笔"类实用文体的共通要求:

---

① 《南齐书·丘巨源传》:"笔记贱伎,非杀活所待。"(第894页)
② 《太平御览》卷六百引《金楼子》:"刘备叛走,曹操使阮瑀为书与备,马上立成。有以此为能者,吾以为儿戏耳。"(许逸民《金楼子校笺》,第1371页)
③ [唐]李延寿《北史》卷八十一,第2729页。
④ [南朝梁]沈约《武帝集序》,陈庆元《沈约集校笺》,第172页。

故其大体所资，必枢纽经典，采故实于前代，观通变于当今：理不谬摇其枝，字不妄舒其藻……标以显义，约以正辞，文以辨洁为能，不以繁缛为巧；事以明核为美，不以环隐为奇：此纲领之大要也。若不达政体，而舞笔弄文，支离构辞，穿凿会巧，空骋其华，固为事实所摈；设得其理，亦为游辞所埋矣……魏晋以来，稍务文丽，以文纪实，所失已多。[①]

"笔"体"以文纪实"，经国大用的实际内容"为游辞所埋"，使"笔"变得"文"化，就是"笔"家一味矜夸学问的结果，同时因为"文""笔"的实际不对等，且"笔"只与学问相关，"错采镂金"、不擅写诗等评价的潜在意义就是只有学识而乏文才，这是颜"病之"、任"欲倾之"的深层心理原因。也正因为这种不自信心理，使得他们投"笔"从"文"，不惜生硬转型，以"笔"法入文，最常见的就是铺排典故，任昉写诗"善铨事理"等特点实际都是以"笔"入文，有文才如任昉者转型尚被叹为"才尽"，其追随者之诗作就更不被认可，以至于被嘲笑为"诊痴符"，以"古奥"作赋的刘昼也被魏收讽为"愚"，被邢邵耻笑为"疥骆驼，伏而无妩媚"。这样的"文""笔"互渗现象，一方面使得南北朝文坛有了新的面貌，另一方面也使得一部分"文"用典过多而艰涩，一部分"笔"修饰太甚而淫滥，正所谓"辞与理竞，辞胜而理伏；事与才争，事繁而才损。放逸者流宕而忘归，穿凿者补缀而不足"[②]。"笔"因过分绮丽的文辞而将论理抛弃，"文"过多地堆砌典故而有损性情，"才"与"学"都不加节制地滥用，损害了原本

---

① 范文澜《文心雕龙注》，第438—439页。
② ［北齐］颜之推撰，王利器集解《颜氏家训集解》，第267页。

文质彬彬的文学样貌，也造成了文体不分的现象，这就是钟嵘在《诗品》中极力区分"经国文符"与"吟咏情性"，打压诗赋中过多展现学问的真正原因，严格区分"文""笔"，期待作家们以天才之姿展现自然无修饰之"文"，使文学回归吟咏情性，抒情写志的天然本性，而将学问留给"笔"体，让才与学不相互侵扰，造就文质彬彬之作。

结　　语

南朝才学之辨为后代一千多年的继续讨论打下了基础。作为一对充满内部张力的文论范畴，重才或重学往往在各个时期此消彼长，反映着一代代文坛风气。唐代诗歌中有李、杜的才学之辨，唐诗大抵崇尚清新自然，但也不乏贾岛之苦吟，韩愈之渊雅，杜甫的"读书破万卷，下笔如有神"更是像为学问派张目，严羽的"妙悟""诗有别材"说则是天才论的体现。宋诗则走上了截然不同的道路，尤其苏黄一派以学问为诗，"无一字无来处"，可看出颜延之、任昉之遗风流韵。至于清代，普遍重学问之清人更是对于沈任有了不同前人的看法。以王夫之与陈祚明为例，王夫之评沈诗"文者必酸，质者必俗"，而任诗"高于休文者数十辈以上"①；陈祚明评沈诗"全宗康乐"，"字句之间不妨率直"，"大抵多发天怀，去自然为诣极句，或不琢字，或不谋，直致出之，易流平弱"②，而视任诗"千秋而

---

① ［明］王夫之《古诗评选》，《船山全书》第 14 册，岳麓书社 1996 年版，第 791 页。

② ［清］陈祚明《采菽堂古诗选》，《续修四库全书》第 1591 册，上海古籍出版社 2002 年版，第 227 页。

下,惟少陵与相竞爽"①。对于"易见事"与"用新事"偏向态度是明显的。而袁枚"性灵说"认为"诗文之道,全关天分,聪颖之人,一指便悟",则是彻底的天才派了。才学之辨作为文学创作的基本问题恐怕永远不会消歇,重才与重学者孰高孰低的讨论也将恒久地保持生命力。

原载《哈尔滨师范大学社会
科学学报》2018 年第 3 期

---

① ［清］陈祚明《采菽堂古诗选》,《续修四库全书》第 1591 册,第 256 页。

"昔尝游令尹,今时事客卿"

——梁末入北文人的忏悔思想

　　南朝梁代文人因为变乱大量入北,著名的文人有庾信、王褒、徐陵、颜之推、沈炯、萧祗、荀仲举、江旰、宗懔、殷不害、薛道衡、萧放等,他们大多在北朝继续入仕,且官位显赫。但是身为贰臣的忏悔和对南方故乡的思念一直折磨着他们的身心,遭受了铭心刺骨的家国之痛,忏悔之感也更加强烈,他们把这种类似于宗教自觉的灵魂鞭笞表现在他们的文学作品之中,使这些原本过着优游庸俗生活的文人,晚年作品气贯凌霄,情动江关。

　　南朝贵族义人在侯景之乱以前,大都出自"平流进取,坐至公卿"的世家大族①,过着歌舞升平的生活,正如庾信在《哀江南赋》中所描绘:"于时朝野欢娱,池台钟鼓……吴歈越吟,荆艳楚舞。草木之遇阳春,鱼龙之逢风雨。五十年中,江表无事。"②长久的和平使这些南朝士大夫完全丧失了忧患意识,颜之推在《颜氏家训》中沉痛地总结,士大夫们"居承平之世,不知有丧乱之祸;出庙堂之

---

① ［南朝梁］萧子显《南齐书》卷二十三,第438页。
② ［北周］庾信撰,［清］倪璠注,许逸民点校《庾子山集注》,中华书局1980年版,第110页。

下,不知有战阵之急","马武无预于甲兵,冯唐不论于将帅。岂知山岳黯然,江湖潜沸"。而一旦大敌当前,"公卿在位及间里士大夫莫见兵甲,贼至卒迫,公私骇震"。史书记载"侯景陷建业,朝士并被拘挚","京师搢绅,无不附逆",大量没有反抗意识与反抗能力的文人被掳到了北方。

　　被掳到北朝的文人们,面对国破家亡、妻离子散之痛,却大部分在北朝继续任职,服侍新主,可谓"六朝忠臣无殉节者"。他们的这种行为深为后人所不齿,清代赵翼《陔余丛考》便评价他们:"胜国之臣,即为兴朝佐命,久已习为固然,其视国家禅代,一若无与于己,且转借为迁官受赏之资。"①宋人吴曾直接指出:"齐、梁以来,视易君如弈棋,士鲜知节义。"②对于最有忏悔精神的庾信,因为其声名显赫,而历经"四朝十帝",清人宋大樽《茗香诗论》中评为"女事二夫,男仕二姓,尚何言乎"③,全祖望则直斥其为"无耻"④。

　　确实,南朝文人对于改朝换代似乎已经司空见惯,《南齐书》史臣便评价当时的文人心态:

> 主位虽改,臣任如初。自是世禄之盛,习为旧准,羽仪所隆,人怀羡慕,君臣之节,徒致虚名。贵仕素资,皆由门庆,平流进取,坐至公卿,则知殉国之感无因,保家之念宜切。市朝亟革,宠贵方来,陵阙虽殊,顾眄如一。⑤

---

① 　[清]赵翼《陔余丛考》,中华书局1963年版,第322页。
② 　[宋]吴曾《能改斋漫录》,大象出版社2019年版,第31页。
③ 　许逸民《徐陵集校笺》附录,第1665页。
④ 　《鲒埼亭集外编》卷三十三,朱铸禹汇校集注《全祖望集汇校集注》,上海古籍出版社2000年版,第1410页。
⑤ 　[南朝梁]萧子显《南齐书》卷二十三,第438页。

出身世家的贵族们都为了自身家族利益考虑，对君臣名义非常淡漠。《晋书》史臣评论："夫五运攸革，三微数尽，犹高秋凋候，理之自然。观其摇落，人有为之流涟者也。"[①]对于山河易姓，他们心中往往只有淡淡的哀伤，但更重视的是"全身保性"（《颜氏家训·养生》）。佛教的无常思想，也让他们对朝代更替看得淡然："自春秋已来，家有奔亡，国有吞灭，君臣固无常分矣。"（《颜氏家训·文章》）他们更加理性地关注自身的命运："父兄不可常依，乡国不可常保，一旦流离，无人庇荫，当自求诸身耳。"（《颜氏家训·勉学》）

虽然当时世风如此，但并不能说当时的士人都已经完全丧失了儒家道德的约束，侯景之乱对于这些"莫见兵甲""肤脆骨柔"的南朝文人而言，莫过于"山崩川竭，冰碎瓦裂，大盗潜移，长离永灭"，是天崩地裂一般的打击。以至"江南之民及衍王侯妃主、世胄子弟为景军人所掠，或自相卖鬻，漂流入国者盖以数十万口，加以饥馑死亡，所在涂地，江左遂为丘墟矣"[②]。繁华的江南瞬间成为人间地狱，许多文人都深刻记录了这一灾难给自己带来的强烈心理震撼。血淋淋的现实唤醒了他们，正是这样的心埋基础，才能促使他们脱离以前只关注自我与家族利益的狭小视角，去进一步地思考与反省。

在这样的战乱中，他们也家破人亡，沈炯忏悔"余技逆而效从，遂妻诛而子害"，"稚子夭于郑谷"；庾信《伤心赋》也说"侯景之乱，二男一女相继亡没"；颜之推更细致描写了人间地狱般的战后惨

---

① ［唐］房玄龄《晋书》卷十，第270页。
② ［北齐］魏收《魏书》卷九十八，中华书局1974年版，第2187页。

景，在《观我生赋》中云："野萧条以横骨，邑闻寂而无烟，畴百家之或在，覆五宗而剪焉。"自注云："中原冠带随晋渡江者百家，故江东有《百谱》，至是在都者覆灭略尽。"他看到百姓受难，尸横遍野，十室九空，也不禁"怜婴孺之何辜，矜老疾之无状，夺诸怀而弃草，倍于涂而受掠。冤乘舆之残酷，转人神之无状，载下车以黔丧，摈桐棺之稿葬"①。沈炯则为祖国遭受如此灾难而指天怨地，在《归魂赋》中愤恨呼号："我国家之沸腾，我天下之匡复。我何辜于上玄，我何负于邻睦。背盟书而我欺，图信神而我戮。"②正因为太没有思想准备，所以他们心理上的震惊是无可比拟的。

但是庾信、颜之推等有反省意识的南朝文人并没有仅仅停留在惨痛的回忆之中，而是自觉地反省了梁代覆灭的原因。文臣武将懈怠渎职，皇家宗室自相残杀，使梁代的灭亡成为理所当然。而这些文人，他们何尝又不是那些尸位素餐、昏庸懈怠大臣中的一分子呢？庾信本传记载："侯景作乱，梁简文帝命信率宫中文武千余人营于朱雀航。及景至，信以众先退。"③庾信备受萧纲信任，作为保卫宫廷的最后一道防线而竟然大敌当前，临阵脱逃，梁代的覆灭他们是难以逃避责任的。梁代宗室萧詧就惭愧于自己决策失误，没能力挽狂澜而"恨少生而怯弱"，在《愍时赋》中"悲晋玺之迁赵，痛汉鼎之移新。无田、范之明略，愧夷、齐之得仁"，他"耻威略不振，常怀愤懑"，后"以忧愤发背而死"。因为他们自己的种种过失，而造成国家覆亡、生灵涂炭、妻子儿女死去，他们心中才会产生这

---

①　［清］严可均《全上古三代秦汉三国六朝文·全隋文》卷十三，第4088—4090页。

②　［清］严可均《全上古三代秦汉三国六朝文·全陈文》卷十四，第3477页。

③　［唐］李延寿《北史》卷八十三，第2793页。

样深刻的忏悔而无计消除。

虽然被后人批判,但是庾信确实是这批南朝文人中最具有忏悔精神的一位。这场变乱使庾信的人生发生急转,从此留在北方。这种忏悔的痛苦使庾信扭转了早期浮靡艳丽的宫体文风,而是"不无危苦之词,惟以悲哀为主"(《哀江南赋》)。他常常用忏悔精神来鞭笞自己,自述有"三十六水变,四十九条非"(《谨赠司寇淮南公》),他对自己的贰臣行为是难以容忍的,认为自己的失节就如"苦李无人摘,秋瓜不值钱"(《归田》)、"甘蕉自长,故知无节"(《拟连珠》)。自己的失足行为已经完全让自己丧失了作为儒家士大夫的名誉和价值:"肮脏之马,无复千金之价"(《拟连珠》)。宁死不食周粟的伯夷、叔齐、"楚囚"钟仪、痛哭秦庭的申包胥和充满英雄气概为国而死的荆轲都常被他用来和自己进行对比,他回忆起他们"畏南山之雨,忽践秦庭;让东海之滨,遂餐周粟"(《哀江南赋》)的事迹,向往"壮士不还,寒风萧瑟"(《哀江南赋》)的悲壮场面,想起自己"况复风云不感,羁旅无归,未能采葛,还成食薇"(《枯树赋》),而对自己的"遂令忘楚操,何但食周薇"(《谨赠司寇淮南公》)惭愧备至。越是这种对比,越是加重了他的耻辱感,他认为自己的行为:"在死犹可忍,为辱岂不宽。古人持此性,遂有不能安。其面虽可热,其心长自寒。"(《拟咏怀》二十)这种耻辱使他内心"不能安",虽然表面在北朝风光做官,但是却是虚与委蛇,内心的苦痛也只能伪装而不能直接表现。庾信也试着劝慰自己,从痛苦的忏悔中摆脱出来而不要再顾及自己的名节:"身前一杯酒,谁论身后名"(《拟咏怀》十一),"惟忠且惟孝,为子复为臣,一朝人事尽,身名不足亲"(《拟咏怀》其五)。但这显然对减轻庾信的忏悔感是无济于事的。他日夜盼望能见到来自南方的故人,感叹"榆关断音信,汉使绝经过",以至"枯木期填海,青山望断河"(《拟咏怀》其七)。但是身为北朝重臣,一旦见到故人会令他更加愧疚:"故人傥相访,知余已执珪"(《对宴齐使》),"寄言旧相识,知余生入关"(《反命河朔始入武州》),"故人相借问,平生如所闻"(《集周公处联句》)。这种忏悔之下的折磨,使庾信常常自比为一棵"生意尽矣"的枯树,一棵半死的梧桐,"是以譬之交让,实半死而言生;如彼梧桐,虽残生而犹死"(《拟连珠》)。

除了庾信之外,其他入北文人也存在同样的忏悔。颜之推常沉浸在自省之中:"夫有过而自讼,始发蒙于天真。"(《观我生赋》)自述"二十已后,大过稀焉;每常心共口敌,性与情竞,夜觉晓非,今悔昨失,自怜无教,以至于斯"(《颜氏家训·序致》)。自于"一生而三化""终荷戟以入秦",感到"愧无所而容身",他在《观我生赋》中忏悔说:"向使潜于草茅之下,甘为吠亩之人,无读书而学剑,莫抵掌以膏身,委明珠而乐贱,辞白璧以安贫。尧舜不能荣其朴素,莱封无以其清尘,此穷何由而至,兹辱安所自臻。从今而后,不敢怨天而泣麟也。"悔不该读书有才华,幻想如果自己没有文才,也就可以"安贫乐贱",人格就不会被玷污了。王褒也有同样的悔恨,《颜氏家训·杂艺》云:"王褒地胄清华,才学优敏,后虽入关,亦被礼遇,犹以书工,崎岖碑碣之间,辛苦笔砚之役,尝悔恨曰:'假使吾不知书,可不至今日邪?'"刘璠《雪赋》把自己比作已经被污染如淤泥的雪:"无复垂霙与云合,唯有变白作泥沉。"[1]在胡人统治下的北朝,当年在南朝身为贵族的文人也不免要卑躬屈膝,沈炯《归魂赋》中回忆起当年"受北狄之奉书,礼东夷之献使。实不尝至屈膝逊

---

① [唐]令狐德棻《周书》卷四十二,中华书局1971年版,第764页。

言，以殊方降意"①，悲愤地描绘现状："蛮蜒之与荆吴，玄狄之与羌胡。言语之所不通，嗜欲之所不同。莫不叠足敛手，低眉曲躬。岂论生平与意气，止望首丘于南风。"

因为忏悔之意与望乡之情，许多南朝文人在北朝也采取了消极不合作的态度，如沈炯在魏"闭门却扫，无所交游，时有文章，随即毁弃，不令流布"，偶有流布也多是"陈己思归之意"②，宗懔"才辞干局，见重梁元，逮乎播越秦中，不预政事，岂亡国虏不与图存者乎？"③他们希望能够归隐，但无奈"北方政教严切，全无隐退"（《颜氏家训·终制》），他们只能用文学来排自己的痛苦。正是这样，和他们有同样遭遇的李陵被庾信等人引为异代知音。李陵的《答苏武书》虽很有可能为后人所作，但可谓替庾信道尽心中痛苦。对于习惯南方生活的人而言，北国环境非常恶劣，"身出礼义之乡，而入无知之俗，违弃君亲之恩，长为蛮夷之域，伤已！令先君之嗣，更成戎狄之族，又自悲矣！"④这种强烈的孤独感，庾信也是亲身体会，辱没名誉的忏悔感更是同病相怜。儒家正统的华夷观念对这种胡族都相当歧视，为胡族做官效力是一件非常令人不齿的事情。李陵出身名门，这种辱没家风的忏悔感情才如此强烈，而庾信等南朝文人大多出自文化贵族，往往对自身家世非常自豪，庾信就在《哀江南赋》中称颂家风"家有直道，人多全节，训子见于纯深，事君彰于义烈"，祖父庾易"乃少微真人，天山逸民"，父亲庾肩吾为"隆生世德，载延贞臣"，越是自豪于自己的家族门风，就越是对"令先君

---

① ［清］严可均《全上古三代秦汉三国六朝文·全陈文》卷十四，第3477—3478页。
② ［唐］姚思廉《陈书》卷十九，第254页。
③ ［唐］李延寿《北史》卷七十，第2445页。
④ ［清］严可均《全上古三代秦汉三国六朝文·全汉文》卷二十八，第282页。

之嗣,更成戎狄之族"这种耻辱而忏悔不已,这种耻辱使他们只能隐忍苟活,而如枯树般失去了灵魂,如徐陵《与王僧辩书》中所说那样,已是"游魂已谢,非复全生;余息空留,非为全死。同冰鱼之不绝,似蛰虫之犹苏"①。

　　除了家族因素,北方的陌生环境和落后的文化也让他们产生了强烈的心理孤独感,成了如韩显宗所写的失旅之鸿:"如何情愿夺,飘然独远从? 痛哭去旧国,衔泪届新邦。哀哉无援民,嗷然失侣鸿。"②庾信等南方文人早已适应了温暖湿润、繁花锦簇的江南风光,北方的山水让庾信常常回忆起少年在江南的漫游,感觉"关山则风月凄怆,陇水则肝肠断绝"(《小园赋》)。当时南方士人也普遍鄙夷北朝文化,"号洛阳为荒土"(《洛阳伽蓝记》卷二),颜之推称"北朝丧乱之余,书迹鄙陋,加以专辄造字,猥拙甚于江南"(《颜氏家训·杂艺》)。庾信更是指斥北方文坛"驴鸣犬吠,聒耳而已"。还有逸闻称:"梁常侍徐陵聘于齐,时魏收文学北朝之秀,收录其文集以遗陵,令传之江左。陵还,济江而沉之。从者以问,陵曰:'吾为魏公藏拙。'"③北朝文坛领袖魏收被徐陵鄙视至此,可见北方文坛在南朝文人心中之地位,当自己成为北方文坛的一员之后,这种难逢知音的文化的孤独感可想而知。庾信、王褒等文人在朝受到优厚的待遇,其本传记载:"世宗即位,笃好文学。时褒与庾信才名最高,特加亲待。帝每游宴,命褒等赋诗谈论,常在左右。"④滕王宇文逌为庾信的文集作《序》,称"才子词人,莫不师教;王公名贵,

---

　　① 许逸民《徐陵集校笺》,第 534 页。
　　② [北魏]魏收《魏书》卷六十,第 1344 页。
　　③ [唐]刘悚《隋唐嘉话》,第 55 页。
　　④ [唐]令狐德棻《周书》卷四十一,第 731 页。

尽为虚襟",并称"余与子山,风期款密,情均缟纻,契比金兰"①。
但是庾信与这些北朝贵族的交往是"面热心寒",他们很难说得上
是庾信的真正知音,王褒也是每日"崎岖碑碣之间,辛苦笔砚之役"
而已。北朝文人普遍是带着自卑感仰视庾信等文豪的,虽争先"学
庾信体",但都没有了解庾信文章真正价值所在,而是仍旧崇尚庾
信早年的华靡文风。滕王序中着重赞美的是庾信文章的"穷缘情
之绮靡,尽体物之浏亮",强调的是文学"弘孝敬,叙人伦,移风俗,
化天下"的教化功能,也许是身为北朝贵族而不愿承认,根本没有
提及庾信因为忏悔之情与乡关之思而"老更成"的文学。

　　这种环境上、身份上、文化上的孤独感,又因为他们的忏悔情
绪而加重,使南朝文人有时不知"茫茫宇宙,容身何所"。他们日夜
"瞻望乡关",沈炯长时期被战乱的心理阴影困扰,"思我亲戚之顾
貌,寄梦寐而魂求。察故乡之安否,但望斗而观牛。稚子夭于郑
谷,勉励愧乎延州。闻爱妾之长叫,引寒风而入楸。何精灵以堪
此,乃纵酒以陶忧",灵魂已不堪折磨,只能纵酒忘记那些记忆,因
为孤独无人能诉,以至于向五百年前的汉武帝上表,哭诉"羁旅缧
臣,能不落泪! 昔承明既厌,严助东归;驷马可乘,长卿西返",希望
放严助东归、司马相如西返的汉武帝也能冥冥中帮助他返回故乡。
对于一生没能回到故乡的庾信来说,"乌江舣楫,知无路可归;白雁
抱书,定无家可寄"(《拟连珠》)。"故人形影灭,音书两俱绝"(《拟
咏怀》其十),最后作为北周的臣子被记载进《周书》,真正失去了自
己的故乡。

　　对于自己的失节行为,颜之推曾无奈地辩解说:"自春秋以来,

　　①　[清]严可均《全上古三代秦汉三国六朝文·全后周文》卷四,3902—3903 页。

家有奔亡,国有吞灭,君臣固无常分矣;然而君子之交,绝无恶声,一旦屈膝而事人,岂以存亡而改虑……在时君所命,不得自专,然亦文人之巨患也,当务从容消息之。"(《颜氏家训·文章篇》)刘璠《雪赋》也说:"而乃凭集异区,遭随所适。遇物沦形,触途湮迹。何净秽之可分,岂高卑之能择。"[1]这些文人只有生死的选择,而没有主宰命运的权利,他们一切依靠人主,如果没有舍身勇气,也只能生活在终生的忏悔之中。但是最具有忏悔意识的庾信,就把这种宗教式的忏悔带来的灵魂剧烈的冲突和痛苦融入了文字之中,其自我反省的自觉和深度,完全可以称之为中国南朝时期的忏悔文学。他"凌云健笔意纵横"的文字所蕴含的令人动容的力量,也可以说是他忏悔精神赋予他痛苦之外的礼物。

原载《中州学刊》2012 年第 1 期

---

① 〔唐〕令狐德棻《周书》卷四十二,第 764 页。

中国传统游学活动与现代教育

　　中国传统游学活动是古代知识分子人格生命不可或缺的一部分，素为历代文人学者所重。孔孟诸子的思想学说，许多就是在周游列国的特定情境下阐发，在与学生或他者对话中形成的。孔子率领学生，首开用游学来进行教学的风气，成为中国古代教育的一种传统，也形成了中国自古注重实学、不喜空谈的学风。但是如今其概念被西方的现代游学观念所掩盖，普遍不为社会所重。对中国的传统游学活动的重新梳理，不仅是强调其在中国古代社会中的作用，更重要的是重估其价值，将其引入现代教育，来增进人文素质教育建设，使"读万卷书，行万里路"的古训在现在能被更好地实践。笔者愿在此提出问题，抛砖引玉，以期此问题引起进一步的重视。

　　游学，简而言之就是通过"游"这种手段来达到"学"这个目的，是书本学习之外不可或缺的重要部分。"游"字可谓内涵丰富，也蕴含有"学习"的意味。如在《论语》里就有"志于道，据于德，依于仁，游于艺"的说法，把置身于六艺的学习过程叫作"游"。《庄子·刻意》篇中也有"教诲之人，游居学者之所好也"。陶渊明《饮酒》诗也说："少年罕人事，游好在六经。"都表现了沉浸于学习之中的一种高度快乐与自由的境界。"学"在中国古代也不单指六经的学习,《说文解字》释其为"觉悟也",在《论语》中孔子也更强调"学"是广义地增强自我修养的过程。以道德修养的提高为根本,故"不迁怒,不贰过"的颜渊被孔子赞为"好学"。在这个意义上,我们当然也可以说在游中达到自修的效果就可以称其为游学。

中国传统游学活动具体非常复杂,但其主体是儒家立足现实人生,旨在求知修身的积极活动。《礼记》云:"君子之于学也,藏焉,修焉,息焉,游焉。"①学应真正渗透到生活的每时每刻,保持着自修提高的意识。《周易》中有履卦,履道坦坦,履践为上,这是中国古代文化注重实践与知行合一传统的体现。笔者将中国的传统游学活动粗略划分为五种代表活动,有先秦游士之游学,重在求师访道,实现政治理想;有后代辗转求师之游学,伴随了私学的发展;有重在维系人际关系,结交师友之游学;有畅游自然,修身比德之游学;也有稽古访志等以学术研究为旨归的游学。游学既有外游,即身体之游,更有精神之游,庄子之逍遥游首开风气,强调内心的体悟,求得精神的超越。这种自游于心需要读书养气,澡雪精神,吸收外游之精,同时也可以在一定程度上取代外游,中国古代游之概念兼含内外之游,即说明了二者之间的互动与辩证关系,但都体现了中国游学的学术生命精神,是带有中国独特文化色彩的诗性精神的身心性命学问。

一

"游学"一词首先出自《史记》的《春申君列传》,曰"游学博闻"。知识广博的学者在人们的观念中必是游历经验丰富的人。在中国

---

① 〔清〕阮元校刻《十三经注疏·礼记正义》卷三十六,第 3299 页。

古代,男子本应属于天地四方。《礼记·射义》中言:"男子生,桑弧蓬矢六,以射天地四方。天地四方者,男子之所有事也。"①尽管孔子劝人"父母在,不远游,游必有方",但仍直言:"士而怀居,不足以为士也。"春秋时代,社会上剧烈的大动荡和大变革使"游于乡校以论执政"的游士阶层出现。士的天下意识浓厚,上至君王都有"欲游天下之志"。士梦想得君行道,追寻与实现自己的文德追求。孔子为此四处游历,甚至梦想游于海外:"道不行,乘桴浮于海。"游士在当时成为诸侯彼此竞争的资源,"异时诸侯并争,厚招游学"②,游学的现象就因社会上礼士、养士之风的盛行及庶民对知识的追求而变得普遍和兴盛。

先秦到汉代,"负笈追师"的游学连绵不断,一位为师者能号召天下人来从游的不仅是学识,更有道义品德。孔子对这种道德的向心力描述为"远人不服,则修文德以来之"。《庄子》就描述孔子为"丘将引天下而与从之"。诸子便是这样穷其一生游历,稷下学宫等地汇集大量游学学者,孔子孟子等都有大批追随者,"后车数十乘,从者数百人"③。这些弟子追随老师,以知行合一的精神践履一个学派的道义理想。春秋战国时期的士人游学对当时的道德教化、社会政治等都产生了极大的积极影响,奠定了以后中国的重视实践,追求知行合一的精神,荀子就曾着重强调这种精神:"闻之不见,虽博必谬;见之而不知,虽识不妄;知之而不行,虽敦必困。"④

---

①　[清]阮元校刻《十三经注疏·礼记正义》卷六十二,第3667页。

②　[汉]司马迁《史记》卷六,第255页。

③　《四书章句集注·孟子集注》,第267页。

④　[清]王先谦《荀子集解》卷四,第142页。

　　至两汉，名士大师几乎无一不有游学经历，经学成为学习的主要内容，官学以太学为主，据《后汉书·儒林列传》记载，全国各地的学子们游学至此，太学形势一时"济济乎，洋洋乎"，后来"游学增盛"，太学生竟多达三万余人。以"从某某游"的形式的私学游学更是大盛，学子为了学习经学，往往不远万里前往权威学者那里求教。政府修造的讲读之舍，吸引背负口粮远道就读者动辄以千百计。而一些著名的学术大师开门讲学，游学的学生数量往往可以多至不可思议的千万人之巨，如楼望"教授不倦，也称儒宗，诸生著录九千余人"①，蔡玄"学通五经，门徒常千人，其著录者万六千人"②。班固在《两都赋》中描述这种盛况为："四海之内，学校如林，庠序盈门。"无论贫富，汉代皆重游学，也因此扬名。史书记载出身"三公"子弟的李固，"尝自负书，千里寻师，亲给洒埽，学行根深，无所不贯"，以致"四方有志之士，多慕其风而来学"③。当时大部分的教育都是通过游学完成的，那时的儒士基本上都可以称为游士。

　　当时的游学亦有交游以干利禄的成分，如李斯西游秦国即是如此，游学与游谈成为士人的一种政治与社会活动，形成风气，纵横家就是这样应运而生的。士在相互交往中形成了自己的群体意识，结成"门生故旧"，权贵以此来扩大势力影响，士人则可扩展提升自己的政治地位与空间，游学也就成了士人进入社会所必需的人际交流手段。

　　除了寻师访友的目的，游学途中所经历的自然山水也有着不

---

① ［南朝宋］范晔《后汉书》卷七十九，第 2580 页。
② ［南朝宋］范晔《后汉书》卷六十九，第 2588 页。
③ ［南朝宋］范晔《后汉书》卷六十三，第 2073 页。

可忽略的人格培育作用。中国人对与自然不是像西方那样主客体截然对峙,而是亲切的可以互动的对象,就如《文心雕龙·物色》篇所言:"情往似赠,兴来如答。"圣人莫不仰观俯察天地的智慧,才能通达万物的道理,画卦图,创文字,古人对于自然的崇拜是毋庸赘言的,人格理想的基础就是天人合一的浑朴境界。游历途中所见所感对诗文的滋养,古今已达共识。"一生好入名山游"的丰富见识不断为文人提供写作的灵感和素材。刘勰曾经说过:"若乃山林皋壤,实文思之奥府。"而且自然对思想性格有着潜移默化的影响,进而会影响到文字,也为古人所重视。《世说新语·赞誉》记载孙绰言云:"此子神情都不关山水,而能作文?"脱离游历而写出的文字就被认为死板腐旧,毫无灵气。对于中国古代的艺术,更是少不了天地造化的感召。在古代艺术审美教育中,观察自然是必需的,如怀素观"夏云多奇峰"而师之,又如黄庭坚观察自然,作草书之时总能"似得江山之助"。这些书法家从自然界的山水之中得到灵感的例子不胜枚举,古代艺术不仅是技巧的修炼,更是人格情感的表达,体现天人合一,师从造化的境界。董其昌提出了作山水画的法门:"读万卷书,行万里路",这样才能"胸中脱去尘浊,自然丘壑内营,成立鄞鄂,随手写出,皆为山水传神矣!"①这个规律不仅适合于作山水画,也适合于中国的所有艺术乃至学问。

　　孔子敬畏学习自然,登山而有"小天下"的壮怀,观水而有"逝者如斯夫"的慨叹,其最著名的"知者乐水,仁者乐山"是先秦比德说的代表,后代人都得到了其中的启示,韩愈在《燕喜亭记》中,称其中的山、谷、池、泉为"俟德之丘""谦受之谷""君子之池""天泽之

---

① 　[明]董其昌《画禅室随笔》,华东师范大学出版社 2012 年版,第 61 页。

泉",让自然景物也完全浸染了儒家的道德色彩。宋代无论是官立书院,如白鹿洞书院、岳麓书院,还是私立精舍,如象山书院、沧州书院,都选择建在风景优美清幽的山林之中,朱熹等大儒皆强调从自然的领悟中格物致知,明性见理,来欣赏事物的理趣。朱熹在谈自然的教育作用时说:"天有四时,春夏秋冬,风雨霜露,无非教也。地载神气,神气风霆,风霆流形,庶物露生,无非教也。"①古人就是这样在游历中,不仅欣赏秀美风光,更是就自然与自身人格进行自我认证和诠释。随史可法以身殉明的江天一在游览黄山时谓此山:"以严凝之气,待天下耐劳苦处盘错之士,以使之大辅当世;只以其巉岩峻厉者,养天下独立不惧之器格,以撑柱滥觞。"②此时山水与人的品格境界俨然相互成全,化而为一了。

以司马迁作为个案,正可以体现他二十年的游学生涯对其《史记》写作的重要作用。游学对他写作《史记》的促进作用大体有三:一是通过采风访俗,"网罗天下放佚旧闻",从民间获得诸多宝贵的第一手材料。如他游历于三皇五帝当年活动的地区,采集百姓流传的传说,比对古籍加以筛选研究,从而写出具有很高科学性的《五帝本纪》。也只有去刘邦、韩信等的家乡搜集逸闻,才能在关于他们的记述中有如此生动细腻的细节描绘,并安排大量民间口语和歌谣。其二是名山大川对性情的陶冶,使其形成了瑰丽奇伟的写作风格。苏辙的《上枢密韩太尉书》称赞曰:"太史公行天下,周览四海名山大川,与燕赵间豪俊交游,故其文疏荡,

---

①　[宋]黎靖德编,王星贤点校《朱子语类》卷二十八,中华书局1986年版,第725页。

②　《黄山寄远方士大夫书》,《江止庵遗集》卷四,《四库未收书辑刊》第6辑第28册,北京出版社2000年版。

颇有奇气。"①其三是瞻仰历史遗迹,通过直观的感受获得更加深刻的对历史人生的思考和理解。如司马迁到孔子家乡曲阜时,"观仲尼庙堂车服礼器,诸生以时习礼其家,余祗回留之不能去云"②,他"适长沙,观屈原所自沉渊,未尝不垂涕,想见其为人"③。这些都为其传记的写作注入深厚的感情。游历也培养了他独立坚强、慷慨悲壮的个性和写作风格,历史上如玄奘、徐霞客、顾炎武等大家莫不是从艰苦的游学生涯中积攒了广博的学识,培养了顽强不屈的品格。但是类型情况复杂,这里限于篇幅,就不多举例赘述了。

二

游在形而上层面,是属于精神的漫游,达到自由心灵的纯粹体验,可与足迹之游互相联系与互相促进。在旅途中,游人往往震慑于大自然的奇幻瑰丽,一时间能获得大化冥合、飘飘欲仙的独特体验。这种体验常常具有宗教式的解脱意义。《诗经》的《柏舟》就吟咏:"耿耿不寐,如有隐忧。微我无酒,以敖以游。"《泉水》中也有:"驾言出游,以泻我忧"。泻忧成为游的一个基本功能,李白说:"人生在世不称意,明朝散发弄扁舟。"(《宣州谢朓楼饯别校书叔云》)苏轼云:"小舟从此逝,江海寄余生。"(《临江仙·夜饮东坡》)就是此意,代表着脱离了此世的桎梏,走向另一个精神的新世界。当实

---

①　[宋]苏辙著,陈宏天、高秀芳点校《苏辙集》卷二十二,中华书局 1990 年版,第 381 页。

②　[汉]司马迁《史记》卷四十七,第 1947 页。

③　[汉]司马迁《史记》卷八十四,第 2503 页。

际的游失去作用时,就升华为精神之游。日人白川静认为,游本来就是神的应有状态,具有鲜明的宗教意味①。庄子的逍遥游就是让人在精神世界中超越飞升,"独与天地精神往来",直至接近于神的大自由状态。他笔下的神人都是逍遥无待,游乎四海,标准状态是"若夫乘天地之正,而御六气之辩,以游无穷者"。以游为基本特征的神就与被困于狭小空间的人形成最大的区别。这种"游于方之外"的凌虚状态比"游于方之内"更能给痛苦绝望之人带来精神的支柱和心灵的自由。至于屈原,在现实生活中愤懑哀痛,又疑惑忧惧于生命的存在价值和意义,在《离骚》《远游》等篇中就远游仙境,追寻道义,"路曼曼其修远兮,吾将上下而求索",尔后乘龙飞翔,众神并驾,逍遥于得道的仙境,灵魂获得自在和超脱。王逸就注曰:"避世高翔,求道真也。"

这种为排解现世苦闷与追求精神超脱的内心之游和外在之游,在魏晋时期就表现为玄游。士人渴望回归自然,与天地合为一体。士族经营他们的田园私产,使其既"尽幽居之美"(《宋书·谢灵运传》),又"备登临之美"(《宋书·王敬弘传》),他们偏安江左,在江南秀丽山水的玄游中,领悟主体人格,陶冶情操。正如王羲之在《蜀都帖》中所写:"要欲及卿在彼登汶岭、峨眉而旋,实不朽之盛事。"将这种游历提升到空前重要的地位。士人将山林比喻为欲界之仙都,也就是遗世独立的精神超越境界。他们在山水玄游中,"鸢飞戾天者,望峰息心;经纶世务者,窥谷忘反"(吴均《与宋元思书》),获得的是灵魂的净化,"借其山水以化其郁结"(孙绰《三月三日兰亭诗序》)的精神超脱,"神超形越"的审美感受和无数的玄学

---

① 龚鹏程《游的精神文化史论》,河北教育出版社 2001 年版,第 153 页。

思辨灵感。

　　游的形而上意义在逍遥游理论基础上进一步发展,衍生出彻底的精神游历,如神游、卧游、内游等。游已成士人脱俗得道的象征之一,而跋山涉水的艰险又为许多士人所难以接受,郭象就在《庄子注》关于《逍遥游》的注文中,提出了"夫圣人虽在庙堂之上,然其心无异于山林之中"的说法,使富贵生活和隐逸高趣在此说中得到统一,颇为一些士人所乐道。梦游、游仙等作品大量问世,"卧游"使众多士人可以"身穿朝衣,心在烟霞"(屠隆《答李惟寅》),从而得到了他们的青睐,如《宋书》记载宗炳酷爱远游,晚年用山水画挂于室内墙上以卧游。以致宋代以后,许多文人认为这种精神游历比亲自远涉山水更能修身养性,元代郝经就仔细辨明了内外游之别,认为外游只能使辞章美丽,"仅发于文辞,而不能成事业"。他认为真正能促使人超凡得道的应该是内游:"身不离于衽席之上,而游于六合之外;生乎千古之下,而游于千古之上,岂区区于足迹之余,观览之末者所能也?"①过分重视精神想象之游,显然深受宗教理论与宋代以来重视心性的儒学影响。当然,身体之游也并没有被读书人忽视。僧人行脚、游历四方的宗教精神也在感染着文人,尤其是晚明士人,傅山就认为文人的游学就应该向行脚僧人学习:"读书人亦当如行脚阇黎,瓶钵团杖,寻山问水,既坚筋骨,亦畅心眼。"②徐霞客等就专注于"探奇",以征服险峻山岭为乐事,在晚明兴起地理学的风潮。内外圆融,儒道精神有机融合,逐渐成为游学的趋势。游学成为中国古代文人积极参与

　　① [元]郝经著,田同旭校注《郝经集校勘笺注》卷二十,三晋出版社2018年版,第1535页。
　　② [明]傅山《霜红龛集》,山西人民出版社1985年版,第690页。

面对现实,也能使精神逍遥超越的最好途径。

三

　　近代清政府为培养经世致用的人才,开始向外国输送留学生,使用"游学"一词指称这种留学活动,出现了"游学""留学"二词普遍混用的情形。作为洋务大臣的张之洞,在其"会通中西,权衡新旧"的《劝学篇》中力主游学,并在《劝学篇·外篇》中专辟《游学》一篇以说明之。很多留学生以西方的学术方法治中国传统学术,最终成为一代国学大家。他们具有中西合璧和文化过渡的特点,如胡适的《留学日记》、顾颉刚《西北考察日记》与钱穆《师友杂忆》等游学笔记,在建立现代游学模式上,都具有很高的参考价值。

　　如今中国传统的游学观念却被逐渐淡漠,如《中国青年报》在介绍现在的"游学热"时载文说:"游学,又叫'修学旅游',最早起源于英国,距今已有100多年历史。"①这说明了当今人们对于游学概念的普遍误读。这种现代游学已成为现在中国的时髦教育概念,尤以出国为多,主要内容为:在外国加强外语学习和参观当地风景名胜,或辅以与当地家庭、学生的短暂交流,目的主要是学外语,或作为长期留学的适应性前奏,其本质还是出国热的一个体现。中国传统的游学则因为与考试脱钩而且实践理论缺乏,在正规教育中难觅踪影,所以,强调中国传统游学活动的特殊性十分必要,由此才能体现出它的真正价值。

　　中国传统的旅游和游学是建立在中国独特文化基础上的,"游

---

　　①　赵玥《豪华暑假万里游学学到什么》,《中国青年报》,2005-08-03。

学"这个概念的产生和实践都远远比西方要早,而且带有中国独特的文化精神。故笔者认为不能绕开中国的传统游学观念而直接从十九世纪的西方开始。中国的传统游学虽然已成为历史,但对中国的历史文化发展有着难以抹去的意义,虽然现在已经进入信息社会,但是无可置疑,书籍和网络不能完全替代户外的身心亲自体验。

　　中国现代教育方针与模式深受西方影响,而且学科设置等发展日趋功利,人文学科普遍被冷落,忽略了美育的作用。中国传统基于个性意识发展上的重人格素质的教育传统被基本弃置,考试成为学习的中心与目的,分科向越来越细的趋势发展,个人的创造性难以得到重视。以考试为中心,就必然造成只重"读万卷书",不重"走万里路",埋头苦读基本成为教育的全部。古代游学精神离学子们越来越远,知行合一的重实践精神日趋淡薄。

　　教育的目的首先应该是培养一个和谐发展的人,这种应试教育带来的问题已日趋严重。我们有必要反省与借鉴中国的传统教育观念,加以取精去粕,吸收适合现代环境的教育思想加以实践,实现当代人格精神的建设与升华。游学作为中国传统教育中不可或缺的手段,其走出书斋的特点可调剂现在闭门苦读的教育方法,其知行合一的性质可弥补应试教育死读书的弊端,其人格培养的功能可对症当今美育的欠缺。借鉴传统的游学为今所用,已十分必要。

　　现代的游学模式应该以增长知识和提升境界为目的,在性质上应该具有超功利性,思维模式应借鉴中国传统模拟、联想和运思艺术,通过耳濡目染及参与实践来学习提高。这种游学活动首先应与旅游以及高校社会实践区别开来,着重追求生命体悟、人文情怀、道德情操的陶冶和提高。这需要高校制度去引导、鼓励学生的游学调研活动,同时,必须继续挖掘更广泛、更深入、更专业的学术科研资源。游学所需要的社会软件如相关老师、讲座、研讨会与硬件如博物馆、人文景点票价提供的方便等还有很大的提升空间。

　　这方面中国人民大学国学院已做出了有益的尝试,游学作为人才培养的重要环节,已在 2007 年、2008 年成功举办两次本科生的游学活动,可为今后游学活动的推广作出参考。在三周的游学中,同学们行迹遍及山东曲阜、邹城、泰山,浙江杭州、绍兴,江西庐山白鹿洞书院,湖南长沙岳麓书院等,沿途参观自然人文名胜,将课堂学习与实地考察相结合,并与当地高等院校、科研机构进行了大量学术研讨和交流,了解当地风土人情和学术文化。通过游学活动结束后的问卷调查,同学们普遍反映增进了问题意识,性情人格得到陶冶,还锻炼了意志,培养了团结互助的集体精神,通过 2007 年游学撰写的大量诗文作品和研究论文已汇编成集。虽然这还仅仅是一个尝试,也存在学术准备不足、某些地方由于时间等限制流于走马观花等问题,但这已能够说明中国传统的游学精神在现代社会还是非常有生命力的,对其进行总结和重新认识,来完善当今的高等教育中的人文素质建设,是十分有意义的。

原载《郑州大学学报(哲学
社会科学版)》2009 年第 6 期

青春与老境：诗话的生命
语境与审美生成

　　传统诗文评常对文学艺术进行拟人化的比喻，也有以青年、老年等生命阶段喻诗的传统。林语堂曾经认为，中国人的性格是"老成温厚"的，中国社会"不是以进步和征服为目标的文明社会"，而是"一个对青年的热情往往一笑置之的社会"①。这种观点至少指出了中国传统文化中存在着一对截然相反的审美文化：以宁静温和为特征的老年文化，和以热情征服为特征的青年文化。人都会经历从青春到衰老的过程，中国传统诗歌创作也存在着自然的生命节律，吴可《藏海诗话》就说："凡文章先华丽而后平淡，如四时之序，方春则华丽，夏则茂实，秋冬则收敛，若外枯中膏者是也，盖华丽茂实已在其中矣"。② 古来少有"青春""青年"等称谓，往往以"少年"指代青壮年时期；诗话常以"老境"指代诗歌的成熟境界，本文以现代概念"青春"与传统概念"老境"来指代这两个典型的人生阶段，并试图讨论如下问题：中国传统诗话的作者或正值青壮年，

---

①　林语堂《吾国与吾民》，学林出版社 1994 年版，第 55—58 页。
②　丁福保辑《历代诗话续编》，第 331 页。

或已处晚年,在这样不同的生成语境之下,诗话是否会生成不同的审美倾向? 是否会有不同的角色定位? 又是否真的如林语堂所说,中国文化与中国诗学都是重老轻少? 以诗话的生命语境切入讨论,也许会对中国传统诗话的生成特色有更生动且深刻的认知。

一、"老去诗篇浑漫与":
白发下的生成语境

很多诗话都创作于作者的晚年时期。据郭绍虞《宋诗话考》,产生于晚年的宋代诗话作品就有《六一诗话》《温公续诗话》《石林诗话》《韵语阳秋》《环溪诗话》《诚斋诗话》《二老堂诗话》《后村诗话》《玉壶诗话》等等,其他许多知名诗话如《渔洋诗话》《姜斋诗话》《随园诗话》等亦是如此。《二老堂诗话》即描述自己创作时的老年情境:"余年七十二,目视眼花,耳中无时作风雨声,而实雨却不甚闻。"①由此可见,诗话多是一群白发老者的激情创作。

诗话多作于作者的晚年时期,首要原因就是老来空闲,苏轼《次韵前篇》即云"少年辛苦真食蓼,老境安闲如啖蔗"。欧阳修《六一诗话》是诗话的正式形成之作,他自叙云:"居士退居汝阴,而集以资闲谈也。"②可知此类诗话的产生时间是"退居",语境为"闲谈",其《归田录》亦云:"朝廷之遗事,史官之所不记,与夫士大夫笑谈之余而可录者,录之以备闲居之览也。"③也说明这类诗话产生的首要条件是"闲"。士人致仕后有了大量空闲时间,心态也更加

---

① 郭绍虞辑《宋诗话考》,中华书局 1979 年版,第 97 页。
② [清] 何文焕辑《历代诗话》,第 264 页。
③ [宋] 欧阳修《欧阳修全集》,中华书局 2001 年版,第 302 页。

从容闲适，欧阳修自云"无穷兴味闲中得"①，"谁知颍水闲居士，十顷西湖一钓竿"②，这也就是刘勰《文心雕龙》中所说的"人兴贵闲"，是诗话的产生语境之一。

诗话另有一针对老人的实用功能，就是记录"以备遗忘"(《碧溪诗话序》)③。如"今书籍散落，旧学废忘，其能记忆者，因笔识之，不忍弃也"(《彦周诗话》)④，回忆总结平生读书所得，以做笔记。瞿佑《归田诗话》中自序："平日耳有所闻，目有所见，及简编之所纪载，师友之所谈论，尚历历胸臆间，十已忘其五六。诚恐久而并失之也，因笔录其有关于诗道者。"⑤可见诗话是对抗衰老遗忘的有力武器。

此外，诗话也用来总结自己一生的创作经验。《渔洋诗话》序中，王士禛回忆自己少年、中年与老年诗体之"三变"：少年时"惟务博综该洽"，宗尚"唐音"；中年时改"事两宋"；而晚年"乃造平淡"，"境亦从兹老矣"⑥。在这里，王士禛提出了两个关于人生生命阶段与诗歌创作阶段相比附的问题。其一是他本人少年宗唐，中年后宗宋，这是很多人的基本学习路径，清代张英曾说："中年作诗，断当宗唐律，若老年吟咏适意，阑入于宋，势所必至。"⑦而唐诗多给人以意气少年的印象，宋诗更类似于白发老者。胡应麟就将

---

① ［宋］欧阳修《欧阳修全集》，中华书局 2001 年版，第 830 页。
② ［宋］欧阳修《欧阳修全集》，第 832 页。
③ 丁福保辑《历代诗话续编》，第 344 页。
④ ［清］何文焕辑《历代诗话》，第 378 页。
⑤ ［明］瞿佑《归田诗话》，浙江古籍出版社 2017 年版，第 357 页。
⑥ 丁福保辑《清诗话》，第 165 页。
⑦ ［清］张英撰，江小角、杨怀志点校《张英全书》上册，安徽大学出版社 2013 年版，第 501 页。

各代诗歌比作花树，认为盛唐之诗"枝叶蔚然，花蕊烂然"，而宋诗"若枯卉槁梧，虽根干盘曲，而绝无畅茂之象"①。这和人不同阶段的精神气质相关，正如钱钟书所说："少年才气发扬，遂为唐体；晚节思虑深沉，乃染宋调。"②

其二是王士禛自认为诗作在其晚年亦达"老境"，是最为成熟完善的境界。"老"至少在唐代就已全面进入艺术评论领域。孙过庭《书谱》云"通会之际，人书俱老"，是书法评论的著名一例，而杜甫《戏为六绝句》其一云"庾信文章老更成，凌云健笔意纵横"，将"老成"引入了诗评领域。

宋人更是倾向于诗歌老境，《王直方诗话》就说："古诗云：'公道世间惟白发，贵人头上不曾饶。'而元祐初多用老成。"③满头白发的宋后诗话撰写者们，也往往对诗之老境情有独钟。江西派尤其尊奉"老健超迈"之风④，黄庭坚《忆邢惇夫》即云"诗到随州更老成，江山为助笔纵横"，之后对老境的追求，从宗江西派的方回《瀛奎律髓》，一直到清代纪昀，"从宋代到清代其实清晰可见一个以'老'为核心的诗歌美学源流"⑤。宋人尤爱"老"杜，"庆历、嘉祐以来，天下以杜甫为师"⑥。杜甫之"老"是多层次多内涵的，有一气呵成，随意挥洒，如纪昀评《中夜》云"一气写出，不雕不琢，而自然老辣"⑦；又

---

① ［明］胡应麟《诗薮》，中华书局 1958 年，第 198 页。
② 钱钟书《谈艺录》，中华书局 1993 年，第 4 页。
③ 郭绍虞辑《宋诗话辑佚·王直方诗话》，第 54 页。
④ 吴文治主编《宋诗话全编·诗论》，江苏古籍出版社 1998 年版，第 1426 页。
⑤ 蒋寅《作为诗美概念的"老"》，《甘肃社会科学》，2016 年第 3 期。
⑥ ［宋］叶适《叶适集》，中华书局 1961 年版，第 214 页。
⑦ ［元］方回选评，李庆甲集评校点《瀛奎律髓汇评》，上海古籍出版社 1986 年版，第 533 页。

有自然平淡，纪昀称其《曲江对饮》诗"淡语而自然老健"；也有骨气深重之意，如贺贻孙评论杜甫"骨重故沉，沉故浑，浑故老，老故变，变故化"①。

综上所知，"老"是综合性的文艺审美概念，有老辣、工稳、平淡、雄健等多重意蕴。张谦宜《絸斋诗谈》中说："老字头项甚多，如悲壮有悲壮之老，平淡有平淡之老，秾艳有秾艳之老。"②方东树《昭昧詹言》也说："七言古之妙，朴、拙、琐、曲、硬、淡缺一不可，总归于一字，曰老。"③"老"的境界也往往产生于诗人老年，在中国传统诗话中是人生智慧的境界、诗歌成熟的境界。

诗评家们也多把诗人的少年之诗与老年之诗放置对比，且普遍认为前者要远逊于后者。如陆游，《鹤林玉露》认为其少年之时"多豪丽语，言征伐恢复事"，而"晚年诗和平粹美，有中原承平时气象"④，从青春的豪迈宏大，转而为晚年的平淡闲适。赵翼也指出陆游诗"及乎晚年，则又造平淡，并从前求工见好之意亦尽消除，所谓'诗到无人爱处工'者，刘后村谓其皮毛落尽矣"⑤，以"皮毛落尽"称颂其诗歌返璞归真的老境。又如王安石，《石林诗话》认为"王荆公少以意气自许，故诗语惟其所向，不复更为涵蓄。后从宋次道尽假唐人诗集，博观而约取，晚年始尽深婉不迫之趣"⑥，谓王安石从少年意气的逞才自负，转而虚心博取唐宋，才至"深婉不迫"

① 郭绍虞《清诗话续编·诗筏》，第135页。
② 郭绍虞《清诗话续编·絸斋诗谈》，第793页。
③ ［清］方东树《昭昧詹言》，第232页。
④ 程毅中主编《宋人诗话外编·鹤林玉露》，中华书局2017年版，第1529页。
⑤ ［清］赵翼《赵翼全集·瓯北诗话》，凤凰出版社2009年版，第67页。
⑥ 郭绍虞辑《宋诗话考》，第38页。

的诗歌老境。其晚年诗备受称赞，"晚年诗极精巧""暮年诗益工"①，黄庭坚也评价"荆公暮年小诗""雅丽精绝，脱去流俗"②，"拂云豪逸之气，屏荡老健之节，其意韵幽远，清癯雅丽为得也"③。王安石本人也反省少年时所作之诗，他青年时所作的《题金陵此君亭诗》云"谁怜直节生来瘦？自许高才老更刚"，本身已很"老""瘦"，而《高斋诗话》中称每当宾客称颂此句，王安石"辄频蹙不乐"，表示"少时作此题榜，一传不可追改，大抵少年题诗，可以为戒"④。

　　类似扬雄悔其少作的事例，诗话中有许多记载，即"长年方悟少年非，人道新诗胜旧诗"⑤。在尊崇老年之诗的同时，很多诗话都流露出对少年之诗的轻慢倾向。少年时往往恃才任性，如诗评家对李贺的批评："坏古乐府体，无如贺者。骋少年粗豪之气，乖诗人比兴之仪。"⑥少年时也往往能力不济，难以掌控全局："少年之诗，往往有句无篇，能通体完密者最少。"⑦南宋孙奕的《履斋示儿编》中记载了一段对话：

　　　　客有曰："诗人之工于诗，初不必以少壮老成较优劣。"余曰：殆不然也，醉翁在夷陵后诗，涪翁到黔南后诗，比兴益明，用事益精，短章雄而伟，大篇豪而古，如少陵到夔州后诗，昌黎

①　[宋]何汶《竹庄诗话》，中华书局1984年版，第168页。
②　[宋]何汶《竹庄诗话》，第169页。
③　程毅中主编《宋人诗话外编·诗论》，第1864页。
④　郭绍虞辑《宋诗话辑佚·高斋诗话》，第496页。
⑤　[宋]何汶《竹庄诗话》，第273页。
⑥　程毅中主编《宋人诗话外编·稿简赘笔》，第1214页。
⑦　[清]袁枚《随园诗话》，浙江古籍出版社2015年版，第725页。

在潮阳后诗,愈见光焰也。①

其中举出了宋人欧、黄,唐人杜、韩之例,说明在诗歌评论中"以少壮老成较优劣"的合理性。学作诗与学做人也是紧密联系的,少年心绪未稳,经历不多,"身之所历,目之所见,是铁门限"②,这是文艺创作的重要限制因素。要写得好诗,需要人各方面素质的综合成长:"盖情性以发之,礼义以止之,博以经传,助以山川,老以事物。"③所以往往要求在少年阶段学习积累,不要急于创作:"壮年都宜刻炼,老成乃得浑然。盖兵贵拙速,不贵巧迟,作诗一道,正与相反。"④

杜甫晚年自述诗学心得,既言"老去诗篇浑漫与"(《江上值水如海势聊短述》),又讲"晚节渐于诗律细"(《遣闷戏呈路十九曹长》)。仇兆鳌就认为这代表了杜甫晚年集大成的诗歌境界:"律细,言用心精密。漫与,言出手纯熟。"⑤这与王安石晚年状态非常相似:"荆公晚年,诗律尤精严,造语用字,间不容发。然意与言会,言随意遣,浑然天成,殆不见有牵率排比处。"⑥这是一种作诗稳妥精严,又自由而超脱规矩的境界,也与"随心所欲而不逾矩"的人生老境阶段暗合。

① 程毅中主编《宋人诗话外编·履斋示儿编》,第 1359 页。
② [明]王夫之《姜斋诗话》,岳麓书社 2011 年版,第 821 页。
③ [宋]林景熙著,陈增杰校注《林景熙诗集校注》,浙江古籍出版社 1995 年版,第 343 页。
④ [清]潘德舆《养一斋诗话》,中华书局 2010 年版,第 30—31 页。
⑤ [唐]杜甫著,[清]仇兆鳌注《杜诗详注》,中华书局 2015 年版,第 1603 页。
⑥ [宋]何汶《竹庄诗话》,第 171 页。

二、"语不惊人死不休"：
追忆中的青春之诗

虽然诗话多作于作者白发之时，多崇尚成熟老境，但"天因著作生才子，人不风流枉少年"①，诗话中也从不缺乏青春色彩。

不少诗话的生成契机就是追忆青春往事。好回忆旧事本身也是老人的心理特质，正如袁枚所说："余老矣，最喜人说少年旧事。"②王士禛《渔洋诗话》也被认为寄寓了他"怀旧之深情"③。清代查为仁在《莲坡诗话》序言中说："仆少遭忧患，放弃以后，酷嗜声诗……回忆三十年来，酒边烛外，论议所及，足以资暇者，正复不少，并为述其颠末，以助谈柄。"④诗话写作语境是回忆并整理三十年来的诗作与心得。顾嗣立在《寒厅诗话》自序中也回忆说："余少孤失学，年二十始学诗"，而此书就是回顾"荏苒二十年"，"篝灯夜坐，追忆平时见闻所得"之作⑤。追忆青春之诗、少年旧事是诗话的主题之一。

诗话的另一主要功能是诗歌写作入门，面向的主要对象就是青年人。如《沧浪诗话》教育学诗者应"以识为主，入门须正，立志须高"⑥，而袁枚则云："余教少年学诗者，当从五律入手。"⑦少年与

---

① 〔清〕袁枚《随园诗话》，第 886 页。
② 〔清〕袁枚《随园诗话》，第 715 页。
③ 丁福保辑《清诗话》，第 165 页。
④ 丁福保辑《清诗话》，第 489 页。
⑤ 丁福保辑《清诗话》，第 83 页。
⑥ 〔清〕何文焕辑《历代诗话·沧浪诗话》，第 687 页。
⑦ 〔清〕袁枚《随园诗话》，第 39 页。

老年的人生阶段特点不同，任务也不同，青少年是学习积累的重要时期，有青春时代的发奋努力，方有晚年的妙笔老辣。《随园诗话》就说："用巧无斧凿痕，用典无填砌痕，此是晚年成就之事。若初学者，正要他肯雕刻，方去费心；肯用典，方去读书。"①对于青春少年来说，"费心""读书"的精神是最为可贵的。针对青少年时的主要精力都放在应对科举而学习八股文的现实问题，袁枚指出："试观古文人如欧、苏、韩、柳，儒者如周、程、张、朱，谁非少年科甲哉？盖使之先得出身，以捐弃其俗学，而后乃有全力以攻实学。"②认为青春时应先学"俗学"以获得"出身"，晚年再攻"实学"也为时未晚。而且好诗要建立在苦读积累的基础之上，这种精神无论在人生的任何时期都是适用的：

> 老年之诗多简练者，皆由博返约之功。如陈年之酒，风霜之木，药淬之匕首，非枯槁简寂之谓。然必须力学苦思，衰年不倦，如南齐之沈麟士，年过八旬，手写三千纸，然后可以压倒少年。③

少年与老年有"博"与"约"之别，经过少壮时期的学习积累，老年时博采淬炼形成精华，但要"压倒少年"，仍要有青春的拼搏勤奋精神，如果因衰老而懒惰懈怠，老年之诗就会反不如青春之时。杜甫老年诗是否比青壮年时更佳，就有论者质疑：

---

① ［清］袁枚《随园诗话》，第 189 页。
② ［清］袁枚《随园诗话》，第 244 页。
③ ［清］袁枚《随园诗话》，第 173 页。

　　或谓老杜夔州以后诗颓唐,不及从前,大概文人暮年名已成而学不加进,心力耗而手腕益拙,往往出之率易,不及当年。[1]

　　此论就认为老杜晚年之诗"不及从前",不是功力火候不足,而是精神气质"颓唐"所致。这是青春心力损耗后,缺乏新鲜锐气与"源头活水"的持续注入使然。学诗是"生无所息"的,判断诗之优劣不在于年龄老少,而在于持续学习奋进的心境。

　　正如袁枚所说,人们往往将老年之诗的美学表现误解为"枯槁简寂",因为推崇诗歌老境产生的谬误混淆不止于此,如纪昀就批评方回"不免以粗率生硬为老境"[2]、"以生硬为高格,以枯槁为老境"[3]。杨慎在《升庵诗话》中指出庾信之诗是兼具了史评的"绮艳"、杜甫评的"清新""老成",他认为"宋人诗则强作老成态度,而'绮艳''清新',概未之有"[4]。"绮艳"是来自少年的浮华轻薄,"清新"是青春的鲜活姿态,而宋诗一味追求片面的老成,就失去了诗歌的青春生命活力。叶燮《原诗》就深刻反思了诗歌审美中对老境的片面追求:

　　凡物必由稚而壮,渐至于苍且老,各有其候,非一于苍老也。且苍老必因乎其质,非凡物可以苍老概也。即如植物,必

---

　　① ［清］李怀民、李宪暠、李宪乔著,赵宝靖点校《三李诗话·紫荆书屋诗话》,齐鲁书社 2020 年版,第 374 页。
　　② ［清］永瑢等撰《四库全书总目》,中华书局 1965 年版,第 1424 页。
　　③ 祝尚书编《宋人总集叙录·瀛奎律髓》,中华书局 2004 年版,第 454 页。
　　④ ［明］杨慎撰,王大厚笺证《升庵诗话新笺证》,中华书局 2008 年版,第 149 页。

松柏而后可言苍老。松柏之为物，不必尽干霄百尺，即寻丈楹槛间，其鳞鬣夭矫，具有凌云盘石之姿。此苍老所由然也。苟无松柏之劲质，而百卉凡材，彼苍老何所凭借以见乎？必不然矣。

物与人都遵循着由青春到苍老的必然规律，不能一味追求停止在某一阶段，且叶燮亦认为，诗家推崇的"苍老""波澜"只是"诗之文"，并非"诗之质"；是"诗之皮"，而非"诗之骨"。真正的苍老之境应犹如苍柏的风骨英姿，而绝非来源于表面的"干霄百尺"之貌。

故而，对一味追求老境产生的诗歌审美弊病，就应由青春少年意气来调节纠正。首先诗歌如人体，应有青春健美的体格。严羽总结"唐诗之道"，提出"诗之法有五：曰体制，曰格力，曰气象，曰兴趣，曰音节。"①陶明濬《诗说杂记》解释说："体制如人之体干，必须佼壮；格力如人之筋骨，必须劲健；气象如人之仪容，必须庄重；兴趣如人之精神，必须活泼；音节如人之言语，必须清朗。"②衰老带来的首要问题就是衰颓伤病，张谦宜《絸斋诗谈》就说："身既老矣，始知诗如人身，自顶至踵，百骸千窍，气血俱畅，才有不相入处，便成病痛。"③好诗犹如身心健旺的青壮年，朝气蓬勃、向往创新。

杜甫在《江上值水如海势聊短述》中认为"老去诗篇浑漫与"的

---

① ［清］何文焕辑《历代诗话·沧浪诗话》，第 687 页。

② ［宋］严羽著，郭绍虞校释《沧浪诗话校释》，人民文学出版社 1961 年版，第7 页。

③ 郭绍虞辑《清代诗话续编·絸斋诗谈》，第 809 页。

具体表现就是"语不惊人死不休",这种老境中的放诞自由,任性洒脱,又何尝不是一种青春之气?徐增就认为"到苍老之境,必有一种秀嫩之色",他评论杜甫《秋兴》其八"佳人拾翠春相问",比喻为"如千年老树,挺一新枝","如百岁老人,有婴儿之致;又如商彝周鼎,丹翠烂然也"①。赵翼《瓯北诗话》论白居易的近体诗,也认为这是一种"恃老自恣","盖诗境愈老,信笔所之,不古不律,自成片段"②,这样敢于突破、善于创新的青春精神,是存在于人生任何年龄段的。

　　这种青春心态也许是有些幼稚的,拥有这种心态的诗人,如贾谊、曹植、李煜等在政治生涯上往往也同样热情单纯,备受挫折,但他们的诗文却有了格外感动人心的力量。方孝孺曾评价贾谊"少年意气慷慨,思建事功而不得遂,故其文深笃有谋,悲壮矫讦"③;曹植更是充溢着青春少年侠气,"曹子建如三河少年,风流自赏"④,其《野田黄雀行》充溢着少年的侠义与善良,钟惺评价说:"仁人,亦复是侠客。"谭元春则云:"君子心肠,无仙佛行径,无少年意气,而长于风雅者,未之有也。"⑤而阅世极浅的后主李煜,王国维《人间词话》认为他的词是"以血书者也","俨有释迦、基督担荷人类罪恶之意"⑥,这是一种往往存在青年人中的热血精神,由此扩展开来,是一种颠覆诗坛传统、关心人类命运的悲悯使命感,是

---

　　①　[清]徐增著,樊维纲校点《而庵说唐诗》,中州古籍出版社1990年版,第406页。
　　②　[清]赵翼《赵翼全集·瓯北诗话》,凤凰出版社2009年版,第33页。
　　③　《司马相如资料汇编》,中华书局2008年版,第189页。
　　④　《三曹资料汇编》,中华书局2004年版,第115页。
　　⑤　《三曹资料汇编》,第138页。
　　⑥　王国维著,徐调孚校注《校注人间词话》,中华书局2003年版,第7页。

一种诗话中的鲜活生命角色。

三、"哪吒析骨还父母"：
诗话里的生命角色

　　一般来说，退静自守、安养身心是一种最典型的老年心态，在这种心态下产生的诗话角色是"闲谈"者、"游戏"者，在悠然自适、旷达超然的心态下关注生活日常，笑谈诗歌轶事。也有心中郁结不平而愤激者，如《碧溪诗话》作者黄彻回忆"以拙直忤权势，投印南归"，但也通过诗歌调适老年心境，"甘老林泉，实其本心，何所怨哉"①。

　　无论是"诗话者，辨句法，备古今，记盛德，录异事，正讹误也"②，还是"诗话杂说，行于世者多矣，往往徒资笑谈之乐"③，抑或是四库馆臣认为诗文评的功能："岂非以其讨论瑕瑜，别裁真伪，博参广考，亦有裨于文章欤？"这实际都是一种代表老成温和、谆谆教诲的长者角色。但当愤激之情、改革之意不再深藏于心，而在诗话中充分表现，这样的诗话就类似于热情冲动的少年，扮演着一类特殊的青春角色。

　　这样的角色，已不满足于仅仅把诗歌作为休闲谈资，而以更大的勇气与野心欲对文坛乃至时代精神作出反思与改革。在这些充满青春锐气的论诗者看来，文学批评本身也是一种重要的思想话

---

　　① 丁福保辑《历代诗话续编》，第 345 页。
　　② 吴文治主编《宋诗话全编·许彦周诗话》，江苏古籍出版社 1998 年版，第 1392 页。
　　③ 丁福保辑《历代诗话续编·碧溪诗话跋》，第 402 页。

语与权力资源,必须善加利用。首先要利用它评判文学现状,发挥文学批评区分良莠的作用,重塑诗学标准,重振文坛风气;其次更要对时代的裂变与精神形态的转化起到反拨作用①。元好问《论诗三十首》中就有一首直接明志:"汉谣魏什久纷纭,正体无人与细论。谁是诗中疏凿手?暂教泾、渭各清浑。"查慎行的《初白庵诗评》就说元好问"分明自任疏凿手"②。"疏凿手"体现了一批文学评论家的角色定位:善于反思、敢于质疑、致力重建,充溢着立于时代潮头、自信果敢的青春精神。

在这样的角色定位下,对当世诗歌的愤激不满心态往往是促成文论著作产生的直接因素。如刘勰在《文心雕龙·序志》中表明自己的写作动机,是因为"去圣久远,文体解散",造成"辞人爱奇,言贵浮诡""离本弥甚,将遂讹滥"的文坛现状,"于是搦笔和墨,乃始论文"③。整部《文心雕龙》有着强烈的现实批判精神,尤其提到"近代"文坛,刘勰不满的情绪色彩往往直接表露,如《物色》"自近代以来,文贵形似",《定势》"自近代以来,率好诡巧",《程器》"近代辞人,务华弃实"等④,这是一种清醒的角色定位,利用诗文评论与当代主流文风斗争。刘勰在三十多岁时曾梦见自己追随孔子而行,这青年时的梦成为他理想主义风格、敢为人先实践的精神动力,让他坚定了自己的角色定位,影响了后世一派诗文评论著作。

---

① 参见袁济喜《"谁是诗中疏凿手"——古代文艺批评的角色探索》,《中国文艺评论》,2022 年第 10 期。

② [清]查慎行著,范道济点校《初白庵诗评》,《查慎行全集》,中华书局 2017 年版,第 1123 页。

③ 杨明照《增订文心雕龙校注》,第 607 页。

④ 杨明照《增订文心雕龙校注》,第 564、403、595 页。

而严羽《沧浪诗话》更是以"蚍蜉撼大树"的叛逆精神，力图挑战权威，颠覆诗学秩序。他认为：

> 辨白是非，定其宗旨，正当明目张胆而言，使其词说沉着痛快，深切著明，显然易见；所谓不直则道不见，虽得罪于世之君子，不辞也。①

严羽身份低微，却敢于自立门户，质疑当代文坛领袖，痛斥影响巨大的江西诗派，认为表达观点就是要"明目张胆""惊世绝俗"，对意见不同者要视如仇敌，作鲜血淋漓的"取心肝刽子手"②。如果说刘勰保留的是三十岁的青壮年性格，而严羽这样的角色定位，已颇有张扬叛逆的青春期色彩。他在《答吴景仙书》中将自己比作哪吒："吾论诗，若哪吒太子析骨还父，析肉还母。"③早期佛教传说中的哪吒，同样具备狂妄叛逆的青春期性格，苏辙《哪吒诗》就写道："北方天王有狂子，只知拜佛不拜父。佛知其愚难教语，宝塔令父左手举。"④哪吒反抗传统权威，鲜血淋漓地剔骨割肉，这样的一位青春期少年形象想必给了严羽极大鼓舞，以尊奉盛唐、以禅喻诗等理论作为武器大杀四方，在众多温和长者型的诗话中独树一帜。

从青春期继续向生命本初回溯，人生的童年阶段体现在文艺评论中就是"赤子之心"与"童心"。这种生命最初的纯真状态，老

---

① ［清］何文焕辑《历代诗话·沧浪诗话》，第706—707页。
② ［清］何文焕辑《历代诗话·沧浪诗话》，第706页。
③ ［清］何文焕辑《历代诗话·沧浪诗话》，第708页。
④ ［宋］苏辙《苏辙集》，第1161页。

子以"婴儿"喻之,孟子以"赤子之心"赞之,都是对完美人格的理想
比喻。李贽"童心说"则提倡言出至情、自然动人的文学,直至龚自
珍,一生作诗行事皆饱含青春少年的自由浪漫色彩,诗中多有"少
年"形象,如"少年击剑更吹箫","少年奇气称才华",龚自珍也站在
老人的角度上,指出了他们"少年揽辔澄清意,倦矣应怜缩手时"的
心理倦怠,"少年哀艳杂雄奇,暮气颓唐不自知"的创作无奈。他认
为老人实际是有了"颓心",缺乏"心力",认为"报大仇,医大病,解
大难,谋大事,学大道,皆以心之力"(《壬癸之际胎观第四》),这"心
力"其实就是少年之心,可以转换为"能忧心、能愤心、能思虑心、能
作为心、能有廉耻心、能无渣滓心"(《乙丙之际著议》)。有此心便
可觉醒自我,迸发出改换天地的巨大生命力量。"我光造日月,我
力造山川"(《壬癸之际胎观第一》),他呼吁中国青年:"寄言后世艰
难子,白日青天奋臂行。"(《呜呜硁硁》)①

　　龚自珍以这样的青春赞歌,翻开了中国近代思想史的崭新篇
章。梁启超就是有感于龚自珍《能令公少年行》一诗,写下了影响
极大的《少年中国说》。在这篇文章中,老年守旧、多忧、怯懦,而少
年代表着希望、进取、冒险,足以"造世界"②。正是从此时开始,中
国社会真正开始了对青春价值的肯定和弘扬,钱穆就认为:"青年
二字乃民国以来之新名词,而尊重青年亦成为民国以来之新风
气。"③青春之诗论、青春之文学,实际上助力塑造了青春之中国,
中国传统诗文评论也由此走向了全新的历史转型。思考与继承中

───────────

　　① 〔清〕龚自珍著,王佩诤校《龚自珍全集》,上海古籍出版社 1975 年版,第
518、535、519、523、12、7、395、447 页。
　　② 梁启超《饮冰室文集》第五册,中华书局 1989 年版,第 9 页。
　　③ 钱穆《中国文学论丛》,生活·读书·新知三联书店 2002 年版,第 26 页。

国传统诗话之中温润的长者之风、锐利的少年之气，保证当代文学有健壮之躯体、老成之境界、青春之心态，也是当今文艺理论与文化批评需要思考的重要问题。

原载《中国文艺评论》2023 年第 4 期

后　　记

　　佛教中国化,是近几十年来汉魏晋南北朝文学研究的重要问题。方立天先生曾有文章《佛教中国化的历程》,刊于1989年第三期《世界宗教研究》,就已经很系统地说明了佛教中国化的定义、流变及大致研究方向。之后几十年有众多优秀学者对此展开了深入研究,取得了非常丰硕的成果。小书是一本论文集,其中只有一部分粗浅地和佛教中国化进程相关,上编以佛教中国化进程与文论发展互动为中心,其中的部分文章是从本人2013年博士论文《〈弘明集〉与六朝文论》中节选改动而来。《弘明集》真实地还原了佛教在六朝面临的伦理、哲学、美学等诸多挑战,当时的一批士人重新解释建构佛教理论,将外来宗教融摄于本民族精神心理之中,并不断进行文字上的实践。在这个意义上,《弘明集》体现了佛教中国化的鲜活进程,体现了中国传统中多元平等对话的文化精神。上编的文章大部分以《弘明集》中的文化论争为切入点,思考与之相关的文化与文学新变,其他几篇文章也都与佛教与文论关系密切相关,故本书就以上编主题作为书名。博士虽已毕业十年,但对博士论文的修改还一直在进行之中,希望书中能呈现一些相关思考。

　　书中的下编主题与佛学少有涉及，更从文学观念本身关注六朝文论。文中多以充满张力的文学概念——雅／俗、纯文学／杂文学、复古／创新、才／学、青春／老境等为思考起点，从不同角度论述六朝文人对文学的认识、文学观念与角色的转变。总的来说，本书文章的关注内容皆以六朝文化融合与文学新变为主。

　　这本小书中的文章时间跨度较大，是本人从学习到工作阶段的一个总结。其中有大二随师友游学后的兴奋，有本科毕业时对章太炎和文学基本观念的思考，也有硕士时对忏悔思想的困惑，博士时对《弘明集》的好奇，一直到近年来呼唤"青春""自由"……如今看来，很多文章观点与论述都显得幼稚鄙陋，论文也繁简不同，体例不一，但此汇编真实体现了本人从求学到执教，一路笨拙磕绊走来的心灵历程，更能令本人发汗警醒，鞭策自己继续奋力前行。感谢读书时的袁济喜师及各位同学，感谢工作后的各位良师益友，感谢刘志伟老师费心组建此丛刊，得以有机会与诸贤一同问道中州之学。魏晋风度，南朝风流，金陵烟雨，古刹梵呗，已浸润于胸怀，镂刻于浮生。这本小书就以读研究生时所作小诗二首为结尾吧：

读《弘明》

青灯素月临黄卷，纸上生岚俱雅流。

麈尾形神争骋辩，缁衣夷夏粲庚酬。

六朝九阙星河动，三教一身慧义幽。

水寺寒山寻桂子，金陵梦罢故宫秋。

《弘明》与《文心》

刘生笃志师名匠，古寺流霜浣梵襟。

傲岸林泉心有寄，文章奥府但孤吟。

青衿感梦随夫子，缁衲闲披悟法音。

濡翰一挥开岫壑，文心暗证大悲心。

癸卯年秋玉叶于康乐里

中州问学丛刊已出书目

王翠红《〈文选集注〉研究》

刘群栋《〈文选〉唐注研究》

刘锋《〈文选〉校雠史稿》

王建生《"中原文献南传"论稿》

邵杰《古典研习录》

高小慧《杨慎〈升庵诗话〉与明代诗学》

饶宗颐著,郑炜明、罗慧编《文选厄言——饶宗颐先生文选学论文集》

刘玉叶《佛学中国化与六朝文论》